中国新股民必读全书 第12版

陈火金 ◎ 编著

山西出版传媒集团
山西人民出版社

■ 作者在中央人民广播电台做节目

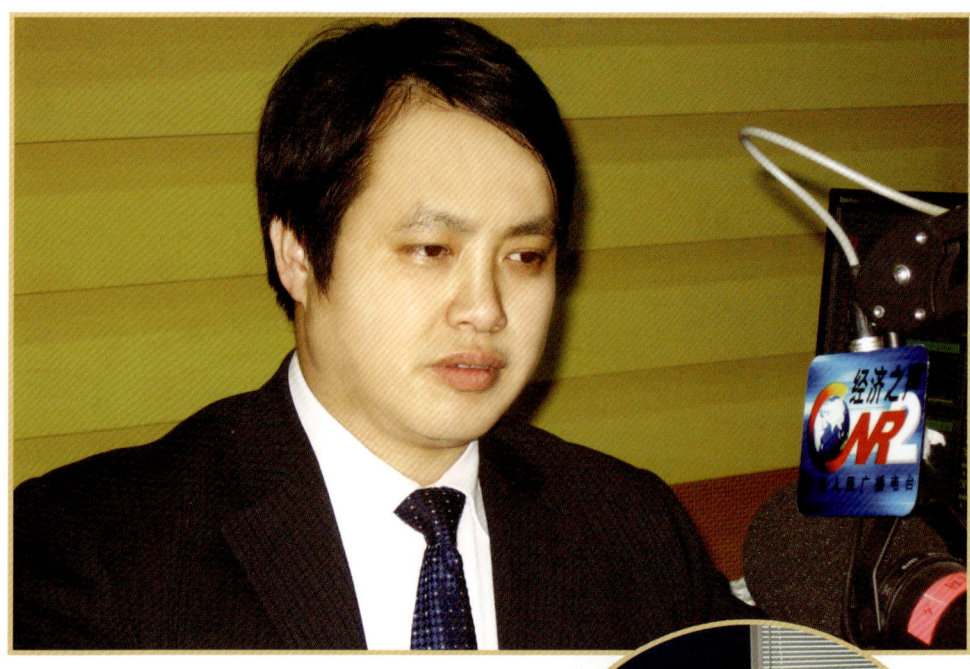

■ 作者在北京人民广播电台做节目

■ 作者在辽宁省沈阳广播电台文艺台做节目

■ 作者与白岩松、宋丹丹、刘震云、程琳等出席活动

■ 作者接受湖北卫视采访

■ 作者在北京国际图书城做投资报告

■ 作者在(2008)上海书展上做"奥运会后中国股市的走向"讲演

■ 作者在北京地坛书市谈股市暨签名售书

■ 作者在北京国际展览中心发布"2008年投资理财分析"

■ 作者在湖北省襄樊市做投资报告

■ 作者在河北省秦皇岛市做投资报告

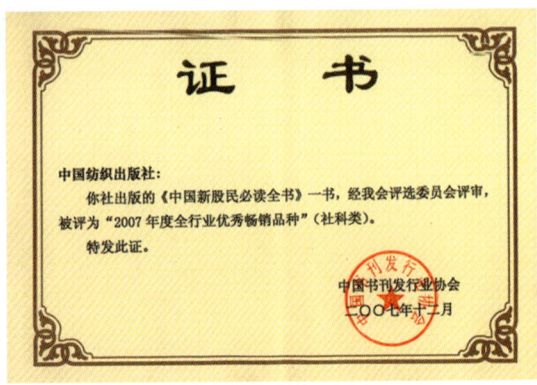

■ 本书获"经管类最畅销图书奖"   ■ 本书被评为"全行业优秀畅销书品种"

■ 作者在中国畅销书作家实力榜揭晓仪式上致辞

■ 作者在辽宁省沈阳市做投资报告   ■ 作者在广西南宁做投资报告   ■ 作者在广西南宁签名售书

■ 作者在辽宁省大连市做投资报告   ■ 作者在辽宁省沈阳市签名售书   ■ 作者在北京国际图书城签名售书

"火教授投资理财丛书"序

投资理财是投资者需要用一生去学习和修行的事业。投资市场日新月异，投资者如何能在风起云涌的投资市场中立稳脚跟，长处不败之地呢？回首过去，巴菲特投身于知识的海洋，时刻学习新的变化，才成就了"股神"这一称谓。因此，今天的投资者们应该用不同的眼光审视新的世界，用满腔的热血去学习新的知识，才能继往开来，共创股市新时代。

真正的投资者总是拥有一项共同的特质，他们热爱新的知识，而书籍就成为他们最重要的武器。目前图书市场上与投资理财相关的图书汗牛充栋，让人目不暇接，难以抉择。令人遗憾的是，这些图书中，有些作者的水平难以琢磨、有些内容晦涩难懂、有些畅销书盗版众多，还有些内容繁杂且重复，这给新入市的投资人带来巨大的挑战——难以买到一套内容丰富、通俗易懂、排版精美的投资理财丛书。因此，由北京工业大学副教授、著名经管类畅销书作家陈火金策划并主编的陈火金投资理财丛书应运而生。该套丛书有如下亮点：

● 自成体系

作者编写内容脉络清晰，杜绝了内部自相重复的问题。而且，本套丛书注重顶层设计，科学地进行排版和设计，形成一个完整而又严密的逻辑体系。最重要的是，本套丛书凝练了中国股票市场、投资风险、投资理财知识的精华，堪称国内股票图书界的权威读物。

● 通俗易懂

人们印象中的投资理财类图书总是理论高深，太多专业术语，晦涩难懂。但本丛书的作者以通俗化的语言，生活化的类比，个性化的表达，将高深莫测的投资知识化为通俗易懂的话语，帮助新入市的股民畅游股海，渐至佳境。

● 明辨真伪

本套丛书的每一本书都配有唯一的ID号,用来验证真伪,避免读者购买到盗版图书。

● 增值售后

读者购买本丛书任何一本后,可以根据ID号注册成为会员,加入投资俱乐部并享受一系列的免费售后服务。众多图书内容的更新、海量炒股信息的推送、无数向优秀的投资者学习的机会……更多增值售后服务等你来发现!

● 品质保障

作者陈火金是北京工业大学副教授,曾获中国最有市场价值的本土作者第9名、中国畅销书作家实力榜第11名、中国经管类畅销书榜第1名等荣誉。本套图书第一次出版于1997年,至今第12版面世,其内容不断更新,品质不断提升,受到百万读者的追捧。

《中国新股民必读全书》第 12 版说明

《中国新股民必读全书》是为初入市的股民朋友量身定做的入门级炒股专用书。本书以实用性和可操作性为目标，全方位、多角度地介绍了炒股知识与技巧，希望能指导和帮助新股民在股海里畅游。

本书自 1997 年出版以来，一直受到中国广大股民的关注和追捧。它曾获得"中国图书榜中榜经管类最畅销图书奖"和中国书刊发行业协会评选的"全行业优秀畅销品种（社科类）"两项荣誉。截至目前，本书第 12 版面世，发行面覆盖全国各大中小城市。遗憾的是，本书自出版以来，市面上常常见到它的盗版书，这些盗版书印刷粗劣，缺字、错字甚多，误导读者，严重破坏了本书的形象。

为了扩大读者的知识面，同时也为了适应炒股的新趋势，我们对原书各部分的内容进行了适当调整和修改，同时增加了创业板和股指期货等内容。这次修订后，全书实用价值大大提高，现将新版本推荐给广大读者朋友，希望大家能够喜欢。

这些年我们不断收到来自全国各地的热心读者朋友的来信，其中有看完本书后炒股获利表示感谢的，也有对本书内容提出积极建议的，朋友们对本书如此厚爱与支持，让我深受感动。

王虹、李春、米雅钊、高妮娜承担了本书第 1 版至第 11 版编辑出版中的部分工作，很多朋友对本书提供了各种各样的修改建议，在此一并向他们表示衷心的感谢！

目 录

第一章 股票常识 ...... (1)

一、了解中国式炒股 ...... (2)
股票投资工作优缺点 ...... (2)
股票长线投资有可能获得高收益 ...... (3)
股票短线炒作有可能暴富 ...... (4)
股票投资也可能血本无归 ...... (5)
购买绩优股也可能短期暴跌 ...... (6)
炒股不能靠人只能靠己 ...... (8)

二、了解荐股内幕 ...... (9)
荐股为什么会很"准确" ...... (9)
荐股的目的 ...... (10)

三、了解股指走势 ...... (12)
中国股市30年走势 ...... (12)
10次牛市和10次熊市 ...... (13)
21世纪A股六次井喷行情 ...... (15)
A股单日涨幅最大的时间 ...... (16)
最近10年A股单日暴跌行情 ...... (16)

四、了解股票的分类 ...... (18)
股票是一种证券 ...... (18)
普通股和优先股 ...... (19)
国家股、法人股、公众股、外资股 ...... (20)
ST股票与*ST股票 ...... (22)
股票的其他分类 ...... (25)

五、了解股市参与者 (25)

- 上市公司 (25)
- 投资者 (30)
- 证券公司 (32)
- 证券交易所 (34)
- 证券登记结算机构 (35)
- 证券服务机构 (36)
- 证券业协会 (37)

第二章 炒股步骤 (40)

一、开设证券账户 (41)

- 证券账户的种类 (41)
- 怎样办理证券账户 (42)
- 一人多户 (42)

二、开设资金账户 (43)

- 选择合适的证券营业部 (43)
- 办理资金账户的步骤 (43)
- 第三方存管 (44)

三、办理委托 (45)

- 委托的内容有哪些 (45)
- 什么是限价委托和市价委托 (46)
- 什么是撤单 (46)
- 通过互联网买卖股票应注意的问题 (47)

四、竞价成交 (48)

- 集合竞价 (48)
- 集合竞价是怎样确定成交价即开盘价的 (50)
- 连续竞价 (52)
- 集合竞价与连续竞价实例分析 (53)

五、清算交割和过户 (54)

怎样使用"精确复权"来避免主力陷阱 …………………… (100)
怎样设置个股的分析周期 …………………………………… (101)
怎样查找股票 ………………………………………………… (102)

四、怎样看信息 ……………………………………………… (102)
怎样通过"实时解盘"了解最新股市分析信息 …………… (102)
怎样通过"信息地雷"了解重要的公告与新闻 …………… (104)
怎样通过"短线精灵"及时了解个股的走势 ……………… (105)
怎样查看资讯平台 …………………………………………… (106)

五、对散户最有用的分析工具 ……………………………… (107)
怎样使用"多股同列"在同一界面显示多种股票 ………… (107)
怎样使用"画面组合"在一个界面看多种技术分析 ……… (108)
怎样进行个性化设置 ………………………………………… (109)
怎样通过"龙虎看盘"了解盘口信息 ……………………… (111)
怎样查看股票的移动筹码分布 ……………………………… (112)

六、看盘时应重点关注的内容 ……………………………… (113)
关注阻力与支撑情况 ………………………………………… (113)
关注股价现在所处的位置是否有买入的价值 ……………… (114)
关注现手和总手数 …………………………………………… (115)
关注换手率 …………………………………………………… (115)

七、买卖盘口的几个问题 …………………………………… (116)
上压板与下托板 ……………………………………………… (116)
静态挂单和动态挂单 ………………………………………… (116)
各种买卖盘 …………………………………………………… (118)
正确看待内盘和外盘 ………………………………………… (119)
各种大单 ……………………………………………………… (121)

八、当日盘中的重要时段 …………………………………… (121)
开盘 …………………………………………………………… (122)
中盘 …………………………………………………………… (123)
怎样看尾盘 …………………………………………………… (125)

第五章　买入股票 ……………………………………………… (126)

一、买入股票基本原则 …………………………………………… (127)
制定目标买价 ……………………………………………… (127)
分批买入 …………………………………………………… (127)
注重价格与成交量 ………………………………………… (128)
遵循供求规律 ……………………………………………… (128)
天灾时买入 ………………………………………………… (129)
投资性买入 ………………………………………………… (129)
追涨 ………………………………………………………… (129)
买跌策略 …………………………………………………… (130)
补仓 ………………………………………………………… (131)
顺势法 ……………………………………………………… (133)

二、长线买入原则 ………………………………………………… (134)
以合理价格购买 …………………………………………… (134)
分析经营业绩 ……………………………………………… (134)
选择有发展潜力的企业 …………………………………… (135)
掌握必要的分析技巧 ……………………………………… (135)

三、长线买入策略 ………………………………………………… (136)
板块策略 …………………………………………………… (136)
逆潮流策略 ………………………………………………… (136)
先入为主策略 ……………………………………………… (137)
以静制动策略 ……………………………………………… (137)
谨慎保守策略 ……………………………………………… (137)
死灰复燃策略 ……………………………………………… (138)
周期策略 …………………………………………………… (139)
经济热点策略 ……………………………………………… (139)

四、短线买入原则 ………………………………………………… (139)
顺应大势,不要逆市而为 ………………………………… (140)
善于等待机会 ……………………………………………… (140)

大市投机活跃时才做短线 ·· (140)
　　涨停板下谨慎跟入 ·· (140)
　　适时离市休整 ··· (141)
　　合理控制仓位 ··· (141)
　五、短线买入时机 ··· (141)
　　根据消息面判断短线买入时机 ···································· (141)
　　根据成交量判断短线买入时机 ···································· (143)
　　根据趋势线判断短线买入时机 ···································· (147)

第六章　卖出股票 ·· (150)
　一、卖出股票主要原则 ·· (151)
　　目标价位法 ·· (151)
　　顺势探顶法 ·· (151)
　　投机性抛出 ·· (152)
　　长线择机脱手 ··· (152)
　　适时更换股票 ··· (152)
　　顺序卖出股票 ··· (153)
　　掌握抛出技巧 ··· (153)
　二、卖出股票策略 ··· (154)
　　在出现更好的投资机会时 ·· (154)
　　在调整投资组合时 ·· (154)
　　在股价超过目标价位时 ··· (155)
　　在公司基本面恶化时 ··· (155)
　　在买错股票时 ··· (155)
　　在股价不能跃过前期阻力位时 ···································· (155)
　三、止盈点和止损点卖出 ··· (156)
　　严格设定止盈点和止损点 ·· (156)
　　选择割肉卖出的八个要素 ·· (156)
　　定额止损法 ·· (157)

技术止损法 (158)
无条件止损法 (158)
趋势形态止损法 (158)
止平法 (158)
止盈的技巧 (159)
止损"十不要" (159)

四、短线卖出时机 (160)
根据消息面判断短线卖出时机 (160)
根据成交量判断短线卖出时机 (161)
根据趋势线判断短线卖出时机 (164)

第七章 炒股要看宏观大势 (167)

一、炒股要有国际视野 (168)
关注国际政治形势 (168)
关注国际经济事件 (169)
关注国际金融市场 (170)

二、炒股要讲政治 (171)
看清国家对股市的调控政策 (171)
读懂《人民日报》释放的信号 (173)

三、炒股要看宏观经济面 (175)
宏观经济因素对证券市场产生影响的途径 (175)
宏观经济指标对股市的影响 (176)
看货币政策对股市的影响 (179)
关注国内平行市场的发展 (185)
财政政策对股市的影响 (186)

四、炒股要看境外股市 (187)
要看欧美股市 (187)
要看港股 (188)
要看其他亚太股市 (189)

世界各地主要股市的交易时间 ……………………………… (189)
　　盘前要了解境外股市的最新动态 …………………………… (191)
　　盘中要关注境外股市的走势是否有异动 …………………… (192)
五、炒股要看期货市场 ………………………………………… (192)
　　要看期货市场走势 …………………………………………… (193)
　　世界上主要的期货市场 ……………………………………… (194)
　　盘前盘中关注期货市场走势 ………………………………… (196)

第八章　怎样投资不同的板块 ………………………………… (197)
一、投资不同行业板块 ………………………………………… (198)
　　分析行业所处经济周期 ……………………………………… (198)
　　分析行业的经济结构 ………………………………………… (200)
　　分析具体行业 ………………………………………………… (201)
　　了解各细分行业龙头 ………………………………………… (202)
二、投资不同概念板块 ………………………………………… (207)
　　概念炒作的高投资回报 ……………………………………… (207)
　　概念板块行情特点 …………………………………………… (209)
　　A 股主要概念板块 …………………………………………… (210)
三、投资不同地区板块 ………………………………………… (211)
　　地区板块 ……………………………………………………… (211)
　　区域板块炒作介绍 …………………………………………… (212)
　　部分区域板块介绍 …………………………………………… (214)
四、投资不同风格板块 ………………………………………… (216)
　　选择成长型的股票 …………………………………………… (216)
　　选择蓝筹股 …………………………………………………… (217)
　　选择冷门股和热门股 ………………………………………… (217)
　　如何选择大型股票 …………………………………………… (218)
　　如何选择中小型股票 ………………………………………… (218)
　　如何选择投机股 ……………………………………………… (218)

如何选择波幅大的股票 ·· (219)

　　如何选择新股 ·· (219)

　　如何选择热门股 ··· (220)

第九章　股票技术面分析 ·· (222)

一、技术分析方法的2个基本工具 ····································· (223)

　　线形图 ·· (223)

　　K线图 ·· (225)

二、股市特殊图形分析 ·· (226)

　　K线的意义 ·· (226)

　　K线的特殊图形分析 ··· (227)

　　股市典型图形分析 ··· (229)

　　缺口的形态及意义 ··· (232)

三、趋势线分析 ·· (234)

　　如何确定股价变化的趋势线 ·· (235)

　　如何根据趋势线确定买卖时机 ······································· (236)

　　如何判断趋势线的有效突破 ·· (238)

四、量价关系分析 ··· (238)

　　市场中存在的几种量价关系及其意义 ····························· (238)

　　涨跌停板制度下价量关系分析特点 ································ (241)

五、股市常用技术分析指标 ·· (242)

　　相对强弱指数（RSI） ··· (242)

　　威廉指数（W%R） ·· (243)

　　移动平均线 ··· (244)

　　人气指标心理线（PSY） ··· (248)

　　动向指标（MTM） ··· (248)

　　随机指数（KD） ·· (249)

　　AR指标与BR指标 ··· (249)

　　涨跌比率 ADR ··· (250)

六、股票价格反转形态分析 ……………………………………………… (251)

 头肩形反转 ………………………………………………………… (251)

 圆形反转 …………………………………………………………… (252)

 三角形反转 ………………………………………………………… (253)

 矩形反转 …………………………………………………………… (254)

 楔形反转 …………………………………………………………… (254)

 双重底反转 ………………………………………………………… (255)

 双重顶反转 ………………………………………………………… (255)

七、股票价格整理形态分析 ……………………………………………… (256)

 方旗形整理 ………………………………………………………… (256)

 尖旗形整理 ………………………………………………………… (257)

 扇形整理 …………………………………………………………… (257)

第十章　炒股技巧 ……………………………………………………… (259)

一、怎样选择好公司 ……………………………………………………… (260)

 看公司管理团队和领军人物 ……………………………………… (260)

 选择赢利能力强的公司 …………………………………………… (261)

 选择现金流好的公司 ……………………………………………… (263)

 选择高成长性的公司 ……………………………………………… (265)

 分析公司盈利模式 ………………………………………………… (267)

 分析公司核心竞争力 ……………………………………………… (268)

二、怎样盯主力 …………………………………………………………… (272)

 短线主力、中线主力、长线主力 ………………………………… (272)

 主力与散户的优劣势对比 ………………………………………… (273)

 主力的构成主体及其特点 ………………………………………… (274)

 主力青睐的股票 …………………………………………………… (275)

 主力买入股票的时机 ……………………………………………… (277)

 主力卖出股票的时机 ……………………………………………… (279)

 主力出货方式 ……………………………………………………… (282)

三、怎样做波段 (283)
　　了解波段操作 (283)
　　波段操作选股技巧 (284)
　　波段操作买卖技巧 (285)
　　通过融资融券做日内波段 (286)
　　波段操作更要重视佣金费率 (287)

四、怎样根据公开信息选股 (287)
　　了解公开信息及其来源 (287)
　　特殊信息查询路径 (289)
　　正确对待股评 (291)
　　根据名人言行炒股 (292)
　　正确运用研究报告 (293)

五、怎样捕捉暴利股 (294)
　　暴利股的特征 (294)
　　在重组股中捕捉暴利股 (295)
　　在高送转股中捕捉暴利股 (296)
　　在大资金介入的个股中寻找暴利股 (297)
　　从公司基本面中捕捉暴利股 (298)
　　中长期投资怎样捕捉暴利股 (300)

六、股票套牢怎么办 (300)
　　停损了结法 (301)
　　拨档子法 (302)
　　摊平法 (302)
　　冷热互换法 (303)

第十一章　规避股市风险 (304)
一、股市常见风险 (305)
　　系统性风险和非系统性风险 (305)
　　传言风险 (306)

盲目跟风的风险 …………………………………… (307)

熊市风险 …………………………………………… (308)

牛市风险 …………………………………………… (309)

信息不对称风险 …………………………………… (310)

二、规避各种股市陷阱 …………………………… (310)

骗线陷阱 …………………………………………… (310)

专家陷阱 …………………………………………… (311)

咨询机构陷阱 ……………………………………… (311)

上市公司的陷阱 …………………………………… (313)

股评的消息陷阱 …………………………………… (315)

三、规避认识误区 ………………………………… (315)

既然已涨了那么多，就不可能再涨了 …………… (315)

股价已跌了那么多，它不可能再往下跌了 ……… (316)

股票便宜，不会有多大损失 ……………………… (316)

存责怨之心 ………………………………………… (317)

频频交易可赚钱 …………………………………… (317)

迷信技术分析 ……………………………………… (317)

盲目相信股市理论 ………………………………… (318)

持股数目太多 ……………………………………… (318)

四、保持良好心态 ………………………………… (318)

自律 ………………………………………………… (318)

乐观 ………………………………………………… (319)

果断 ………………………………………………… (319)

冷静 ………………………………………………… (319)

平常心 ……………………………………………… (320)

敢于承认错误 ……………………………………… (320)

独立 ………………………………………………… (320)

五、规避风险有技巧 ……………………………… (321)

投资要量力而行 …………………………………… (321)

熊市中控制仓位技巧 …………………………………… (322)
顺势而为 ……………………………………………… (323)
止损线是你的生命线 …………………………………… (323)
投资三分法 …………………………………………… (323)
试探性投资法 ………………………………………… (324)
分散投资法 …………………………………………… (324)
分批买入法 …………………………………………… (325)
分批卖出法 …………………………………………… (325)

第十二章 相关市场投资规则 ……………………… (326)

一、创业板 ……………………………………………… (327)
什么是创业板 ………………………………………… (327)
创业板的高收益与高风险 ……………………………… (327)
创业板与主板的上市条件对比 ………………………… (328)
创业板信息披露特别要求 ……………………………… (329)
开户手续 ……………………………………………… (330)
创业板在股份限售制度方面的规定 …………………… (331)
创业板投资的风险 …………………………………… (331)
风险警示与撤销 ……………………………………… (332)
创业板停牌制度相对主板的改进 ……………………… (334)
投资创业板股票的技巧 ………………………………… (334)
挑选高成长股 ………………………………………… (335)

二、股指期货 …………………………………………… (336)
什么是股指期货 ……………………………………… (336)
沪深300股指期货合约的相关规定 …………………… (336)
股指期货市场的参与者 ………………………………… (337)
投资者面临的主要风险 ………………………………… (338)
股指期货交易常用术语 ………………………………… (340)
股指期货的交易流程 …………………………………… (342)

交易制度 …………………………………………… (345)
　三、融资融券 ………………………………………… (347)
　　融资融券及其与普通交易的区别 …………………… (347)
　　开通融资融券业务的要点 …………………………… (348)
　　融资融券标的证券 …………………………………… (349)
　　保证金可用余额计算 ………………………………… (350)
　　维持担保比例的计算 ………………………………… (351)
　四、沪港通与深港通 …………………………………… (352)
　　了解沪港通和深港通 ………………………………… (352)
　　港股通开通流程 ……………………………………… (353)
　　港股通基本交易规则及与A股市场差异 …………… (354)
　　港股通和在香港开户交易港股的对比 ……………… (355)
　五、新三板投资规则 …………………………………… (357)
　　了解多层次资本市场与新三板 ……………………… (357)
　　投资者开户条件 ……………………………………… (358)
　　新三板交易规则 ……………………………………… (359)
　　新三板投资回报与风险 ……………………………… (360)

第十三章　世界著名投资大师的投资经验和投资理论 ……… (361)
　一、投资大师的投资经验 ……………………………… (362)
　　格雷厄姆的投资经验 ………………………………… (362)
　　巴菲特的投资经验 …………………………………… (365)
　　彼得·林奇的投资经验 ……………………………… (371)
　二、投资大师的投资理论 ……………………………… (378)
　　道氏理论 ……………………………………………… (378)
　　江恩理论 ……………………………………………… (379)
　　波浪理论 ……………………………………………… (382)
　　亚当理论 ……………………………………………… (384)
　　相反理论 ……………………………………………… (385)

第一章
股票常识

一、了解中国式炒股
二、了解荐股内幕
三、了解股指走势
四、了解股票的分类
五、了解股市参与者

一、了解中国式炒股

股票投资工作优缺点

股票投资作为一项专职或兼职的工作,和其他工作相比,有其明显的优点和缺点。

股票投资工作的优点:

①有可能获得高收益高回报。只要有眼光,在股市中永远不缺乏获取较高收益的机会。只要选好一只股票买入,其他的什么也不用做,不仅可以获得股息,还有可能获得股票的高额增值。

②天天有投资机会并获取复利。房地产行业虽然利润率高,但回报周期长。股票投资天天都可能有回报,炒股本质上是个滚雪球的游戏。

③流动性很强。投资者做股票投资,有闲散资金可随时买入,需要资金时只要股票不停牌,又可随时卖出。而投资店铺、房产或企业,一旦急需用钱,投入的钱很难短时间内撤回来。

④费率低。同样是做一次卖出,商家出售货物要征收税费,缴纳营业费用,还要摊上人工费、开办费、运输费等各种经营成本。买卖一次证券也有中间费用,但相对于实物商品,费率要低得多。

⑤门槛低。同样是有买有卖,办一个企业需要很多条件,要和工商、税务、银行等政府公职人员及其他各种各样的社会人员打交道,但投资股票门槛很低。不分年龄大小,不分资金大小,不分文化程度高低,都可以投资股票。

⑥时间可自由支配。买一只股票后,关闭电脑,也不看行情,等股价上涨后卖出获取利益,这是炒股;每天用很多时间看盘,研究股票,这也是炒股。选择哪一种策略,投资人可自由支配。

股票投资工作的缺点:

①高风险。如果买到大熊股,亏损额大,并且亏损速度很快。

②需要一定的投资能力和知识水平。特别是短线投资者,需要不断学习股市的相关知识。

③需要良好的心理素质,以冷静分析投资策略。股市虽说人人都可参与,

但心理素质不好,没有承受风险的能力,也是不可以的。

④如果养成不好的投资习惯,每天频繁交易,沉浸于看盘和股票研究中,既耗费时间,也有可能伤害身心。

股票长线投资有可能获得高收益

在股市中,很多投资者由于受各种条件限制,不能经常看盘,但坚持以长线投资为主,买进后就长期持股,也能获得很高的收益,并且这是投资股市的一种非常好的策略。

例如:投资者在2012年5月18日投资100万元以开盘价7.18元购买金证股份,持有三年,至2015年5月18日以收盘价260.28元卖出,卖出后(忽略交易费)获得现金为:

100×(260.28/7.18)≈3625(万元)

只用三年的时间,所得资金就已经是原来本金的约36.25倍。

投资者如果投资了信维通信、中科曙光、网宿科技、康泰生物、欧菲科技、恒瑞医药,也会获得高额回报。如图1-1、图1-2、图1-3所示。

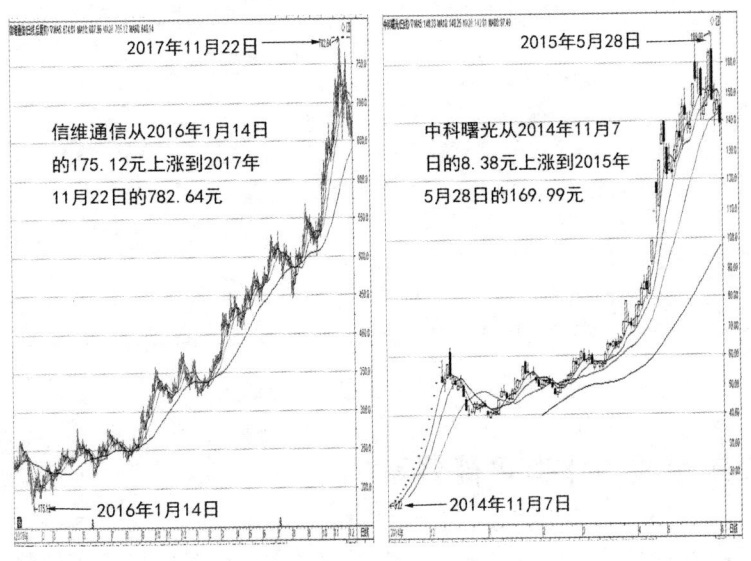

图1-1 信维通信 中科曙光

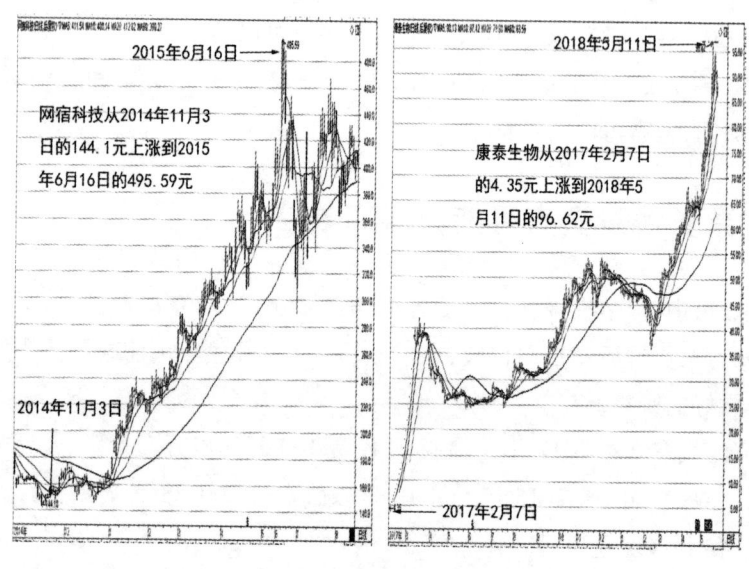

图1-2　网宿科技　康泰生物

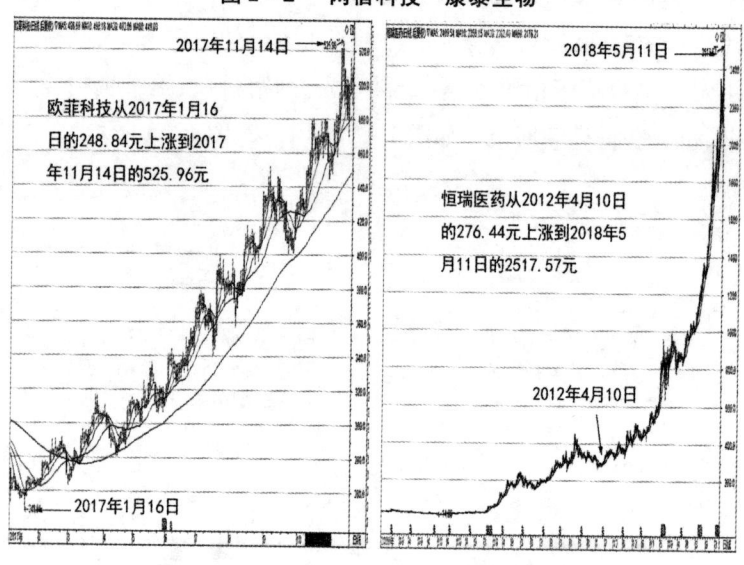

图1-3　欧菲科技　恒瑞医药

股票短线炒作有可能暴富

短线炒股由于资金周转快,相当于利用复利这个时间杠杆实现暴富。例如投资者投入100万元,如果每天能够赢利1%,则一年(按200个开市日计算)后100万可以变为:

$100(1+1\%)^{200} \approx 731.601785（万元）$

股票投资也可能血本无归

俗话说：入市有风险，投资需谨慎。在炒股的过程中，会遇到行业黑天鹅、虚假消息、企业经营不善等等，使投资亏损。有时，我们的炒股心态不够健康也会导致亏损，例如赌博心态、太过激进的心态，以及其他不平衡心态等都是投资路上的绊脚石。

例如：投资者如果在2018年1月24日以跌停价13.8元买入乐视网400股赌一把，用款5520元，乐视网在其后的11个交易日还有11个跌停，如果2018年2月8日开盘时惧怕损失再扩大而以跌停价4.34元卖出，则所得资金（忽略交易税费）为：

$13.8 \times 400 \times (4.34/13.8) = 1736$ 元

短短的11天时间，五千多块钱就变成了一千多元。

投资者如果不幸购买了联络互动、中国石油、重庆啤酒、中国中车、华锐风电等股票，也会遭受惨重损失，如图1-4、图1-5、图1-6所示。

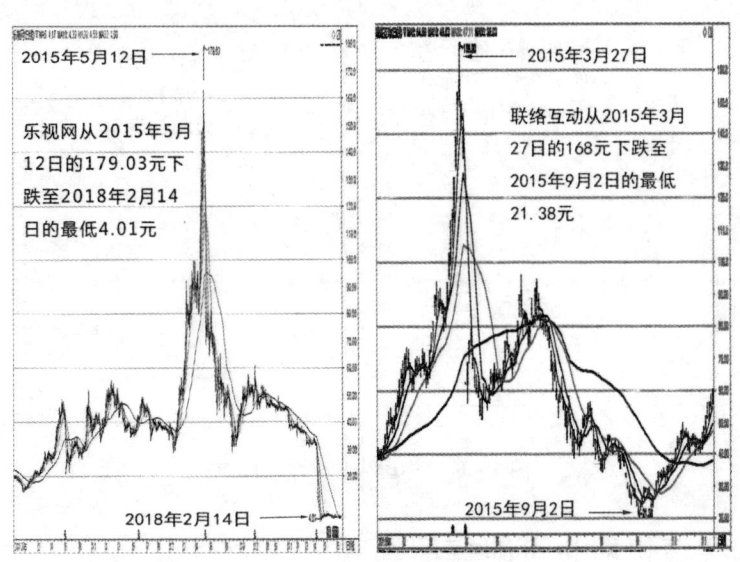

图1-4　乐视网　联络互动

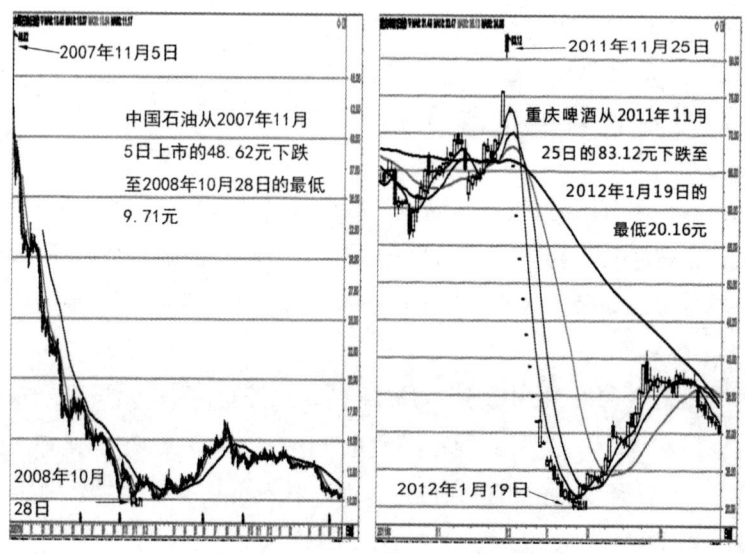

图1-5　中国石油　重庆啤酒

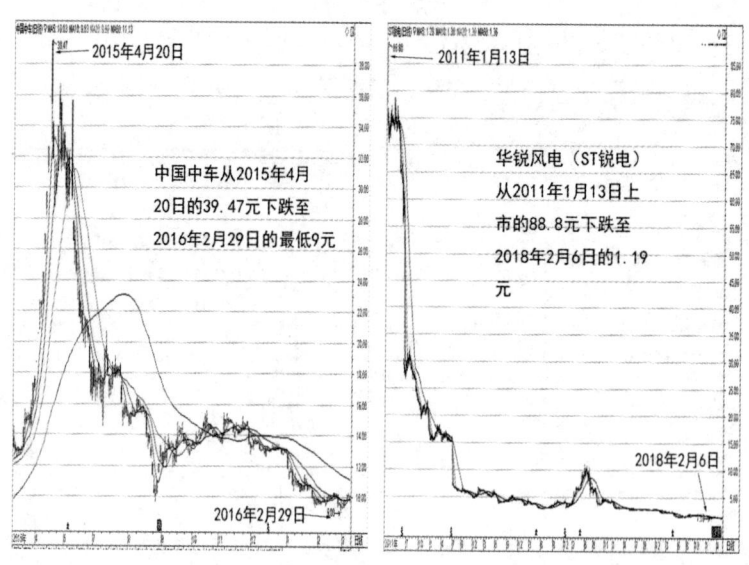

图1-6　中国中车　华锐风电

购买绩优股也可能短期暴跌

我们知道,绩优股具有较高的投资价值,但并非购买绩优股就能保证稳赚不赔。当企业经营业绩虽然增长但低于预期的时候,高位绩优股依然蕴藏风险。

老板电器自从登陆资本市场以来,从2010年到2016年,公司业绩连续稳定高增长,该股股价涨幅超过10倍。但是2017年实现营业收入近70亿元,同比增长21%;净利润14.5亿元,同比增长20%。净利增速创上市以来新低,增速明显放缓,高增长神话被打破。2018年2月26日晚间,老板电器发布2017年业绩快报及2018年一季报预告,预计2018年一季度净利润较去年同期增长10%~30%,业绩增速不及预期,股价第二天一字跌停。

如果在2018年2月2日以54元的价格购买了100万元的涨势不错的老板电器,至2018年3月23日收盘时以33.55元卖出,则所得资金为:

$$100 \times (33.55/54) \approx 62.13(万元)$$

可见,资金在一个多月中损失了将近40%。如图1-7所示:

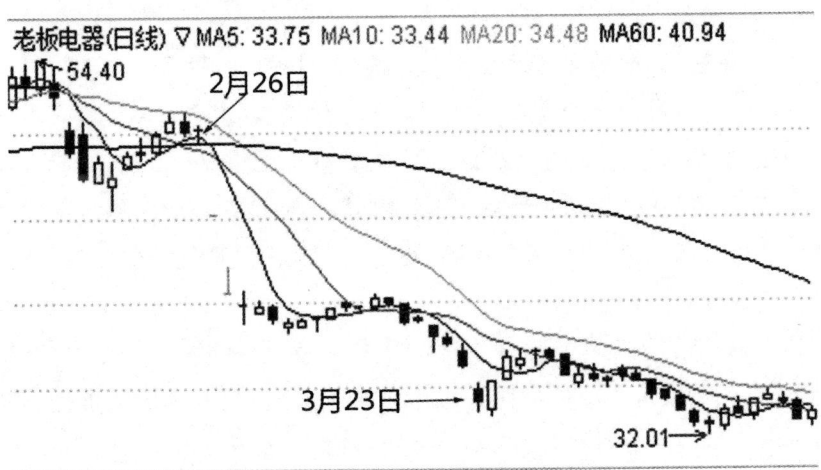

图1-7 老板电器一个月股票下跌情况

炒股不能靠人只能靠己

有不少散户低估了股票投资的难度,甚至认为炒股很简单。例如,有的散户认为只要跟着高手买股就可以了,从而轻视股票知识的学习。殊不知,这种想当然的思维对于股票投资来说是很危险的。

事实上股票投资应是一件很慎重的事情。并不是跟着别人买就一定能获利的。其原因有很多。

首先,股票市场具有不确定性,即使是操作股票的高手,也有判断错误的时候。股神巴菲特也有亏损的时候,所以,或许有着辉煌的战绩,但高手买的股票并不一定都是能够赢利的,因为他们也会有判断错误的时候,只不过是判断正确的概率高一些罢了。尤其是高风险带来高盈利,一些炒股短线高手为了获得较高盈利,每每会选择一些高风险的股票进行操作。不具有技术实力和炒股经验的散户如果盲目跟风,就有可能造成惨重的损失。

其次,高手操作股票往往有一整套的风控体系,或者有对冲手段。实际操作中,在什么情况下止损,在什么情况下补仓,在什么情况下减仓,经验丰富的股市高手常有相关的计划或预案,所以他们能及时应对风险。但由于散户不具备这些条件和经验,跟着高手炒股,却缺乏股票大跌情况下的应对手段,就可能会造成较大亏损。

再次,高手的风险承受能力一般较强,能够忍受一定程度的亏损,度过黎明前的黑暗,待股价好转时获利出手。但一般散户却经常在股票走势不好时因资金压力或自身心态而卖出,从而使亏损成为既成事实。

造成这种区别的原因,第一是散户和高手的心理承受能力不同,心理承受能力强的人能够对股市冷静应对,心理承受能力差的人,则容易误判股票走势,从而造成亏损;第二是高手多为大户,散户和大户的资金实力与投资策略不同,大户可以忍受亏损,并有实力在股票下跌到一定程度后补仓,从而摊薄股票购买成本。

最后,股票市场瞬息万变,高手常常能敏捷地做出应对。但散户的反应速度要滞后很多,本来可以挣钱的股票,常常因为没有及时卖出而造成亏损。

二、了解荐股内幕

荐股为什么会很"准确"

作为股票投资者,你可能会通过短信、微信、QQ、电话或其他社交渠道收到类似这样的信息:

"某股票即将拉升5个点以上,请关注,勿买入。"

"某股票明日涨停,请关注,谨慎者勿入。"

"本团队明日将拉升某股票7个点以上,请关注。"

……

第二天一看盘面,果然该股票走势和对方说的几乎一样。接着他们继续向你发信息,经过多次验证,果然大多很准,甚至可能全部准确。

笔者曾关注并研究过这方面的问题,了解到发信息的这类机构或个人的一些内幕。

1) 利用概率预测股价涨跌

这些机构或个人多次向你推荐的股票似乎很准,但大部分是利用了概率的规律。

在股票市场上,没有人能永远100%准确预测股票,但他们是如何做到的呢?那只是一个概率事件。虽然他们没能力选出每次必涨的股票,但是有能力分辨出哪个股票振幅很大,他们要做的就是寻找那些"妖性"十足的个股。要求不高,买入后有一半的概率大幅上涨的个股就可以了,对于老股民来说,做到这一点并不太难。

然后荐股者的销售员开始把这些推荐标的分别向不同的股民进行介绍。假设找到80个散户,向它们推荐8只股票,那么,依照50%概率计算,有大约40个散户看到的是它们的预测准确,买入会有较大的收益。剩下的散户则看到他们的预测是不准确的,买入股票就会有较大的亏损,自然开始不相信他们了。

他们损失了40个客户,但还有40个更加相信他们的客户。

类似的游戏继续上演,在下一次推荐股票后,他们又会损失一半的客户,但有20个客户对它们的信任又得到加强。如此下去,总有人被推荐的多只股票都是如期大幅上涨的,随着交流不断增多,再辅以各种忽悠手段,少则数日多则数月(高明的骗子比普通人还要有耐心),总有一些人会相信他们的神奇。

如此,这些机构或个人不断开发新的客户,人数基数越大,就越会有相当数量的人选择相信他们。

2)花钱让荐股更准确

股市中,只要投资者肯花钱就有能力拉抬股票到一定的价位。

为了获得更多人的信任,小的投资是值得的。资金实力比较强的荐股机构常会采取这种方式,他们甚至有自己的专业的证券投资团队。他们会选择一个流通盘较小,并且对他们自己而言风险相对较低的股票,提前埋伏一部分仓位。

每天集合竞价的时候,荐股者采用集合竞价高位申报的方式抬高开盘价,然后用少量资金迅速推高股价,有散户追入的时候,在合适的时机他们就会把自己的仓位平掉。使用这种方式,由于部分散户的推波助澜,他们甚至能通过买卖股票赢利,并且还能获得散户的信任。

他们在拉抬股票价格中也可能会有一些亏损,但换来的是取得了散户的信任。

一旦股票走势不对,超出了他们的控制范围,他们会将自己的仓位平仓出逃,而听信他们的指导建仓的散户这时候就是他们的接盘者。这是他们发给散户的信息有时候不准的原因之一。

荐股的目的

1)忽悠散户交服务费

通过利用概率预测股价和通过花钱让荐股更准确,会有一定数量的投资者认为荐股者的荐股很准确,并对他们的信任日渐增加。此时,荐股者就会向散户推荐他们的收费项目了。他们的收费方式很多,或者是会员费,或者是软件费,或者是高额的佣金(比如推荐股票的分成可以达到20%~40%),等等。经验丰富的骗子也可能装出并不急于让散户交钱的面目,或者打感情牌(谈人生,谈理想,嘘寒问暖),或者打权威牌(冒充专家、领导、讲师等等),或者打优惠牌（服务费原价38000，现价只要9800等等），或者打许诺暴利牌（缴费后推荐的股票保证赢利翻倍，保证涨停等等），用长期训练出来的"话术"忽悠你入坑。

散户如果相信了他们，根据他们的推荐购买股票，有可能是大幅亏损；要么更惨，在交一大笔会员费后，再在股票上继续大幅亏损。当然，根据概率也有可能会有一些人获得较大的盈利，但概率比较小。所以，靠这类荐股赢利的可能性，总体上并不比自己买卖股票赢利的可能性更大，特别是当荐股者让这些散户在高位上接盘的时候。

2）让散户帮着拉抬股价或接盘

有些荐股者用自己的资金布局了一只股票，想靠拉升一只股票赢利或出逃，但是自己资金实力不足或者希望找人帮忙拉抬股票，或者希望有高位接盘者，便采取大量向散户发送第二天将拉升股票的信息。当参与人数够多，那只股票就可能会在短期内有较好走势。散户如果听信他们的话，也许短时间内能赢利，但一不小心就可能成为接盘者。个别短线操作者即使侥幸赢利了，也有可能只是他们操控股价的一只棋子，将来有可能会在另外一只他们推荐的股票上亏掉更多的钱。

让散户帮着拉抬股价或接盘比收取服务费的方式更隐蔽，有可能让散户忍受比交会员费之类的更多的损失。

3）卖消息给合作公司

还有一类荐股机构不是靠拉升股票赚钱，也不是靠赚取服务费，而是靠卖消息给一些合作公司赚钱。有内幕人士爆料：

"我们选好一个股票，买入500万，就会在收盘后卖消息给那些合作公司，告知其第二天这只股票会拉升5个点以上（注意是收盘后，收盘前我们是一定不会告诉他们的），他们为了去骗散户交费用加入会员，就会来买我们的消息。我们以一个5万元的价格卖给每个来买消息的合作公司，一般会有10个公司长期和我们合作，那么我们每天就有50万的收入。第二天我们开盘用大约100万做个高开，再把手里的500万资金抛出。我们买卖股票力求保本不赔钱，只要兑现我们给合作公司的承诺就行。

如果合作公司花50万元，买了10只股票，给2000个散户发信息，赢得了200个人的信任，每个人骗1万元，那么就会有200万元的收入。"

三、了解股指走势

中国股市 30 年走势

中国股市自1990年开市以来,已经有将近30年的历史,上证指数与深证成指近30年来的走势如图1-8和1-9所示。

图 1-8 近 30 年上证指数走势图

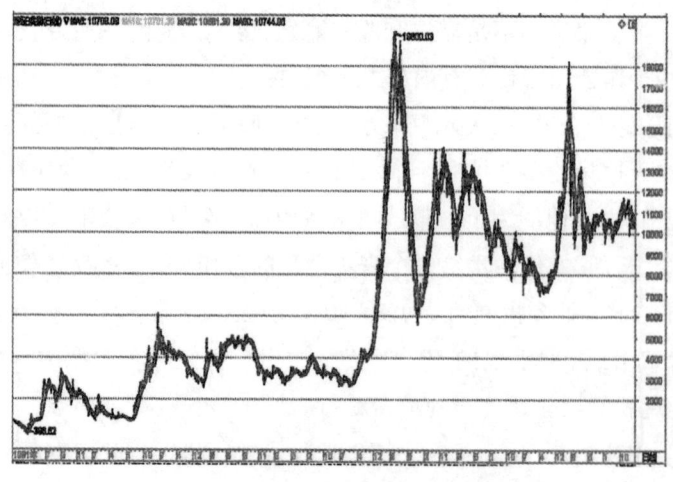

图 1-9 近 30 年深证成指走势图

10次牛市和10次熊市

中国股市的10次牛市和10次熊市如表1-1所示。

表1-1　　　　　10次牛市和10次熊市分析

事　件	指数变化	特　　点
第一次牛市 1990年12月— 1992年5月	100点～ 1429.01点	1990年12月19日上海证交所成立,由于股票供应数量少(仅有8只),股价大幅度上涨,沪指从1990年12月开始计点,一路上扬,造就了第一次牛市
第一次熊市 1992年5月— 1992年11月	1429.01点～ 386.85点	沪指在第一轮牛市冲上1429点后,发生了当时震惊全国的"8·10"风波,刺激沪深两市大幅下挫。这次熊市仅半年时间,股指跌幅却高达73%
第二次牛市 1992年11月— 1993年2月	386.85点～ 1558.95点	1992年11月17日,天宸股份人民币股票上市,沪指完成最后一跌,第二轮牛市启动。上证指数在3个月内的涨幅达到301%
第二次熊市 1993年2月— 1994年7月	1558.95点～ 325.89	1992年、1993年、1994年沪深两地上市公司分别有54家、177家、287家,扩容的势头十分凶猛,市场进入真正的低迷期,第二次熊市来临
第三次牛市 1994年7月— 1994年9月	325.89点～ 1052.94点	1994年7月30日(周六)相关部门出台三大利好救市,8月1日沪指跳空高开,第三次牛市启动。井喷行情随即展开,上证指数在不到30个交易日的时间上涨至1052.94点,涨幅达200%
第三次熊市 1994年9月— 1995年5月	1052.94点～ 582.89点	1994年7月30日(周六)三大利好政策带来的牛市是短暂的,只持续了两个月,随后A股进入第三次熊市。上证指数从1052.94点下跌至582.89点
第四次牛市 1995年5月17日—1995年5月22日	582.89点～ 926.41点	1995年2月,327国债期货事件发生;5月17日,中国证监会暂停国债期货交易,期货市场上的短线炒作资金大规模回到股票市场,掀起了一次短线暴涨。第四次牛市仅3个交易日,是A股史上最短的一次牛市
第四次熊市 1995年5月— 1996年1月	926.41点～ 512点	短暂的第四次牛市过后,股市重新下跌,第四次熊市来临。至1996年1月19日,股指达到阶段低点512点,绩优股股价普遍超跌

续表

事　件	指数变化	特　点
第五次牛市 1996年1月— 1997年5月	512点~ 1510.17点	1996年1月股市最低点下探512点后,政策开始偏暖,第五次牛市启动,崇尚绩优开始成为主流投资理念。管理层连发12道金牌亦未能阻止股指上扬
第五次熊市 1997年5月— 1999年5月	1510.17点~ 1047.83点	1997年5月10日(周六)印花税由3‰上调至5‰,第五次熊市开始
第六次牛市 1999年5月— 2001年6月	1047.83点~ 2245点	俗称"5·19"行情。1999年5月19日人民日报发表社论后,股市大幅上涨。2000年2月13日,证监会决定试行向二级市场配售新股,市场中资金空前增加,网络概念股的强劲喷发也推动沪指创下历史最高点
第六次熊市 2001年6月— 2005年6月	2245点~ 998点	历史上最长时间的大调整。在国有股市价减持的消息冲击下,股市经历了长达4年多的调整,指数最低跌到998点
第七次牛市 2005年6月— 2007年10月	998点~ 6124点	被媒体称为全民炒股的时代。2005年5月股权分置改革启动,开放式基金大量发行,人民币升值预期带来境内资金流动性过剩,资金全面杀入市场。"5·30"调高印花税都没能改变市场的运行轨迹
第七次熊市 2007年10月— 2008年10月	6124点~ 1614点	美国次债危机导致全球金融风暴,成本极其低廉的大小非减持产生抛出的预期,劳动力成本的上涨导致企业经营成本的上升,沪指下跌至1614点
第八次牛市 2008年11月— 2009年8月	1664点~ 3478点	四万亿计划掀起了新一轮大牛市,不到十个月的时间里暴涨109%。即使IPO重启这样的特大利空也未能改变牛市的前进步伐
第八次熊市 2009年8月— 2013年6月	3478点~ 1849点	IPO重启、紧缩的宏观政策、欧洲债务危机等等叠加在一起促成了第八次熊市。2013年6月25日,上证指数达到1849点
第九次牛市 2013年6月— 2015年6月	1849点~ 5178点	国际股市走牛,美国宽松货币政策全面推出,沪港通、融资门槛降低,新股发行改革,高杠杆交易,融资融券余额和场外配资规模都创出了历史新高
第九次熊市 2015年6月— 2016年2月	5178点~ 2638点	2015年去杠杆、清理配资、利用股指期货和融资融券做空赢利等因素导致"股灾",其间监管层多次出台救市政策,才止住暴跌

续表

事　件	指数变化	特　点
第十次牛市 2016年3月— 2018年2月	2638点~ 3587点	维稳政策促成慢牛，较为崇尚价值投资理念，以银行股为代表的大盘蓝筹股和白马股成为这波牛市的主力军。前期非常火爆的中小创，多数偃旗息鼓
第十次下跌 2018年2月—	3587点~	中美贸易战使投资者对指数将近两年的上涨普遍有所担忧，市场出现了下跌

21世纪A股六次井喷行情

21世纪A股的六次井喷行情如表1-2所示。

表1-2　　　　　21世纪A股的六次井喷行情

次数	日　期	指数走势	原　因
第一次	2000年2月14日	当日沪指大幅高开57个点，收盘涨幅达9.05%，成交量放大近五成。接下来延续了上涨趋势，直到上证指数在2001年6月达到2245点	节后的第一个交易日，证监会宣布50%新股向二级市场配售政策。同时，春节放假期间，美国纳斯达克股市疯狂上扬
第二次	2001年10月23日	当天上证指数暴涨9.86%，成交量出现明显放大，深证成指暴涨10%。深沪两市1100余只股票近乎全面涨停，两市成交量放大近3倍	受证监会停止首次发行和增发新股票时减持国有股的重大利好消息的影响，然而，这波上涨势头并没有持续多久，在攀升到1776点后便出现下跌趋势
第三次	2002年6月24日	当日上证指数跳空高开142点，涨幅达9.25%，几乎所有的A股均涨停。但连涨几天后又重归跌势，并喷行情宣告结束	国务院正式叫停国有股减持，管理层的救市政策已经明朗，政策底得到确认
第四次	2005年6月8日	当日，上证指数上涨8.21%，深证成指上涨8.38%，两市合计成交305亿元，比上一交易日扩大2.6倍，1326家A股均实现上涨	大盘创出998点历史性大底的次日，尽管当天没有什么政策出台，但市场传言证监会有6项举措救市

续表

次数	日期	指数走势	原因
第五次	2008年4月24日	当天,上证指数和深证成指分别大涨9.29%和9.59%,市场人气重聚,交易异常活跃。沪深两市成交总量超过2730亿元,较前一交易日猛增一倍以上	证监会宣布印花税从0.3%下调至0.1%,与4月20日出台的限制大小非减持规则《上市公司解除限售存量股份转让指导意见》一道催生了"4·24"井喷行情
第六次	2008年9月19日	当日沪指涨幅9.46%,创下了自2001年10月23日以来的最大单日涨幅。沪深两市交易量创当时天量	国内证券市场出现三大回暖消息:单边征收印花税,中央汇金公司购入三大行股票和国资委支持央企增持、回购股票

A股单日涨幅最大的时间

A股单日涨幅最大的时间是在1992年5月21日。当日上证指数从616.99点涨到1266.49点,日涨幅达105.27%。直接原因是股价的全面放开,不再实行每天10%的涨跌停限制。如图1-10所示。

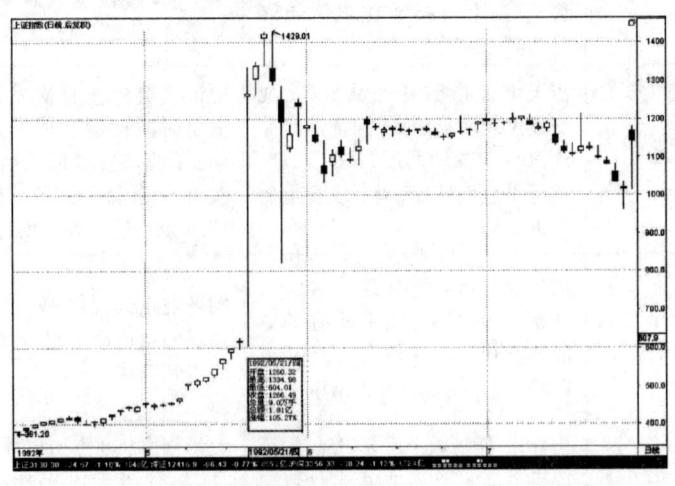

图1-10 A股单日涨幅最大的时间(1992年5月21日)

最近10年A股单日暴跌行情

最近10年A股单日暴跌行情如表1-3所示。

表1-3　　　最近10年A股单日暴跌行情

时　间	指数走势	原　因
2008年6月10日	上证指数下跌7.73% 深成指数下跌8.25%	2008年6月7日央行宣布上调人民币存款准备金率1%,6月10日沪指大幅低开低走,在中石油、中石化等带动下继续疯狂杀跌,上证指数连破3300、3200、3100三道关口,逾千只股票跌停
2008年10月27日	上证指数下跌6.32% 深成指数下跌6.89%	2008年10月22日至27日,受到美国经济危机的影响,A股股市连续暴跌,再次出现千股跌停狂潮,创下1664新低点
2008年11月18日	上证指数下跌6.30% 深成指数下跌7.21%	隔夜美股大跌
2009年8月31日	上证指数下跌6.74% 深成指数下跌7.55%	巨量融资来袭,股市变数加大,大小非冲击,上市公司业绩不理想
2015年1月19日	上证指数下跌7.70% 深成指数下跌6.61%	推进股票发行注册制改革,证监会重拳出击融资融券
2015年7月27日	上证指数下跌8.48% 深成指数下跌7.59%	①证监会继续查场外配资;②美国加息预期;③CPI上升至3%;④IMF敦促中国退出救市措施;⑤制造业PMI指数上升动力不足
2015年8月24日	上证指数下跌8.49% 深成指数下跌7.83%	①全球市场迎来崩盘式下跌,中国经济数据和新兴市场汇率问题已成为摆在各大经济体复苏之路上的又一个巨大障碍;②A股市场资金供给不足;③人民币汇率下跌以及上周证金公司向汇金公司转让股票的举动
2015年8月25日	上证指数下跌7.63% 深成指数下跌7.04%	①全球市场迎来崩盘式下跌,中国经济数据和新兴市场汇率问题已成为摆在各大经济体复苏之路上的又一个巨大障碍;②A股市场资金供给不足;③人民币汇率下跌以及上周证金公司向汇金公司转让股票的举动
2016年1月4日	上证指数下跌6.86% 深成指数下跌8.2%	①美联储加息等外部因素;②中央表态不搞经济政策刺激政策,致市场资金不足;③原减持禁令于1月8日到期,管理层放任不管
2016年1月7日	上证指数下跌7.04% 深成指数下跌7.04%	①美联储加息等外部因素;②中央表态不搞经济政策刺激政策,致市场资金不足;③原减持禁令于1月8日到期,管理层放任不管

四、了解股票的分类

股票是一种证券

"证券"一词的含义十分广泛,它可以分为有价证券和凭证证券两种,如图1-11所示。

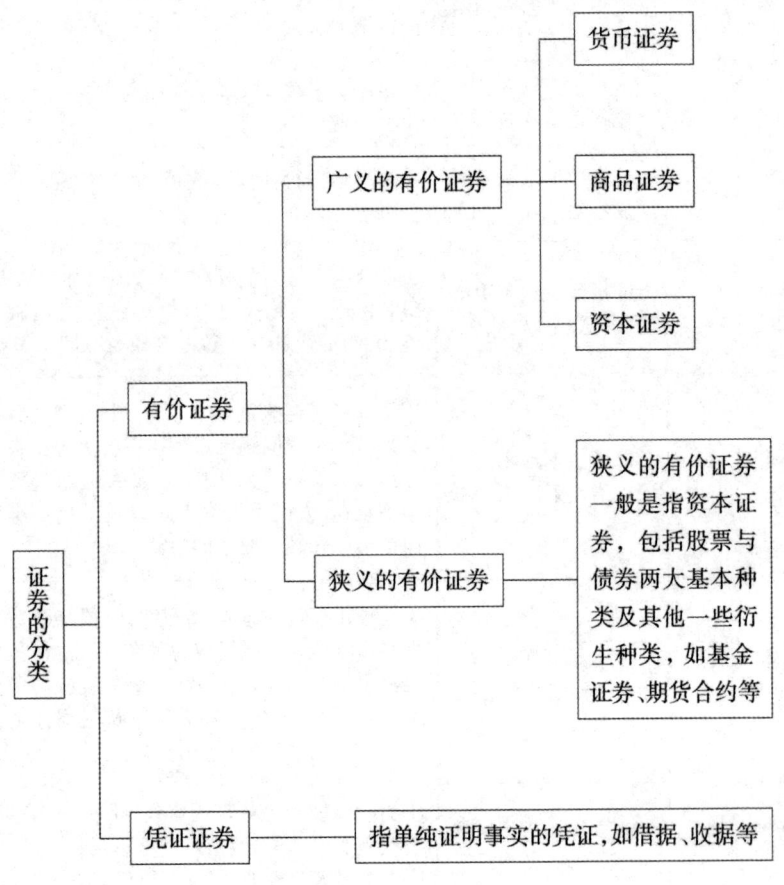

图1-11 证券的分类

普通股和优先股

股票按照股东的权利可以分为普通股和优先股。

1）普通股

普通股是股份有限公司最重要、最基本的一种股份，它是构成股份公司资本的基础。普通股也是风险最大的一种股份。普通股股东享有的基本权利如图1-12所示。

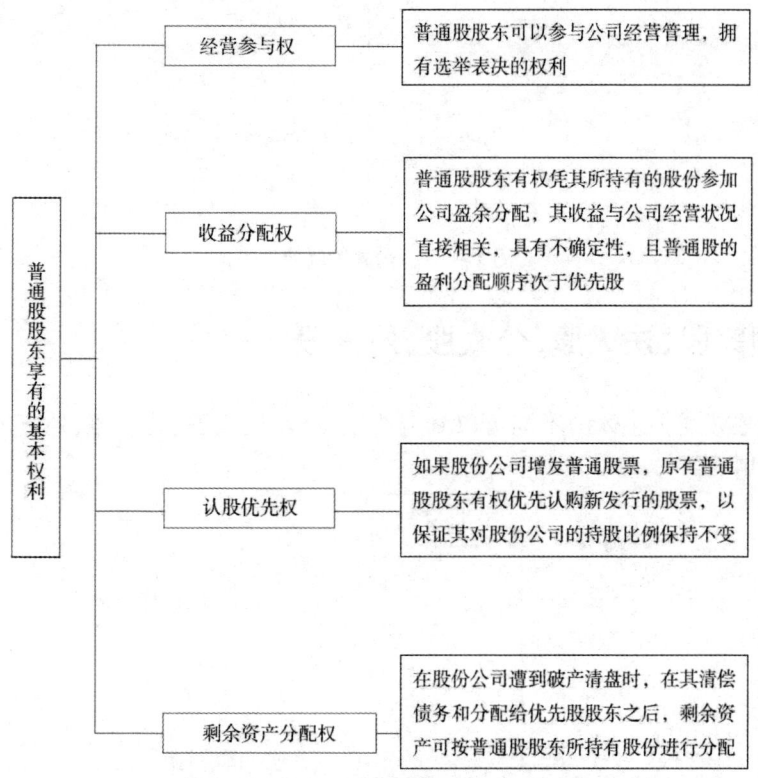

图1-12　普通股股东享有的基本权利

2）优先股

优先股是指股份有限公司在筹集资本时给予认购者某些优先条件的股票，优先股的特征如图1-13所示。

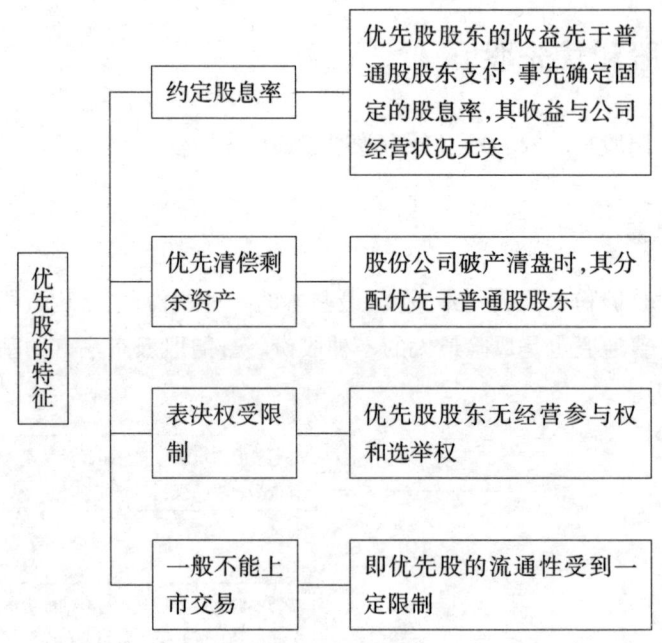

图1-13 优先股的特征

国家股、法人股、公众股、外资股

股票按购买主体的不同可以划分为国家股、法人股、公众股、外资股。如图1-14所示。

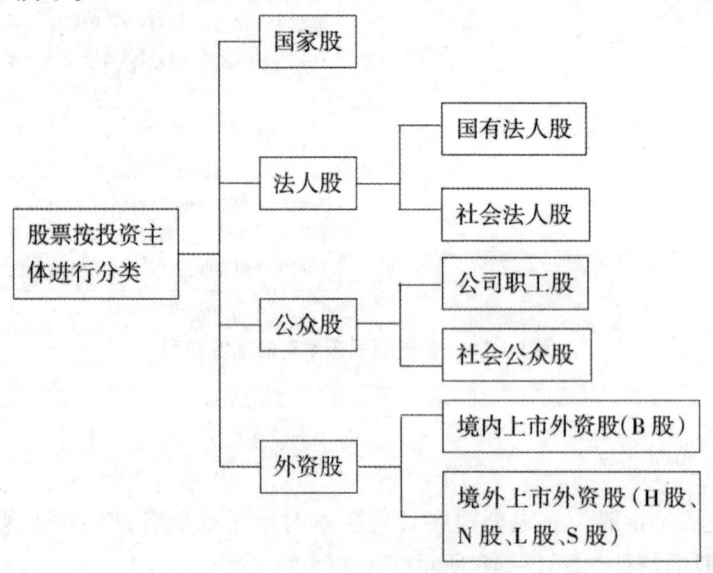

图1-14 股票按投资主体进行分类

由于我国的特殊情况,上市公司股票按购买主体和发行上市的地点又可以分为 A 股、B 股、H 股、N 股、L 股、S 股等,具体如表 1-4 所示。

表 1-4 我国股票的其他分类

类别	特点
A 股	即人民币普通股,是由我国境内公司发行,供境内机构、组织或个人(不含我国台湾、香港、澳门地区投资者)以人民币认购和交易的普通股股票
B 股	又称境内上市外资股,是指以人民币标明票面价值,以外币认购,供境内外投资者买卖的股票。境内外资股在境内进行交易买卖。上海证券交易所的 B 股是以美元交易;深圳证券交易所的 B 股是以港币交易
国家股	又称国有资产股股票,是指有权代表国家投资的部门或者机构,以国有资产向股份有限公司投资形成的股票。国家股一般是指国家投资或国有资产经过评估并经国有资产管理部门确认的国有资产折成的股份
法人股	指企业法人或者具有法人资格的事业单位或社会团体以其依法可支配的资产向股份公司投资所形成的股票。法人股股票,应记载法人名称,不得以代表人姓名记名。法人不得将其所持有的公有股份、认股权证和优先认股权转让给本法人单位的职工
国有法人股	国有法人股是具有法人资格的国有企事业单位以其法人资产向股份公司出资所形成的股份。其与国家股的区别主要有两点:一是持股单位不同,国家股的持股单位为有权代表国家投资的机构或部门,国有法人股的持股单位为向公司投资的国有法人单位。二是股权管理方式不同,首先,国家股的股利收入由国有资产管理部门监督收缴,依法纳入国有资产经营预算并根据国家有关规定安排使用,国有法人股股利由国有法人单位收取并依法使用;其次,对两者股权转让的管理不同,政府对国家股的转让审批更为严格
非国有法人股	非国有法人资产投资于上市公司形成的股份,也称社会法人股
社会公众股	指我国境内个人和机构,以其合法财产向公司可上市流通股权部分(除公司职工股外)投资所形成的股份
公司职工股	本公司职工在公司公开向社会发行股票时按发行价格所认购的股份
H 股	公司在内地注册,在香港发行和上市的外资股。香港的英文是 Hong Kong,取其字首,即为 H 股
N 股	公司在内地注册,在纽约发行和上市的外资股
L 股	公司在内地注册,在伦敦发行和上市的外资股
S 股	公司在内地注册,在新加坡发行和上市的外资股

截至2018年6月,我国主板境外上市公司(H股)230家,创业板境外上市公司24家(资料来源:中国证监会网站)。

ST股票与*ST股票

1) ST股票

ST是英文Special Treatment的缩写,股票名称前有"ST"字样的股票,通常称之为ST股票,即需做特别处理的股票。

如果公司出现如图1-15所示的6种异常财务状况之一,则其股票就要被戴上ST的帽子。

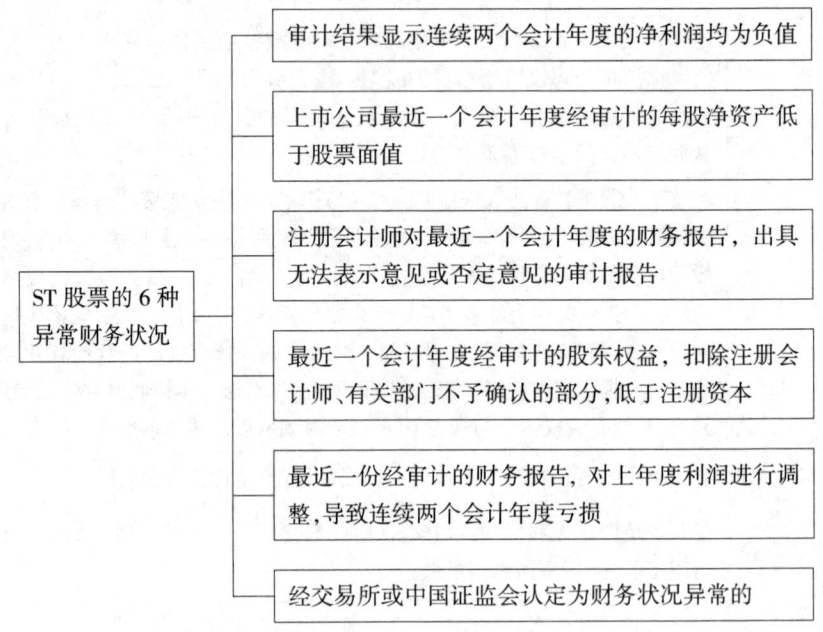

图1-15 ST股票的6种异常财务状况

在上市公司的股票交易被实行特别处理期间,其股票交易应遵循的规则如图1-16所示。由于对ST股票实行日涨跌幅度限制为5%,这在一定程度上抑制了庄家的刻意炒作。投资者对于特别处理的股票也要区别对待,具体问题具体分析:有些ST股主要是经营性亏损,那么在短期内很难通过加强管理扭亏为盈;有些ST股是由于特殊原因造成的亏损,或者有些ST股正在进行资产重组,则这些股票往往潜力巨大。

在特别处理期间,公司的权利与义务不变,即特别处理不是对公司的处罚。证券交易所的职责是对上市公司信息披露的监管,而不是对上市公司经营业绩的考核。而特别处理的目的是为了向投资者提醒风险,防止股价异常波动,以维护市场交易秩序,保护投资者的权益。

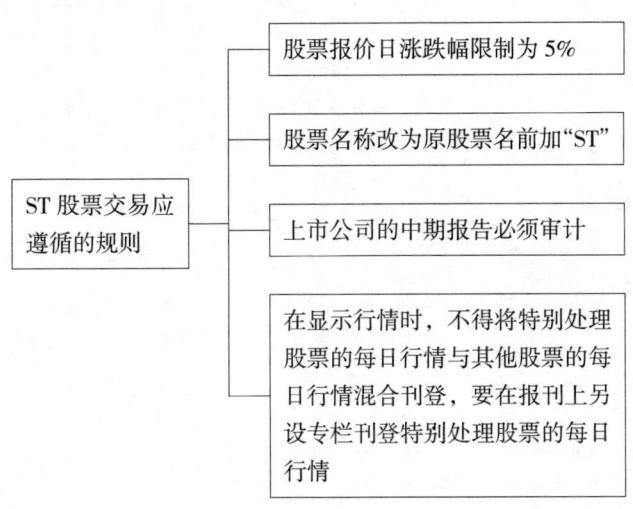

图 1-16　ST 股票交易应遵循的规则

上市公司最近年度财务状况恢复正常,审计结果表明财务状况异常的 6 种情况已经消除,并且满足主营业务正常运营、扣除非经常性损益后的净利润为正值条件的,公司应当自收到最近年度审计报告之日起两个工作日内向交易所报告并提交年度报告,同时可以向交易所申请撤销特别处理。

2) *ST 股票

2003 年开始,启用新标记 "*ST" 警示退市风险。有图 1-17 所示 6 种情形之一者为存在股票终止上市风险的公司。

```
                          ┌─────────────────────────────────┐
                       ┌──┤ 最近两年连续亏损的(以最近两年     │
                       │  │ 年度报告披露的当年经审计净利润   │
                       │  │ 为依据)                         │
                       │  └─────────────────────────────────┘
                       │
                       │  ┌─────────────────────────────────┐
                       │  │ 财务会计报告因存在重大会计差错  │
                       │  │ 或虚假记载,公司主动改正或被中国 │
                       ├──┤ 证监会责令改正,对以前年度财务会 │
                       │  │ 计报告进行追溯调整,导致最近两年 │
                       │  │ 连续亏损的                      │
                       │  └─────────────────────────────────┘
                       │
                       │  ┌─────────────────────────────────┐
  ┌──────────┐         │  │ 财务会计报告因存在重大会计差错  │
  │ *ST股票的│         │  │ 或虚假记载,中国证监会责令其改   │
  │ 6种情形  ├─────────┤  │ 正,在规定期限内未对虚假财务会计 │
  └──────────┘         │  │ 报告进行改正的                  │
                       │  └─────────────────────────────────┘
                       │
                       │  ┌─────────────────────────────────┐
                       ├──┤ 在法定期限内未依法披露年度报告  │
                       │  │ 或者半年度报告的                │
                       │  └─────────────────────────────────┘
                       │
                       │  ┌─────────────────────────────────┐
                       │  │ 处于股票恢复上市交易日至其恢复  │
                       ├──┤ 上市后第一个年度报告披露日期间  │
                       │  │ 的公司                          │
                       │  └─────────────────────────────────┘
                       │
                       │  ┌─────────────────────────────────┐
                       └──┤ 交易所认定的其他情形            │
                          └─────────────────────────────────┘
```

图 1-17 *ST 股票的 6 种情形

股票的其他分类

蓝筹股 这是一种热门股票。一般是由一些业绩优良、金融实力强大的大公司发行的,其红利稳定而优厚,股价呈上涨趋势,普遍受投资者欢迎。

成长股 发行这种股票的公司正处在上升阶段,其销售额和收益额都在上涨,且速度快于整个国家及其行业的增长速度。股票的红利不算高,但股市看好,股价稳步上升,投资者可望从中获得较高的收益。

收入股 指那些受老年、退休者以及一些法人团体欢迎的当前收益较丰的股票。

周期性股 指那些收益周期性波动的股票,例如,钢铁、机器制造、建材等公司的股票。

防守性股 这种股票与周期性股恰好相反,在商业条件恶化时,其收益比其他股票优厚,并且较为稳定。如水电、交通等公用事业公司发行的股票。

投机性股 指那些变化快、幅度大、前景很不确定的股票。其投机性较大,能够吸引一些专门从事证券投机的人的投入。

五、了解股市参与者

股票市场是股票发行和交易的场所。从股市的参与者角度来看,股票市场主要由上市公司、投资者、证券公司、证券交易所、证券登记结算机构、证券服务机构、证券业协会和证券监督管理机构构成。

上市公司

按照《中华人民共和国公司法》等国家有关法律规定,上市公司是由一定人数以上的股东所发起组织,全部资本被划分为若干等额股份,并通过向社会公开发行股票(或股权证)筹集资本,股东就其认购股份对公司负有限责任,股票可以自由转让,公司以其全部资产对公司债务承担责任的企业法人。

上市公司的组织机构由股东大会、董事会和监事会组成。

1）股东大会

股东大会由全体股东组成，它是公司的最高权力机构。股东大会一般每年召开一次年会，其会议由董事会召集，董事长主持；董事长不能履行职务或者不履行职务的，由副董事长主持；副董事长不能履行职务或者不履行职务的，由半数以上董事共同推举一名董事主持。

董事会不能履行或者不履行召集股东大会会议职责的，监事会应当及时召集和主持；监事会不召集和主持的，连续90日以上单独或者合计持有公司10%以上股份的股东可以自行召集和主持。

召开股东大会会议，应当将会议召开的时间、地点和审议的事项于会议召开20日前通知各股东；临时股东大会应当于会议召开15日前通知各股东；发行无记名股票的，应当于会议召开30日前公告会议召开的时间、地点和审议事项。

单独或者合计持有公司3%以上股份的股东，可以在股东大会召开10日前提出临时提案并书面提交董事会；董事会应当在收到提案后两日内通知其他股东，并将该临时提案提交股东大会审议。临时提案的内容应当属于股东大会职权范围，并有明确议题和具体决议事项。

股东大会不得对前两款通知中未列明的事项做出决议。

股东出席股东大会会议，所持每一股份有一表决权。但是，公司持有的本公司股份没有表决权。

股东大会做出决议，必须经出席会议的股东所持表决权过半数通过。但是，股东大会做出修改公司章程、增加或者减少注册资本的决议以及公司合并、分立、解散或者变更公司形式的决议，必须经出席会议的股东所持表决权的2/3以上通过。

《中华人民共和国公司法》和公司章程规定公司转让、受让重大资产或者对外提供担保等事项必须经股东大会做出决议的，董事会应当及时召开股东大会会议，由股东大会就上述事项进行表决。

股东大会选举董事、监事，可以依照公司章程的规定或者股东大会的决议，实行累计投票制。累计投票制是指股东大会选举董事或者监事时，每一股份拥有与应选董事或者监事人数相同的表决权，股东拥有的表决权可以集中使用。

股东可以委托代理人出席股东大会会议，代理人应当向公司提交股东授权委托书，并在授权范围内行使表决权。

股东大会应当对所议事项的决议做会议记录，主持人、出席会议的董事应当在会议记录上签名。会议记录应当与出席股东的签名册及代理出席的委托书一并保存。

2）董事会

股份有限公司设董事会，对股东会负责，其成员为5～19人。董事会成员中可以有公司职工代表，董事会中的职工代表由公司职工通过职工代表大会、职工大会或者其他形式民主选举产生。

董事任期由公司章程规定，但每届任期不得超过3年。董事任期届满，连选可以连任。董事任期届满未及时改选，或者董事在任期内辞职导致董事会成员低于法定人数的，在改选出的董事就任前，原董事仍应当依照法律、行政法规和公司章程的规定，履行董事职责。

董事会设董事长1人，可以设副董事长。董事长和副董事长由董事会以全体董事的过半数选举产生。

董事长召集和主持董事会会议，检查董事会决议的实施情况。副董事长协助董事长工作，董事长不能履行职务或者不履行职务的，由副董事长履行职务；副董事长不能履行职务或者不履行职务的，由半数以上董事共同推举1名董事履行职务。

董事会每年度至少召开两次会议，每次会议应当于会议召开10日前通知全体董事和监事。

代表1/10以上表决权的股东、1/3以上表决权的董事或者监事会，可以提议召开董事会临时会议。董事长应当自接到提议后10日内，召集和主持董事会会议。

董事会召开临时会议，可以另定召集董事会的通知方式和通知时限。

董事会会议有过半数的董事出席方可举行。董事会做出决议，必须经全体董事的过半数通过。董事会决议的表决，实行1人1票制。

董事会会议，应由董事本人出席；董事因故不能出席，可以书面委托其他董事代为出席，委托书中应载明授权范围。

董事会应当对会议所议事项的决议做会议记录，出席会议的董事应当在会议记录上签名。

董事应当对董事会的决议承担责任。董事会的决议违反法律、行政法规或者公司章程、股东大会决议,致使公司遭受严重损失的,参与决议的董事对公司负赔偿责任。但经证明在表决时曾表明异议并记载于会议记录的,该董事可以免除责任。

3) 经理

股份有限公司可以设经理,经理对董事会负责,由董事会决定聘任或者解聘,其行使的职权如图1-18所示。

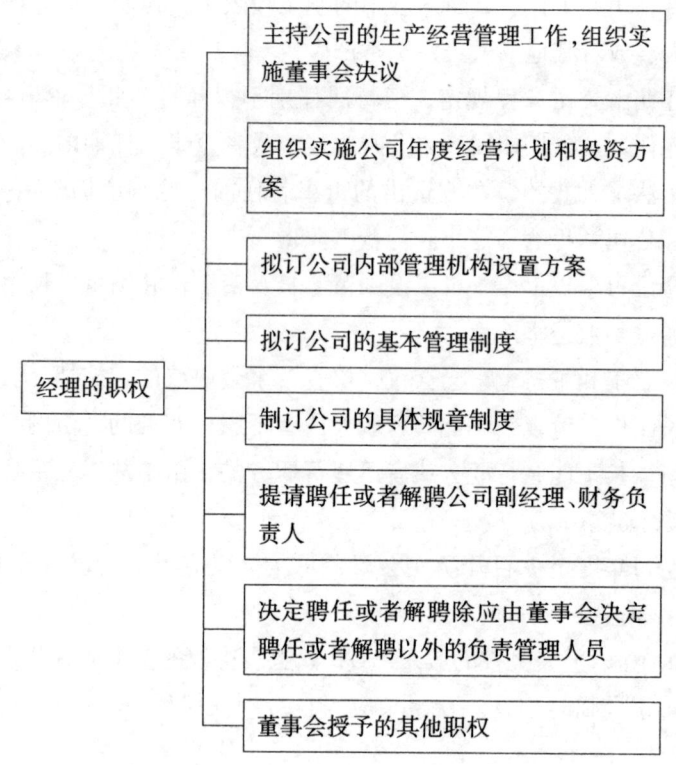

图1-18 经理行使的职权

公司章程对经理职权另有规定的,遵从其规定。经理列席董事会会议。公司董事会可以决定由董事会成员兼任经理。

公司不得直接或者通过子公司向董事、监事、高级管理人员提供借款。

公司应当定期向股东披露董事、监事、高级管理人员从公司获得报酬的情况。

4）监事会

股份有限公司设监事会，其成员不得少于3人。

监事会应当包括股东代表和适当比例的公司职工代表，其中职工代表的比例不得低于1/3，具体比例由公司章程规定。监事会中的职工代表由公司职工通过职工代表大会、职工大会或者其他形式民主选举产生。

监事会设主席1人，可以设副主席。监事会主席和副主席由全体监事过半数选举产生。监事会主席召集和主持监事会会议；监事会主席不能履行职务或者不履行职务的，由监事会副主席召集和主持监事会会议；监事会副主席不能履行职务或者不履行职务的，由半数以上监事共同推举一名监事召集和主持监事会会议。

董事、高级管理人员不得兼任监事。

监事的任期每届为3年。监事任期届满，连选可以连任。监事任期届满未及时改选，或者监事在任期内辞职导致监事会成员低于法定人数的，在改选出的监事就任前，原监事仍应当依照法律、行政法规和公司章程的规定，履行监事职责。

监事会行使职权所必需的费用，由公司承担。监事会每6个月至少召开1次会议。监事可以提议召开临时监事会会议。

监事会决议应当经半数以上监事通过。监事会应当对所议事项的决定做会议记录，出席会议的监事应当在会议记录上签名。

5）公司合并、分立、减资、增资

公司合并可以采取吸收合并或者新设合并。

一个公司吸收其他公司为吸收合并，被吸收的公司解散。两个以上公司合并设立一个新的公司为新设合并，合并各方解散。

公司合并，应当由合并各方签订合并协议，并编制资产负债表及财产清单。公司应当自做出合并决议之日起10日内通知债权人，并于30日内在报纸上公告。债权人自接到通知书之日起30日内，未接到通知书的自公告之日起45日内，可以要求公司清偿债务或者提供相应的担保。

公司合并时，合并各方的债权、债务，应当由合并后存续的公司或者新设的公司承继。

股份有限公司的分立是将公司的全部财产分立为两个或两个以上的公司。分立的方式有两种：

①公司以其部分财产和业务另设一个新的公司，原公司存续；

②公司全部财产分别归入两个以上的新设公司，原公司解散。

公司分立前的债务由分立后的公司承担连带责任。但是，公司在分立前与债权人就债务清偿达成的书面协议另有约定的除外。

公司需要减少注册资本时，必须编制资产负债表及财产清单。公司应当自做出减少注册资本决议之日起10日内通知债权人，并于30日内在报纸上公告。债权人自接到通知书之日起30日内，未接到通知书的自公告之日起45日内，有权要求公司清偿债务或者提供相应的担保。

公司减资后的注册资本不得低于法定的最低限额。

上市公司为增加注册资本发行新股时，股东可认购新股，依照《中华人民共和国公司法》设立股份有限公司缴纳股款的有关规定执行。

公司合并或者分立，登记事项发生变更的，应当依法向公司登记机关办理变更登记；公司解散的，应当依法办理公司注销登记；设立新公司的，应当依法办理公司设立登记。

公司增加或者减少注册资本，应当依法向公司登记机关办理变更登记。

投资者

投资者的主体构成如表1-5所示。

表1-5　　　　　　　　　　　投资者的主体构成

投资者的种类	投资者的特点
散户	散户是我国证券市场的重要组成部分，具有人数众多、投资心理不成熟、单人资金少等特点
证券经营机构	证券经营机构在股票市场上买卖股票
投资基金	1997年11月国务院证券委颁布《证券投资基金管理暂行办法》后，我国投资基金业得到很大发展，已成为我国股票市场的重要机构投资者
企业和事业法人	企业和事业法人可以用自己的积累资金或暂时不用的闲置资金进行证券投资
社保基金	即社会保障基金。国务院为这部分基金的运用制定了明确的原则，即"以支定收、略有节余、留有部分积累"。社保基金以资产的保值增值为首要目的，对于投资的绝对回报要求并不高，这也使其通常能够成功"逃顶"，"有点收益就满足"，而不会像公募基金一样，迫于绝对收益的需要，硬挺着高仓位或是铤而走险按兵不动
中央汇金公司	成立于2003年12月16日，直接控股参股金融机构包括商业银行、证券公司、保险公司和其他机构。主要职能是代表国家行使对重点金融企业的出资人的权利和义务，保证国家注资的安全并获得合理的投资回报
证金公司	全称为"中国证券金融股份有限公司"，成立于2011年10月28日，由上海证券交易所、深圳证券交易所和中国证券登记结算有限责任公司共同发起设立的证券类金融机构
保险资金	1999年10月，中国保监会允许保险资金通过基金间接入市。2004年10月，保险资金获准直接入市
QFII	是合格的境外机构投资者（Qualified Foreign Institutional Investors）的简称，QFII机制是指外国专业投资机构到境内投资的资格认定制度
外资	由于受到政府、法规等方面的限制，海外机构投资者纷纷采用各种"变通"的手法，或利用注册在大陆的独资、三资企业入市，或借用在国内的个人名义开户，以间接的方式加盟中国股市运作
民间游资	手握重金的民间游资，在股市上往往让投资者联想到一连串交投活跃、不断制造涨停板的营业部

证券公司

证券公司是指依照《中华人民共和国公司法》和《中华人民共和国证券法》规定设立的经营证券业务的有限责任公司或股份有限公司。证券公司必须在其名称中标明证券有限责任公司或证券股份有限公司字样。

1) 证券公司经营的证券业务

证券公司经营的证券业务如图1-19所示。

证券公司如果经营业务图1-19中第一项至第三项业务的,其注册资本最低限额为人民币5000万元;如果经营第四项至第七项业务其中一项的,其注册资本最低限额为人民币1亿元;如果经营第四项至第七项业务中两项以上的,其注册资本最低限额为人民币5亿元。证券公司的注册资本应当是实缴资本。国务院证券监督管理机构根据审慎监管原则和各项业务的风险程度,可以调整注册资本最低限额,但不得少于法定限额。

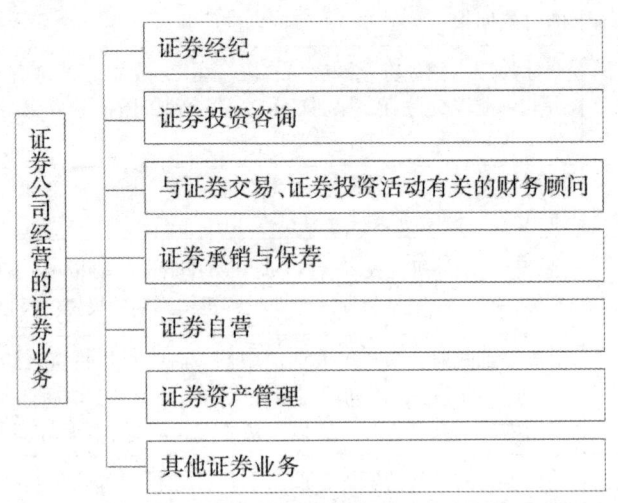

图1-19 证券公司经营的证券业务

2) 证券公司分类

中国证监会每年根据《证券公司分类监管规定》及行业发展情况,将证券公司分为 A（AAA、AA、A）、B（BBB、BB、B）、C（CCC、CC、C）、D、E 等 5 大类 11 个级别。其类别、级别的划分仅反映公司在行业内风险管理能力及合规管理水平的相对水平。

A 类公司风险管理能力在行业内最高，能较好地控制新业务、新产品方面的风险；

B 类公司风险管理能力在行业内较高，在市场变化中能较好地控制业务扩张的风险；

C 类公司风险管理能力与其现有业务相匹配；

D 类公司风险管理能力低，潜在风险可能超过公司可承受范围；

E 类公司潜在风险已经变为现实风险，已被采取风险处置措施。

中国证监会根据证券公司分类结果对不同类别的证券公司在行政许可、监管资源分配、现场检查和非现场检查频率等方面实施区别对待的监管政策。具体为：

①对不同类别证券公司规定不同的风险控制指标标准和风险资本准备计算比例，并在监管资源分配、现场检查和非现场检查频率等方面区别对待。

②分类结果将作为证券公司申请增加业务种类、新设营业网点、发行上市等事项的审慎性条件。

③分类结果将作为确定新业务、新产品试点范围和推广顺序的依据。

④中国证券投资者保护基金公司根据证券公司分类结果，确定不同级别的证券公司缴纳证券投资者保护基金的具体比例。

⑤证券公司分类结果主要供中国证监会及其派出机构使用，证券公司不得将分类结果用于广告、宣传、营销等商业目的。

3）2018 年证券公司分类结果

2018 年各证券公司分类结果如图 1－20（按公司名称拼音顺序排序）：

序号	公司名称	2018年级别	序号	公司名称	2018年级别	序号	公司名称	2018年级别
1	爱建证券	CC	34	国泰君安	AA	66	申港证券	BBB
2	安信证券	A	35	国信证券	A	67	申万宏源	AA
3	北京高华	A	36	国元证券	A	68	世纪证券	BB
4	渤海证券	A	37	海际证券	BBB	69	首创证券	B
5	财达证券	BBB	38	海通证券	AA	70	太平洋	A
6	财富证券	BB	39	恒泰证券	CCC	71	天风证券	A
7	财通证券	A	40	红塔证券	A	72	万和证券	BB
8	长城国瑞	BB	41	宏信证券	CCC	73	万联证券	BBB
9	长城证券	BBB	42	华安证券	A	74	网信证券	B
10	长江证券	A	43	华宝证券	BBB	75	五矿证券	BB
11	川财证券	B	44	华创证券	BB	76	西部证券	BBB
12	大通证券	BBB	45	华福证券	A	77	西南证券	C
13	大同证券	BB	46	华金证券	CCC	78	湘财证券	BBB
14	德邦证券	BB	47	华菁证券	B	79	新时代	CC
15	第一创业	BBB	48	华林证券	A	80	信达证券	CC
16	东北证券	BBB	49	华龙证券	BBB	81	兴业证券	BBB
17	东方财富	BBB	50	华融证券	AA	82	银河证券	AA
18	东方证券	A	51	华泰证券	AA	83	银泰证券	BBB
19	东海证券	A	52	华西证券	A	84	英大证券	BBB
20	东莞证券	A	53	华鑫证券	BBB	85	招商证券	AA
21	东吴证券	A	54	华信证券	BB	86	浙商证券	A
22	东兴证券	BBB	55	江海证券	BBB	87	中航证券	BB
23	方正证券	C	56	金元证券	BBB	88	中金公司	AA
24	光大证券	A	57	九州证券	B	89	中山证券	BBB
25	广发证券	AA	58	开源证券	BB	90	中泰证券	A
26	广州证券	A	59	联储证券	BBB	91	中天证券	BBB
27	国都证券	BBB	60	联讯证券	B	92	中投证券	CCC
28	国海证券	B	61	民生证券	A	93	中信建投	AA
29	国金证券	A	62	南京证券	A	94	中信证券	AA
30	国开证券	A	63	平安证券	A	95	中银国际	A
31	国联证券	BBB	64	瑞银证券	BBB	96	中邮证券	BBB
32	国融证券	BB	65	山西证券	B	97	中原证券	A
33	国盛证券	BBB						

图1-20　证券公司分类

证券交易所

证券交易所是为证券集中交易提供场所和设施，组织和监督证券交易，实行自律管理的法人。为了保证证券交易的公平和公正，交易所本身不能买卖证券，更不能决定证券交易的价格。

证券交易所的组织形式有公司制和会员制两种。公司制证券交易所是一个按照股份制原则设立的,由股东出资组成,以赢利为目的的法人团体。会员制证券交易所是一个由许多会员自愿组成,不以赢利为目的的法人团体。交易所的会员必须是出资的证券经纪人或自营商,只有会员才能参加证券交易,会员对交易所的责任,仅以其交纳会费为限,与交易所的关系是自治自律的非合同关系。会员制交易所的最高决策管理机构是理事会,理事会由会员选举产生。

上海证券交易所和深圳证券交易所都采用会员制这种证券交易所组织形式。实行会员制的证券交易所的财产积累归会员所有,其权益由会员共同享有,在其存续期间,不得将其财产积累分配给会员。

证券登记结算机构

证券登记结算机构是为证券交易提供集中登记、存管与结算服务,不以营利为目的的法人。设立证券登记结算机构必须经国务院证券监督管理机构批准。证券登记结算机构履行的职能如图1-21所示。

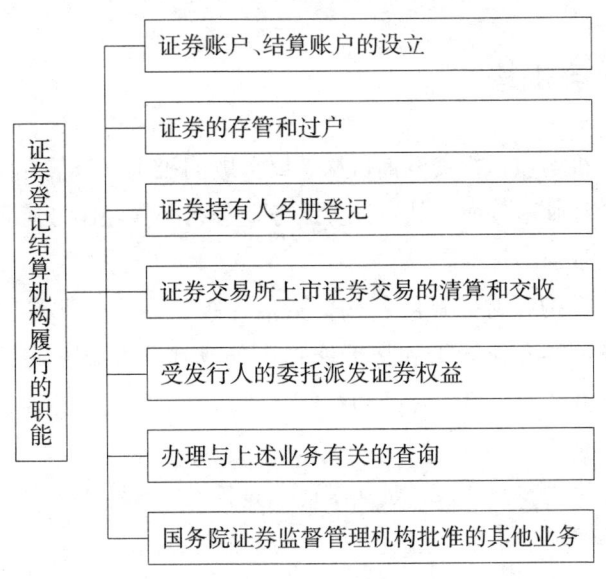

图1-21 证券登记结算机构履行的职能

证券登记结算采取全国集中统一的运营方式。证券持有人持有的证券，在上市交易时，应当全部存管在证券登记结算机构。证券登记结算机构不得挪用客户的证券。

证券登记结算机构应当向证券发行人提供证券持有人名册及其有关资料。

证券登记结算机构应当根据证券登记结算的结果，确认证券持有人持有证券的事实，提供证券持有人登记资料。证券登记结算机构应当保证证券持有人名册和登记过户记录真实、准确、完整，不得隐匿、伪造、篡改或者毁损。

证券登记结算机构应当妥善保存登记、存管和结算的原始凭证及有关文件和资料。其保存期限不得少于20年。

投资者委托证券公司进行证券交易，应当申请开立证券账户。证券登记结算机构应当按照规定以投资者本人的名义为投资者开立证券账户。投资者申请开立账户，必须持有证明中国公民身份或者中国法人资格的合法证件。国家另有规定的除外。

证券登记结算机构为证券交易提供净额结算服务时，应当要求结算参与人按照货银对付的原则，足额交付证券和资金，并提供交收担保。在交收完成之前，任何人不得动用用于交收的证券、资金和担保物。

证券服务机构

证券服务机构包括投资咨询机构、财务顾问机构、资信评级机构、资产评估机构、会计师事务所。从事证券服务业务，必须经国务院证券监督管理机构和有关主管部门批准。

投资咨询机构、财务顾问机构、资信评级机构从事证券服务业务的人员，必须具备证券专业知识和从事证券业务或者证券服务业务两年以上经验。认定其证券从业资格的标准和管理办法，由国务院证券监督管理机构制定。

投资咨询机构及其从业人员从事证券服务业务不得有下列行为：
①代理委托人从事证券投资。
②与委托人约定分享证券投资收益或者分担证券投资损失。
③买卖本咨询机构提供服务的上市公司股票。
④利用传播媒介或者通过其他方式提供、传播虚假或者误导投资者的信

息。

⑤法律、行政法规禁止的其他行为。

有前款所列行为之一，给投资者造成损失的，依法承担赔偿责任。

从事证券服务业务的投资咨询机构和资信评级机构，应当按照国务院有关主管部门规定的标准或者收费办法收取服务费用。

证券服务机构为证券的发行、上市、交易等证券业务活动制作、出具审计报告、资产评估报告、财务顾问报告、资信评级报告或者法律意见书等文件，应当勤勉尽责，对所依据的文件资料内容的真实性、准确性、完整性进行核查和验证。其制作、出具的文件有虚假记载、误导性陈述或者重大遗漏，给他人造成损失的，应当与发行人、上市公司承担连带赔偿责任，但是能够证明自己没有过错的除外。

证券业协会

证券业协会是证券业的自律性组织，是社会团体法人。证券公司应当加入证券业协会。

证券业协会的权力机构为全体会员组成的会员大会。

《中华人民共和国证券法》第一百七十五条规定：证券业协会章程由会员大会制定，并报国务院证券监督管理机构备案。

证券业协会履行的职责如图1-22所示。

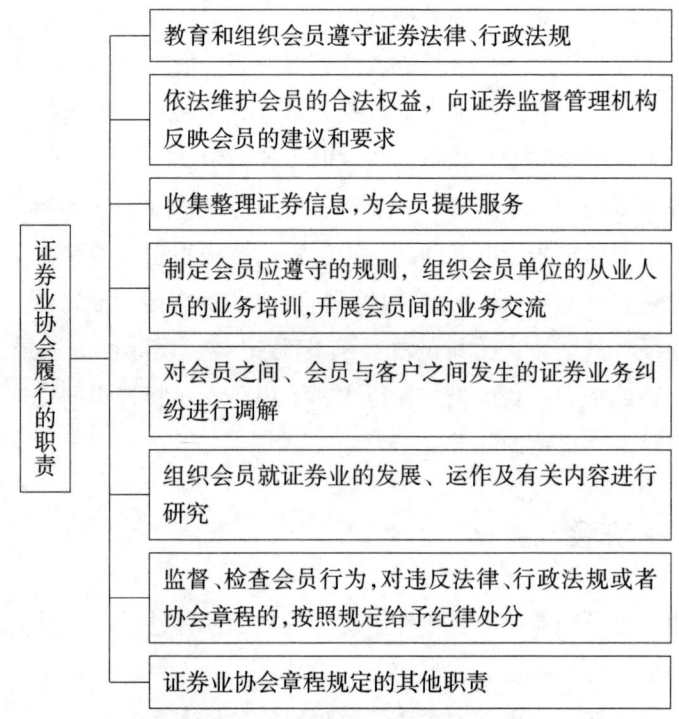

图1-22 证券业协会履行的职责

证券监督管理机构

中国证券监督管理委员会（简称中国证监会）为国务院证券监督管理机构，依法对证券期货市场实行监督管理，维护证券期货市场秩序，保障其合法运行。

中国证监会的组织结构如图1-23所示。

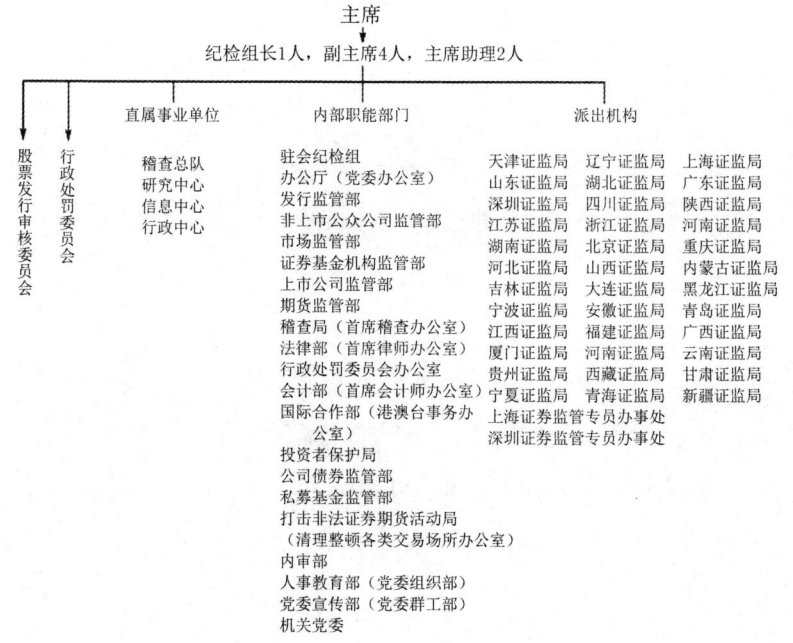

图1-23 中国证监会组织结构

地方性证券管理委员会在接受国务院证券委、中国证监会的指导和监督下对当地证券市场进行统一的宏观管理。其主要职责是：贯彻国家有关证券市场的法律、法规，组织拟订有关当地证券市场的地方性法规和政府规章的草案；研究制定发展地方证券市场的政策措施；制定和组织实施地方证券市场发展规划和年度计划；统一协调股票、债券等有价证券发行交易等有关市场；维护证券市场的公开、公正、公平；指导、协调和监督地方各有关部门与证券市场有关的各项工作。

地方性证券管理委员会下设证券管理办公室，具体实施管理功能。其主要职责为：按照地方性证券管理委员会的指示，拟订有关证券市场管理的地方性法规、规章；根据国家下达的规模，提出当地的证券发行计划，经地方性证券管理委员会审定后，审批有价证券发行申请，协调股票发行有关工作；受理审批股份有限公司配股、公积金转增股本及红利转增资本的申请；依法督察和配合有关部门查处证券违法活动；汇总整理证券市场信息，统一发布证券市场管理的有关信息。

第二章
炒股步骤

一、开设证券账户
二、开设资金账户
三、办理委托
四、竞价成交
五、清算交割和过户

一、开设证券账户

证券账户的种类

证券账户是指证券登记机构为了对证券投资行为进行准确、有效的记载、清算、交割而给证券投资者设立的专门账户;每个证券账户配发一个股东代码,每个代码只对应一位投资者。

证券账户可分为深圳A股、深圳B股、上海A股、上海B股和基金账卡等几种。

证券账户还可以用于买卖基金,而管理层为了活跃机构投资市场,在发行(募集)证券投资基金时,特别设立了一种基金账户。顾名思义,基金账户只用来处理基金的认购及买卖交易,并不能用来处理股票交易。设立基金账户,纯粹是为了给投资者多一种选择,尤其是那些不懂得股票投资或者没有时间进行股票投资的人,把目光集中在投资基金是一个不错的选择。

上交所证券账户由一个英文字符与9位数字组成,最后一位数字为校验位。根据投资者类别或账户的用途,证券账户的分类如表2-1所示。

表2-1　　　　　　上交所证券账户的分类

上交所证券账户类别	投资主体	举例
A类	个人投资者账户	A100000001
B类	机构投资者账户	B100000001
C类	境外投资者账户(用于B股交易的账户)	C100000001
D类	证券公司自营账户	D100000001
F类	证券投资基金账户	F100000001

深交所证券账户不分个人与机构,均由8位阿拉伯数字组成,如12345678。

投资者应按照国家有关规定在相应的范围内开立和使用证券账户,不得串用。

怎样办理证券账户

1）个人投资者怎样办理证券账户

持本人身份证及复印件到当地证券登记机构办理。

2）机构投资者怎样办理证券账户

机构投资者办卡时须提供以下资料：营业执照（副本）及其复印件（并加盖公章）、法人代码证、法人代表证明书、法人委托书（如果是法人代表本人前往办理则免）、开户银行名称及账号、经办人身份证及复印件。

按申请表的提示内容填好后，在指定位置盖上法人单位的公章及法人代表私章。

若开设证券公司自营账户，还需提供证券交易所关于同意开立自营账户的有关批文。

3）如何办理 B 股证券账户

投资者需提供境外人士身份证明或护照。

4）怎样办理基金账户

投资者必须持本人身份证亲自到户口所在地开户机构办理，不能由他人代办，也不能在异地开立基金账户；已开过股票账户的投资者不得再开立基金账户。深、沪交易所基金开户的收费标准均为 5 元/户。

投资者申请开户时，除提供以上资料外，还需要填写交易所证券账户开户登记表。

一人多户

自 2016 年 10 月 14 日起，中国证券登记结算有限责任公司发布了最新修订的《证券账户业务指南》。修订的主要内容如下：

同一投资者在同一市场最多可以申请开立 3 个 A 股账户、封闭式基金账户，只能申请开立一个信用账户、B 股账户。

全面放开一人一户限制，可方便各类自然人和机构投资者选择证券经营机构并根据自身实际需要管理证券资产,也能更好地促进各类证券经营机构通过加强对投资者的服务来推进服务方式创新和服务升级,从而促进市场竞争更为充分、有序和公平,促进市场结构更为均衡并提升市场整体效率。

"一人多户"新政为投资者提供了很大方便,但投资者应当根据自身确实存在的实际需要决定是否开立多户,不要盲目开立多户。否则,不仅会增加开户成本,也会造成技术系统资源浪费。

二、开设资金账户

选择合适的证券营业部

投资者买卖股票要先选择证券营业部作为证券交易的经纪商,代理个人进行交易,并办理交割、清算、过户等手续。所以,投资者在开始时选择一家好的券商会为日后的交易带来极大的便利。

办理资金账户的步骤

投资者选定证券营业部以后,即可在此家营业部开立资金账户。投资者开立资金账户要经过以下几个步骤:

①个人开户需提供身份证原件及复印件,深、沪证券账户卡原件及复印件。

若是代理人,还需与委托人同时临柜签署《授权委托书》,并提供代理人的身份证原件和复印件。

法人机构开户应提供法人营业执照及复印件;法定代表人证明书;证券账户卡原件及复印件;法人授权委托书和被授权人身份证原件及复印件;单位预留印鉴。

②填写开户资料并与证券营业部签订《证券买卖委托合同》(或《证券委托交易协议书》),同时签订有关沪市的《指定交易协议书》。

③证券营业部为投资者开设资金账户。

④需开通网上交易、电话委托业务功能的投资者,需当场签订开通协议书,并注意查阅证券营业部有关此类业务功能的相关说明。

第三方存管

1）什么是第三方存管

第三方存管的全称是"客户交易结算资金第三方存管"。它是指由证券公司负责投资者的证券交易、股份管理，以及根据交易所和登记结算公司的交易结算数据清算投资者的资金和证券；而由存管银行负责管理客户交易结算资金、管理账户和客户交易结算资金汇总账户，向客户提供交易结算资金存取服务，并为证券公司完成与登记结算公司和场外交收主体之间的法人资金结算交收服务的一种客户资金存管制度。

2）实行"第三方存管"对客户的好处

①资金更放心。客户保证金的安全由商业银行和券商的双重信用作为保障，确保客户资金的兑付，客户资金的安全得到保障。

②存取更省心。客户可以通过银行柜台、电话银行、网上银行，以及券商柜台、电话委托等多种方式完成银行账户与保证金账户之间的划转。

③服务更贴心。客户成为券商和银行的共同客户，同时享受证券投资服务和银行综合理财服务。

3）实行"第三方存管"后，新客户开户有何变化

新客户开户所需资料与存管前无异。不同之处在于，新客户在券商端完成正常的交易开户后，还需将其证券交易保证金账户与银行账户之间一一对应，建立对应账户的转账关系，即与存管银行签约。

4）"第三方存管"模式下，客户的资金存取、保证金划转如何实现

客户从事证券交易的资金必须首先存入银行账户，然后从银行账户划入保证金账户，方可进行证券交易。客户如需取出资金，须将保证金转入银行账户，然后通过银行存折或银行卡取出资金。

客户的银行账户与保证金账户的划转可通过如下途径完成：

①银行端：可通过银行柜台、电话银行、网上银行等银行提供的方式办理。

②券商端：可通过券商柜台、热线自助、电话委托系统等券商提供的方式办理。

三、办理委托

委托的内容有哪些

当委托人向证券商办理委托时，必须详细说明下述内容：
①买卖股票的名称。
②买进或卖出。
③买卖股票的价格。上海证券交易所和深圳证券交易所对所有的股票和基金都实行涨跌停板制度，其幅度为±10%。当股票价格达到+10%时，称为涨停板；价格达到-10%时，称为跌停板。当日委托价格不能超过或低于前一交易日收盘价的10%，否则视为无效委托，系统做自动撤单处理。由于涨跌的幅度采用四舍五入的计算方法，处于涨跌停板状态的股价有时会出现10%左右的幅度，而不正好是10%，这是正常的。ST股票实行±5%的涨跌停板制度。新股上市当天的价格虽然不受10%涨跌停板的限制，但要遵守一些其他规则。

④买卖股票的数量。根据证券交易所的有关规定，股民在委托买进股票时，必须购买整数股（即100股的倍数），在委托卖出股票时，可以委托卖出零股，但必须一次性全部卖出，不能分批卖出。因此，在电脑竞价撮合系统中会有零股委托卖出现象，相应的买入委托者就有可能以零股成交，而不是以整数股成交。同样，委托卖出整数股者也可能会卖出零股。例如，甲委托卖出135股，价格为10元；乙委托卖出200股，价格为10.01元。此时，丙委托买入200股，价格为10.01元，这样，买入方丙可从卖出方甲处买入135股，价格为10元，再从卖出方乙处买入65股，价格为10.01元，丙委托购买的200股全部成交；委托买入方丁也委托买入200股，价格也是10.01元，这样委托买入方丁只能从乙处买入余下的135股了，因而出现了零股。

此外，证券交易所还对股票买卖的最大申报数量做出相应的规定：上市公司流通股票数量在3000万股以下,每笔申报数量定为最高不超过10万股;流通股票数量在3000万股(含3000万股)至1亿股以下,每笔申报数量调整为最高不超过20万股;流通股票数量在1亿股以上(含1亿股),每笔申报数量不限。

什么是限价委托和市价委托

限价委托是指投资者要求经纪商在执行委托指令时必须按限定的价格或比限定价格更有利的价格买卖证券,即投资者向券商发出买卖某种股票的指令时,不仅投资者提出买卖的数量,而且对买卖的价格做出限定,即在买入股票时,限定一个最高价,只允许券商按其规定的最高价或低于最高价的价格成交;在卖出股票时,限定一个最低价,只允许券商按其规定的最低价或高于最低价的价格成交。即必须以限定价格或低于限定价格买进证券,以限定价格或高于限定价格卖出证券。限价委托方式的优点是:股票投资者可以预期的价格或更有利的价格成交,有利于投资者实现预期投资计划,谋求最大利益。但是,限价委托也有自身的局限性,由于限价与市价之间可能有一定的距离,必须等市价与限价一致时才有可能成交;此时,如果有市价委托出现,市价委托将优先成交,因此,限价委托成交速度慢,投资者采用限价委托容易坐失良机,遭受损失。

市价委托是指投资者向证券经纪商发出买卖某种证券的委托指令时,要求证券经纪商按证券交易所内当时的市场价格买进或卖出证券。市价委托的优点是:没有价格上的限制,证券经纪商执行委托指令比较容易,成交迅速且成交率高。当投资者为了避免因股票价格波动遭受损失而急于成交时,经常采用这一方式。市价委托的缺点是:只有在委托执行后才知道实际的执行价格。尽管场内交易员有义务以最有利的价格为投资者买进或卖出证券,但成交价格有时会不尽如人意,尤其是当市场上市价委托买入多而卖出少的时候,卖出报价会较高;而市价委托买入少而卖出多时,买入报价会较低。

什么是撤单

当证券商接受投资者买入股票的委托后,就要按照投资者的要求去购买股票,因此这部分资金当天就必须锁定在该用途上,即使不能成交,也只有等到第二天该合同自动作废以后，这部分资金才能解冻出来。卖股票时也一样，当证券商接受投资者卖出股票的委托后，就要按照投资者的要求去卖出该股票，因此这部分股票当天就必须被锁定，即使不能成交，也只有等到第二天该合同自动作废以后，这部分股票才能解冻出来。如果投资者在当天要动用被锁定的资金（在委托买入时，想改变买入价格或不想买入）或股票（在委托卖出时，想改变卖出价格或不想卖出），就必须先通过撤单撤销该委托，才能动用被锁定的资金或股票。如果投资者在完成撤单之前，原来的委托已经成交，就不能撤单。

通过互联网买卖股票应注意的问题

近年来，网上炒股以其方便、快捷、安全的优势，深受投资者的青睐，但也有许多投资者对网上交易的理财方式还缺乏了解，对如何控制风险还很茫然。所以有必要掌握网上交易的一些操作规则和应该注意的问题，以确保正确地进行网上操作，同时确保资金股票的安全。

①股民必须在具有网上交易资格的营业部开户，并仔细阅读营业部的网上交易手册，只有这样才能得到相关法律和法规的保护。

②正确设置交易密码，并做到不定期地更换和修改。与传统的证券交易系统一样，网上交易系统主要通过客户号码（即股东号码）和交易密码作为交易对象的识别标志。所以投资者一定要注意交易密码的保密性，交易密码切忌用吉祥数字、生日、手机号等与自己特征有关的字符。对于使用公用电脑（比如办公电脑、网吧电脑等）进行交易的投资者，要不定期地更换交易密码。

③在开通网上交易的同时，电话委托也要同时开通，这样有利于在网上交易系统出现故障时，还能不失时机地买卖股票。

④准确操作，以确保发出的买卖信息准确无误。投资者在输入买卖信息时一定要谨慎操作，仔细核对买入和卖出股票的价格，确认准确无误后，方可输入。因为券商在和投资者签订网上交易协议时，明确规定：输入交易信息必须准确无误，否则造成的损失，券商概不负责。

⑤交易完成后要及时退出交易系统。交易者在使用完交易系统后，一定要注意及时退出交易系统。有的投资者由于不是在同一时间买卖股票，为图方便，习惯于按最小化按钮，此时交易中心和交易软件并没有断开连接，用

户如果在离开电脑的时候忘记退出软件，任何人都可以操作账户，尤其是在一些公共场所，容易造成盗买和盗卖股票的现象，造成不必要的损失。

⑥注意及时查询。买卖委托提交后，股民应及时利用网上查询功能进行查询，以确认自己的委托是否被券商受理，委托是否成功。由于网络运行的不稳定性，有时电脑界面没有显示委托已经成功，但当投资人再次发出委托，券商却已收到两次委托，造成股票重复买卖，所以及时查询非常必要。

⑦要注意券商的各种规定。为了控制网上交易的风险及防止被恶意破译客户密码，一些券商采取了一些防范措施，比如客户在进行网上委托身份认证时，如果连续三次错误输入密码，则系统会对客户账户自动冻结，以保证客户账户的安全性。这时客户要携带有效证件，到所开户的营业部柜台进行解冻申请。

⑧要注意网络的防黑防毒。近年来网络黑客猖獗，病毒不断，为了保证你使用的机器和网络不受病毒的侵害和黑客的骚扰，确保交易密码和股票个人资料不泄露，有必要在系统上安装防黑防毒的杀毒软件，并定期升级。

⑨要注意其他优惠举措。网上交易降低了券商的交易成本，增加了网络公司的客户资源，因此深受券商和网络公司的青睐。为了争夺客户，券商和网络公司纷纷采取优惠政策，作为投资者，应该关注这种举措，以降低自己的交易成本。

⑩注意及时挂失。如果遗失了股东卡和相关证件，要及时到开户的证券营业部办理挂失手续，以防股票被盗买和盗卖。

四、竞价成交

集合竞价

目前，我国的上海、深圳证券交易所采用的竞价方式有两种，即集合竞价和连续竞价。

所谓集合竞价分为两个时段：开盘和尾盘。在开盘时，集合竞价是产生当天开盘价的方法。具体来说，在当天还没有成交价的时候，你可以根据前一天的收盘价和对当日股市的预测来输入股票价格，在这段时间里输入电脑主机的所有价格都是平等的,而后按照一定的规则,交易所进行撮合,按最大成交量的原则来定出股票的价位,这个价位就被称为集合竞价的价位,而这个过程被称为集合竞价。目前,沪深两市早盘和尾盘均实行集合竞价制度,具体情况如表2-2所示。

表2-2　　　　　上交所、深交所不同时间的交易规则

时间	交易规则	备注
9:15—9:20	股民可以下单也可以撤单	所有下单都进入软件报价系统,但期间交易所只接受申报,不进行撮合。由于可以撤单,所以这段时间的申报单有可能是虚假申报
9:20—9:25	股民可正常下单,但不得撤单	在9:25,经交易所撮合以一定规则确定成交价格,产生开盘价。其成交原则为:第一,成交量最大优先;第二,价格优先;第三,时间优先。没有成交的则进入连续竞价阶段
9:25—9:30	股民可正常下单,也可撤单	交易所既不接受申报,也不接受撤单。股民的下单,只是暂存在券商的系统里,在9:30才能接收到挂单
9:30—11:30 1:00-14:57	股民可正常下单撤单	9:30开始进入连续竞价。连续竞价阶段,其成交参照有关交易规则
14:57—15:00	只能下单,不能撤单	在15:00,经交易所对所有下单进行撮合,以一定成交原则产生成交价格,产生收盘价。其成交原则和早盘集合竞价时相同

在具体操作中,直到9:25以后,你就可以看到证券公司的大盘上各种股票集合竞价的成交价格和数量。有时某种股票因买入人给出的价格低于卖出人给出的价格而不能成交。那么,9:25后大盘上该股票的成交价一栏就是空的。当然,有时有的公司因为要发布消息或召开股东大会而停止交易一段时间,那么集合竞价时该公司股票的成交价一栏也是空的。因为集合竞价是按最大成交量来成交的,所以对于普通股民来说,在集合竞价时间,只要打入的股票价格高于实际的成交价格就可以成交了。所以,通常可以把价格打得高一些,也并没有什么危险,因为所有在集合竞价时成交的委托,无论委托价格高低,其成交价均为开盘价。因为普通股民买入股票的数量不会很大,不会影响到该股票集合竞价的价格,只不过此时你的资金卡上必须要有足够的资金。

集合竞价是怎样确定成交价即开盘价的

1) 对买卖申报进行排序

电脑撮合系统对所有的买入有效申报按照委托限价由高到低的顺序排列,限价相同的按进入系统的时间先后排列;所有的卖出申报按照委托限价由低到高的顺序排列,限价相同的按进入系统的时间先后排列。

2) 按照以下的三条原则产生开盘参考价

①以此价格成交,能够得到最大成交量。
②高于参考价的买入申报和低于参考价的卖出申报必须全部成交。
③与参考价相同价位的申报,其中买入申报和卖出申报必须有一方能全部成交。

集合竞价过程中,若产生一个以上的基准价格,即有一个以上的价格同时满足集合竞价的三个条件时,沪市选取这几个基准价格的中间价格为成交价格,深市则选取离前收盘价最近的价格为成交价格。

3) 撮合成交

继而以该参考价为成交价逐步对排在前面的买入申报和卖出申报进行撮合成交,一直到不能成交为止。

4) 对未成交的申报委托的处理

参加集合竞价但未成交的申报委托仍然有效,可以按原来输入的价格、时间顺序,在交易正式开始后参加连续竞价。

集合竞价中需要注意以下几点:
①所有在集合竞价成交的委托,无论委托价格高低,其成交价均为开盘价。
②沪、深两地股票的开盘价是由集合竞价产生的,如果集合竞价未能找出符合上述三个条件的成交价格,则开盘价将在其后进行的连续竞价中产生,连续竞价的第一笔成交价格则为该股当日的开盘价,如果某只股票因刊登公告等原因于上午停牌,则下午于1点起直接进入连续竞价,其第一笔成交价格则

为该股当日的开盘价。

③配股、债券(包括国债、企业债等)以及新股申购都没有集合竞价,只在正常交易时间进行连续竞价。可转换债券上市首日的开盘价由集合竞价产生,之后的交易与债券相同。

例2-1 集合竞价产生开盘价举例说明1

假设某种股票某日的委托买卖的情况为:

买入价	申报股数	卖出价	申报股数
10元	200股	10元	400股
9.5元	400股	9.5元	600股
9元	600股	9元	1800股
8.5元	1200股	8.5元	1400股
8元	1000股	8元	1200股
7.5元	600股	7.5元	1000股

我们可以分析在各个价位上的成交情况:

成交价	卖出成交情况	成交量	买入成交情况
7.5元	7.5元卖出的1000股	1000股	10元买入的200股 9.5元买入的400股 9元买入的前400股
8元	7.5元卖出的1000股 8元卖出的1200股	2200股	10元买入的200股 9.5元买入的400股 9元买入的600股 8.5元买入的前1000股
8.5元	7.5元卖出的1000股 8元卖出的1200股 8.5元卖出的前200股	2400股	10元买入的200股 9.5元买入的400股 9元买入的600股 8.5元买入的1200股
9元	7.5元卖出的1000股 8元卖出的前200股	1200股	10元买入的200股 9.5元买入的400股 9元买入的600股
9.5元	7.5元卖出的前600股	600股	10元买入的200股 9.5元买入的400股
10元	7.5元卖出的前200股	200股	10元买入的200股

从以上的分析可以看出,申报价为 8.5 元所对应的成交量 2400 股为最大成交量;高于申报价 8.5 元的买入申报与低于申报价 8.5 元的卖出申报均可成交;等于申报价 8.5 元的买入申报全部成交;等于申报价 8.5 元的卖出申报并未全部成交。这也是投资者有时参与集合竞价,虽然委托价与竞价结果相同,但是没有成交的原因之所在。

例 2-2　集合竞价产生开盘价举例说明 2

累计买入申报	买入申报手数	价格（元）	卖出申报手数	累计卖出申报	成交量
50	50	6.15	—	200	50
100	50	6.12	100	200	100
200	100	6.10	50	100	100
200	—	6.00	50	50	50

这里出现了 6.12 元和 6.10 元两个价位同时满足三个条件的情况,如果这是沪市股票,则开盘价为(6.12+6.10)/2=6.11 元,如果是深市股票则为接近前一收盘的价格,假设前一收盘为 6.00 元,则 6.10 元即为开盘价,成交量都是 100 手。

连续竞价

从每天的 9:30 开始,电脑撮合系统经过集合竞价处理后,即进入连续竞价阶段。在集合竞价这段时间以后进入电脑撮合系统的委托以及在集合竞价中未成交的委托将按以下步骤来确定成交价:

①对新进入系统的买入申报,若能成交,则与卖出申报队列顺序成交;若不能成交,则进入买入申报队列等待成交。

②新进入的卖出申报,若能成交,则与买入申报队列顺序成交;若不能成交,则进入卖出申报队列等待成交。这样循环,直到收市。

在连续竞价阶段,证券交易所的计算机开始对每一种股票,按照"价格优先、时间优先和数量优先"的成交原则,竞价成交。价格优先是指在买的一方谁出的价格高就先卖给谁,在卖的一方谁出的价格低就先让谁的卖掉。时间优先是指在同是买或同是卖的时候,在出的价格高低又一样的情况下,谁先来就先让谁成交。就买卖双方来说,买方出价在前,就按买方的价格成交,卖方出价在前,就按卖方的价格成交。数量优先是指在价格和时间一样的情况下,谁的买卖数量大,就让谁先成交。

根据以上原则,投资者如果要买入某种股票,在竞价时一般应选择略高于当时最高卖出申报价的价位;当投资者需要卖出某种股票的时候,在竞价时应申报略低于当时最低买入价的价位,这样可以确保买入或卖出的实现。

从以上我们可以看出,无论是集合竞价,还是连续竞价,竞价成交都是遵循着"价格优先、时间优先和数量优先"的原则来进行的。

集合竞价与连续竞价实例分析

现举例分析股票买卖中的集合竞价与连续竞价。

例 2-3　集合竞价与连续竞价实例分析 1

累计买入申报	买入申报手数	价格（元）	卖出申报手数	累计卖出申报	成交量
—	—	7.10	300	860	—
—	—	7.07	120	560	—
150	150	7.05	100	440	150
220	70	7.00	200	340	220
420	200	6.99	80	140	140
490	70	6.98	60	60	60
790	300	6.95	—	—	—

从这张表中我们可以看出,7.00 元价位上成交量最大,为 220 手,高于 7.00 元的买入委托和低于 7.00 元的卖出委托全部满足,且 7.00 元价位上的买入委托也全部满足,卖出委托仅满足 80 手,符合上面所说的三个条件,因此 7.00 元即为该股当日的开盘价,开盘的成交量为 220 手,集合竞价开盘后的盘面情况如下:

例 2-4　集合竞价与连续竞价实例分析 2

卖一 7.00 元 120 手	卖二 7.05 元 100 手	卖三 7.07 元 120 手	卖四 7.10 元 300 手
买一 6.99 元 200 手	买二 6.98 元 70 手	买三 6.95 元 300 手	

如果此时交易所主机连续接到如下4笔申报(a,b,c,d),则盘面情况所出现的变化如例2-5所示:

例2-5　集合竞价与连续竞价实例分析3

委托申报			成交情况	
			成交价格	成交量
a. 买入	7.00元	80手	7.00元	80手
b. 卖出	6.99元	50手	6.99元	50手
c. 买入	7.06元	250手	7.00元	40手
			7.05元	100手
d. 卖出	6.96元	300手	7.06元	110手
			6.99元	150手
			6.98元	40手

之后的盘面情况如下:

例2-6　集合竞价与连续竞价实例分析4

卖二 7.10元 300手	卖一 7.07元 120手
买二 6.95元 300手	买一 6.98元 30手

五、清算交割和过户

清算交割的两种情况

清算交割实际上包含两种情况:其一为证券商与交易所之间清算交割。证券商一般都必须在证券交易所所属的清算公司或其委托银行处开设专门清算账户,由清算公司集中清算,并以内部划账、转账等方式交割净余额股票或价额。

其二为委托人与证券商之间的清算交割,即买者支付现金而获得股票,卖者交付股票而取得现金。由于委托人已在证券商处开设证券账户与资金账户,故这种清算交割不必由当事人出面进行实物交割,而是由电脑自动完成就可以了。

交割日期

按交割日期不同,交割又分为四种:一是当日交割,又称 T+0 交割。即买卖双方在成交当天完成付款交券手续,这种方式可以使买卖双方较快地得到股票或现金。在 T+0 交割方式下,投资者买进股票成交后,可以马上卖出;卖出股票成交后,可以马上买进。二是次日交割,也称 T+1 交割。即在成交后的下一个营业日才能办理成交的交割手续。三是例行交割,即买卖双方在成交之后,按照证券交易所的规定或惯例履行付款交券。四是选择交割,即买卖双方自主选择交割日期,这种交割方式通常在场外交易中使用。

我国目前实行 T+1 的交割制度,股民所查询到的账户上的资金余额及股票余额均为可用数,不包括因委托买入而冻结的现金余额、因委托卖出而冻结的股票数量和当日买入成交的股票数量。但股票卖出成交后的资金会及时存入资金所在的余额中,这部分资金可于当日使用。即当日买进不能当日卖出;当日卖出后资金当日到账,可于当日再次买进,从差价中获取利润。

过户

过户是指投资者买进股票后,办理变更股东名册登记的手续。过户后,新股东即可享有发行公司的一切股东权益,股票的委托交易过程至此才算终结。但是,现在由于证券交易所实行证券集中保管和无纸化交易,股票的过户手续在交易成交的同时就已经由电脑自动完成,无须专门办理股票过户手续。

第三章
炒股规则

一、股票买卖规定
二、了解指数
三、分红配股
四、怎样购买新股
五、了解股市常用术语

一、股票买卖规定

证券交易的收费标准

证券交易的收费标准如表3-1和表3-2所示。

表3-1　　　　　　　　　深市证券交易收费标准

\multicolumn{2}{c}{A 股、债券、基金}	
收费项目	收费标准
交易手续费　A 股	大约为成交金额0.03%,可与券商协商　起点:人民币5元
交易手续费　企债	不高于成交金额的0.02%(可转债不高于成交金额的0.1%)
交易手续费　国债	不高于成交金额的0.02%
交易手续费　基金	不高于成交金额的0.3%
印花税	A 股:成交金额的0.1%(出让方单边缴纳)
开户费	个人50元,机构500元
转托管费	每户每次收人民币30元
\multicolumn{2}{c}{B 股}	
收费项目	收费标准
开户费	个人:港币120元;基金/机构:港币580元
结算费	成交金额的0.05%(上限:港币500元)
账户修改、删除	港币10元/户
挂失	港币50元/户
经纪佣金	不高于成交金额的0.3%
印花税	成交金额的0.1%(出让方单边缴纳)
转托管费	境内券商互转:港币100元/次;境内外券商互转:转入方和转出方每只股票各收取港币50元
汇款费	汇入:免费;汇出:CHATS汇款港币35元/笔,电汇:港币160元/笔(若结算会员的开户行为渣打银行,则汇入、汇出均免费)

表3-2　　　　　　　　沪市证券交易收费标准

A 股	
收费项目	收费标准
开户费	个人40元,机构400元
佣金	大约为成交金额0.03%,可与券商协商;起点:人民币5元
印花税	成交金额的0.1%(出让方单边缴纳)
过户费	成交金额的十万分之二
转托管费	每户每次收人民币30元
B 股(按美元计)	
收费项目	收费标准
佣金	不高于成交金额的0.3%,起点:1美元
印花税	成交金额的0.1%(出让方单边缴纳)
结算费	成交金额的0.05%
开户费	个人19美元,机构85美元
债券(国债、企业债券、可转换公司债券等)	
收费项目	收费标准
转托管手续费(企业债席位间)	30元/笔
转托管手续费(国债市场间)	面值的0.005%,单笔(单只)最低费用10元,最高费用10000元
佣金	国债、企业债、公司债现货:不超过成交金额的0.02%,可转债:不超过成交金额的0.1%
基金	
收费项目	收费标准
开户费	每户5元
佣金	不高于成交金额的0.3%,起点:人民币5元
过户费	成交金额的0.1%

了解证券交易所证券代码

1)上海证券交易所证券代码

上海证券交易所证券代码如表3-3所示。

表3-3 上海证券交易所证券代码

证券种类	证券代码
A股	代码为以"600"或"601"打头的6位阿拉伯数字,为"600×××"或"601×××",其中"×××"是上市公司的编号
B股	代码为以"900"打头的6位阿拉伯数字,为"900×××",后3位数字是公司上市排序,如"900901"真空B股
封闭式基金	代码为"500"打头的6位阿拉伯数字,如"500001"基金金泰、"500008"基金兴华,在基金名称中"基金"两字在前的是证券投资基金(以示与养老基金的区别)
配股	配股代码为"700×××",后3位数字为该股票代码的后3位数字,如"700690"为青岛海尔(600690)的配股申购代码(海尔配股)
新股申购增发	代码为"730×××",后3位数与新股代码后3位相同,如"730030"为中信证券(600030)的新股增发申购代码
国债代码	2000年前发行的国债的代码为"009×××",2001—2009年发行的国债的代码为"010×××"
指数	上证指数、沪深300指数、中证指数的代码为"000×××"

2)深圳证券交易所证券代码

深圳证券交易所证券代码如表3-4所示。

表 3-4　　　　　　　　　深圳证券交易所证券代码

证券种类	证券代码
A 股	代码为以"00"打头的 6 位阿拉伯数字,为"00×××";创业板股票代码为以"300"打头的 6 位阿拉伯数字,为"300×××"
B 股	代码为以"200"打头的 6 位阿拉伯数字,为"200×××",后 3 位与其 A 股的后 3 位相同
基金代码	代码为"1846"或"1847"打头的 6 位阿拉伯数字,为"184×××",如"184688"为基金开元代码
国债现货	代码为"1016××""1017××"或"1019××"
债券	代码为"1110××"
A 股增发	代码为"070×××"
指数	指数(综合指数/成份指数)的代码为"39××××"
可转换债	代码为"125×××"
国债回购	代码为"1312××""1313××""1314××"或"1318××"

暂停交易制度

根据证券交易所的规定,公司股票挂牌交易后,为保证证券市场交易的"公开、公平、公正",对其披露的重要信息以及证券管理部门对其进行的处罚,均以暂停交易方式予以公告。暂停交易及复牌的相关规定可查阅《上海证券交易所股票上市规则》和《深圳证券交易所股票上市规则》。

二、了解指数

股价指数

所谓股价指数,又称股票价格指标,是股市中反映各种股票价格变动水平的一种比例数或指标。它是根据十几种或几十种,甚至数百种上市公司的股票价格综合编制而成。股价指数通常以某一段时间或某年某月某日的具体日期为基期,基期的股价指数为一常数,以后各期的股价指数的计算公式为:

$$各期的股价指数 = \frac{计算期股价平均值}{基期股价平均值} \times 常数$$

股票价格指数的编制步骤分为四步:

第一步,选择样本股。选择一定数量具有代表性的上市公司股票作为股票价格指数的样本股。样本股可以是全部上市股票,也可以是其中有代表性的一部分。样本股的选择主要考虑两条标准:一是样本股的市价总值要占在交易所上市的全部股票市价总值的相当部分;二是样本股价格变动趋势必须能反映股票市场价格变动的总趋势。

第二步,选定某基期,并以一定方法计算基期平均股价。通常选择某一有代表性或股价相对稳定的日期为基期,并按选择的某一种方法计算这一天的样本股平均价格或总市值。

第三步,计算计算期平均股价并做必要的修正。收集样本股在计算期的价格并按选定的方法计算平均价格。有代表性的价格是样本股收盘平均价。

第四步,指数化。将基期平均股价定为某一常数,并据此计算计算期股价的指数值。

上证指数系列

上证指数系列从总体上和各个不同侧面反映了上海证券交易所上市证券品种价格的变动情况,可以反映不同行业的景气状况及其价格整体变动状况,从而给投资者提供不同的投资组合分析参照系。

为保证指数编制的科学性和指数运作的规范性,上海证券交易所在2002年10月11日成立了国内首个指数专家委员会,就指数编制方法、样本股选择等提供咨询意见。

上海证券交易所编制的指数共计4大类16种。如图3-1所示。

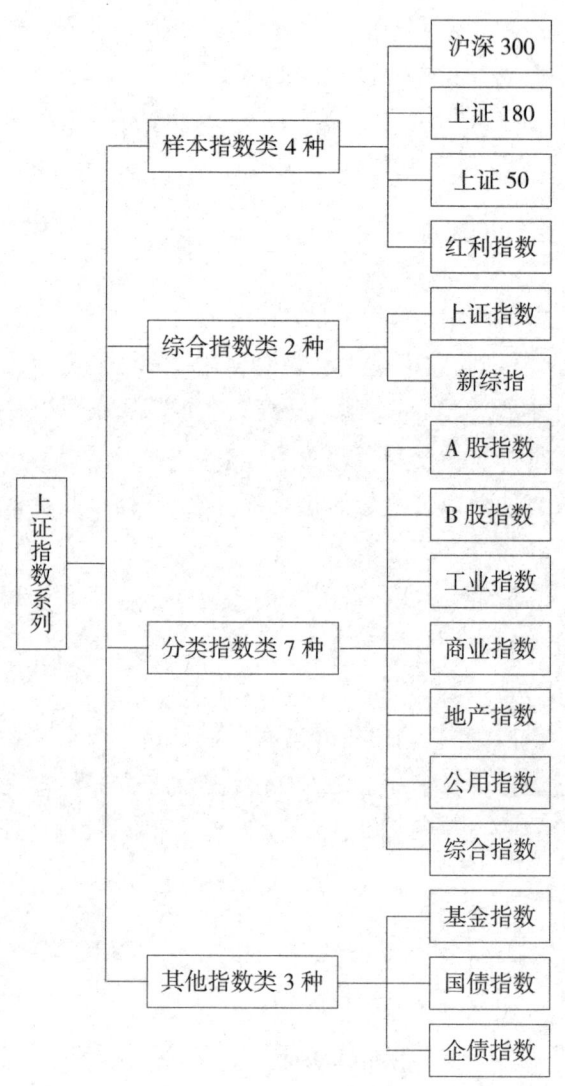

图 3-1 上证指数系列

上证指数

上证指数以 1990 年 12 月 19 日为基期，以现有所有上市的股票为样本，以股票发行量为权数进行编制。其计算公式为：

$$今日股价指数 = \frac{今日市价总值}{基期市价总值} \times 100$$

具体计算方法是,将基期和计算日的每只股票的收盘价(如当日未成交,则沿用上一日收盘价)分别乘以该只股票的发行股数,得到每只股票在基期和计算日的市价总值,再将每只股票的市价总值相加后求得基期和计算日的市价总值,再相除后乘以100即得股价指数。

但如遇上市股票增资扩股或新增(删除)时,则需要进行修正。其计算公式调整为:

$$本日股价指数 = \frac{本日市价总值}{新基准市价总值} \times 100$$

深圳成份指数

深圳成份指数是从深圳证券交易所的全部上市股票中挑选出有代表性的40只股票作为样本,取其流通股份加权计算得出的,基期为1994年7月20日,基期指数为1000点。

沪深300指数

沪深300指数是由上海和深圳证券市场中选取300只A股作为样本编制而成的成份股指数。以2004年12月31日为基期,基点为1000点。

沪深300指数样本覆盖了沪深市场六成左右的市值,具有良好的市场代表性。沪深300指数是沪深证券交易所第一次联合发布的反映A股市场整体走势的指数。它的推出,丰富了市场现有的指数体系,增加了一项用于观察市场走势的指标,有利于投资者全面把握市场运行状况,也进一步为指数投资产品的创新和发展提供了基础条件。

中小板指数

中小板指数的样本股数量为100只,包括价格指数(中小板指数P)和收益指数(中小板指数R)。价格指数(代码为399005)于2006年1月24日正式发布,初期样本数量50家,2006年12月27日样本扩大到100家,并同日开始发布收益指数。中小板指数每年1月、7月进行样本股定期调整。中小板指数在设计上兼顾价值尺度与投资标的功能,既是衡量中小板市场运行情况的准确标尺,也是投资中小板市场的优良工具。中小板指数的基期为2005年6月7日,基点为1000点。

创业板指数

创业板指数的样本股数量为100只,反映创业板市场的运行情况。创业板指数包括价格指数和收益指数,创业板价格指数(代码为399006)与深证成份指数、中小板指数共同构成反映深交所上市股票运行情况的核心指数。创业板价格指数样本股调整每季度进行一次,以反映创业板市场快速成长的特点。创业板指数的基期为2010年5月31日,基点为1000点。

三、分红配股

公司盈利分配的顺序

我国《公司法》规定,公司盈利要按如下顺序进行分配:
①缴纳所得税。
②提取利润的10%列入公司法定公积金。公司法定公积金累计额为公司注册资本的50%以上的,可以不再提取。公司的法定公积金不足以弥补以前年度亏损的,在依照前款规定提取法定公积金之前,应当先用当年利润弥补亏损。
③公司从税后利润中提取法定公积金后,经股东会或者股东大会决议,还可以从税后利润中提取任意公积金。
④公司弥补亏损和提取公积金后所余税后利润,股份有限公司按照股东持有的股份比例分配,但股份有限公司章程规定不按持股比例分配的除外。股东会、股东大会或者董事会违反前款规定,在公司弥补亏损和提取法定公积金之前向股东分配利润的,股东必须将违反规定分配的利润退还公司。
公司持有的本公司股份不得分配利润。
股份有限公司以超过股票票面金额的发行价格发行股份所得的溢价款以及国务院财政部门规定列入资本公积金的其他收入,应当列为公司资本公积金。

公司的公积金用于弥补公司的亏损、扩大公司生产经营或者转为增加公司资本。但是,资本公积金不得用于弥补公司的亏损。

法定公积金转为资本时,所留存的该项公积金不得少于转增前公司注册资本的25%。

上市公司进行年度利润分配的程序

上市公司分红派息从开始到结束须经过以下程序:

①上市公司每年在公布年度报告的同时,董事会根据公司盈利情况,提出一个"年度分红预案"并在年报中公布,该"预案"须提交股东大会审议通过。

②上市公司召开股东大会后,公布股东大会决议,定下分红派息方案,再报有关主管部门审批。

③经有关主管部门批准后,定下具体分红派息时间,如股权登记日、除权除息日、分红办法等,并予以公告。

④分红并除权、除息。

操作要点 当投资者关心某只股票的利润分配情况,并想参加该公司年度分红时,了解上述几个程序外,还需注意公司的3个公告:董事会公告(含在年报中)、股东大会决议公告和分红派息公告。这几个公告均可以在指定信息披露的报刊上查阅。

上市公司利润分配的形式

1) 现金红利

现金红利是以现金发放的股利,是公司常用的一种股利发放形式。

2) 送股、转增股本

送股与转增股的共同点:都是上市公司免费送予股东的股票。

送股又称送红股,是上市公司将本年的利润留在公司里,发放股票作为红利,从而将利润转化为股本。送红股后,公司的资产、负债、股东权益的总额结构并没有发生改变,但总股本增大了,同时每股净资产降低了。

转增股本是指公司将资本公积转化为股本,转增股本并没有改变股东的权益,但增加了股本的规模,因而客观结果与送红股相似。

转增股本与送红股的本质区别在于,红股来自公司的年度税后利润,只有在公司有盈余的情况下,才能向股东送红股,而转增股本却来自资本公积,它可以不受公司本年度可分配利润的多少及时间的限制,只要将公司账面上的资本公积减少一些,增加相应的注册资本金就可以了,因此从严格的意义上来说,转增股本并不是对股东的分红回报。

3）配股

配股是上市公司根据公司发展的需要,依据法律规定和相应的程序向原股东进一步筹措资金的行为。

中国证监会对上市公司的配股行为做出如下的规定:

①配股募集资金的用途必须符合国家产业政策的规定。

②前一次发行的股份已经募足,并间隔1年以上。

③公司在最近3年内净资产税后利润率每年都在10%以上,属于能源、原材料、基础设施类的公司可以略低,但不能低于9%。

④公司最近3年财务会计文件无虚假记载或重大遗漏。

⑤本次配股募集资金后,公司预测的净资产税后利润率应达到同期银行个人定期存款利润率。

⑥公司一次配股发行股份总数不得超过该公司前一次发行并募足股份后其普通股股份总数的30%,如配股募集资金用于国家重点建设项目和技改项目的,在发起人承诺足额认购其可配股份的情况下,可不受30%比例的限制。

配股不同于增发。增发就是融资,指上市公司为了再融资而再次发行股票的行为。上市公司股票的增发分为公开增发与定向增发,公开增发是向社会公众发行。定向增发发行的对象是特定的投资者(不是有钱就能买)。一般是指在上市公司收购、合并及资产重组中,上市公司以新发行一定数量的股份为对价,取得特定人资产的行为。

股利宣布日、股权登记日和股利发放日

由于股票可以自由买卖,因此公司股东是经常变化的,公司为了确定哪些人有资格领取股利,必须在发放股利之前确定有关的日期。

①股利宣布日。即公司宣布分派股利的当天，同时也要决定股权登记日和付息日。

②股权登记日。股权登记日亦称除息日或过户截止日，这个日期在宣布发放股利以后的一定期限以内。凡在股权登记日之前购买并办理完过户手续的股东，即在册股东，都有权获得最近一次股利；凡在股权登记日之后或之前购买但尚未办妥过户手续的股东，即非在册股东，都无权领取最近一次股利。

③股利发放日。亦称付息日，即实际支付股利的日期。

除息除权价

股份有限公司每年分派给股东股利时，要确定除息日或除权日。在除息日或除权日之前购买的股票，因都有资格获得股利，我们称之为含息股票和含权股票，从除息日或除权日开始后购买的股票因没有资格获得股利，我们称之为除息股票或除权股票。由此可以看出，除息除权前后的股票尽管面值相同，但其含有的价值已不一样，它们之间的关系为：

$$除息价 = 除息日前一天收盘价 - 每股现金股息额$$

$$送股除权价 = \frac{原股数 \times 原价}{原股数 + 送股数}$$

$$配股除权价 = \frac{原股数 \times 原价 + 配股数 \times 配股价}{原股数 + 配股数}$$

$$送股除权除息价 = \frac{原股数 \times (原价 - 股息)}{原股数 + 送股数}$$

$$配股除权除息价 = \frac{原股数 \times (原价 - 股息) + 配股数 \times 配股价}{原股数 + 配股数}$$

$$送股配股除权除息价 = \frac{原股数 \times (原价 - 股息) + 配股数 \times 配股价}{原股数 + 送股数 + 配股数}$$

注 原价即除息除权日前一天原股票收盘价

例如：某公司除息除权日前一交易日股票的收盘价为30元，此次公司的派息、送股、配股方案是：每10股派息0.5元，每10股送红股2股，每10股再配4股，配股价为每股5元。

除息价 = 30 − 0.5/10 = 29.95(元)

送股除权除息价 = $\dfrac{10 \times (30 - 0.5/10)}{10 + 2} \approx 24.96$(元)

配股除权除息价 = $\dfrac{10 \times (30 - 0.5/10) + 4 \times 5}{10 + 4} = 22.82$(元)

送股配股除权除息价 = $\dfrac{10 \times (30 - 0.5/10) + 4 \times 5}{10 + 2 + 4} \approx 19.97$(元)

除权除息价是股票除权除息日的开盘参考价,而不是开盘价。

除权除息价是计算该股票第二天涨跌停板的基础价,以该股票为例,其第二天的涨停价为:

19.97 × (1 + 10%) = 21.97(元)

其第二天的跌停价为:

19.97 × (1 − 10%) = 17.97(元)

零碎股作何处理

不足 1 股的股票为零碎股,零碎股经常会在分红、配股后出现。例如,某公司年度分红为 10 送 2.1 股,则 0.1 股为零碎股。根据深交所的规定,公众股以及内部职工股分红产生的零碎股不派发给投资者,记入深圳证券登记结算公司的风险账户;国有股、法人股以及高级管理人员股份分红产生的零碎股,也记入结算公司的风险账户。

如果配股出现零碎股,深市是舍去,沪市是四舍五入。

沪市是对每一个股东应得的零碎股按大小排队,从大开始依次送,送完为止。如零碎股大小相同者,则由电脑随机抽签决定。

例如:某股票的分红方案为:每 10 股送 1.9789179 股。甲有 2000 股,应送 395.78358 股;乙有 2500 股,应送 494.729475 股;丙和丁各有 1800 股,应各送 356.205222 股。按规定,甲、乙、丙、丁先送整数股,即甲得 395 股;乙得 494 股;丙、丁各得 356 股。零碎股按大小排队。甲排第一(0.78358 股);乙排第二(0.729475 股);丙、丁同排第三(0.205222 股)。于是所剩余股总数为 1.923499(0.78358 + 0.729475 + 0.205222 × 2)。先送甲 1 股,如有剩余(实际已无剩余),再送乙1股,如还有剩余1股,则丙和丁由电脑抽签决定送谁。

四、怎样购买新股

新股申购是为获取股票一级市场、二级市场间风险极低的差价收益,不参与二级市场炒作,不仅本金非常安全,收益也相对稳定,是稳健投资者理想投资选择。

新股申购分为网上申购与网下申购,网上申购针对的主要是散户投资者,资金规模比较少,而网下申购投资针对的是机构投资者、专业的个人投资者。

网下申购新股的条件

根据中证协《首次公开发行股票网下投资者管理细则》,投资者参与网下新股询价,需要满足如下的申购条件:

①具备一定的证券投资经验。机构投资者持续经营时间和从事证券交易时间都达到两年(含)以上;个人投资者从事证券交易时间应达到五年(含)以上。经行政许可从事证券、基金、期货、保险、信托等金融业务的机构投资者可不受上述限制。

②具有良好的信用记录。最近12个月未受到刑事处罚,未因重大违法违规行为被相关监管部门给予行政处罚、采取监管措施,但投资者能证明所受处罚业务与证券投资业务、受托投资管理业务互相隔离的除外。

③具备必要的定价能力。机构投资者应具有相应的研究力量、有效的估值定价模型、科学的定价决策制度和完善的合规风控制度。

④监管部门和协会要求的其他条件。

中证协对证券公司、基金公司、信托公司、财务公司、保险公司以及合格境外投资者等六类机构投资者采取的规则是自行注册,而对其他机构投资者或个人投资者,则需要具有证券承销业务资格的证券公司向中证协推荐注册。

中证协同时要求证券公司应负责对所推荐网下投资者进行核查,保证所推荐的网下投资者符合本细则第四条规定的基本条件。

各家证券公司为了吸引或留住大客户,都制订各自的推荐类投资者参与新股网下询价的门槛,将符合要求的投资者由经纪业务部门推荐到投行部门,再推荐到中证协,备案后注册成为拥有询价资格的推荐类询价对象。首发股票项目的发行人和主承销商可以设置网下投资者的具体条件,并在相关发行公告中预先披露。具体条件不得低于上述四大基本条件。

发行人和主承销商应要求参与该项目网下申购业务的网下投资者指定的股票配售对象,以该项目初步询价开始前两个交易日为基准日,其在项目发行上市所在证券交易所基准日前二十个交易日(含基准日)的非限售股票的流通市值日均值应为1000万元(含)以上。

网上申购新股条件

投资者要购买新股,必须在T-2日前20个交易日(含T-2日)的日均持有市值达到1万元以上。

日均持有市值计算方式,主要包括以下方面内容:

①投资者持有的市值以投资者为单位,按其T-2日前20个交易日(含T-2日)的日均持有市值计算。

②投资者持有多个证券账户的,多个证券账户的市值合并计算。

③投资者相关证券账户每日市值按其当日证券账户中纳入市值计算范围的股份数量与相应收盘价的乘积计算。

④深市投资者的同一证券账户多处托管的,其市值合并计算。

投资者证券账户开户时间不足20个交易日的,也可以参与申购,其持有市值同样按20个交易日计算日均市值。例如,T-2日某投资者证券账户开户10个交易日,持有市值 = $\sum$10个交易日的市值 ÷ 20。

投资者网上申购新股的额度

深交所:根据投资者持有的市值确定其网上可申购额度,持有市值1万元以上(含1万元)的投资者才能参与新股申购,每5000元市值可申购一个申购单位,不足5000元的部分不计入申购额度。每一个申购单位为500股,申购数量应当为500股或其整数倍,但最高不得超过当次网上初始发行股数的千分之一,且不得超过99 999 500股。

上交所:根据投资者持有的市值确定其网上可申购额度,每1万元市值可申购一个申购单位,不足1万元的部分不计入申购额度。每一个申购单位为1000股,申购数量应当为1000股或其整数倍,但最高不得超过当次网上初始发行股数的千分之一,且不得超过9999.9万股。

限售A股、退市股票、B股、债券、基金等产品不计算市值。冻结、质押、董监高持股限制、融资融券客户信用证券账户、停牌或暂停上市股票均计算市值。不合格、休眠、注销证券账户不计算市值。

T日有多只新股发行的,同一投资者参与当日每只新股网上申购的可申购额度均按其T-2日前20个交易日(含T-2日)的日均持有市值确定。

投资者有多个账户的,只能选一个账户申购,否则除第一次申报外的账户无效。

申购时间如下:

深交所接受申购申报时间为T日9:15—11:30、13:00—15:00。

上交所接受申购申报时间为T日9:30—11:30、13:00—15:00。

网上申购新股中签确认与缴款

T日申购,T+1日晚间就能查到中签结果,T+2日也可再次查询,确保当天申购资金全部到位。

不管券商有无告知服务,投资者都要养成查询习惯。投资者申购时,系统生成的系统流水账号,可以在网上交易记录里查询。

例如:你的申购配号为888888-888890。公布的中签号码为后三位888,后四位8686等等,而你的号码后三位数与公布的中签号码后三位数相同,都是888,这样你便中签1000股或者500股。(值得注意的是,沪市一个号是1000股,深市是500股。)

投资者如果中签还得缴款,没缴款就是无效申购,无效申购不仅拿不到新股,还会被纳入黑名单。如果中签未按约定的时间缴款,则视为放弃。中签后不全额缴款,视为放弃。但沪深交所都可以选择部分申购,比如中了500股,可以申购499股,中了1000股,可以申购999股。但如果不缴款或不全额缴款12个月内出现3次,要被拉黑6个月,禁止打新,期满后自动复活。

五、了解股市常用术语

股票与股价术语

蓝筹股 指资金雄厚,信誉优良的公司发行的股票。

冷门股 是指交易量小,流通性差甚至没有交易,价格变动小的股票。

ST 股票 沪深交易所从 1998 年 4 月 22 日宣布,将对财务状况或其他状况出现异常的上市公司股票交易进行特别处理(special treatment),在简称前冠以"ST",被称为 ST 股。

股票前的 N 含义 N 是英文 NEW 的首位字母。当新股首日上市时,为区别起见,则在新股名称前加上 N。

垃圾股 一般指公司业绩很差的股票。通常指每股收益和净资产收益率连续几年处于负值的股票。如第一家退市的水仙电器股票。

成长股 是指一些公司所发行的股票,它们的销售额和利润额持续增长,而且其速度快于整个国家和本行业的增长。这些公司通常有宏图伟略,注重科研,留有大利润用于再投资以促进其扩张。

绩优股 是指过去几年业绩和盈余较佳,展望未来几年仍可看好,只是不会再有高度成长的可能的股票。该行业远景尚佳,投资报酬率也能维持一定的高水平。

小盘股 没有统一的标准,一般约定俗成指股本比较小的股票。

大盘股 没有统一的标准,一般约定俗成指股本比较大的股票。

投机股 是指那些具有冒险性的公司的股票。这些股票有时在几天内突然暴涨,因而能够吸引一些投机者。这种股票的风险性很大。

投资股 指发行公司经营稳定,获利能力强,股息高的股票。

白马 是指股价已形成慢慢涨的上升通道,且还有一定的上涨空间。

黑马 黑马起初并不是股市中的术语。它是指在赛马场上本来不被看好的马匹,却能在比赛中让绝大多数人跌破眼镜,成为出乎意料的获胜者。股市中的黑马股是指价格可能脱离过去的价位而在短期内大幅上涨的股票。

公众股 指自然人和法律允许的机构投资者购买公司股票形成的股份。

公众股可以流通。

领导股 是指对股票市场整个行情变化趋势具有领导作用的股票。领导股必为热门股。

热门股 是指交易量大、流通性强、股价变动幅度较大的股票。

最低价 指当天股票成交的各种不同价格中最低的成交价格。

最高价 指当天股票成交的各种不同价格中最高的成交价格。

涨跌停板价 为了防止证券市场上价格暴涨暴跌,引起过分投机现象,在公开竞价时,证券交易所依法对证券市场价格的涨跌幅度予以适当的限制。即当天的市场价格涨或跌到了一定限度就不得再有涨跌,这种现象的专门术语即为停板。当天市场价格的最高限度称涨停板,涨停板时的市价称为涨停板价。当天市场价格的最低限度称为跌停板,跌停板时的市价称跌停板价。

涨跌 以每天的收盘价与前一天的收盘价相比较,"＋"表示涨,"－"表示跌。

票面价值 指公司最初所定股票票面值。

天价 是指个股或者股指由多头市场转为空头市场的最高价,或创历史的最高价。

填空 指将跳空出现时没有交易的空价位补回来,以填补跳空价位。

含权 凡是可以享受送配权利的股票均称含权。

除息 指股份公司向投资者以现金股利形式发放红利。除息前,股份公司需要事先召开股东会议确定方案、核对股东名册,除息时以规定某日在册股东名单为准。除息往往会造成股价下跌,投资者应谨慎判断。

填息 除息完成后,股价往往会下降到低于除息前的股价。二者之差约等于股息。如果除息完成后,股价上涨接近或超过除息前的股价,二者的差额被弥补,就叫填息。

除权 股份公司在向投资者发放股利时,除去交易中股票配股或送股的权利称为除权。除权时以规定日的在册股东名单为准。除权一般会造成股价的下跌,投资者不能轻易就此做出股价处于低位的判断,而应根据股价的走势,做出正确的判断。

填权、跌权、横权 上市公司送转股、配股和派息时,产生了除权除息的情况,在股价上留下下跌缺口。如果股价上涨,将此缺口填满甚至超过,就是填权;如果股价继续下跌,将此缺口越拉越大,就是跌权(贴权);如果股价长时间平盘,缺口没有动静,就是横权(平权)。如果是仅发生了除息,则上述现象为:

涨息(填息)、跌息(贴息)、横息(平息)。

铁底　指股价绝对不可能跌破的底部价位。

头部　股价上涨至某价位时便遇阻力而下滑。

突破　指股价经过一段盘档时间后,产生的一种价格波动。

上市公司与股票发行术语

董秘　指股份有限公司董事会秘书,负责上市公司在股票市场的信息发布等事务,属于公司高管人员。

委托书　股东委托他人(其他股东)代表自己在股东大会上行使投票权的书面证明。

举牌　为保护中小投资者利益,防止机构大户操纵股价,《证券法》规定,投资者以及一致行动人持有一个上市公司已发行股份的5%时,应在该事实发生之日起3日内,向国务院证券监督管理机构、证券交易所做出书面报告,通知该上市公司并予以公告,并且履行有关法律规定的义务。业内称之为"举牌"。

一致行动人　根据证监会《上市公司股东变动信息披露管理办法》的规定,一致行动人是指通过协议、合作、关联方关系等合法途径扩大其对一个上市公司股份的控制比例,或者巩固其对上市公司的控制地位,在行使上市公司表决权时采取相同意思表示的两个以上的自然人、法人或者其他组织。

整体上市　一个股份公司想要上市必须达到一些硬性的会计指标,为了达到这些指标,股东一般会把一个大型的企业分拆为股份公司和母公司两部分,把优质的资产放在股份公司,一些和主业无关、质量不好的资产(例如:食堂、幼儿园、亏损的资产等)放在母公司,这就是分拆上市,股份公司成功上市后再用得到的资金收购自己的母公司,称为整体上市。与整体上市对应的是分拆上市,分拆上市是指一家公司将其部分资产、业务或某个子公司改制为股份公司进行上市的做法。

年度报告　公司一年一度向全体股东颁布的正式财务报告。它表明公司在营业年度内的资产、负债和收益状况,本年度的利润分派以及股东们的其他利益情况,公司须向全体股东(包括未出席年会者)提供一份年度报告副本。

法定资本　股份有限公司须具备基本的责任能力,为保护债权人的利益,设立股份有限公司必须要达到法定资本额。我国股份有限公司的资本最低限额不得低于1000万元人民币。对有特定要求的股份有限公司的注册资本最低限额需要高于上述最低限额的,由法律、行政法规另行规定。

股本 所有代表企业所有权的股票,包括普通股和优先股。

股东 合法购买了某公司的股份,就是该公司的股东。按其股份,相应地享有责任、义务、权利、利益、风险等。即:同股,同权,同责,同利,同险。

股民 一种俗称,指经常活跃在股市进行买卖股票、赚取差价的群体。和股东的差别是:股东相对比较固定,而股民流动性强。所以有一个说法:炒股炒成了股东,意思是某股民买了股票后被套,由此停止了频繁的交易,由股民变为股东。

股权激励 股权激励是一种职业经理人通过一定形式获取公司一部分股权的长期性激励制度,使经理人能够以股东的身份参与企业决策、分享利润、承担风险,从而勤勉尽责地为公司的长期发展服务。一般观点认为,股权激励计划可以把职业经理人、股东的长远利益、公司的长期发展结合在一起,可以一定程度防止经理人的短期经营行为,以及防范"内部人控制"等侵害股东利益的行为。

高送转 指上市公司高比例送股或转增股,一般被认为这对该股二级市场走势是利好。

增发新股 指上市公司再次发行新股的行为。

股票发行 指符合条件的发行人依照法定程序向投资者募集股份的行为。

新股发行的审批制、核准制、注册制 新股的发行监管制度主要有三种:审批制、核准制和注册制,每一种发行制度都对应于一定的市场发展状况。具体而言:

审批制是完全计划发行的模式。在2000年以前,我国新股的发行监管制度主要以审批制为主,实行"额度控制"。

核准制是从审批制向注册制过渡的中间形式,它是指发行人在发行股票时,不需要各级政府批准,只要符合《证券法》和《公司法》的要求即可申请上市。但是发行人要充分公开企业的真实状况,根据《证券法》和《公司法》,证券主管机关有权否决不符合规定条件的股票发行申请。

注册制是目前成熟资本市场普遍采用的发行体制,它是指发行人在准备发行证券时,必须将依法应公开的各种资料完全、准确地向证券主管机关呈报并申请注册。

路演 指上市公司发行股票时,公司领导和股票承销商向股民介绍公司情况,接受股民的咨询等。现在一般是通过互联网进行。

主承销商 由上市公司聘请的负责对其进行上市辅导并帮助其在一级市场发行股票的证券公司。

承销 指将股票销售业务委托给专门的股票承销机构代理。按照发行风险的承担、所筹资金的划拨及手续费高低等因素划分,承销方式有包销和代销两种。

发行费用 指发行公司在筹备和发行股票过程中发生的费用。该费用可在股票发行溢价收入中扣除,主要包括中介机构费、上网费和其他费用。

红利股票 以证券形式而不是以现金支付的股息。股息股票可以是发行公司的附加股票或该公司所拥有的另一公司(通常为附属公司)的股票。

配股 公司发行新股时按股东所持股份数以持价(低于市价)分配认股。

分红派息 分红派息,是指公司以税后利润,在弥补以前年度亏损、提取法定公积金及任意公积金后,将剩余利润以现金或股票的方式,按股东持股比例或按公司章程规定的办法进行分配的行为。

分股 又称拆股,把公司已销售的股票分成更大数量的股份。通常情况下,分股需公司董事会投票表决并取得股东们的赞同,分股后,股东在公司的股权比例仍保持不变。

摘牌 指上市公司因长期亏损、扭亏无望或其他原因而被停止上市交易资格。

股市及其参与者术语

一级市场 股票处于招募阶段,正在发行,不能上市流通的市场。

二级市场 股份公司的股票发行完毕后上市,可以进行买卖的市场。

看多 预计股价上升,看好股市前景的多头投资者。

看空 预计股价下跌,看空股市前景的空头投资者。

看平 预计股价不涨不跌,观望的股市投资者。

多头 投资者对股市前景看好,认为股价将上涨,于是先用低价买进,待价而沽。这种先买后卖的人称为多头。

空头 是指认为股价已上涨到了高点,很快便会下跌,或当股票已开始下跌时,认为还会继续下跌,趁高价时卖出的投资者。

死多头 认定股市前景看好,只买进而不卖出,即使股价下跌,宁愿套牢而抱定不获利决不卖出的人。

死空头　不顾实际情况或分析失误,坚定看空的股评人和股民。

多头市场　也称牛市,就是股票价格普遍上涨的市场。

空头市场　亦称熊市,股价呈长期下降趋势的市场,空头市场中,股价的变动情况是大跌小涨。

短多　指对股市前途看涨,先买进股票,并在短时间内寻机卖出。

新多　指新进场的多头投资人。

实户　指买进股票后不马上卖出,而是中长期持有以期获利者。

长多　长线投资人,买进股票持有较长的时间。

长线与短线　证券市场上的长线与短线是针对投资方式而言的。"长线"是指从事长期投资者,他们"放长线钓大鱼",买进绩优证券,长期持有,取息取利。"短线"是指从事短期投资者,每天或几天一次买进卖出者,他们通过不断买进卖出来套取微小的利益,但积少成多,也不失为一种投资方式。一般而言,长线投资者应注意基本面分析,做短线则依靠技术分析及操作技巧。

炒手　指在股市中利用自己的资金优势拉抬或打压股价而从中牟利的职业股民。

散户　指股市上的小额投资者,是无组织的投资个人。

中户　指投资额较大的投资人。

大户　指成交股票的金额与数量相当大的客户。如信托公司以及资金雄厚的集团或个人,他们吞吐量大,能影响股票价格的涨跌。

主力庄家　指非常有资金实力的和深层背景的炒作集团。

战略投资者　证券监管机构对战略投资者的定义是:与发行人有紧密的业务联系,并且愿意长期持有该公司股票的企业法人。

私募基金　指通过非公开方式面向机构投资者或个人募集而设立的基金。

基本面分析　根据销售额、资产、收益、产品或服务、市场和管理等因素对企业进行分析。亦指对宏观政治、经济、军事动态的分析,以预测它们对股市的影响。

技术分析　以供求关系为基础对市场和股票进行的分析研究。技术分析研究价格动向、交易量、交易趋势和形式,并制图表示上述因素,预测当前市场行为对未来证券的供求关系和个人持有的证券可能产生的影响。

趋势　指股价在一段期间内的变动方向。

牛皮市　走势波动小,陷入盘整,成交极少。

牛市 指较长一段时间里处于上涨趋势的股票市场。牛市中,求过于供,股价上涨,对多头有利。

熊市、猴市和鹿市 熊的头一般都是低垂着的,所以人们用它来比喻股市的下跌行情。猴子总是蹦蹦跳跳的,就用它来比喻股市的大幅振荡。而鹿比较温顺,人们用它来比喻股市的平缓行情。

业内 证券业的从业人员。

行情 指股票的价位或股价的走势。

行情牌 一些大经纪公司所设置的大型电子屏幕,可随时向客户提供股票行情。

价位 指股票报价的升降单位。我国A股的价位是0.01元。

量比 是衡量相对成交量的指标。它是开市后每分钟的平均成交量与过去5个交易日每分钟平均成交量之比。其计算公式为:

$$量比 = \frac{现成交总手}{过去5个交易日平均每分钟成交量 \times 当日累计开市时间(分)}$$

当量比大于1时,说明当日每分钟的平均成交量大于过去5日的平均值,交易比过去5日火爆;当量比小于1时,说明当日成交量小于过去5日的平均水平。

成交笔数 是指当天各种股票交易的次数。

成交额 是指当天每种股票成交的金额总量。

成交量 某种证券或整个市场在一定时期内完成交易的股数。

换手率 指在一定时间内市场中股票总流通量中转手买卖的比率,是反映股票流通性的指标之一。

市盈率 市盈率反映了一个公司股价与其每股税后利润的关系,其计算公式是该公司股价收盘价与该公司每股税后利润(每股收益)之比。

波浪理论 美国人艾略特发明的股票分析法,认为股市的所有走势都可归并为上升五浪,下跌三浪。

黑色含义 一般指股市暴跌的态势。耶稣遇难日被人们称作"黑色星期五"。1869年9月24日,美国股市大跌,这天正好是星期五。美国股民也称这天为"黑色星期五"。因此,此后股市一暴跌,人们就称"黑色星期×"。我国股市在2002年的时候,星期一经常发生下跌,当时股民称作"黑色星期一"。

资产委托管理 即委托理财,一般指公司、企业或个人委托券商、投资机构等在股票市场投资。

公募基金　指目前市场上对公众发行的各种基金,如基金裕华等。

盘口术语

形态分析　一种利用K线组合的各种形态来预测后市的分析方法。

盘整　指股价经过一段急速的上涨或下跌后,遇到阻力或支撑,因而开始小幅度上下变动,亦称"整理"。

死叉　技术分析中的术语。指短期移动平均线向下穿过中期移动平均线或短期、中期移动平均线同时向下穿过长期移动平均线的走势图形。此交叉点意味着股价要下跌,应该及时平仓。所以把此交叉走势称作死叉。

金叉　技术分析中的术语。指短期移动平均线向上穿过中期移动平均线或短期、中期移动平均线同时向上穿过长期移动平均线的走势图形。此交叉点是建仓的机会,所以把此交叉称作黄金交叉,简称金叉。

买盘　买入股票的资金意愿和实际行为。如:主力看好平安银行,于是大量买入该股,在盘口上显示资金正在介入该股,买盘比较积极。

卖盘　卖出股票的资金意愿和实际行为。如:主力看淡平安银行,于是大量卖出该股,在盘口上显示资金正在退出该股,卖盘比较积极。

平盘　股价没涨没跌,称作平盘报收。

全盘尽黑　指所有的股票均下跌,亦称长黑。

洗盘　做手为达到炒作目的,必须于途中让低价买进、意志不坚的轿客下轿,以减轻上档压力,同时让持股者的平均价位升高,以利于施行养、套、杀的手段。

砸盘震仓　主力在向上拉升前将股价先打低,使获利盘、止损盘恐慌出局,以减少日后拉升时的抛压。

震盘　指股价一天之内呈现忽高忽低之大幅度变化。

崩盘　指由于某种原因,造成股票被大量抛出,从而导致股价无限度下跌,何时停止难以预料的情况。

红盘　今日收盘价高于昨日收盘价,称作红盘报收。

护盘　多指在股市行情低落时,为刺激股民购买股票,促使价格上扬,各投资大户一起大量购进股票的投资行为。

支撑线　支撑线是指股市受利空信息的影响,股票价格下跌到一定价位时,股民认为时机有利,大量买进股票,从而使股价停止下跌,甚至出现回升的现象。股价下跌时遇到的关卡称为支撑线。

阻力线 股价上涨到达某一价位附近，有大量的卖出情形，使股价停止上扬，甚至回跌的价位。

箱形走势 指股价走势的一种形状。将最高价、最低价分别连成直线，便可得到一个箱形的价格趋势图，故称"箱形走势"。由于像一个通道，又称"通道"。

高开 指股票当天的开盘价高于前一日的收盘价。

低开 指开盘价低于前一日收盘价，但未低于最低价的现象。如：贵州茅台，昨日最低价格为650元，收盘价为654元，今日开盘价为652元，低于昨日收盘价但没有低于昨日最低价，此为低开。

开低盘 是指开盘价比前一天收盘价低出许多。

开平盘 指今日的开盘价与前一营业日的收盘价相同。

拉高收盘 指主力在尾市收盘时快速将股价拉高，一般会形成一个光头或上影线较短的阳线。

跳空 是指股价受到利多或利空消息的影响，出现大幅度上下跳动，使交易价位出现空缺的现象。一般在当天则表示股价上涨或下跌超过一个升降单位。

跳空低开 指开盘价格低于前一日最低价格的现象。如：平安银行，昨日最低价格为10元，今天一开盘，其价格就低于10元，低开为9.50元。

跳空高开 指开盘价格高于前一日最高价格的现象。如：平安银行，昨日最高价格为10元，今天一开盘，其价格就超过10元，达到了10.50元。

跳空缺口 指开盘价格高于前一日最高价格或开盘价格低于前一日最低价格的空间价位。如：贵州茅台，昨日最高价格为650元，今天一开盘，价格就达到了651元。跳空缺口空间价位为1元。此为向上的跳空缺口。

跳水 指股价在短时间内快速深幅下跌。

盘档 有两种解释：一是指当天股价变动幅度很小，最高价与最低价间的幅度不会超过2%。此乃多头与空头双方势均力敌或都采取观望态度所产生之现象。二是指有时行情进入整理，上下变化幅度不大，而时间稍长，通常整理时间达半个月以上。

盘坚 股价缓慢上涨，称为盘坚。

盘口 具体到个股买进、卖出5个档位的交易信息。

盘软 指当天股价缓慢盘旋下跌。

盘体 描述股市行情整体态势的俗称。如：今天盘体开始发力上攻……就是指股市如何如何。

扫盘 指主力不计代价和成本将盘面上的筹码全部吃掉。

空翻多 原本做空者，改变看法，把卖出的股票买回，有时还买进更多的股票，这种行为称为空翻多。

空杀空 普遍认为当天股价将下跌，于是都抢空头帽子，然而股价却没有大幅下跌，无法低价买进，交割前，只好纷纷补进，因而反使股价在收盘时，大幅度升高的情形。

多头排列 短期均线上穿中期均线，中期均线上穿长期均线，整个均线系统形成向上发散态势，显示多头的气势。

反弹 在空头市场上，股价处于下跌趋势中，会因股价下跌过快而出现回升，以调整价位，这种现象称为反弹。

反转 指股价由多头行情转为空头行情，或由空头行情转为多头行情。从大势来讲，就是由牛市转变为熊市，或是由熊市转变为牛市，从个股来讲，从下跌趋势转向上升趋势，股票的形态看好，投资者应积极参与；从上升趋势转为下跌趋势，投资者应尽快出局或远离该股票。

拉抬 利用大量买入将股价拉起来，主要想拉高出货。

露单 原先不在买（卖）一、买（卖）二、买（卖）三、买（卖）四、买（卖）五的买（卖）单因价格变动成为买（卖）一、买（卖）二、买（卖）三，买（卖）四、买（卖）五显露在盘面上。

杀跌 指在股价下跌时抛出股票，使股价继续下跌。

升高盘 是指开盘价比前一天收盘价高出许多。

升水（贴水） 与原先的投资相比，目前的市场价格（市值）已经提高，称为升水；市值降低称为贴水。

试盘 指主力通过少量买卖来了解市场人气、买卖意愿、持仓成本等。

探底 股价持续跌至某价位时便止跌回升，如此一次或数次。

交易术语

T+0 指当日买入当日就可以卖出，T+1即指第二天可卖出。T+0是一种投机性、风险性较大的买卖规则，现只适用于权证、债券的交易。

抢帽子 抢帽子是指股市上一种短期的投机性行为。股民先低价买进预计股价要上涨的股票,然后在股价上涨到某一价位时再卖出,以获取差额利润;或者先卖出手中持有的预计股价要下跌的股票,然后在股价下跌至某一价位时,再补进所卖出的相同种类、相同数量的股票,从而也获得差额利润(我国目前暂无此交易方式)。这种买进卖出或卖出买进一般都在当天进行,是一种短期的投机交易行为。

帽客 从事抢帽子行为的人,称为帽客。

对敲 也称对倒,指庄家利用自己不同的账户自买自卖,而所有权不发生转移,以达到制造成交量、迷惑散户等目的。

拨档 持有股票的多头遇到股价下跌,并预期可能还要下跌,于是卖出股票,等待股价跌落一段差距以后,再补回,期望少赔一些。

回档 多头市场上,股价涨势强劲,但因上涨过快而出现回跌,这种现象称为回档。

报价 报价是证券市场上交易者在某一时间内对某种证券报出的最高进价或最低出价,进价为买者愿买进某种证券所出的价格,出价为卖者愿卖出的价格。

套牢 指预测股价将上涨,买进后却一路下跌,或是预测股价将下跌,于是借股放空后,却一路上涨,前者称为多头套牢,后者称为空头套牢。我国目前的套牢指多头套牢。

打底 股价由最低点回升,随后遭到空头压卖而再度跌落,但在最低点附近又获得多头支撑,如此来回多次后,便迅速脱离最低点而一路上涨。

打压 用非常方法,将股价大幅度压低。通常大户在打压之后便大量买进以牟取暴利。

筹码 一种买进股票暂时未卖出待价而沽的俗称。如:庄家手中有大量的筹码,就是指有大量的股票还没有卖出。

仓位 它是指投资者买入股票所耗资金占资金总量的比例。当一个投资者的所有资金都已买入股票时就称为满仓,若不持有任何股票就称为空仓。

囤仓 即买入大量股票,并不卖出,一般是坐庄前的准备。

半仓 买股票仅用50%的资金建仓。如建仓时,用50%的资金买进平安银行3000股。而留一半资金等待观望,择机行动。

倒仓 指庄家自身或庄家之间股票筹码的转移。

补仓 在上涨时更加看好后市或在下跌时为了摊低成本,而再次买入原先已经持有的股票。

满仓 指您已经用全部的资金买进了股票,您账上没有充足的钱再继续买进股票了。此时您的仓位已经填满了。

全仓 买卖股票不分批分次,而是一次性建仓或一次性平仓、斩仓并有了成交结果的行为。如一次性买进平安银行 6000 股。卖出时,一次性卖出 6000 股,并先后顺利成交。

平仓 一般指买进股票后,股价上涨有盈利后卖出股票并有了成交结果的行为。如以 10 元买进了平安银行 1000 股,第三天以 11 元卖出 1000 股,并且顺利成交,此行为称作平仓。

斩仓 一般指买进股票后,股价开始下跌造成亏损后卖出股票并有了成交结果的行为。如:第一天以 10 元买进了平安银行 1000 股,第三天股价下跌,认为股价还可能继续下跌,于是当天以 9 元卖出 1000 股,并且顺利成交,此行为称作斩仓。

多翻空 原本看好行情的多头,看法改变,卖出手中的股票,有时还借股票卖出,这种行为称为翻空或多翻空。

多杀多 普遍认为当天股价将上涨,于是抢多头帽子的人持多,然而股价却没有大幅上涨,无法高价卖出,等到交易快要结束时,竞相卖出,因而造成收盘时股价大幅下挫的情形。

利多 利多是指刺激股价上涨的信息,如股票上市公司经营业绩好转、银行利率降低、社会资金充足、银行信贷资金放宽、市场繁荣等,以及其他政治、经济、军事、外交等方面对股价上涨有利的信息。

利空 凡对空头有利,促使股价下跌的因素或信息称为利空。

诱多 主力庄家引诱股民看多,实际上主力庄家已经在悄悄平仓出货。

诱空 主力庄家引诱股民看空,实际上主力庄家已经在悄悄建仓进货。如:2005 年 6 月,沪指下跌到 998 点,此时主力庄家雇用股评人看空到 800 点,不让散民建仓。结果大盘股(中国联通、中国石化、中信证券等)开始发动,多头一路轧空,不给空方任何机会,2007 年一举将沪指推到 4000 点。散户在诱空中失去了绝好的机会。

轧多 空头对多头的打击。当多头认为股市会继续上升时,他们的仓位较重。此时,空头实施强大的抛压,一举将股价打下来,让多头损失惨重。

轧空 多头对空头的打击。当空头认为股市会继续下跌时,他们基本是空仓。此时,多头实施强大攻击,一举将股价推升,让空头失去机会。

踏空 一直认为股市会继续下跌并没有建仓,结果股市一路上涨,失去了一次赚钱的机会。

浮多 看好股市前景，认为股价将会上涨，想大捞一笔，而自己财力有限，于是向别人借来资金，买进股票，放款人若要收回，买股票的多头即需卖出股票，归还借款，此时，即使股价上涨，亦不敢长期持有，一旦获得相当利润即卖出，一旦股价下跌，更心慌意乱，赶紧赔钱了结，以防套牢。

割肉 现在股市上通常将股票以低于买入价卖出的现象称为割肉。

关卡 指股价上升至某一价位时，由于供求关系转变，导致股价停滞不前，此一敏感价位区即谓关卡。

惯压 用非常手法将股价大幅度压低的做法，通常大户在惯压之后便大量买进以牟取暴利。

建仓 指买入股票并有了成交结果的行为。如"买入了平安银行1000股"，可称为建仓。

零股交易 不到一个成交单位(最小单位是1手，即100股)的股票，如1股、10股，称为零股。在卖出股票时，可以用零股进行委托；但买进股票时不能以零股进行委托。

骗线 大户利用股民们迷信技术分析数据、图表的心理，故意抬拉、打压股指，致使技术图表形成一定线型，引诱股民大量买进或卖出，从而达到他们大发其财的目的。这种因欺骗造成的技术图表线型称为骗线。

抢搭车 指投资人于股价稍微上涨时立即买进的行为。

抬轿子 在别人早已买进后才醒悟，也跟着买进，结果是把股价抬高让他人获利，而自己买进的股价已非低价，无利可图。

抬拉 抬拉是用非常方法，将股价大幅度抬起。通常大户在抬拉之后便抛出以牟取暴利。

下档 指在当时股价以下的价位。

下轿子 坐轿客逢高获利了结为下轿子。

坐轿(坐车)与抬轿 当投资者预计股价将随利多消息的出现而大幅上升时，就预先买进股票。而当消息证实后，在其他人蜂拥买入股票而促使股价大幅上涨时，就卖出股票以牟取厚利，称之"坐多头轿子"；反之，当预计股价将会因利空消息而大幅下跌时先卖出股票，待消息一证实，大家争相将股票出手而引起股市大跌后再买回股票从而获取巨额利润，这叫"坐空头轿子"。利多消息出现后，有人认为股价将会大幅变动而立即抢买股票称为"抬多头轿子"；利空消息公布后，有人认为股价将会大幅度下跌而立即先卖出股票叫"抬空头轿子"。

线仙　指精于以技术图分析和研判大势的老手。

行情停滞　指行情没有什么特别的起伏,股价也没有什么变动,投资者观望不前的状况。

盈亏临界点　交易所股票交易量的基数点,超过这一点就会实现盈利,反之则亏损。

游资　指在各种资本市场上频繁流动,专以投资套利为目的的资金。

老鼠仓　指操盘手在为公司操盘时,同时用自己个人的资金跟随炒作,从中获利。

第四章
怎样看盘

一、怎样看大盘
二、怎样看板块
三、怎样看个股
四、怎样看信息
五、对散户最有用的分析工具
六、看盘时应重点关注的内容
七、买卖盘口的几个问题
八、当日盘中的重要时段

一、怎样看大盘

怎样看大盘分时走势图

大盘分时走势,又称大盘即时走势,大盘当日分时走势主要内容包括当日指数(现在时间点、当日开盘、当日最高、当日最低的指数)、当日涨跌、成交总额、成交手数、委买/卖手数、委比、上涨/下跌股票总数、平盘股票总数等。在使用股票软件时,如果想快速切换上证的大盘走势图,可按 F3 快捷键(本章以大智慧软件为例,其他软件的用法差别不大)。切换深证的大盘走势图可按 F4 快捷键。图 4-1 与图 4-2 是上海证券交易所 2018 年 5 月 8 日的两张分时走势图。

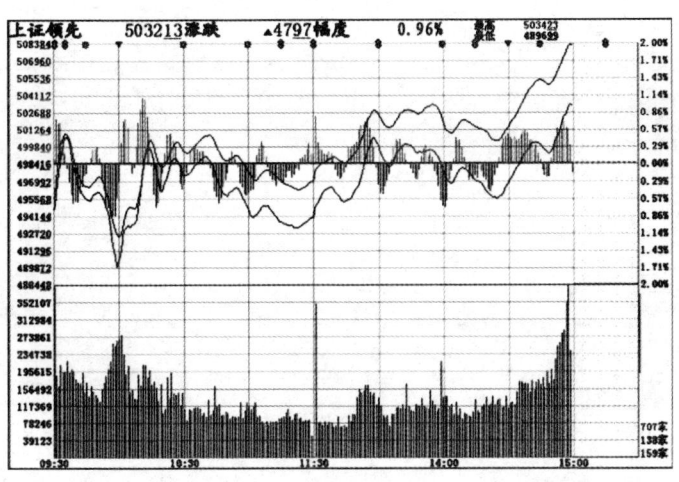

图 4-1 大盘分时走势示例图

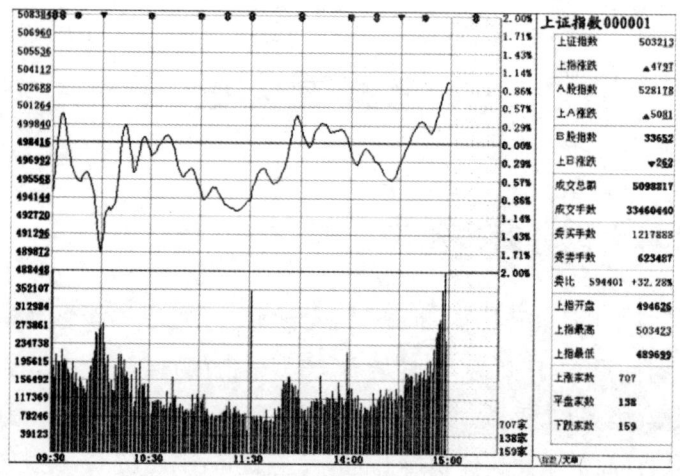

图 4-2 大盘分时走势图

怎样看大盘指标曲线图

在当日分时走势下面是指标曲线图窗口，可显示 ADL、多空指标、量比指标、OX 等指标曲线图，我们可以用"/"切换走势图的类型，并用"/"或"＊"快速切换各个大盘分析指标，还可以使用（HOME）/（END）键上下切换指标（如图 4-3 所示）。

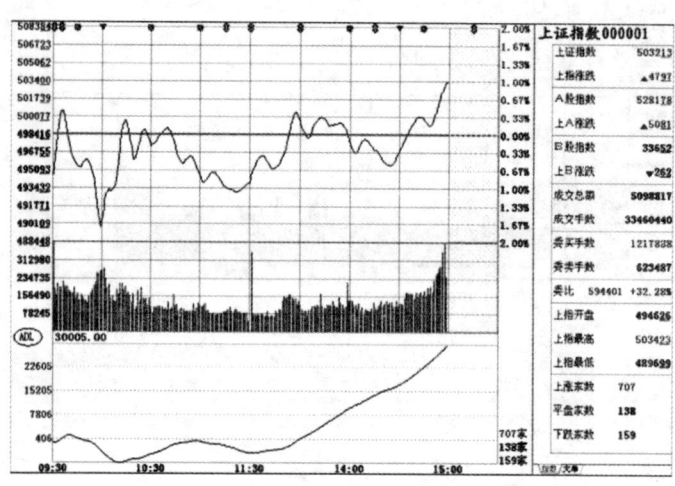

图 4-3 大盘指标曲线图

怎样了解指标的含义

如果您不了解屏幕下半部分指标的意思,您可以通过以下步骤了解:用鼠标左键点击分析—指标属性—指标参数指标注释(如图4-4所示)。

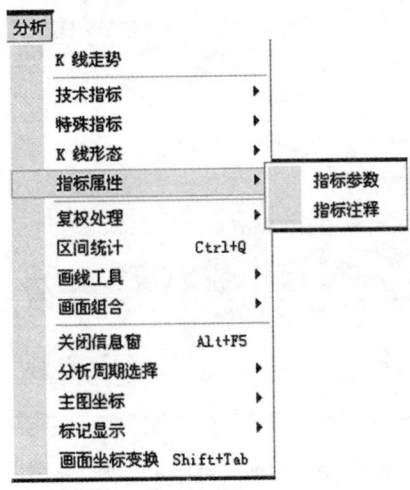

图4-4　怎样查找指标参数

现在以随机指标 KDJ 为例,当您点击指标注释选项,就会出现以下的对话框帮助您了解这个技术指标的含义(如图4-5所示)。

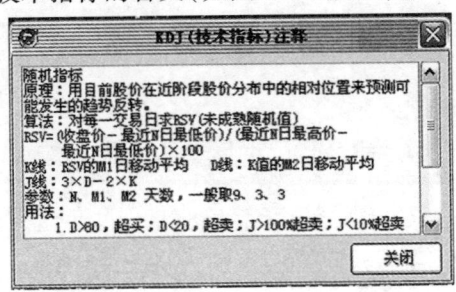

图4-5　KDJ 技术指标注释

怎样看大盘的 K 线图

当您进入"大盘分时走势"界面后,按 Enter 键就进入大盘 K 线图,按【↑】、【↓】键放大缩小图形,按【←】和【→】键可移动查看历史 K 线,按 Esc 键退回大盘分时走势。在大盘 K 线图界面按 Enter 键直接进入行情列表,按 Esc 键退回大盘分时走势。如果我们要在大盘的分时图和大盘的 K 线图之间进行切换,可以按键盘最上面一排中的 F5 快捷键(如图 4-6 所示)。

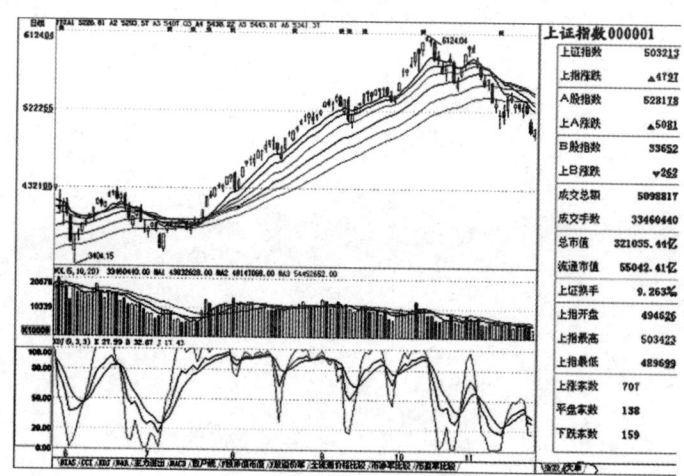

图 4-6　大盘 K 线技术走势示例图

如果您想查看当天的资讯信息可以按 F10(如图 4-7 所示)。

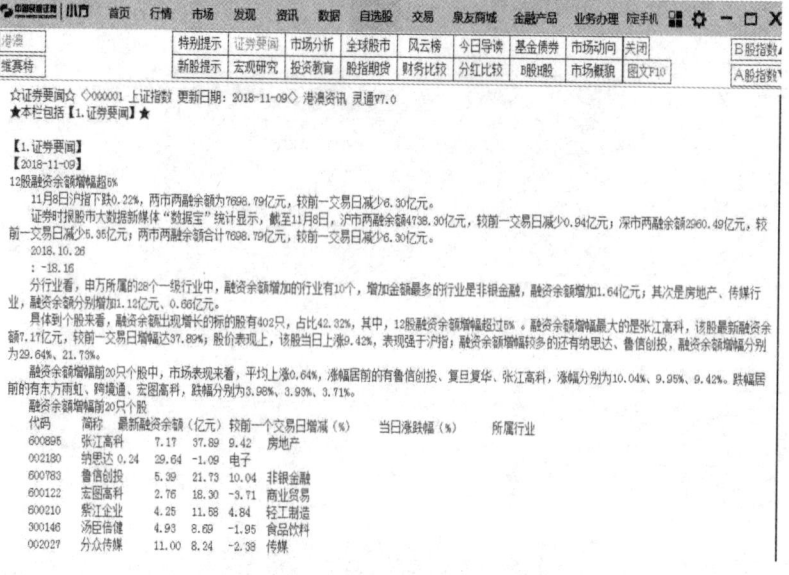

图 4-7　查看当天的资讯信息

怎样了解个股大单买卖的数据

进入大盘的日线图或者分时图（包括上证领先与深证领先走势图）后，您可以发现在屏幕的右下角和"指数"并排的这里新增了"大单"这项功能（参见图4－6），按小键盘的"＋"键就能切换到大单揭示页面，它在沪深大盘分时走势页面提供了个股大单买卖的数据。

怎样查看类别指数

大智慧编辑了很多类别的指数，当您想看不同的类别指数时，在大盘K线图界面按 Enter 键直接进入指数行情列表，按 Esc 键退回大盘分时走势。可以用【↑】键查看上一个类别指数，【↓】键查看下一个类别指数。Page Up/Page Down 上下翻页。同时您也可以按选项排列，以"涨跌幅％"为例，当您用鼠标左键单击"涨跌幅％"，"涨跌幅％"的颜色变红，各类指数将按照"涨跌幅％"的降序排列，即从涨得最高的一直排到跌得最低的；如果您再次单击"涨跌幅％"，它的颜色变绿，各类指标将按降序排列，即从低到高进行排列（如图4－8所示）。

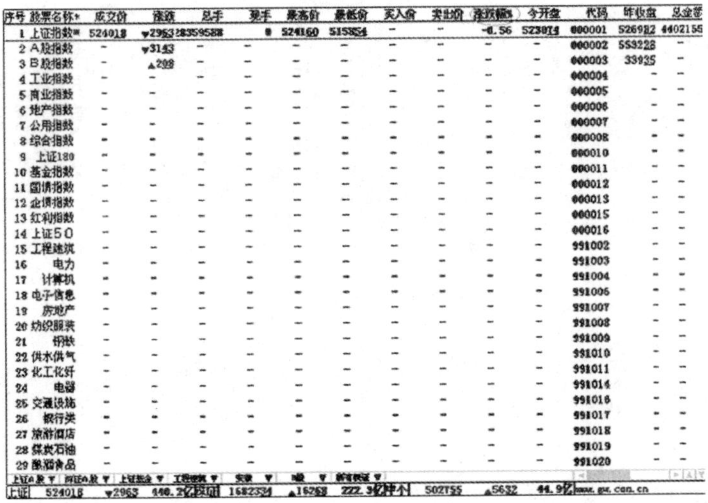

图4－8　查看类别指数

怎样使用智慧排行

大智慧还推出多项智慧排行。"智慧排行"可从"行情"中选取,也可从开机菜单中进入(如图4-9、图4-10所示)。

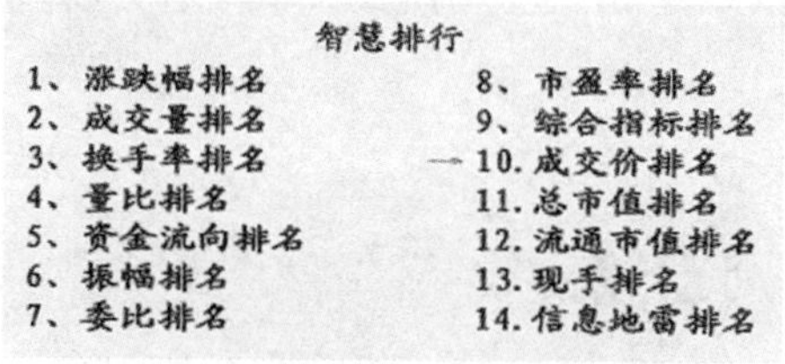

图4-9 开机菜单中智慧排行

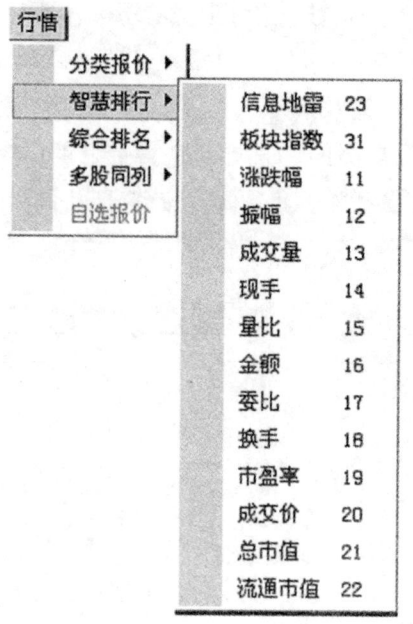

图4-10 从"行情"中选取"智慧排行"

怎样分类看股票

如果您有了明确的意向,只想看上交所、深交所、基金、权证其中一类的股票,您就可以通过行情—分类报价来选择(如图 4 – 11 所示)。

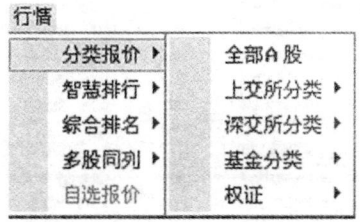

图 4 – 11　分类报价下拉菜单

怎样看大盘今日的综合排名

如果您想了解大盘今日的股票涨幅、跌幅、振幅、5 分钟涨幅、5 分钟跌幅、量比、委比、总金额排名,就请按以下步骤操作:行情—综合排名(如图 4 – 12 所示)。

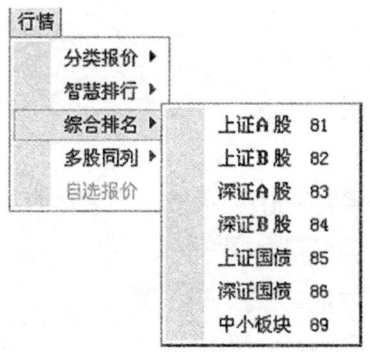

图 4 – 12　综合排名下拉菜单

敲入数字 81、82、83、84、85、86、89 可分别调出上证 A 股、上证 B 股、深证 A 股、深证 B 股、上证国债、深证国债以及中小板块的综合排名。系统用 9 个排成方阵的小窗同屏列出所选市场的股票涨幅、跌幅、振幅、5 分钟涨幅、5 分钟跌幅、量比、委比、总金额排名前六名的股票。在某一窗口锁定某只股票后,用鼠标左键双击就可进入该股票的当日分时走势图(如图 4 – 13 所示)。

今日涨幅排名			5分钟涨幅			今日委比前六		
*ST华侨	727	+223.11%	士兰微	1073	+2.00%	南纺股份	831	+100.00%
南纺股份	831	+10.07%	华立科技	1324	+1.85%	羚锐股份	1205	+100.00%
羚锐股份	1205	+10.05%	冠豪大选	2029	+1.81%	长春一东	1074	+100.00%
长春一东	1074	+10.04%	海鸟发展	1297	+1.57%	西藏旅游	1458	+100.00%
西藏旅游	1458	+10.04%	长丰汽车	1603	+1.39%	菲达环保	1513	+100.00%
菲达环保	1513	+10.04%	四维拉股	827	+1.10%	运盛实业	680	+100.00%
今日跌幅排名			5分钟跌幅			今日委比后六		
鼎盛天工	1753	-10.01%	百联股份	2129	-1.30%	鼎盛天工	1753	-100.00%
第一食品	2931	-9.99%	凤凰光学	849	-1.05%	第一食品	2931	-100.00%
保利地产	7326	-8.43%	阳之光	2644	-0.97%	*ST溶药	1230	-100.00%
江苏开元	1043	-7.86%	天富热电	3355	-0.92%	*ST广厦	1823	-100.00%
华发股份	4233	-5.49%	波导股份	420	-0.81%	ST天目	1197	-96.96%
天鸿宝业	3439	-5.24%	浙江东日	1052	-0.75%	科达机电	2143	-93.20%
今日振幅			今日量比			今日总金额		
*ST华侨	727	+82.22%	*ST华侨	727	21.75	中国石油	3807	217524
第一食品	2931	+19.99%	来华实业	653	6.97	南航JTP1	1035	217324
江苏开元	1043	+19.79%	益佰制药	1258	5.35	武钢CWB1	6726	217258
岳阳纸业	2371	+18.03%	航天长峰	1203	4.90	民生银行	1589	173904
上海三毛	1420	+13.09%	中青旅	2469	4.37	中国联通	940	169805
开开实业	1218	+12.69%	西藏旅游	1458	4.07	中信证券	9566	138278

图 4-13　上证 A 股的综合排名

二、怎样看板块

怎样看板块指数

如果您想分板块查看股票信息，随时跟踪股市的热点板块，您可以用鼠标左键点击菜单栏上"板块"，在其下拉菜单中选择"板块指数"选项，就可以进入板块指数行情列表（如图 4-14 所示）。

序号	股票名称*	成交价	涨跌	总手	现手	最高价	最低价
1	地产指数	639966	▲7827	2075779	77	646684	630492
2	旅游酒店	369152	▲4219	864871	7392	373059	362120
3	S板	730267	▲7984	833044	2031	731835	727147
4	供水供气	394177	▲3605	3225445	1654	397877	391025
5	ST	252825	▲1885	6353517	16810	254345	251718
6	建材	432841	▲2286	3291649	2143	435411	428420
7	酿酒食品	647436	▲2890	3873473	2216	650404	632606
8	新上海	589571	▲2617	6310325	524	593925	586211
9	教育传媒	165860	▲551	1379575	1111	167578	162900
10	清欠	590800	▲1600	3458450	2846	596294	589261

图 4-14　看板块指数

怎样看分类板块

板块主要分行业、地域、概念等。行业板块就是由同行业的上市公司发行的股票所组成。当您看好哪只股票时,想了解这只股票所属行业的板块情况,您可以用鼠标左键点击菜单栏上"板块",在其下拉菜单中选择板块分类选项(如图4-15所示)。"地域""概念"板块的位置处于"行业"下方,投资者可以参照"行业"板块查询方法查询。

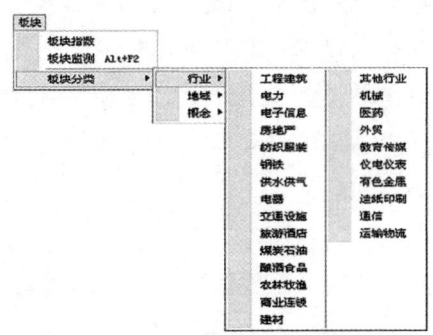

图4-15　分行业地看板块

怎样进行板块监测

如果您想发现热门板块、潜力板块、风险板块以及板块中的潜力股,就可以进行板块监测。这样您就可以在盘中及时跟踪各板块(概念、行业、地域)的动向及其领涨股,按"Alt + F2"可以激活此功能,用鼠标对关键字段进行点击,可按该关键字段进行板块升序、降序排列;按"Enter"键进入该板块指数/K线图/详细个股列表。

三、怎样看个股

怎样看个股分时走势图

个股分时走势图主要包括个股当日动态走势线、个股当日均价线、分时价量显示窗口(该窗口显示当前盘口情况,即当前个股的委托买卖情况)、分时价量表(详细显示各个时刻的分时成交明细)、个股基本面窗口等。

循环切换个股 K 线图、行情列表、分时走势图用 Enter 键;用 PageUp 键查看上一只股的动态分时走势,用 PageDown 键查看下一只股动态分时走势;用 F1 键查看个股分时成交明细;用 F2 键查看个股分价成交明细;用 F10 键查看个股基本面资料;用"-"键改变盘口显示方式;用"+"键循环切换右下角特色基本面窗口(可浏览竞买竞卖指标、大单比率、五日换手总量、市盈率、每股收益、每股净资产、总股本等基本面数据)、个股分时走势图、个股分时成交明细;用"/"键快速切换分析指标(如图 4 - 16 所示)。

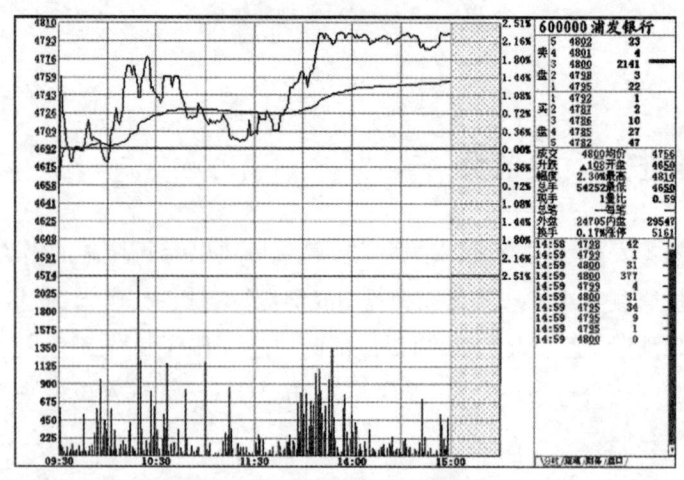

图 4 - 16　个股分时走势图

怎样看个股指标曲线图

技术指标的分析可以通过个股 K 线图界面下方的指标曲线图窗口查看。

此窗口显示 KDJ、CCI、MACD 等常用指标的曲线图。用鼠标左键点击一下这个区域的任意地方,然后就可以使用(HOME)/(END)键上下切换指标,还可以用"/"键或"＊"键快速切换各个大盘分析指标(如图 4-17 所示)。

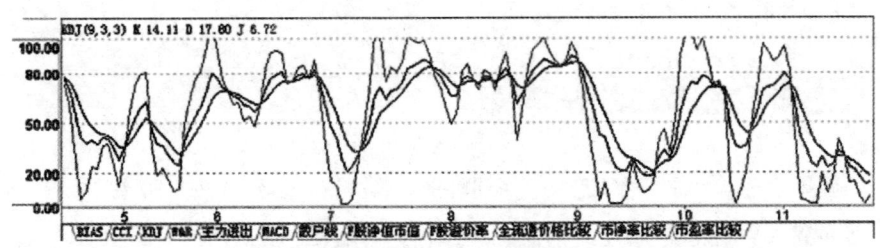

图 4-17　个股指标曲线图

怎样看个股 K 线图

现以 2018 年浦发银行的个股 K 线图为例,对图中内容作一一说明(如图 4-18 所示)。

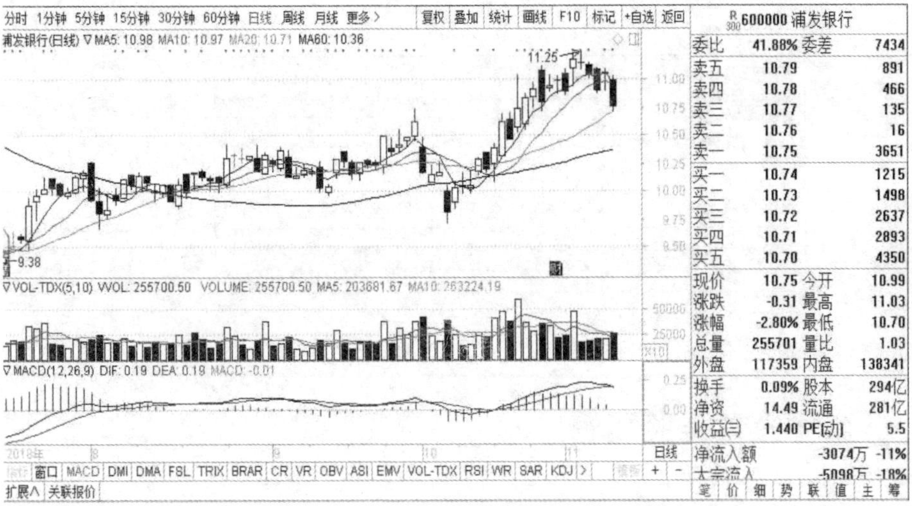

图 4-18　个股 K 线图

　　逐笔分时　成交明细,每一笔成交的时间、价格、手数。
　　走势　个股分时走势图,大智慧提供个股历史分时走势图查询。
　　财务　财务数据,包括总股本、流通盘等。
　　筹码　移动成本分布。

97

诊断　显示电子评价。

个股 K 线技术走势图从周期上也可以分为 5 分钟 K 线图、15 分钟 K 线图、30 分钟 K 线图、60 分钟 K 线图、日 K 线图、周 K 线图、月 K 线图。可通过快捷键 F8 在各个周期间进行切换。

怎样了解个股的基本面

如果您想全面地了解您关注个股的基本情况,您可以按 F10 键进入个股基本面界面查询您感兴趣的信息(如图 4 - 19 所示)。

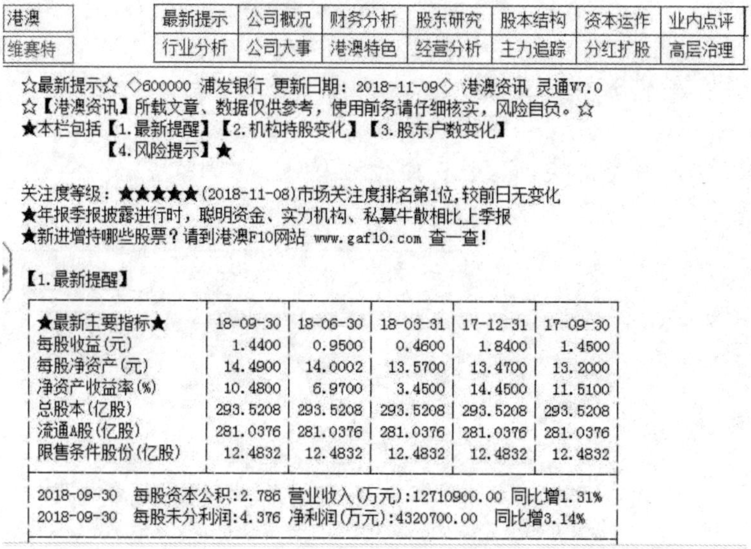

港澳 | 最新提示 | 公司概况 | 财务分析 | 股东研究 | 股本结构 | 资本运作 | 业内点评

维赛特 | 行业分析 | 公司大事 | 港澳特色 | 经营分析 | 主力追踪 | 分红扩股 | 高层治理

☆最新提示☆ ◇600000 浦发银行 更新日期：2018-11-09◇ 港澳资讯 灵通V7.0

☆【港澳资讯】所载文章、数据仅供参考，使用前务请仔细核实，风险自负。☆

★本栏包括【1.最新提醒】【2.机构持股变化】【3.股东户数变化】

【4.风险提示】★

关注度等级：★★★★★(2018-11-08)市场关注度排名第1位,较前日无变化

★年报季报披露进行时，聪明资金、实力机构、私募牛散相比上季报

★新进增持哪些股票？请到港澳F10网站 www.gaf10.com 查一查!

【1.最新提醒】

★最新主要指标★	18-09-30	18-06-30	18-03-31	17-12-31	17-09-30
每股收益(元)	1.4400	0.9500	0.4600	1.8400	1.4500
每股净资产(元)	14.4900	14.0002	13.5700	13.4700	13.2000
净资产收益率(%)	10.4800	6.9700	3.4500	14.4500	11.5100
总股本(亿股)	293.5208	293.5208	293.5208	293.5208	293.5208
流通A股(亿股)	281.0376	281.0376	281.0376	281.0376	281.0376
限售条件股份(亿股)	12.4832	12.4832	12.4832	12.4832	12.4832

2018-09-30 每股资本公积:2.786 营业收入(万元):12710900.00 同比增1.31%

2018-09-30 每股未分利润:4.376 净利润(万元):4320700.00 同比增3.14%

图 4 -19　了解个股的基本面

怎样设置个股预警

大智慧的个股预警的监控条件分为四类:股票价格突破指定的上下限;股票涨跌幅突破指定的上下限;成交量突破指定的上下限;成交额突破指定的上下限。监控范围由用户自由设定。可以将设定的条件用于监控所有 A 股,也可以只监控自己感兴趣的某几只股票。一旦有了满足预警条件的股票出现,系统立即弹出预警窗口并发出声音提示,并且系统会将已经发出的预警情况记录下来供用户参考。预警需要连续消耗系统资源,因此不要加入太多的预

警,否则可能会大幅降低预警反应速度。预警条件可以直接在窗口的预警记录中删除,预警记录可以用 del 键来删除(如图 4-20 所示)。

图 4-20 设置个股预警

从菜单"功能"选项中选择个股预警,即可打开预警窗口。在预选股票的窗口下面有"加入""删除"的按钮,可以增加或减少您要预警的股票。然后点击"新增条件"或"修改条件"按钮,将弹出预警条件设定对话框,用于设定预警条件(最多提供 10 只股票的预警)。对于价格或涨跌幅预警需要设定上下限,其中负数表示跌幅。若只需要涨幅预警可以只设定涨幅上限,下限设为 0。以何种方式发出警报也可由用户自行选定。可以进行发声报警、弹出警示框报警,也可以两者兼备、双管齐下。做完上述设置后,别忘了点击"启动预警"按钮。

怎样使用"阶段排行"来挑选潜力股

您如果想统计股票在任意时段内的累计涨跌幅、换手率及最大涨幅,同时进行排行和比较,以此发现主力动向以及挑选潜力股,那么可以选择阶段排行操作。按快捷键"Ctrl + F2",用"/""*"对关键字段进行选择(如图 4-21 所示)。

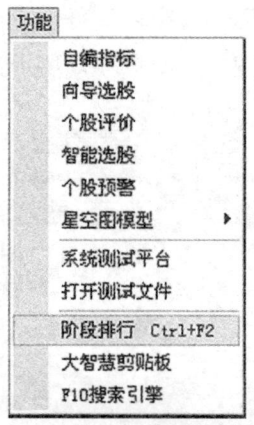

图4-21 使用"阶段排行"挑选潜力股

怎样使用"精确复权"来避免主力陷阱

大部分套牢出现在除权后,大智慧精确复权功能可消除除权后股价失真和技术指标走样的情况,从而避免主力利用"除权""填权"等概念引诱投资者高位接货,长期被套。

快捷键"Ctrl + T":将画面上所有的除权缺口进行复权处理;快捷键"Ctrl + R":将图形以目前价位为原始价向前复权处理;快捷键"Ctrl + F":系统将弹出一个菜单,您可以进行手动向前、向后填权;成交量上方的灰色三角:指向除权日,当标志变亮且三角形向下时,表明已经复权,点击三角形将出现送派方案(如图4-22、图4-23所示)。

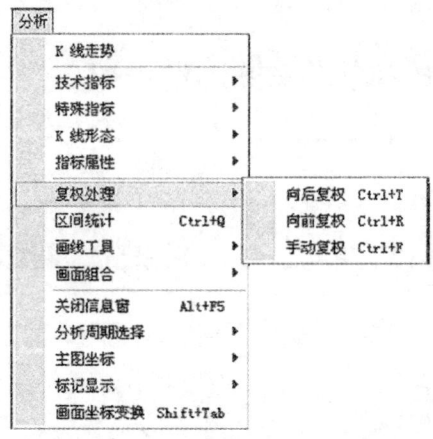

图4-22 使用"精确复权"来避免主力陷阱

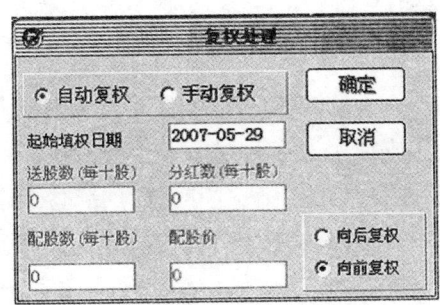

图 4-23 手动复权

怎样设置个股的分析周期

您如果想了解股票的实时动态,可以转换不同的分析周期,大智慧提供的标准分析周期线有 5 分钟线、15 分钟线、30 分钟线、60 分钟线、日线、周线、月线。大智慧默认的是日线。在个股界面下,快捷键 F8 可以在不同的周期间进行循环切换。如图 4-24 所示。

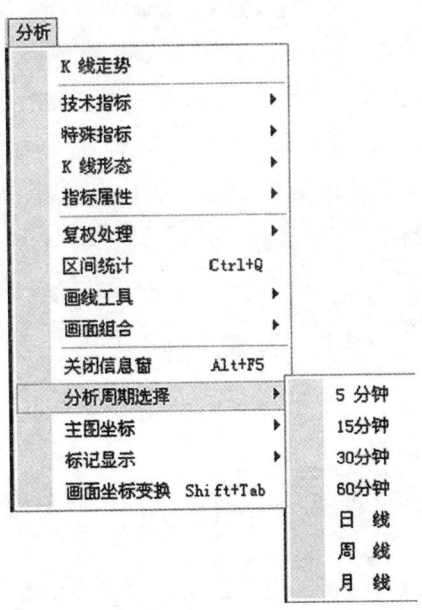

图 4-24 设置个股的分析周期

怎样查找股票

为方便您随时随地查看您关注的股票,现介绍几种查找股票的实用方法:

①直接输入个股代码或个股名称拼音首字母,智慧键盘宝就会自动寻找与之相匹配的股票,您在显示结果中选中股票,然后按 Enter 键确认并执行操作,如"浦发银行"输入"600000"或"PFYH"再按 Enter 键即可,按 Esc 键则退出(如图 4-25 所示)。

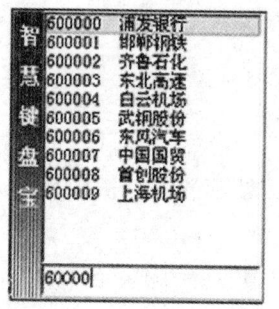 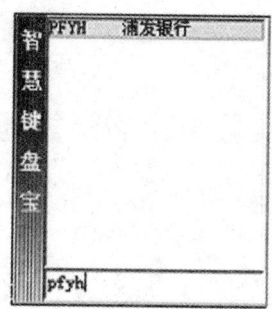

图 4-25　查找股票

②在开机菜单中的"分类报价"或"自选股报价"中选定个股,然后按 Enter 键确认并执行操作,按 Esc 键退出。

③从下拉菜单"行情报价"中进入相应的行情列表,从中选定个股,然后按 Enter 键确认并执行操作,按 Esc 键退出。

四、怎样看信息

怎样通过"实时解盘"了解最新股市分析信息

大智慧在盘中定时由分析师发布最新沪深股市动态信息。一旦有万国测评解盘的信息发布,在屏幕的右下角系统会自动跳出一个提示框,告诉您现在已经有解盘的内容了。如果这时您马上点击"全部"按钮,可以转入实时解盘窗口(如图 4-26 所示)。

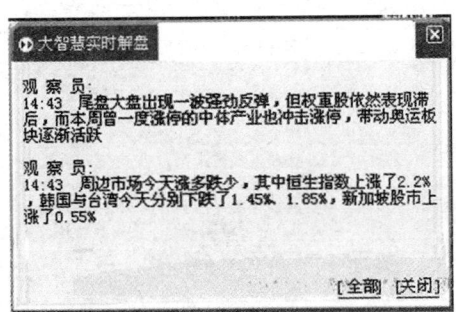

图 4-26 "实时解盘"提示框

由于弹出的提示框在几秒后会消失,此后您再想看实时解盘的内容,可以通过菜单进入解盘的窗口,操作步骤:下拉菜单—大智慧—实时解盘。点击某条栏目的标题,可以查看详细内容(如图 4-27 所示)。或者点击"59+ENTER"查看当日全部内容(如图 4-28 所示)。

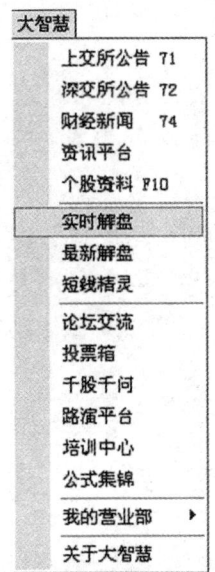

图 4-27 通过菜单进入实时解盘

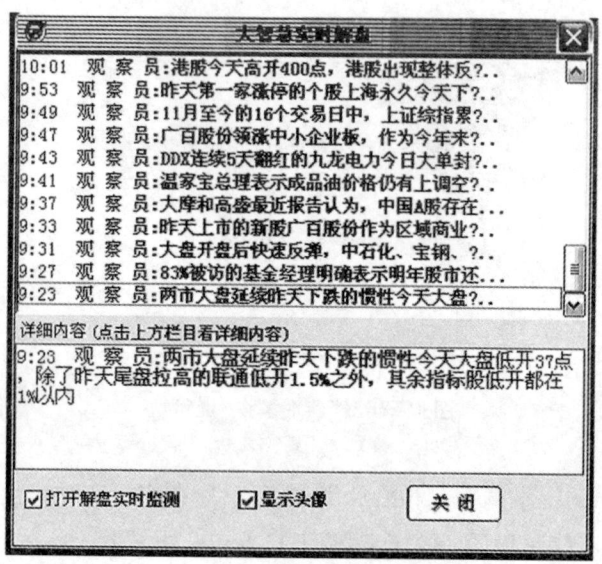

图4-28 当日全部实时解盘内容

怎样通过"信息地雷"了解重要的公告与新闻

大智慧独创"信息地雷"功能,在分时走势图和K线图上,只要在盘中出现重大基本面状况、出现重要市场评论及预测、买卖参考等内容,都会在相应的分时走势图(K线图)的顶端出现地雷标志"＊"。在行情列表下面,如果股票名称后面有信息地雷标志,代表该股分时走势图上面有信息地雷出现。信息地雷会动态更新,不同的交易时间有相应的信息地雷栏目:每天市场评论,财经政策要闻,国际股市,产业动态,投资评级等形成完整的资讯体系(如图4-29所示)。

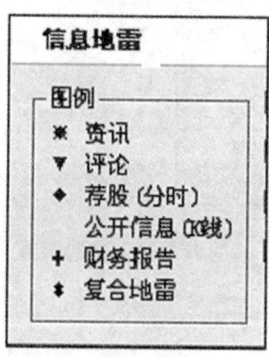

图4-29 "信息地雷"图列表

在分时图中出现的地雷(信息标志),鼠标移动到相应的位置,即可显示标题,如需要查看详细内容,Enter键即可查看。或者是直接用鼠标双击信息地雷位置进入信息地雷内容浏览,鼠标右键退出。或者用左右键(或上下键)直接移动光标到相应的地雷上,地雷上方会出现相应的标题提示,回车后进入正文浏览,Esc(或再次回车或者鼠标右键)退出地雷模式。"◆"标记为咨询地雷,有大盘分析和个股推荐,"＊"标记为资讯地雷,为上市公司公告及新闻。下三角形的标记为评论,上三角形的标记在走势图中为千股千问,十字为财务报表。上三角形的标记在K线图中为除权,上下箭头表明有多个地雷。在行情报表中地雷为蓝色表明是最近的信息地雷,敲23可以将该分类中有信息地雷的股票排在前面。

怎样通过"短线精灵"及时了解个股的走势

利用短线精灵功能,股民可以及时了解到大单买入和卖出的情况以及个股的走势等。红色表示上涨趋势,绿色表示下跌趋势。短线精灵位于大智慧界面的右下角。它有两种显示方式:鼠标经过出现和单击出现。当您觉得困扰时可以选择单击出现选项。操作步骤:下拉菜单—大智慧—短线精灵(如图4-30、表4-1所示)。

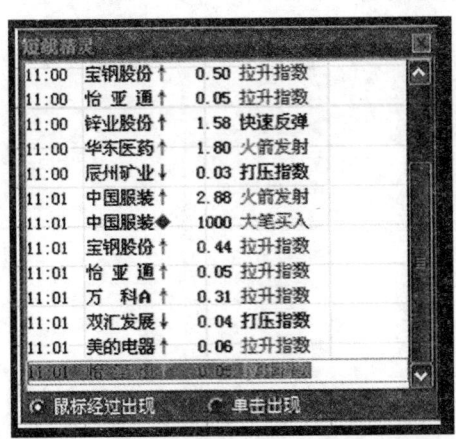

图4-30 通过"短线精灵"及时了解个股的走势

表 4-1　　　　　　　　"短线精灵"中各名词的含义

项　目	解　释
火箭发射	快速上涨并且创出当日新高
快速反弹	由原来的下跌状态转变为快速上涨
高台跳水	由上涨状态转化为快速下跌
加速下跌	延续原下跌状态并且加速
大笔买入	出现换手率大于 0.1% 的外盘成交
大笔卖出	出现换手率大于 0.1% 的内盘成交
有大卖盘	5 档卖盘合计大于 80 万股或和流通盘的比值大于 0.8%
有大买盘	5 档买盘合计大于 80 万股或和流通盘的比值大于 0.8%
拉升指数	5 分钟内对指数的拉升值大于 0.5
打压指数	5 分钟内对指数的打压值大于 0.5

怎样查看资讯平台

您可以点击大智慧菜单栏中的"大智慧",然后在其下拉菜单中点击咨询平台,就可查询到万国测评提供的关于上市公司\市场研究\板块咨询方面的财经要闻和交易所的新闻(如图 4-31、图 4-32 所示)。

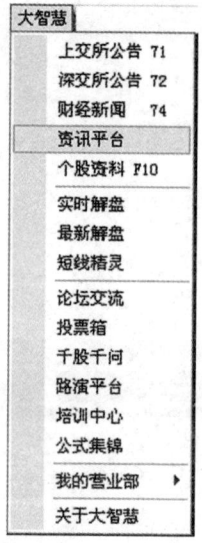

图 4-31　查看资讯平台的方法

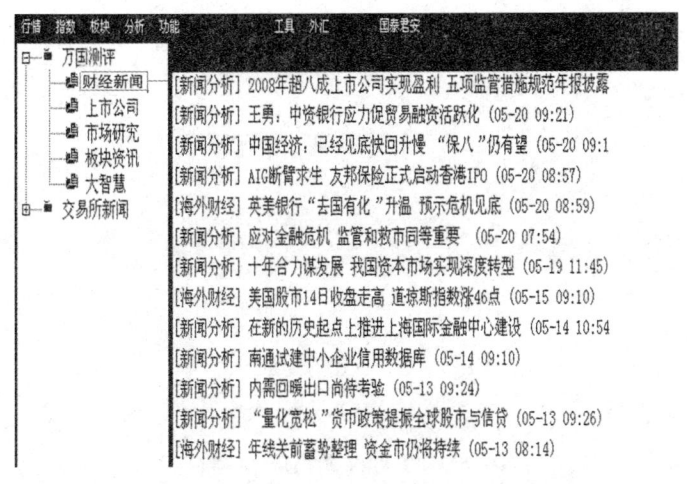

图4-32 查看资讯平台

五、对散户最有用的分析工具

怎样使用"多股同列"在同一界面显示多种股票

您如果想同时关注多只股票的动态走势,将多只股票的走势在一个画面中同时显示出来,那就可以选择多股同列。选中此功能后可以将屏幕划分为多个小窗,每个小窗显示一只股票的价格及成交量走势图。方便您同时观察多只股票。操作步骤如图4-33所示。

在开机主菜单中选择"多股同列",键入 Enter 后选定相应的选项(四、六、九股同列),进入后再选择同列的内容(有沪深 A 股、B 股、基金、国债等数据),按 Esc 键退出。或者在"行情"的下拉菜单中选择"多股同列"项,而后选定相应的选项进入。

PageUp 查看上四(六或九)只股票;PageDown 查看下四(六或九)只股票。通过【↑】、【↓】、【←】、【→】选择个股,按 Enter 后进入选定个股走势。在多股同列画面中选定个股后,个股的简称周围会出现白色框,这时只需直接输入其他个股代码即可替换当前画面中的个股。在多股同列画面中选定个股后,F10 直接进入个股基本面资料,Esc 键退回多股同列画面(如图4-34所示)。

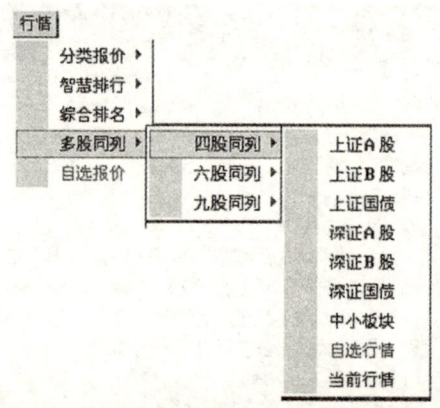

图 4-33 使用"多股同列"显示多种股票

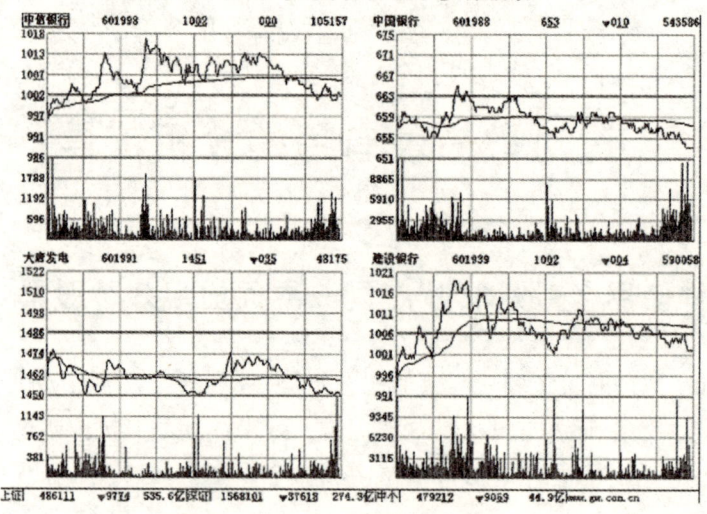

图 4-34 四股同列示意图

怎样使用"画面组合"在一个界面看多种技术分析

您如果想在一个界面使用多种技术分析指标来分析您所关注的个股,您就可以使用画面组合这个工具。具体选择步骤如下:在菜单栏中的"分析"项的下拉菜单中选择画面组合工具。如图 4-35 所示,图 4-36 是浦发银行的五画面显示。

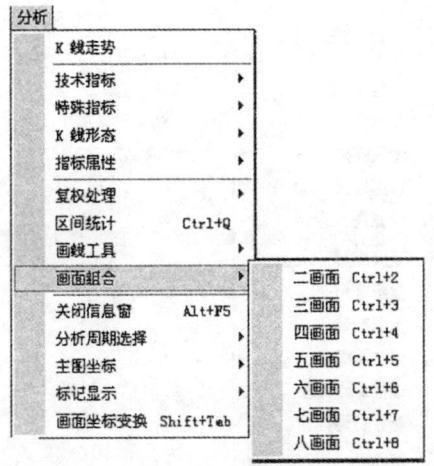

图4-35 使用"画面组合"看多种技术分析

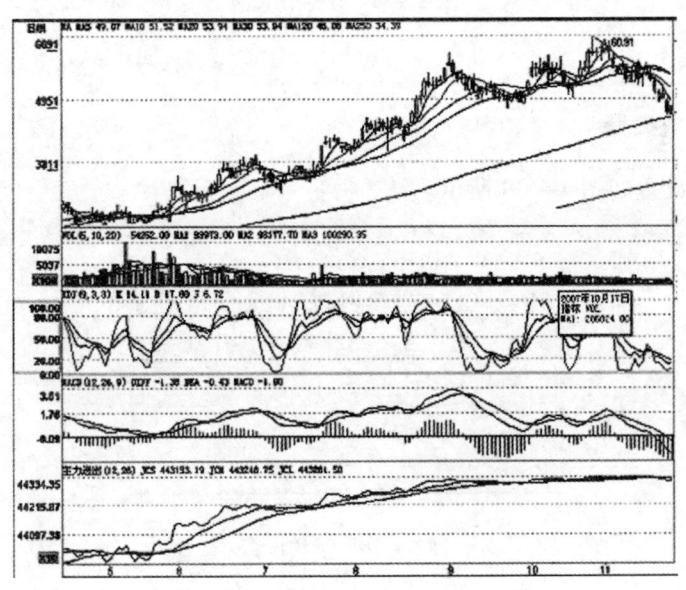

图4-36 浦发银行五画面显示

怎样进行个性化设置

个性化设置如图4-37所示。

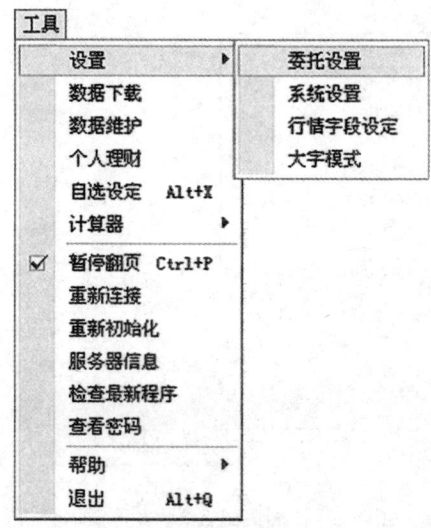

图4-37 个性化设置

1）系统设置

系统设置如图4-38所示。

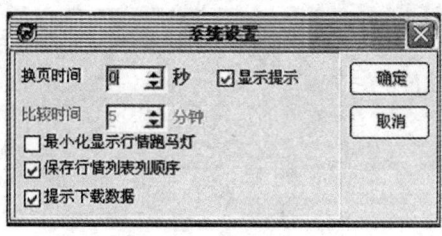

图4-38 系统设置

2）行情字段设定

您可以把您最关心的字段上移,放在前面,这样回到大盘行情界面时,您可以在当前界面看到您最关注的字段,而不用将界面左右拖拉了,如图4-39所示。

第四章 怎样看盘

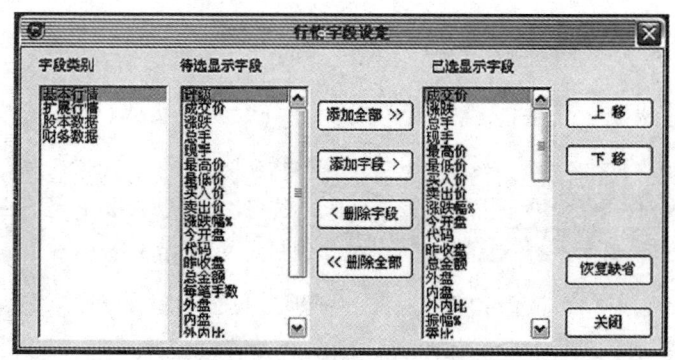

图4-39 行情字段设定

怎样通过"龙虎看盘"了解盘口信息

盘口分析是K线技术分析的重要补充,盘口分析和K线分析相互验证,可以大大提高研判的准确性,盘口分析在短线操作中更为有效。龙虎看盘通过细分成交、分类统计、综合评测等功能,为投资者提供极其重要的盘口数据。

操作步骤:在个股分时走势图页面,按"-"键,得到龙虎看盘界面。或者直接用鼠标点击右下角的"盘口"。

我们以某日浦发银行个股分时走势图为例,告诉投资者怎样通过"龙虎看盘"了解盘口信息(如图4-40所示)。

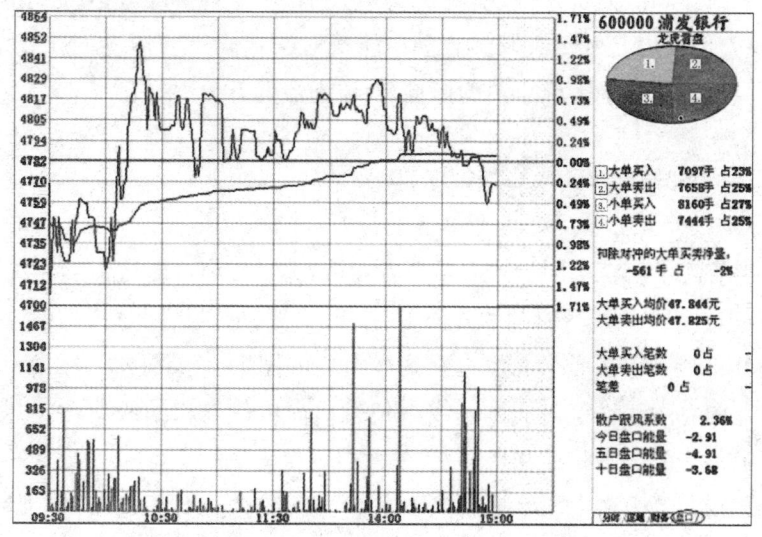

图4-40 通过"龙虎看盘"了解盘口信息

111

界面主要内容简介：

①细分成交。龙虎看盘把盘口成交细分为大单买入、大单卖出、小单买入、小单卖出四种成交模式，分类汇总画出饼状图。

②扣除对冲的大单买卖净量。大单买入量减去大单卖出量，并利用深交所即时披露的成交笔数判断每笔成交是否为大买单和大卖单之间的对冲，如果是对冲则从买卖净量中扣除（上证的该项数据没有扣除对冲。）本数据可以看作主力通过主动的市场运作吃进或输出的筹码量。

③大单买入均价和大单卖出均价。买入大单的加权平均价和卖出大单的加权平均价。可以看作主力买入的平均数成本和卖出的平均股价。

④大单买入笔数、大单卖出笔数和笔数差。这三项数据非常重要，一定要正确理解它们的意义。大单买入笔数是所有买入大单的成交笔数累加值，可以看作所有大单吃掉的小单数量；大单卖出笔数是所有卖出大单的成交笔数累加值，可以看作大单抛出导致的小单接单数量；笔数差是大单买入笔数和大单卖出笔数的差值。

⑤散户跟风系数。小单买入比例和小单卖出比例的差值，用于衡量小单的主买和主卖程度，反映散户的参与程度。

⑥盘口能量。盘口能量是综合以上各项指标得出的上涨能量值，该值越大越好。对于新股而言，一般盘口能量值大于50才有参与价值，但市场环境不同，该参考值也要做相应调整。盘口能量对于相同市场环境下新股之间的比较更具价值。区别大单小单的标准是：流通股的万分之八！

怎样查看股票的移动筹码分布

如果您想了解在不同价位上投资者的持仓数量，您可以选择"移动筹码分布"，它就在个股K线分析图的界面下，按"－"键，可以进行盘口切换，进入移动筹码分布图。它在形态上像一个峰群组成的图案，实际上这些山峰是由一条条自左向右的线堆积而成的。线越长表明该价位堆积的股票数量越多，也反映了该位置的成本状况和持仓量。如图4-41所示。

筹码形态特征有许多，比如单峰密集、双峰密集、上涨型双峰、下跌型双峰、多峰密集、下跌多峰、上涨多峰、筹码发散、下跌发散等。

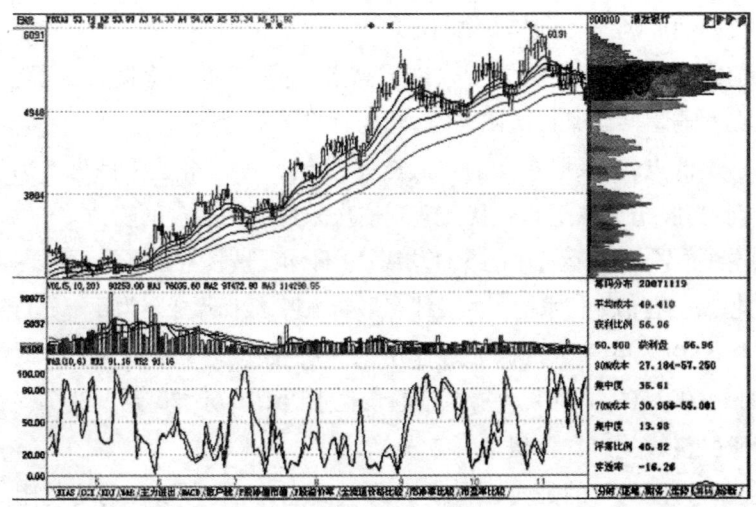

图 4-41 查看股票的移动筹码分布

六、看盘时应重点关注的内容

关注阻力与支撑情况

阻力越大,股价上行越困难;而支撑越强,股价越跌不下去。对支撑与阻力的把握有助于对大市和个股的研判,如当指数或股价冲过阻力区时,则表示市道或股价走势甚强,可买进或卖出;当指数或股价跌破支撑区时,表示市道或股价走势很弱,可以卖出或不买进。

1)阻力位

明显的阻力位有以下几处:

①前收盘,当日开盘常会有大量股民以前收盘价参与竞价交易,若指数低开,表明卖意甚浓。在指数反弹过程中,一方面会遭到新抛盘的打击,另一方面在接近前收盘时,前面积累的卖盘会发生作用,使得多头轻易越不过此道关口。

②今开盘,若当日开盘后走低,因竞价时在开盘价处积累大量卖盘,因而

将来在反弹回此处时,会遇到明显阻力。

③前次高点,盘中前次之所以创下高点,是因为此处有明显的卖盘积压,当指数在此遇阻回落又再次回升时,此处就成了阻力位。

④前次低点,如果股指在前次低点失去支撑,会有相当多的做空力量加入抛售行列,当股指反弹至此时就会遇到前次未成交的卖盘的阻力。

⑤均线位置,短线运行中的5日均线、10日均线被技术派格外看重,一旦指数爬升至此处,会有信奉技术指标的短线客果断抛售,故而形成阻力便十分自然。

⑥整数关口,由于人们的心理作用,一些整数位置常会成为上升时的重要阻力,如1400、1500、1700点等,在个股价位上,像10元、20元大关等。特别是一些个股的整数关口常会积累大量卖单。

关注阻力区的目的是卖在最高点或次高点,一般可以在判明的阻力区之前卖出。

2) 支撑区

明显的支撑区有以下几处:

①今开盘,若开盘后走高,则在回落至开盘价处时,因买盘沉淀较多,支撑便较强。道理与阻力区相似。

②前收盘,若指数(或股价)从高处回落,在前收盘处的支撑也较强。

③前次低点,上次形成的低点区一般会成为人们的心理支撑,其道理也与阻力区相同。

④前次高点,前次高点阻力较大,一旦有效越过,因积淀下的买盘较多,因此再次回落时,一般会得到支撑。

⑤均线位置,主要是5日均线、10日均线等。

⑥整数关口,如指数从1700点跌至1400点时,自然引起人们惜售,破1400点也不易,股价从高处跌到10元处也会得到支撑。

判明支撑是为了争取在低位区买进。

关注股价现在所处的位置是否有买入的价值

我们看股价时,不仅看现在的价格,而且要看昨日收盘价以及今日开盘价、最高价和最低价、涨跌的幅度等,另外还要看它是在上升还是在下降之中。一般来说下降之中的股票不要急于买,而要等它止跌以后再买。上升之中的股票可以买,但要小心不要被它套住。一天之内股票往往要有几次升降的波动,看你所要买的股票是否和大盘的走向一致,如果是的话,那么最好的办法就是盯住大盘,在股价上升到顶点时卖出,在股价下降到底时买入。这样做虽然不能保证你买卖完全正确,但至少可以卖到一个相对的高价和买到一个相对的低价,而不会买一个最高价和卖一个最低价。

关注现手和总手数

现手说明计算机中刚刚成交的一次成交量的大小。如果连续出现大量,说明有很多人在买卖该股,成交活跃,值得注意。而如果半天也没人买,则不大可能成为好股。

现手累计数就是总手数,总手数也叫作成交量。有时总手数是比股价更为重要的指标。总手数与流通股数的比称为换手率,它说明持股人中有多少人是在当天买入的。换手率高,说明该股买卖的人多,容易上涨。但是如果不是刚上市的新股,却出现特大换手率(超过50%),则常常在第二天就会下跌,所以最好不要买入。

关注换手率

换手率的计算公式为:

$$换手率 = \frac{成交股数}{当时的流通股股数} \times 100\%$$

按时间参数的不同,在使用上又划分为日换手率、周换手率或特定时间区间的日均换手率等。

换手率的高低仅反映交投活跃度,成交量也反映出一定的交投活跃程度,但没有换手率实用效果好。很高的成交量,并不意味着很高的换手率。大盘股和高价股很容易出现较高的成交量,但考量其交投活跃度则需要借助换手率来进行判断。这就是换手率相比于成交量的优势。

投资者要关注换手率过高的股票。但在阶段性或历史性高位出现大比例换手率,并不一定意味着出货行为,投资者尚需分析判断公司的基本面和潜在的利好或利空因素,进行综合分析判断。

换手率主要还是反映市场交投的表象,要据此来判断机构动向和股票后势走向,则还需要借助其他指标和基本面因素来综合评判。

七、买卖盘口的几个问题

上压板与下托板

上压板是大量的委卖盘挂单的俗称,下托板是大量的委买盘挂单的俗称。无论上压下托,其目的有可能是操纵股价,诱人跟风,且股票处于不同价区时,其作用是不同的。

当股价处于刚启动不久的中低价区时,主动性买盘较多,盘中出现了下托板,往往预示着主力做多意图,可考虑介入跟庄追势;若出现了下压板而股价却不跌反涨,则主力压盘吸货的可能性偏大,往往是大幅上涨的先兆。

当股价升幅已大且处于高价区时,盘中出现了下托板,但走势却是价滞量增,此时要留神主力诱多出货;若此时上压板较多,且上涨无量时,则往往预示顶部即将出现,股价将要下跌。

静态挂单和动态挂单

挂单可以分为静态和动态两种。当我们看到盘面上的接抛盘时其实只是看到了一种静态的状态,但交易一直在进行。因此挂单会出现变化,特别是某些大单会突然出现或者消失,这往往是我们更需要关注的。

例如,某股时价为9.66元对9.67元:

卖五　9.62元　130手
卖四　9.63元　130手
卖三　9.64元　130手
卖二　9.65元　120手
卖一　9.66元　110手
买一　9.67元　30手
买二　9.68元　41手

买三　9.69元　41手
买四　9.70元　41手
买五　9.71元　41手

卖盘的每一个价位都在万股以上,而底下的接盘都在5000股以内,感觉是市场抛压沉重,特别是在大盘不好的情况下。可能给我们一个暗示:似乎有主力故意压盘。接着伴随大盘的下跌该股的股价也继续下跌,一直到9.71元才停止。

这时上档的抛盘价位是从9.71元到9.75元,其中并没有超过万股以上的压盘。由于投资者只能看到5个价位的买盘和5个价位的卖盘,原来9.67元以上有大抛盘的价位已经看不到了。随着大盘回升,照理该股也应该有所回升,但正当9.71元的压盘被打掉之际却在该价位上又压出了3万余股。也许这是市场的散单,但也有可能是主力希望股价慢一些回升以便让主力有时间做一些其他的事情。终于这笔大单也全部成交了。随着买单的进场,股价逐级回升,不久价位回升到原来的9.66元,此时,上档的五个价位如下:

卖五　9.62元　30手
卖四　9.63元　30手
卖三　9.64元　30手
卖二　9.65元　20手
卖一　9.66元　10手

此时的卖盘中没有一个价位的压盘超过万股!原来在这5个价位的卖盘已经不在了。这种情况有可能是原来的抛单随着大盘的回升纷纷撤掉,也有可能前面的挂单是主力所为,而这时主力趁股价还没有回升之际已经将上面的大单撤了下来。这种利用股价下跌看不到挂在上面的大单然后秘密撤单的手法,很容易欺骗市场从而掩盖自己的目的。

从整个压单到撤单的过程我们可以得到如下一些信息:有主力在运作,主力不愿意对倒,主力并不是仓位十分重的强庄,主力不愿意在此价位将筹码让给市场,主力有可能在增加仓位或者是让他人增加一些仓位。以上这些结论对于我们的具体操作是十分有益的。

各种买卖盘

1)散户买卖盘与主力买卖盘的区别

一般主力庄家的买盘和抛盘数量较大、价位集中;散户的盘口数量较少、价位分散。庄家盘是行情的主导力量,按照"二八定律"即市场中主力盘占市场总成交的20%,散户占80%,然而这20%的主力盘能够起到决定性的作用。

2)隐性买卖盘

隐性买卖盘是指在买卖成交中,有的价位并未在委买卖挂单中出现,却在成交一栏里出现了。隐性买卖盘经常隐含庄家的踪迹。单向整数连续隐性买单出现,而挂盘并无明显变化,一般多为主力拉升初期的试盘动作或派发初期激活追涨跟风盘的启动盘口。

一般来说,上有压板,而出现大量隐性主动性买盘(特别是大手笔),股价不跌,则是大幅上涨的先兆。下有托板,而出现大量隐性主动性卖盘,则往往是庄家出货的迹象。

3)买盘与卖盘

买卖双方的出价与数量构成盘口表现中的买盘和卖盘,市场投资者能够直接看到的是"买一"至"买五"和"卖一"至"卖五"的买卖委托以及"内盘""外盘"和"委比""量比"等概念。

这几项都是表示目前盘中多、空力量对比的指标。如果即时的成交价是以"委卖价"成交的,说明买方也即多方愿以卖方的报价成交,"委卖价"成交的量越多,说明市场中的"买气"即多头气氛越浓。

以"委卖价"实现的成交量称为"外盘",俗称"主动买盘"。反之,以"委买价"实现的成交量称为"内盘",也称"主动卖盘"。可见,当"外盘"大于"内盘"时,反映了场中买盘承接力量强劲,走势向好;"内盘"大于"外盘"时,则反映场内卖盘汹涌,买盘难以抵挡,走势偏弱。

由于外盘、内盘显示的是开市后至现时以"委卖价"和"委买价"各自成交的累计量,所以对我们判断目前的走势强弱有益。如果"委卖价"与"委买价"

价格相差很大,说明追高意愿不强,惜售心理较强,多空双方处于僵持的状态。

4) 正确看待主动性买盘和卖盘

主动性买盘和主动性卖盘都是主力出击的结果,能够左右股价的走势。在庄家股行情中,总有对倒的成交量出现,如果仅在收盘以后看成交量,往往容易被迷惑。投资者可以通过主动性买盘和主动性卖盘来研判主力的真正动向。主动性买盘就是对着卖盘一路买,每次成交时箭头为红色,委卖单不断减少,股价不断往上走。在股价上扬的过程中,抛盘开始增加,如果始终有抛盘对应着买盘,每次成交箭头为绿色,委买单不断减少,使得其股价逐渐往下走,这就是主动性的卖盘。一般而言,盘中出现主动性买盘时,投资者可顺势买进做多;反之,盘中出现主动性卖盘时,投资者可以顺势卖出做空。在这种情况下投资者要注意不要逆市操作,否则很容易吃亏。

5) 扫盘

在涨势中常有大单从天而降,将卖盘挂单连续悉数吞噬,即称扫盘。在股价刚刚形成多头排列且涨势初起之际,若发现有大单一下子连续地横扫了多笔卖盘时,则预示主力正大举进场建仓,是投资人跟进的绝好时机。

正确看待内盘和外盘

从理论上讲,内盘(即主动卖盘)和外盘(即主动买盘)的数值可以反映主动卖出和主动买入量的大小,有不少人以此为依据,做短线买卖的参考,但内盘或外盘的数值有时并不是真实的,主力庄家有时为了迷惑散户会故意制造出虚假的内盘或外盘,散户股民如果没有一定的研判能力,往往容易上当。

例如,当某只股在低位横盘,庄家处于吸筹阶段时,往往是内盘大于外盘的。具体的情形就是庄家用较大的单子托住股价,而在若干个价位上面用更大的单子压住股价,许多人被上面的大卖单所迷惑,同时也经不起长期的横盘,就一点点地卖出,3000 股、5000 股地卖,市场特别低迷的时候还会见到特别小的卖单。此时庄家并不急于抬高价位买入,只是耐心地一点点承接,散户里只有少数人看到股价已无深跌可能,偶尔比庄家打高一点少量买入,才形成一点点外盘。这样一来,就造成主动性卖盘远大于主动性买盘,也即内盘比较大,这样的股当时看起来可能比较弱,但日后可能走出大行情。这就是主力庄家压低吸货时为迷惑散户所制造出的虚假卖盘。

所以,散户股民在利用内盘和外盘的大小判断股票的走势时,一定要同时结合股价所处的位置和成交量的大小,更要关注股票走势的大形态。具体注意事项包括以下几点:

①在股价经过了较长时间的数浪下跌、处于较低价位、成交量极度萎缩后,成交量温和放量,当日外盘数量增加,大于内盘数量,股价将可能上涨。此种情况较可靠。

②在股价经过了较长时间的数浪上涨、处于较高价位、成交量数量巨大,并不能再继续增加时,当日内盘数量放大,大于外盘数量,股价将可能下跌。

③在股价上涨过程中,时常会发现内盘大、外盘小,此种情况并不一定表示股价会下跌。

因为有时候庄家会用几笔买单将股价推到一个相对高位,然后在股价小跌后,在买一、买二挂买单。一些不明真相的股民看到内盘大,外盘小,认为股价会下跌,就纷纷以叫买价卖出股票。岂料庄家却分步挂单,将抛盘一一接走,随后股价不跌反涨,令许多股民大呼上当。

如果股价已上涨了较大的幅度,某日出现外盘大量增加但股价却不涨的现象,极有可能是庄家在利用假象掩护出货。

④在股价阴跌过程中,常会出现外盘大、内盘小的情况,但它并不能表明股价一定会上涨。因为有时庄家会用几笔抛单将股价打至较低位置,然后在卖一、卖二挂卖单,并自己买自己的卖单,造成股价暂时横盘或小幅上升。一些不明真相的股民还以为是庄家在吃货,于是纷纷买入,谁知次日股价却不涨反跌。如果股价已下跌了较大的幅度,某日出现内盘大量增加但股价却不跌的现象,很可能是主力庄家在假打压真吸货,投资者应注意这一点。

⑤在股价已被打压到较低价位,卖一、卖二、卖三挂有巨量抛单,使投资者认为抛压很大,因此在买一的价位提前卖出股票,实际上庄家在暗中吸货,待筹码接足后,突然撤掉巨量抛单,股价大幅上涨。

而在股价上升至较高位置,买一、买二、买三挂有巨量买单,使投资者认为行情还要继续发展,纷纷以卖一价格买入股票,实际庄家在悄悄出货,待筹码出得差不多时,突然撤掉巨量买单,并开始全线抛空,股价迅速下跌。

⑥当股价涨停时,所有成交都是内盘,但上涨的决心相当坚决,并不能因内盘远大于外盘就判断走势欠佳;而跌停时所有成交都是外盘,但下跌动力十

足,因此也不能因外盘远大于内盘而说走势强劲。

各种大单

1) 低迷期的大单

当某只股票长期低迷,某日股价启动,卖盘上挂出巨大抛单(每笔经常上百、上千手),买单则比较少,此时如果有资金进场,将挂在卖一、卖二、卖三档的压单吃掉,可视为是主力建仓动作。注意,此时的压单并不一定是有人在抛空,有可能是庄家自己的筹码,庄家在造量吸引注意。

2) 盘整时的大单

当某只股在某日正常平稳的运行之中,股价突然被盘中出现的大抛单砸至跌停板附近,随后又被快速拉起;或者股价被突然出现的上千手大买单拉升然后又快速归位,表明有主力在其中试盘,主力向下砸盘,是在试探基础的牢固程度,然后决定是否拉升。该股如果一段时期总收下影线,则向上拉升可能性大,反之出逃可能性大。

3) 下跌后的大手笔买单

某只个股经过连续下跌,在其买一、买二、买三档常见大手笔买单挂出,这是绝对的护盘动作,但这不意味着该股后市止跌了。因为在市场中,股价护是护不住的,"最好的防守是进攻",主力护盘,证明其实力欠缺,否则可以推升股价。此时,该股股价往往还有下降空间。但投资者可留意该股,因为该股套住了庄家,一旦市场转强,这种股票往往一鸣惊人。

八、当日盘中的重要时段

在一天的交易时间中,有几个时间段特别重要,投资者在看盘时一定要密切关注这几个重要时刻的盘口动态。

开盘

1) 重点关注开盘时集合竞价的股价和成交额

投资者首先要关注开盘时集合竞价是高开还是低开。所谓高开,是指当日的开盘价高于上一日的收盘价,而低开则是指当日的开盘价低于上一日的收盘价。开盘价表示出市场的意愿,即期待今天的股价是上涨还是下跌。

开盘价一般受前一日收盘价影响,按照惯性定律继续运行,除非遇到阻力。因此上一日股价以最高位报收,次日开盘往往跳空高开;反之,若上一日股价以最低报收,次日开盘价往往低开,若高开,说明人气旺盛,抢筹码的心理较强,市场趋势有向好的一面。但如果高开过多,使前一日买入者获利丰厚,则容易造成过重的获利回吐压力。如果高开不多或仅一个点左右,则表明人气平静,多、空双方暂无恋战情绪。如果低开,则表明获利回吐心切或亏损割肉者迫不及待,故市场趋势有转坏的可能。

如果在底部突然高开,且幅度较大,常是多空双方力量发生根本性逆转的时候,因此,回档时反而构成进货建仓良机。反之,若在大势已上涨较多时发生大幅跳空,常是多方力量最后喷发的象征,表明牛市已走到了尽头,反而构成出货机会。同样,在底部的大幅低开常是空头歇斯底里的一击,反而构成见底机会,而在顶部的低开则证明人气涣散,皆欲争先逃出,也是市势看弱的表现,其后虽有反弹,但基本上一路下泻。在大市上升中途或下降中途的高开或低开,一般有继续原有趋势的意味,即上升时高开看好,下跌时低开看淡。

投资者还要关注开盘时集合竞价的成交量。成交量的大小反映的是参与买卖的人的多少,它往往对一天之内成交的活跃程度有很大影响。

2) 要关注开盘后半小时内股价变动的方向

一般来说,如果大盘指数或个股股价开得太高,在半小时内就可能会回落,如果大盘指数或个股股价开得太低,在半小时内就可能会回升。这时要看成交量的大小,如果高开又不回落,而且成交量放大,那么这个股票就很可能要上涨。当然,有时候大盘指数或个股股价高开后就一直高走,低开后就一直低走,但这种情况出现不多。因此,有经验的投资者,在一般情况下,真正操作时间都在 10:00 之后进行。即使要买进股票,他们也会在大盘或个股高开回落时买进,不会贸然追高;反之,要卖出股票时,也会在大盘或个股低开回升时卖出,不会贸然杀跌。

3)关注开盘后股票涨跌停板情况

开盘后涨跌停板的情况会对大盘产生直接的影响。在实行涨跌停板制度后,可以发现涨跌停板的股票会对其他股票起向上或者向下拉动的影响作用。比如说大盘开盘后即有5只以上的股票进入涨停板,在其做多示范效应影响下,大盘将会有走强的趋势,反之,当天开盘后即有众多股票进入跌停,开盘后则易受到空方的打压。

中盘

1)开盘后30分钟

多头为了顺利吃到货,开盘后常会迫不及待地抢进,而空头为了完成派发,也会故意拉高,于是造成开盘后的急速冲高,这是强势市场中常见的。在弱势市场中,多头为了吃到便宜货,会在开盘时即向下砸,而空头胆战心惊,也会不顾一切地抛售,造成开盘后的急速下跌。因此观察开盘后前10分钟的市场表现有助于正确地判断市场性质。

多、空双方之所以重视开盘后的第一个10分钟,是因为此时参与交易的股民人数不多,盘中买、卖量都不是很大,因此用不大的量即可以达到预期的目的,俗称"花钱少,收获大"。

第二个10分钟则是多空双方进入休整阶段的时间,一般会对原有趋势进行修正,如空方逼得太猛,多头会组织反击,抄底盘会大举介入;如多方攻得太猛,空头也会予以反击,获利盘会积极回吐。因此,这段时间是买入或卖出的一个转折点。

第三个10分钟里因参与交易的人越来越多,买卖盘变得较实在,虚假的成分较少,因此可信度较大,这段时间的走势基本上为全天走势奠定了基础。

为了正确把握走势特点,以开盘价为原始起点,以开盘后第10分钟、第20分钟、第30分钟的指数为移动点连成三条线段,我们称之为开盘三线,这里面包含有一天的未来走势信息。

因为开盘三线大体可以代表当日的盘面走势,在通常情况下,股价走势会沿开盘三线的方向运行。

①如果开盘三线在9:40、9:50、10:00始终在开盘平行线上方移动,且一波比一波高,为涨势盘面。

②如果开盘三线一路走低,始终在开盘平行线下方移动并且与平行线的距离越拉越大,此为跌势盘面。

③开盘三线始终沿开盘平行线上下波动,且波动幅度上下相当,则为震荡势盘面。

另外,开盘三线还可能出现一些很不明显的态势,也应引起注意。比如,开盘三线二上一下和一下二上仍属于趋涨势;开盘三线一上二下和二下一上则属于趋跌势。

2)上午10点左右

10点是庄家抬高股价、准备出货的最佳时机。一般情况下,在上午10点左右就可以预测出当日的大致走势和收盘点位。

通常,庄家拉高出货会选择在上午10点左右这一时间段里。无论大盘还是个股,当日短期的高位经常在上午10点左右出现。如果随成交量放大,股价飙升,一定要小心主力随时出货。

此时可用分时图结合成交量和技术指标分析股价走势,当短线指标背离时应该果断出货,这种方法经多次验证效果比较明显。

3)中午收市前与下午开市后

中午收市前的走势也是多空双方必争的。因为中午停市这段时间,投资者有了充裕的时间检讨前市走向,研判后市发展,并较冷静地做出自己的投资决策,因此主力大户常利用收市前的机会做出有利于自己的走势来。一般来说,收市前与开市后的走势应综合起来看,而不能孤立对待。

如果上午高收,下午可能高开高走;如果上午低收,下午可能低开低走。另外,上午停牌的股票,尤其是指标股、热门股停牌后,下午开盘的走势会明显影响股价的总体走势或投资者的心态,投资者要结合公开信息对此做出判断,做好做多或做空的准备。

怎样看尾盘

1) 下午 2 点 30 分

下午 2 点 30 分一般是多空双方中占优势的一方开始发动攻击的时间,大盘在这段时间里开始朝最后收盘的方向运动。许多主力庄家往往选择在临近 2 点 30 分的时候发挥威力,使个股、板块或大盘随自己的操盘意图变化。这样,主力庄家既可以维持股价和技术指标的走向,也可以节约控盘成本。

一般而言,大盘或个股最后半小时走强,反映主力庄家想推升指数或股价,第二日继续上升居多;大盘或个股最后半小时走弱,反映主力庄家想打压指数或股价,第二日继续下跌居多。因此,有经验的投资者往往根据这一现象决定他们的买卖行动,顺势操作效果一般都不错。

2) 收盘前的异动

收市前的几分钟时间其实已经不可能允许投资者从容决策,因此投资者此时应谨慎为好,多观察,少出手,发现异常情况,留到次日及早入市操作。如果临收盘前出现异动,常常是庄家在做盘。如果庄家明日要出货,他们就有可能在尾市最后几分钟来一个急速拉高,画一个漂亮的收盘图形,采取诱多的手法,以便第二日交易时把不知底细的追高者一网打尽,故投资者在第二日买进时要格外小心,当心别落入庄家的圈套。反之,如果庄家要吸货,他们有时就会在尾市几分钟来个快速跳水,画一个难看的收盘图形,采取诱空的办法,以便第二日交易时把不明真相的投资者低位抛出的股票照单全收,以此来降低他们的建仓成本,故投资者在第二日卖出时要多长一个心眼,别轻易把筹码抛出,以免中了庄家的计。

第五章　买入股票

一、买入股票基本原则
二、长线买入原则
三、长线买入策略
四、短线买入原则
五、短线买入时机

一、买入股票基本原则

制定目标买价

股票投资以"低价买进,高价卖出"为原则。但投资者经常会因股价低时还想更低,股价高时又怕太高,而错过买入机会。

为了避免这种情形,投资者应制定适合个人资金实力、风险承受能力、股价走势以及投资周期等综合因素的目标买价。有了目标价,才会避免投资的冲动性和盲目性,不论做短线还是长期,操作起来都会增加方向感。

对于普通投资者来说,要制定合理的目标价,可参考以下步骤:

第一步,预测公司的未来1~3年的每股收益。由于普通投资者目前无力对公司未来赢利进行全面合理预测,可使用券商或独立机构的预测结果;需要注意的是,投资者应参考多家券商或独立机构的预测结论,以使预测更全面更准确。

第二步,选择一种或多种适合你自己投资风格的估值方法,如常见的市盈率、市净率等。这些估值方法被称为相对估值方法,即通过比较得出合理的估值水平。以市盈率为例,可通过该股票历史市盈率区间,结合赢利预期来判断未来1~3年的市盈率应该是多少倍。如预期未来12个月里公司将进入赢利周期上升阶段,就可选用历史上相同赢利周期时的市盈率倍数作为预测值;如果赢利前景不佳,就可采用历史上同样业绩不佳时的市盈率倍数。动态的市盈率预测也可采用行业平均水平或同类可比公司的市盈率。

有了未来的预测赢利,又有了合理的预期市盈率,把两个数乘起来就得到目标价了。

分批买入

在没有较大把握或资金不够充裕的情况下购买股票时最好不要一次买进,而是分两三次买进。这样可以分散风险,获得相应的投资报酬。

具体的操作方法可分为两种:

1) 买平均高法

在第一次买入后,待股价升到一定价位再买入第二批,等股价再上升一定幅度后买入第三批,这就是买平均高法。比如,在某只股票股价为 20 元的时候第一批买进 1000 股,股价涨到 22 元时第二批买入 800 股,涨到 25 元时第三批买入 600 股,三次买入的股票平均成本为:

$(20 \times 1000 + 22 \times 800 + 25 \times 600) \div (1000 + 800 + 600) = 21.92$ 元

当股价超过这个平均成本时,股民即可获利。

2) 买平均低法

也叫向下摊平法,即股民在第一次买入股票后,待股价下降到一定价位再买入第二批,等股价再次下降一定幅度后买入第三批(甚至更多批)。买平均低法只有等股价回升并超过分批买入的平均成本后,股民才能获利。

注重价格与成交量

相对低的价位是买入股票的基础,而成交量是真实反映股票供求关系的关键因素。如果股价在相对低位止跌企稳,成交量温和放大时,后市向好的可能性较大。作为一名涉"市"不深的股民,如果能利用成交量的变化并结合股价的波动发现购买时机,会使操作更有胜算。

遵循供求规律

股市上的需求力量会引导股价。一般股价依从"需求先行,供给跟进"的原则上下波动。需求增加时,供给会随之增加,但是供给增加的幅度缓慢于需求增加的幅度。例如,某只股票看来会持续上涨,股民纷纷买进,此时供给还没有跟上,导致供不应求,股价上涨。之后由于股价涨到一定程度,一些股民认为可以高价卖出,于是纷纷抛出,导致供给过大,股价锐降。

股票的价格波动与其他普通商品类似,都会经过供需平衡→需求增长→需求高峰→供给过多→需求下降→供需平衡的过程。股民千万不要在需求高峰(即成交量最多时)买进,因为此时最可能买到最高价的股票。因此,当股民在看到证券公司强力推荐或相关报刊不断报道时贸然买进,往往会造成损失。

天灾时买入

所谓天灾,是指上市公司遇到台风、地震、水灾、火灾等自然灾害,导致公司的生产经营受到严重破坏,造成一定的经济损失,使该公司股票价格急剧下降,甚至出现股价暴跌。

在一般人心目中,往往把天灾造成的损失无限扩大。其实损失往往并不像人们想象的那么严重,况且一般的公司均可获得保险公司的合理赔偿,因此,损失也就有所减小。但是大多数人的恐慌抛售使股价大幅下跌,从而给精明的投资者提供了买入的机会。此时大量买入股票,等到天灾过后,一切恢复正常,股价就会顺理成章地回升,获得盈利势在必然。因此,当发生天灾时,股民应该谨慎观察,认真研究,然后做出是否买入的决定。

投资性买入

投资性买入是指当某只股票具有投资价值后买进该股票。此时并非股价的最低点,也会存在风险,但即使被套牢,坐等分取的股息红利也能和储蓄或其他的债券投资收益相当。另外,投资价值区域内的股票,即使被套,时间一般也不会太长。

追涨

追涨是一种顺势操作方法,通常是指投资者顺势而为,见涨抢进,以图在更高的价位上卖出获利。这种做法在大势反转向上及多头市场时,大多能轻易获得利润;但在行情末期一旦抢到最高价而不能出手,就会出现亏损累累的局面,因而风险也就较大。

追涨的方法主要有四种:

1)追涨强势股

追涨那些在涨幅榜、量比榜和委比榜上均排名居前的个股。这类个股已经开始启动新一轮行情,是投资者短线操作的重点选择对象。追涨强势股要"重势不重价",很多投资者往往会受个股基本面分析影响,有时会认为这不是一个绩优股而放弃买进强势股。这种做法是错误的,因为买强势股重要的是趋势,这和买绩优股重视业绩好坏的特点不一样。

2)追涨龙头股

主要是在以行业、地域和概念为基础的各个领涨板块中选择最先启动的领头上涨股。

3)追涨涨停股

涨停板是个股走势异常强劲的一种市场表现,特别在个股成为黑马时的行情加速阶段,常常会出现涨停板走势。追涨强势股的涨停板,可以使投资者在短期内迅速实现资金的增值。

4)追涨成功突破股

当个股股价突破前期价格高点,解套盘没有使股价回落往往意味着股价已经打开上行空间,在阻力大幅度减少的情况下,比较容易出现强劲上升行情。因此,股价突破的位置完全可能是最佳追涨的位置。

股民在追涨时要清醒地了解,追涨的高收益中同时暗藏着高风险,追涨对投资者的短线操作能力、对趋势研判的准确度、对准备追涨个股的熟悉程度以及投资者看盘经验和条件都有极高的要求。选择追涨时要注意:

①当市场整体趋势处于调整格局中的反弹行情中,不宜追涨。

②股价上行至前期高点的成交密集区时,需仔细观察该股是否具有突破前期股价阻力位的成交量,再决定是否追涨。

③当盘中热点转换频率过快,热点炒作持续性不强,缺乏有凝聚力、有号召力的龙头板块时,千万不能追涨。

④在追涨热门板块时,要注意选择领涨股,不宜选择跟风股票。

⑤对于前期涨幅过大,当前成交量很大而股价却不再上涨的个股不宜追涨,这时庄家出货的概率很大。

⑥当市场趋势发展方向不明朗,或投资者无法清晰认识未来趋势的发展变化时,不要盲目追涨。

买跌策略

买跌策略是指投资者购买股价正在下跌股票的投资方法。股价总是处于涨跌循环中,选择那些股价跌入低位的成长股作为投资对象,风险小,收益大。这是买跌方法受到投资者青睐的重要原因。

这种方法要对股票的内在素质进行深入研究,只有在认定该股具有上涨潜力后才能购买,而对业绩、成长性、前景不乐观的股票是不能轻易购买的。此外还需确定股市与个股的大趋势没有发生根本逆转,否则将损失惨重。

买跌时应掌握一定技巧。若股价处于上涨趋势中,每一次下跌回调都是买入时机;若股价处于下跌趋势中,一定要等股价有相当幅度的下跌(一般30%~50%),并止跌企稳后再买入。

补仓

1)什么是补仓

补仓 是指在所购买的股票跌破买入价之后再次购买该股票的行为。

补仓的作用 以更低的价格购买该股票,使单位成本价格下降,以期望在之后反弹时抛出,将补仓所买回来的股票赚取的利润用于弥补高价位买入的损失。

补仓的好处 原先高价买入的股票,由于跌得太深,难以回到原来价位,通过补仓,股票价格无须上升到原来的高价位,就可实现平本离场。

补仓的风险 虽然补仓可以摊薄成本价,但股市难测,补仓之后可能继续下跌,将扩大损失。

补仓的前提 ①跌幅比较深,损失较大;②预期股票即将上升或反弹。

例如:2017年2月1日,以40元买入某股票1000股。5月30日,该股已跌至20元。这时投资者预期该股将会上升或反弹,再买入1000股。两笔买入的平均价为$[(40\times1000)+(20\times1000)]\div(1000+1000)=30$元,如果该股反弹到30元或以上,通过这次补仓,就可以实现平本或赢利。如果没有后期的补仓,股价必须反弹到40元才能回本。但如果股价在20元的价位上继续下跌到10元,那么,补仓将扩大损失$(20-10)\times1000=10000$元。

2)补仓要考虑的问题

在补仓前要考虑以下5个问题:

①市场整体趋势是处于牛市、熊市,还是牛熊转换期间?如果是处于熊市

末期的调整阶段,坚决不能补仓,如果是处于牛市初期的调整阶段,则可以积极补仓。

②目前股市是否真正见底?大盘是否确实没有下跌空间?如果大盘已经企稳,可以补仓,否则,就不能补仓。

③手中的股票是否具有投资价值或投机价值?如果有,可以主动补仓,反之,不宜补仓。

④投资者手中持有股票的现价是否远低于自己当初的买入价?如果与自己的买价相比,现在跌幅已深,可以补仓。如果目前套得不深,则应考虑止损或换股。

⑤投资者需要补仓股票中的获利盘有多少?通过分析筹码分布,如果有较多获利盘的个股不宜补仓,获利盘较少的可以补仓。

当投资者能够正确回答上述5个问题后,就可以很清醒地认识到自己是否应该补仓。

3) 补仓技巧

牛市行情中,补仓操作应该注意以下几点:

①弱势股不补。那些大盘涨它不涨,大盘跌它跟着跌的弱势股,不宜补仓。

②补仓的时机。最适宜补仓的时机有两个,一是熊牛转折期,在股价极度低迷时补;二是在上涨趋势中,补仓买进上涨趋势明显的股票。因此,投资者在补仓时必须重视个股的内在趋势。

③补仓未必买进自己持有的股票。补仓的关键是所补的股票要取得最大的盈利,大多数情况下,补仓是买进自己已经持有的股票,由于对该股的股性较为熟悉,获利的概率自然会大些。但补仓时应跳出思维定式,自己没有持有的股票但有赢利前景的也可以补仓。

④补仓的数量。补仓的数量要看投资者是以中长线操作还是以短线操作为主。如果是短线操作,那么补仓买进股票的数量需要与原来持有的数量相等,且必须为同一股票,这样才能方便卖出。如果是中长线操作,则没有补仓数量和品种的限制。

⑤补仓力求一次成功。尽量不要分段补仓、逐级补仓。首先,无法经受多次平摊操作。其次,补仓是对前一次错误买入行为的弥补,本身不应再成为第二次错误的交易。所谓逐级补仓是在为不谨慎的买入行为"买单",多次补仓,

越买越套必将使自己陷入无法自拔的境地。

顺势法

1）什么是顺势法

顺势法是指投资者的操作与大市节奏一致,当股市上涨时就顺势买进,当股市下跌时便顺势卖出,且操作持续时间的长短与股票涨或跌的时间长度大致吻合。股市上有句话叫"不做死多头,不做死空头,要做老滑头",就是对顺势而为的生动描述。

2）顺应不同时段的趋势

投资者要成功实施顺势法来进行投资,首先要能够认识和判断股市变动的三个趋势：

长期趋势 其时间可持续一年以上。一个长期趋势包括上涨的多头市场和下降的空头市场。多头市场的每一上升波浪的平均水平会高于前一上升波浪的平均水平,而空头市场的每一个下跌波浪的平均水平会低于前一下跌波浪的平均水平。

中期趋势 其时间一般会持续两周至三个月,股价的反弹或回档幅度至少应达到前一次上涨或下降幅度的三分之一。

短期趋势 也可称为日常波动,一般是指股票价格在两周以内的变化。

上述三种趋势组合形成了股市上的股价波动过程。具体而言,一个长期趋势由若干个中期趋势组成,而一个中期趋势又由若干个短期趋势组成,如此循环往复,变动不已。

3）实施顺势法注意事项

①一般来说,中长期趋势比较容易预测,趋势越短,越难预测。因此,相对来说更应注意股价波动的长期和中期趋势,而不应太多注意短期趋势。

②如果是进行长期投资,可在长期上升趋势的底部和中部选择买入,买入后在股价上涨到顶部时即可择机抛出获利。只要对长期趋势正确预测,不论股价在达到高段前有多少中期性回落,都应坚定股价会反弹的信心,等待理想的卖出时机与价位。

③如果是进行中期投资,则当于股价在中期波动的底部时考虑买进。因为股价中期波动的上涨距离一般较短,如果在股价上涨了一段时间后才买入,很可能会碰到股价反转。

④也可以利用股价长期下跌趋势中的中期波动进行买卖操作,即在中期波动的底部买进,高位卖出,从而获利。

⑤如果是进行短期投资,因难以预测短期趋势,就应该争取在中期上升趋势中进行短期的买卖操作。这样,即使出现预测失误,也还可以持有一段时间,等待股价的反弹回升,这样就将短期投资中期化,从而减少损失甚而获利。

二、长线买入原则

以合理价格购买

价格是投资成功与否的重要因素,投资者只有以低于股票内在价值的价格购买才能获利。

对于一只内在价值为100元的股票,分别以50元和80元买入,显然前者获益更高;对于年均股利1元的股票,你若以5元买进,你的收益率就是以10元买进的2倍。

做长线投资能否以合理的价格购入股票比短线投机中寻找合理价格更重要。所谓合理是指股价低于股票所代表的真实价值,即低于公司净流动资产值(除固定资产之外的流动现金、存款、库存品、应收账目等扣除债务后的资产值)。寻找到价格低于价值的股票购入后,可以长期持有。市场不会一直忽视这类"高含金量"的股票,价格迟早会恢复到正常价值水平,这时投资者得到的不仅有实在的股利好处,还有价值增值利益。

分析经营业绩

经营业绩决定着公司的发展速度,也决定着股票价值增值速度和潜在价值。做长线看重的是股票的增值性和稳定的股利收益,因此应学会分析公司的财务报表、经营策略、发展计划等。

经营业绩的历史记录和未来获利能力同等重要。历史记录反映了股票现在的价值,良好的前期表现能够为公司前景提供更有力更充分的保证,并为将来的顺利运行奠定扎实基础:资本、经验、声誉、贸易合同、稳定的客户关系和市场先入的竞争优势以及其他所有构成赢利能力的要素,会给企业未来发展带来巨大影响。

选择有发展潜力的企业

做长线投资是用时间换取财富的递增,但只有选择发展潜力大、技术进步、市场不断拓展企业的股票,才能在预期的时间里获利。

分析企业的发展前景不仅要看企业本身的情况,更重要的是研究企业所处的发展环境:产业是朝阳行业还是夕阳行业;市场容量有无增加可能;企业本身在行业中有无竞争优势;是否有产业政策支持和优惠条件;在产业生命周期中所处阶段。

投资者也要关注企业大小、强弱之间的转化,以帮助分析股票价值的变化。

掌握必要的分析技巧

1)学会分析基本面

长线投资和短线投机同样需要基本的分析技术作基础。长线投资需掌握的最基本技巧是会看公司财务报表,通过财务报表的分析比较,了解企业的营业额、毛利与纯利、资产、负债、资产收益率、股票账面价值、每股收益率、现金流量、资本结构、分配股息等。

2)关注股票的市盈率

市盈率(即股价与每股盈利之比)是对将来利润的一种预测,市盈率不能孤立地看待,而应与本行业其他公司和其他行业的市盈率做比较,从中分析市盈率水平是偏高、偏低还是接近行业平均值。应选择成长率高、发展趋势好,但目前市盈率偏低的股票。如果选择的股票市盈率过高,即使将来有增值潜力,也会因价格相对于其赢利能力偏高,买入不合算。

3) 分析股票价值的三类因素

①股息、股息率及其以往记录。
②损益账户因素,代表的是企业赢利能力。
③资产负债表因素,代表的是企业资产价值。
以上因素基本上反映了企业财务状况。

三、长线买入策略

做长线投资不一定要局限于某一种固定操作模式,可以从多种策略中灵活地选择运用。

板块策略

板块策略是指把各种股票按行业划分成若干板块,从最熟悉的板块中按照前面介绍的原则谨慎地选择有前途的股票的投资方法。也可从目前公认最有发展前景的行业中选择最满意的股票。

采取板块策略是一种较简便的方式,不用大海捞针似的在沪深两市挨个检查每只股票,选股相对容易、省事,安全性也高。但在应用此策略时,有些人会囿于成见,对行业有偏见,认定只有某类板块才有投资价值。实际上行行出状元,每个行业中都会有自己杰出的公司。尤其在那些长期被忽视的行业中,有时会出现一些股价低于内在价值的"好股"。

此外,投资熟悉的行业常常比投资丝毫不了解的行业更安全。

逆潮流策略

逆潮流投资就是在大众都不看好、交易清淡时买进,在大众都看好、交易火爆时卖出的投资策略。做逆潮流投资并不是投机,它是利用了时间差和市场大众的从众心理,走在了大众前面:在他们买进之前买进,在他们卖出之前卖出。

逆潮流投资策略的应用:当市场行情火热、各种经济报道表明投资者都充满乐观和信心时卖出,因为此时价格已被人们的心理预期抬得很高,股价上涨很可能已超过利润上涨。相反,当市场不景气,人人悲观失望,股价可能被压得极低,甚至低于自身价值时买进,以待将来行情上涨时售出。

逆潮流策略虽然简单,实际中却很少有人能正确运用。这是因为,股价连连上冲,形势一片大好时抛出可能继续上涨的股票,投资者心理很难接受。当股市低迷,股价一跌再跌,众人都急着斩仓逃跑时,下决心买进股票也需要很大的勇气。

因此要想用好逆潮流策略,除了能够独立思考分析、不随波逐流之外,更需要战胜贪婪和恐惧。

先入为主策略

先入为主策略是指投资于具有成长潜力的中小企业、新成立企业股票的投资方法。

因为这类企业扩大规模时,由于项目已先期投入大量资金,而工厂尚未营运,没有现金流入,企业利润不免受到影响,股价下跌。这时以低价买入,到项目建成开始赢利,股价就会恢复上涨。

此外在资本密集型工业(如化学、钢铁工业)开发某种新工艺、新方法,以较少的资金提高产量、改进品质,降低成本、提高生产效率时,股市不一定能马上意识到并做出反应,此时可以放心购入该种潜力较大的股票。

以静制动策略

投资者经过长期观察、周密分析,可能已看好一只股票,但不确定当时的价位是否合适,那么可以定下一个能够接受的价位,静待该股的升跌沉浮,一旦达到你所制定的价位就应毫不犹豫地买入。

如果股票价格一直在投资者所制定的最高价位线之上徘徊,一定要再进一步分析此时价格究竟是真正价值,还是高于真正价值。若高于股票内在价值且超过幅度较大,一定要耐住性子等待下去。与其在超过价值的高位买进还不如不买,因为股价将来很可能会降下来。

谨慎保守策略

谨慎保守策略是指投资于那些实力雄厚、功成名就、牢牢占据市场份额公司的股票。这样的公司都度过了高速成长期，利润率增长速度放慢，但从整体上说利润率不低且平稳上升。

这类股票，一二十年后可能是现在的几倍、十几倍，但目前股价已十分昂贵，并且不轻易大幅波动，很难指望随时利用股价涨跌获取差价利润。

然而这类公司有实力抵抗经济衰退，一般不会破产，即便受到整个经济形势的影响，股价下跌也只是轻微的和暂时的，它不大能带来利润巨额增长的消息，也不会给你巨额亏损的打击。

总之，投资这类公司的股票，不会使你一夜暴富。你必须以较高价格购得，但也可放心享受每年丰厚的股息。

谨慎保守策略从某种意义上说是真正的长线投资策略，其目标主要是获得高额股息收入。

死灰复燃策略

即投资于那些经营发生困难甚至破产，经过整顿后重获新生企业股票的策略。

运用这种策略，关键在于如何从众多看似毫无希望的公司中发现"星星之火"。这需要较高的技巧，不仅要对企业情况十分了解，还要眼光独特，消息灵通，随时掌握可能使企业发生转机的信息。运用这种策略难度相当大，在企业被视为毫无拯救可能、股票被贬为垃圾股的情况下，敢于大量购入，需要慧眼识金的能力和足够的胆识。

此种策略常常适用于以下两种情况：

第一种，破产公司中某一个部门经营状况不错，在破产过程中脱离出来组成新实体，初上市时股价会被压得很低。市场不青睐这样的股票，但却是一个极佳的投资机会，这类股票几乎注定要增值，而且常常增幅惊人。

第二种，企业由于业务拓展过宽，收购了大量非核心业务公司，因不熟悉这些公司的领域或经营不力，整个企业被拖累，这时被迫出售下属企业。这种情况下又有三个机会可利用：一是在企业收购前买进被收购公司的股票，收购企业肯定会以高于你买进的价格来收购你持有的股票；二是买进被低价出售公司的股票，通常这些公司被出售后，活力会得到释放；三是购入母公司的股票，这时母公司因业绩不佳而出售子公司，股价一般偏低，在开始着手整顿业务之后，母公司股价很可能在短期内上升。

周期策略

许多产业都有一定周期性,其营业收入在经济周期的不同阶段有所不同。如建材业、建筑业、钢铁工业、化学工业、航空工业等等行业的股票通常在经济衰退时因利润的萎缩而急剧跌价,当经济开始复苏时,它们又首先感应到,价格上升速度比一般股票快。

利用经济周期的影响择机而动不失为一种有效的投资策略。运用这种策略最关键的是要能提前感知经济周期发展的讯号,并及早知道相关公司业务下降和回升的情况,在经济衰退时以低价买进,在经济繁荣时高价卖出。但经济状况发生转变是一个过程,不可能被精确预测,所以此策略的缺点是不可能用尽行情。

经济热点策略

股市中,总会不时涌现出一些投资和投机热点,即热门股。其中适宜作长线投资的热门股成长速度快,企业赢利年增长率高,投资回报极为可观。

但需注意的是:热门企业发展得快,破产的也多;利润越高,竞争越激烈,钱也越难赚。当它兴盛时,看不出什么问题,可一旦转向,就会快得让你措手不及。最热门产业里最热门的公司绝不是长线投资的最佳选择。这样的股票尽量不要买,如果买了,应趁它还热得烫手时尽快卖掉。

以上8种基本策略在实际应用中并非互相排斥,每个投资者可根据个人情况和当时当地条件加以选择、灵活应用。世上没有常胜将军,也没有放之四海皆准的标准,最重要的是发现适合自己的方法和策略,并持之以恒地执行。

四、短线买入原则

短线操作是利用当日或几日内股价波动赚取短期利差的投资方法。股价短期波动方向较难预测,因此短线操作风险大,但如果把握准了机会,短时间内也可获利较大。以下几条原则是许多成功短线炒家的"护身要诀",也是许多失败者以高昂代价换来的心得体会。

顺应大势,不要逆市而为

有的散户十分相信"人弃我取,人取我弃"的战略,殊不知这讲的是在顺大势总体发展趋势基础上,巧妙选择入市时机。而且通常这种战略应用于中长线投资较为有效。逆市而为,在大势下跌之时做短线抢反弹,或在个股已在高位掉头向下时抢反弹,等待你的很可能是漫长的套牢期。

善于等待机会

做投机也要有耐心,要能气定神闲地等待投机时刻的到来,最忌心浮气躁,瞎猜乱撞,这样会使人丧失理智的判断力,致使决策失误。在等待期间,并不是无所事事,应注意行情变动,时时分析思考。"该出手时就出手,不该出手不乱出手",要做到"静若处子,动若脱兔"。

大市投机活跃时才做短线

大市活跃,成交量不断放大,个股普涨并有多只股票涨停时,短线做起来相对容易。当出现经济热点且其中有龙头股时,更应适时地抓住龙头股操作短线。

涨停板下谨慎跟入

造成股票涨停的原因多种多样:有的因为有重要的利好公布;有的是因为大庄家快速拉升;有的则是庄家持筹太多造成股性呆滞,为了引起大众关注进而追捧,自己作势推升。前两种情况下,以后还可能有连续涨停。这时若在前一涨停板买入,应尽快脱手,利润落袋为安,否则股价随时都会以迅雷不及掩耳之势急转直下,到时后悔不及。

遇到第三种情况,千万不要跟进。这样的股票上午涨停下午就有可能跌停,一旦跌下来,很可能一路跌下去,造成重大损失。

适时离市休整

当你在股市上遭受重创后一定要懂得离市休整,不要负气待在股市里、非得赚钱后才走不可。暂时离开股市,可以调整心态,反思自己的行动策略,分析失败的原因,学习成功者的经验,从一个旁观者的角度冷静地观察股市的动荡起伏。适时适量的休整对你顺利地重返股市并取得成功很有裨益。

离市休整对短线投机高手和一般的散户同样重要。在股市上拼搏了一段时间,整天关注着价格的起起伏伏,精神必然高度紧张。适当地休息,张弛有度,让自己放松和思考,对再战股市有益无害。

合理控制仓位

进行短线炒作一定要控制仓位。短线可能获利很高,但一旦预测失误,亏损也很大。投机所占资金的上限是你能够承受的最大损失。不要冒险把全部资金都用来做投机交易。

如果你有1万元闲散资金,你尽可以把它都用来做投机,但当你有100万元时,情况就不一样了,同时损失20%,前者实际损失只有2000元,而后者则是20万元,所以当最多只能损失20万元,那就最多用20万元做短线投机。

五、短线买入时机

根据消息面判断短线买入时机

1)大市上升趋势初期出现利好消息,应及早介入

大市处于上升趋势初期再配合利好消息,会使股价快速上涨,是短线投资者介入的好时机。应在利好消息朦胧时适时介入,待利好消息明朗,遇股价回调时卖出。这是因为快速上涨使短期内获利盘增多,出现获利回吐现象,股价短期内会产生回调。当股价获得支撑重新抬头时,短线可再次买入。

2) 大市上升趋势中期出现利好消息,应逢低买入

当大市处于上升趋势中期出现利好消息,会使股民对后市更加充满信心,交易更加活跃;同时市场外观望的资金也会加入股市,股价就会加速上升。短线投资者可考虑在股价回调时逢低买入。

3) 大市下跌趋势初期出现利好消息,可抢反弹

当大市处于下跌趋势初期出现利好消息,会使开始灰心的股民很快恢复信心,积极参与交易,股市随之会出现强劲弹升现象。短线操作者可以快速介入抢反弹,但要注意设好止损位。由于此时参与交易者多为中小散户,缺乏机构主力,因此反弹时间不会太长,反弹空间也有限,短线操作者此时抢反弹应快进快出,并设好止损位。

4) 大市下跌趋势中期出现利好消息,可少量介入抢反弹

当大市处于下跌趋势中期出现利好消息,将促使股价走一波反弹行情,但因大市颓势已定,反弹空间有限,短线操作者可少量介入抢反弹,并设立好止损位。若反弹力度很小,在反弹结束时即使没有利润也应该及时了结。

5) 大市下跌趋势末期出现利好消息,可及时介入

当大市处于下跌趋势末期时出现利好消息,会使股价提前结束调整进入下一轮升势,短线操作者可于股价结束调整、向上攀升时及时介入。

6) 大市上升趋势中期出现利空消息,可逢低买入

当大市处于上升趋势中期出现利空消息,将使股价回落,甚至暴跌,但因大市整体上升趋势已定,利空因素只能使股价出现短期回调,待利空出尽,股价仍会回升。

7) 大市下跌趋势末期出现利空消息,可逢低买入

当大市处于下跌趋势末期出现利空消息,将使股价进一步下跌,但由于大市已跌了很长时间或有了很大跌幅,再往下跌的空间已经很小,当利空出尽,股价就会见底回升,此时短线操作者可以逢低买入。

根据成交量判断短线买入时机

1）股价上升且成交量稳步放大时买入

有的股票在下跌过程中，成交量一直保持相对稳定的状态而无明显的萎缩，股价却呈现一路阴跌的走势且无止跌的迹象，底部也无明显的形态可言。突然某几天成交量却稳步放大，股价也由跌转升，下跌趋势的结束以股价向上突破重要的下降趋势线或 30 日均线（若干日收盘价的平均线，常用的有 5 日、10 日、30 日均线）为标志。另外一种情况是股价在经过较长时间和较大幅度的下跌之后，在一定的区域内上下波动且时间较长，成交量也无明显的增减变化，始终维持相对稳定的水平，待成交量稳步放大时，股价向上突破，上升行情开始。这两种情况均可在成交量稳步放大 2 至 3 天时择机买入，后市一般会有可观升幅。

利用此法时应注意：

①股价向上突破重要阻力位（如 30 日均线）时，成交量应明显放大。

②只有在成交量逐步放大或维持较高水平的配合下，上升趋势才可持久。否则只能说明是下跌途中的一次反弹而已。

2）低位突然放量时买入

股价的长期下跌使得空头能量有足够的时间充分消耗，股价止跌走稳表明多空能量获得暂时平衡，但多空交替，多头最终将打破这种平衡，而低位放量正是多头力量异动的最初显示。短线炒手应在低位突然放量，股价明显上涨时跟进。

利用此方法时应注意以下几点：

①突然放量时股价位置必须在相对低位（可从个股历史走势中确认），买入信号才可靠。

②突然放量前的股价应在一个时间段内获得支撑，有跌不下去之感，股价呈平台整理形态，此区域成交量呈均匀缩量状态，突然放量才有效。

③注意低位放量区域与前一轮行情高点的距离。与前期高点距离越远，空头力量消耗得越充分，多头力量确认的可靠性越强。

3) 低位放巨量时买入

当股价经过大幅下跌后,又进行了较长时间的横盘整理,如果股价上涨,低位连续放出大成交量,可以短线跟进。

成交量的变化会影响到股价的变化,同时成交量也是对股价的肯定,一个价格如果能被支撑住就必然有成交量相配合。因此,巨量必然会伴随着股价的大幅上涨。

如果个股在低位放出巨量,日 K 线已向上突破长期下跌趋势线或 20 日均线,可等待回调时介入;如没有回调,可以加价买入。

特别是股价在低位启动出现连续的 2 到 3 个涨停之后,成交量急剧放大,达到历史天量,当时换手率达 20% 以上,更是买入时机。这是典型的庄家拉高进货形态。

利用此方法时应注意:

①放出巨量时股价应处于相对低位,如果大盘已有较大涨幅,个股也有超过一倍升幅之后出现的放巨量现象,应引起高度重视,这有可能是庄家在拉高出货。

②股价在低位整理时间越长,出现巨量后股价上涨的概率越大、升幅越高。

③如发现巨量后成交量不能继续放大,应引起高度重视,最保险的做法是先清仓出局观望后续走势。

4) 缩量整理时买入

当股价经过一轮涨升时,获利盘涌出,使股价继续上升受阻,需先经过一段蓄势调整才能继续上升,此时成交量逐步萎缩到一个较低的位置,股价也小幅下跌至一个相对低点,这时应是明确的买入时机。当成交量重新开始放大,将展开又一浪升势。

特别是股价快速上涨后调整、成交量显著萎缩时,更应该大胆买入。这一般是庄家震荡洗盘的表现,要不了多久,庄家就会再度拉升股价。通常来说,在股价第一次快速上涨后的调整中,成交量明显萎缩时买入非常可靠,以后再被拉升后调整缩量时是否是买入时机,要视庄家的行为和股价形态而定。

利用此方法时应注意:

①正确区分上攻行情初期出现的缩量整理与第一上升浪末期出现的缩量

整理。

②注意缩量整理的方式。缩量整理的方式有两种;其一为回调缩量整理,其二为小平台强势缩量整理。

③注意上升趋势中,股价上涨必须有成交量配合,回调时成交量明显缩小,这样后市才会继续上涨。如果只见放量不见上涨,或上涨无量、下跌有量,或看似调整但成交量却无明显萎缩,就要小心庄家出货的嫌疑或多空双方的较量在向空方倾斜。

④对第二上升浪应谨慎操作,谨防庄家出货。

5)巨量打开跌停板时买入

巨量打开跌停板时,应是中短线买入时机。在涨跌停板制度下,跌停板时,买方寄望于下一交易日以更低价买入,使股价在缺少买盘的情况下无量空跌,跌势不止。但如果跌停板中途曾被巨额成交量打开,这说明有买盘主动介入,股价反弹或反转在即。

股价跌停或持续跌停,一般来说都是受到重大利空消息的影响,如果利空已经兑现、巨量打开跌停应是较佳买入时机,后市必涨;如利空未出则等利空兑现、放量急跌后再买入。如遇突发性的重大利空出台,沪深股市大盘指数出现跌停或接近跌停后,众多个股特别是绩优股首先放量打开跌停时,是中短线最佳买入时机。

利用此方法时应注意:

巨量打开跌停板买入后,要密切注意后几天股价走势。如果其后两三天股价不再创新低且成交量明显萎缩,可确认是中短期底部;如果股价仍创新低下跌,说明跌势尚未结束,应止损出局观望。

6)股价大涨而成交量严重萎缩时买入

在行情启动之初,股价大涨,成交量严重萎缩,表明三个方面的含义:其一,该股上行的力度较大;其二,庄家控盘,筹码已高度锁定;其三,市场普遍看好该股,惜售心理严重。正因为如此,该股强势上行的力度得以进一步确认。

短线操作者为了稳妥可在成交量重新放大后跟入。

利用此方法时应注意:

①出现量价严重背离的位置应在行情启动初期,股价处于相对低位。如果在上升中途且股价又处在相对高位,应警惕庄家出货动作。

②量价背离程度越大,可靠性越大,上行力度越强。

③随着股价继续上涨,成交量应该开始放大。

7)放量使股价冲过前期高点时买入

一般来说,股价前期高点往往会成为以后上涨的重要阻力位,如果股价能够突破这一阻力位,则该阻力位就变成了未来股价的支撑位。因此人们常把前期高点能否被突破看成能否创新高的依据。

常见的突破方式有两种,一种是轻松越过前期高点,另一种是放量突破前期高点。前者是指庄家已经建仓完毕,大部筹码已被锁定,浮动筹码极少,股价即可轻松越过前期高点;而庄家还没有建仓完毕,大部分筹码还未被锁定时,则需要通过巨大成交量使前期被套筹码解套并落入庄家囊中。轻松冲过前期高点一般是上升浪的腰部;而放量突破前期高点是上升浪的底部。

通常来说,当出现巨量冲过前期高点时,应及时跟进;当出现几天的温和放量时超过前期高点,也应积极买入,后市利润一定可观。

利用此方法时应注意:

①此处所指的巨量应该是半年或更长时间内出现的最大的成交量。

②冲破前期高点阻力位可以是单根放巨量的大阳线,也可以是温和放量的几根阳线,总之在冲过前期高点时应有成交量的配合。

③如果股价冲过前期高点后成交量反而萎缩,应小心庄家利用拉高来派发筹码,当股价很快又跌回前期高点之下时应止损出局。

④离现在的时间越近的高点阻力越大,越远的阻力越小;股价以前受阻次数越多或阻力越大的高点,突破该阻力位后的意义越大。

⑤一旦确认股价有效突破前期高点就应果断跟进,一般其后上涨快速,偶有回抽,也是买入时机。

8)股价回升时成交量大于前期顶部成交量时买入

当股价从顶部跌入低价区,庄家用低廉的成本开始大力收集筹码,此时成交量便会急剧放大。一旦成交量超过前期顶部成交量,说明股价上升已具备充分的动力,日后股价冲过前期顶部是不成问题的。投资者可在此时买入,也可以在股价冲过前期顶部的瞬间买入。

利用此方法时应注意:

①股价上升初期出现此种情况,买入信号有效。

②股价冲过前期顶部后,应注意近期顶部出现,设定止损位,如果股价冲过前期顶部不久又跌破该位置,就应及时止损。

根据趋势线判断短线买入时机

1) 股价向上突破下降趋势线时买入

股价在下跌的过程中,一个高点比一个高点低,将其中的两个高点用直线连接起来,就构成一条下降趋势线,它反映股价的下跌趋势。这条下降趋势线对股价起压力的作用。

根据股价下跌时间的长短,下降趋势可分为长期下降趋势、中期下降趋势、短期下降趋势。长期趋势时间跨度在一年以上,中期趋势为4至21周,短期趋势一般在4周以内。

不管是长期、中期还是短期下降趋势线,如果被股价向上突破,都是买入时机。但对于短线炒股者而言,应把短期下降趋势线被股价向上突破当作买入时机。

在中期下跌趋势中,股价主要以下跌为主,高点和低点都不断下移。但当股价下跌一段时间后往往会产生反弹,如果股价向上突破短期下降趋势线时便是短线的买入时机。

在中期上涨趋势中,股价主要以上涨为主,高点和低点都不断提高。但有时股价在急速上升一段之后,会进入短期下调整理,这时股价会受到一条短期下降趋势线的压制,而当股价向上突破该条短期下降趋势线时,说明短期调整结束,股价又将进入新的上升阶段,此时也成为中期上升趋势中的一个新的买入时机。

在中期横盘整理趋势中,股价在一定的价格范围内进行波动,时而上升,时而下跌。如果波动空间较大且有一定差价,短线操作者可在股价突破短期下降趋势线时买入。

利用此方法时应注意:
①短期趋势的时间应该在4周以内。
②股价对趋势线的突破一般以收盘价为标准,股价向上突破下降趋势线时,必须有大成交量的支持,否则可能为假突破。理论上认为突破趋势线超过3%或连续两天突破趋势线时属于有效突破。

③在中期下跌趋势中抢反弹,应快进快出且要设立明确的止损位。在中期上升趋势中,应以持股为主,即使卖出也应是部分的或暂时的,当调整结束特别是股价向上突破短期下降趋势线时应及时补仓。

2) 股价回调不跌破上升趋势线并止跌回升时买入

在中期上升趋势中,股价的低点和高点都不断上移,将两个低点用直线连接起来,便构成一条上升趋势线,它将成为股价回档时的支撑。当股价每次回调至该线不跌破该线,且止跌回升时,便是上升趋势中的短线买入时机。

利用此方法时应注意:

①股价回调至上升趋势线时,成交量应呈现缩量,否则,上升趋势线难于支撑股价。

②实际操作时应根据情况变化适时修正上升趋势线。

3) 股价向上突破下降通道的上轨线时买入

在股价下跌过程中,高点和低点不断下移,连接两高点的直线称为下降趋势线,通过两高点之间的低点作一条平行线,两直线间的范围称为下降通道。下降趋势线也叫下降通道的上轨线或压力线,与下降趋势线平行的直线也叫下降通道的下轨线或支撑线。

一般来说,当股价在下跌过程中,跌至下降通道的下轨线便会产生支撑而反弹,反弹至下降通道上轨线时又会遇阻回落。当最终股价放量向上突破下降通道上轨线时,便宣告下降趋势的结束和上升趋势的开始,而成为重要的买入时机。

利用此方法时应注意:

①下降通道实际上是下降趋势线分析的延续和补充,但其在实际操作中比下降趋势线具有更强的可靠性和实用性。

②成交量是衡量突破是否有效的重要指标。股价向上突破下降通道时,成交量应该放大,否则突破的可靠性降低或股价出了下降通道后也难于上涨而会横向运行。

③短线操作者也应把股价在下降通道中下跌碰到下轨线获得支撑时当作买入时机。

4) 股价向上突破上升通道的上轨线时买入

在股价上涨过程中,高点和低点不断上移,连接两低点的直线称为上升趋势线,通过两低点之间的高点作一条平行线,两直线间的范围称为上升通道。上升趋势线也叫上升通道的下轨线或支撑线,与上升趋势线平行的直线也叫上升通道的上轨线或压力线。

在上升趋势末期,如遇到庄家大幅拉抬,股价将会放量向上突破上升通道上轨线的压力,加速上涨,短时间内升幅非常可观,把握得当可获丰厚利润。因此,在上升趋势中股价放量突破上升通道上轨线时是短线买入时机。

利用此方法时应注意:

①股价向上突破上升通道上轨线时,如果成交量配合放大,可视为有效突破,应大胆买入,后市会有较大涨幅。否则,应继续观望。

②股价向上突破上升通道上轨线是股价加速上涨和上升趋势末期的信号,持续时间一般不会太长,迟早还会跌回通道之内甚至更低。

③股价向上突破上升通道上轨线时买入,如很快又跌回上轨线之内应止损出局,因为虽然突破后偶有回调,也不应收盘在上轨线之下。

④在上升通道中,股价每次回落在下轨线获得支撑时也是短线买入时机。

5)股价向上突破水平压力线时买入

股价长时间横向运行,每次上冲到某一个价位,都受阻回调,把这若干个高点连接起来,便形成一条水平的压力线。当股价放量向上突破这条水平的压力线时,视为买进信号。

利用此方法时应注意:

①股价向上突破水平压力线时,如果成交量未配合放大,有可能突破后不久即跌回压力线之下。

②股价长时间在该水平线上运行,是主力高度控盘的表现,投资者只能适量参与。

6)股价回落至水平支撑线时买入

股价长时间横向运行,每次跌落到一个价位,都受到支撑,止跌反弹,把这若干个低点连接起来,便形成一条水平支撑线。如果低点与高点之间有相当差价,短线操作者可以在股价触及水平支撑线止跌后买入。

第六章 卖出股票

一、卖出股票主要原则
二、卖出股票策略
三、止盈点和止损点卖出
四、短线卖出时机

一、卖出股票主要原则

目标价位法

目标价位法是指买入股票时已制定好了赢利目标价位,一旦股价达到该目标价位便抛出股票的操作原则。

很多股民在卖出股票后,见其价格又继续上涨,总是很心痛。另一种情况是股民在买入股票后,价格稍一震荡,或者听到一些传闻,便急于割肉,或者只赚了很少便抛售,而股价却最终涨到目标价位。与之相反,一些股民见股价涨到目标价位时不卖出,期待股价再涨,结果不涨反跌。前者是投资者对自己的判断信心不足,后者却是投资者贪心过大。

为了避免上述情况,股民应制定最有利的目标卖价。这就要求股民每次在决定买入某一个股之前,对该只股票将来可能的价格变化做一个分析估计,预计它可以涨多少,可能会跌多少,并依据过去的股价水准和股价收益率,或者与同业股价相参照,制定自己卖出的目标价格。

制定目标卖价是一种预测过程,不应追求以最高价卖出,而应根据股价比买价上涨了几成来决定卖价,至于这几成的数字,完全要根据股票性质及投资者的个性及态度来定。一般来说,如果投资的是股价变动较少的股票,则可将目标价位制定得低一些;而如果投资的是小型股或投机股,则其目标卖价可制定得相对高一些。

对于运用目标价位法的投资者来说,通常要掌握公司基本面,比如经营情况、市场环境等等。

顺势探顶法

顺势探顶法是指并不事先给股价确定一个目标价位,而是一直持有股票,直到股价显示出见顶迹象时才抛出。

采用这一卖出策略通常需要运用技术分析法,主要是从股价走势的角度判断见顶迹象。当股价持续上升了一段时间后,如果忽然放量大涨,很可能是最后一批追涨者买入,或是主力拉高出货,后续空间已经不大。此外股价走势逐渐趋缓,后续买盘不足,也是将要见顶的迹象。尤其是股价上升过程中小幅回调后,第二次上涨无法突破前期高点时,通常为见顶迹象,必须卖出。运用顺势探顶法的投资者应经常关注股市,投入较多的时间和精力。

投机性抛出

投机性抛出是指待股价涨到偏离其投资价值、市场投机气氛浓重时卖出的策略。此时股价一般较高,回调可能性较大,选择适时卖出,一方面价差较大;另一方面,即使卖价不是最高价,也会在顶部区域附近。

长线择机脱手

市场中总是充满投机因素,即使是业绩稳定、股息丰厚、股价昂贵的大公司股票也可能成为投机炒作的对象。

做长线并不意味着一直持有。一旦发现股价已超过潜在价值就可以卖掉,因为有时被狂热炒作追捧,股价会大大高于股票内在价值,可能是30%、50%,甚至是几倍,而股票价格不会长时间大幅度超过其价值,就像它不会长时间低于其价值一样,此时应选择卖出。

适时更换股票

更换股票是指卖掉持有的未来预期悲观的股票,转买质优的股票,从而提高投资收益。在短线操作中,要尽量避免握住一只所谓的热门股不放,而要将其更换为优质股。

热门股中多数为短期热门股,虽涨幅巨大,但涨升很难持续较长时间,适时卖出热门股,转而投资更"便宜"的股票才能使资金不断增值。需要注意的是,"便宜"不是指低价,而是指股价低于股票的内在价值。

投资者应学会科学预测个股受欢迎时期的长短。在这个过程中,既不要在两只同等知名度的个股之间转换,也不要在同业股票间转换,这样做既增加手续费,也不能保证获利或减少损失。

顺序卖出股票

如果持有若干只股票时,应先卖出股价正在上涨的股票,留下下跌的股票,或者与之相反。两种方法都是正确的,关键要分析上涨空间有多大,或下跌态势和止损点,并将持有的股票依照分析结果一一排序处理。

另外,手中的股票同时下跌而出现亏损时,最好一次性卖出,尤其是:①当股价跌到自己的卖出目标价位时;②觉察到自己预测有误时;③整个股市出现下跌趋势时。

在这样的情况下,最好果断卖出所有股票。待股价止跌后,重新购入新股,较继续持有旧股,更能减少损失。

掌握抛出技巧

股票的买入和卖出是股市操作的两个基本环节,某种程度上适时卖出更为重要,因此投资者应掌握以下几种卖出技巧。

1) 本利分离法

本利分离是指把卖出后的本金和获利区别对待,即把本金做短线投资,追逐一些强势股,而利润则做长线投资,投放在绩优股上。其优点是,本金可以及时出手获利;利润放在长线股上,心理负担轻,可以静待股价向有利位置发展。

2) 定点了结法

根据对股票质地、股价走势等综合因素的分析,确定一个赢利定点,股价一旦涨升到该定点便果断抛出。

3) 止损了结法

止损了结法是确定所持股票股价回落到一定价位时即卖出了结止损。比如不管股价如何上涨,投资人确定只要回跌1元即行了结。这种方法对小股民很实用,让出了小利,却解决了无法把握股市涨跌的问题。

4) 分批了结法

这种方法是将所持股票分批抛出。这是在自己判断力较弱时,对定点了结法的补充。分批了结法主要分为定量分批了结法和倒金字塔出货法。

例如,某投资者持某股票1万股,成本是每股40元,预定初卖点是50元,一批卖2500股,以后每升5元卖一批,这样就是50元卖2500股,55元卖2500股,直卖到65元。这是定量分批了结法。倒金字塔出货法则是每批出手的股数由小而大、呈倒金字塔形。

显然,采用倒金字塔出货法,获利较前者大,但所承担的风险也相应增大。分批了结法弥补了由于涨价幅度判断不清而可能造成的利润减少,但股票卖出过程较长,需要承担股票在高价位变动的风险。

二、卖出股票策略

有些投资者在做投资决策时,会受情绪的影响,不能理智地分析判断。

多数投资者在准备买入股票时,还能够谨慎小心,做好充分的准备。而一旦持股之后,情绪就紧张起来,无法把握卖出时机。因此需要给自己确定一些基本的卖出策略,以摆脱不理智的情绪对投资决策的干扰。具体来说,主要有以下几种:

在出现更好的投资机会时

能够准确预测价格走势的底部和顶部,可以说是投资者梦寐以求的理想,但现实却很难做到这一点。因此,一个较好的策略就是不去判断哪里是顶部哪里是底部,而是一旦确定发现了更好的投资机会,便随时把原来的股票抛出,买入新的股票。

在调整投资组合时

股票投资的成功主要是取决于合理分配资金比例,采用了合理的投资组合才能稳中求胜,并且应不断定期调整投资组合。例如你可能决定把三分之一的资金投入高科技股中,三分之一资金投入低市盈率股中,还有三分之一投入小盘股中。几个月后,由于高科技股市值上升,已占到资金二分之一的比例,此时就可能要减持高科技股,把资金补充到其他的板块中去。

在股价超过目标价位时

如果你定下了目标价位后,一旦真的达到这一价位时,就应该按计划抛掉。因为在制定目标价位时一般会比较理智,但当股价上涨时,多数人会头脑发热。为了避免犯错,最好及时抛掉。当然卖出后,股价可能还会再上涨,但羡慕没赚到的钱总不如牢牢抓住已到手的盈利来得实在。

在公司基本面恶化时

如果公司的基本面开始恶化,投资者应果断卖出该股票。通过分析公司的资产负债表和利润表,你可以得知公司基本面是否恶化。负债水平、库存和应收账款是否比收入上升更快,是判断公司的效益是否开始恶化的三个常用预警信号。公司基本面开始恶化的其他预警信号还有:降低的股东权益回报率;下降的利润率;市场份额萎缩;不明智的并购;意想不到的管理层变更。

例如某公司的主营收入由前一年末的2.22亿元下降到本年末的0.98亿元,而应收账款由前一年末的2768万元上升到本年末的2958万元,这就表明该公司的基本面已经严重恶化。如果继续持股,会遭受损失。

在买错股票时

大部分投资者都有可能买错股票,即使像巴菲特和彼得·林奇这样伟大的投资者都犯过投资错误。当买入一只股票后,可能碰到该公司一些意想不到的状况,使股价不断下滑,此时就应该考虑卖出,即使卖出意味着损失。明智的止损,寻找更好的投资机会远优于继续持有一只注定会表现不佳的股票。

在股价不能跃过前期阻力位时

股价高点一旦形成,将会对该股后续的股价进一步涨升产生极为重要的阻碍作用。一则该点位附近被套的投资者在股价再次攀升至此时会产生解套要求,再则股价触摸历史高点时投资者会产生心理上的畏惧,获利回吐压力随之增加。因此如果前期阻力位没有被有效突破的话,投资者应考虑减仓,如果同时处于市场的高点,则有出局的必要。

三、止盈点和止损点卖出

严格设定止盈点和止损点

一般投资者很难把握股价何时到达极点,因此不能妄想用足行情,买个地价卖个天价,只要有适当的利润就可及时买进或卖出。设置自己能承受的而非遥不可及的止盈点和止损点,会帮你稳稳拿到可赚得的价差,最大限度地降低损失。

如果发现找错了对象,应当机立断,止损出局,千万不要陷在里面。

止损降低风险的关键有两点。请投资者牢记:

1) 必须设定止损点

永远不要没有设定止损就开始一笔交易。没有只赚不赔的股票,投资股市要时刻增强风险意识。最起码的风险意识就是买入前确定自己可以承受赔多少——设定止损点。

2) 坚持预设的止损点

能够严格自律地做到这一点的投资者很少。因为在止损点卖出股票就是要坦白地承认自己错了,而大多数散户对持有的股票往往过于自信,面对判断失误,依然心存侥幸。

选择割肉卖出的八个要素

止损的最终目的是保存实力,提高资金利用率,避免小错铸成大错甚至全军覆没。没有止损意识就等于没有正视错误的勇气,也就失去了探索成功之途的可能。止损是股市交易中保护自己的重要手段,必须坚持但又要灵活掌握。

投资者在买入股票被套后,首先面临的问题就是,必须在卖还是留之间做

出选择,这时投资者可根据以下八个要素来考虑:

第一,资金管理的硬性规定,即交易损失总金额不能大到持有本金的某个百分比(比如10%至20%)以及每笔交易所允许的最大损失额度。这是投资者必须要考虑和遵循而与市场状况无关的最基本因素,也是设定止损的基本标准和最后底线。

第二,根据投资者购买该股票时事先计划的风险与回报的比例所设定的止损点来判断。

第三,迅速判断该股票的买入行为是投机性买入还是投资性买入。如果是投资性买入,只要公司基本面没有变坏,可以不必关心股价一时的涨跌起伏而继续持有。

第四,迅速判断该股票的买入操作是属于抄底型买入还是追涨型买入。如果是追涨型的买入,一旦发现判断失误,要果断地止损。

第五,迅速判断这次买进是属于短线操作还是中长线操作;认清自己是属于稳健型投资者,还是属于激进型投资者。做短线最大的失败不是一时盈亏多少,而是因为一点失误就把短线做成中线,甚至做成长线。不会止损的人是不适合短线操作的。

第六,迅速判断买入时大盘指数是否处于较高位置。大盘指数较高时,特别是市场中获利盘较多时要考虑止损。

第七,迅速判断个股的后市下跌空间大小。下跌空间大的要坚决止损。

第八,分清主力是在洗盘还是在出货,如果是主力出货,要坚决止损。

定额止损法

定额止损法是指将亏损额设置为一个固定的比例,一旦亏损大于该比例就及时卖出。它一般适用于两类投资者:一是刚入市的投资者;二是风险较大市场中的投资者。定额止损的强制作用比较明显,投资者无须过分依赖对行情的判断。

止损比例的设定是定额止损的关键,通常由两个因素确定:一是投资者能够承受的最大亏损。这一比例与投资者心态、经济承受能力、赢利预期有关。二是股价的随机波动。这是指在没有外界因素影响时,股价自然波动的幅度。定额止损比例的设定是在这两个因素里寻找一个平衡点,这是一个动态的过程,投资者应根据经验来设定这个比例。一旦止损比例设定,投资者可以避免被无谓的市场波动震出局。

技术止损法

技术止损法是将止损设置与技术分析相结合,剔除市场随机波动后,在关键技术位设定止损位,从而避免亏损进一步扩大。这一方法要求投资者有较强的技术分析能力和自制力。实战中设定技术止损可参考以下几点:①股价跌破前一个交易日的中间价;②股价跌破前一个交易日的最低价;③股价跌破5日成本均线(反映市场平均持股成本的一种技术指标,代码CYC);④股价跌破上升趋势线;⑤股价跌破前期横向整理的支撑位;⑥股价跌破前期震荡收敛形成的底部支撑价位。

无条件止损法

无条件止损是指不计成本,夺路而逃的止损。当市场的基本面发生了根本性转折时,投资者应摒弃任何幻想,不计成本地抛出,以求保存实力,择机再战。

趋势形态止损法

这种方法是随时分析股价运行形态,一旦发现股价出现破位形态,则坚决止损。具体形态包括:①股价跌穿上升趋势线或下降支撑线;②股价跌破顶部附近的最低价位;③股价跌穿上升通道的下轨;④股价跌穿上涨过程中形成的跳空缺口(即开盘价超过上一日最高价的空间)。

止平法

止平法指的是绝不让自己已经赢利的股票变成被套的股票,而是当股价滑落到保本价时坚决卖出的一种操作技巧。这种方法与止损或止盈的不同之处在于,股民把自己的保本价设置为坚决卖出价。这是一种可以有效防止手中所持有的股票由盈转亏,避免被套的投资止损技巧。

止盈的技巧

止盈技巧有两种。

第一种方法是静态止盈,即由投资者设立目标价位,一旦达到,坚决止盈。

第二种方法是动态止盈,即当持股有盈利时,由于股价上升趋势完好或题材未尽等原因,还有上涨动力,应继续持股,直至股价回落到某一标准时,再予卖出的操作。其位置的设定标准有以下几种:

1) 价格回落幅度

若股价比最高价减少5%~10%(具体的比例依市况而定)时止盈卖出。

2) 均线破位止盈

股价从上向下跌破重要价格均线(5日线,10日线),将意味着趋势转弱,要立即止盈。

3) 技术形态止盈

当股价上升到一定阶段,出现滞涨,K线形成头部形态时,要坚决止盈。

投资者在止盈时,一定要果断操作,因为止盈是保证资金稳定增值的基础,而果断决策是有效实施止盈的基础。

止损"十不要"

第一,当股价严重低于价值时,不要止损。熊市中常会出现非理性暴跌,一些具有投资或投机价值的个股会跌到平常可望而不可即的低价,这时投资者要有长线持有的耐心,切忌不分青红皂白地止损。

第二,当个股跌到某一位置企稳后,受到市场主流资金的关注,并且有增量资金不断积极介入,在量能上表现出有效放大时,不要止损。

第三,投资者因深度套牢而亏损过于巨大的,不要止损。因为这时止损为时已晚,不仅不能挽回多少损失,反而会严重打击投资心态。

第四,对于庄家洗盘的股票,不要止损。庄家临拉升股价前,为了减少未来拉抬阻力并抬高市场平均成本,常常会制造股价震荡,试图将意志不坚定的投资者赶出市场,投资者此时要保持信心,不能随意止损。

第五,上升趋势中的正常技术性回调整理时,不要止损。只要市场整体趋势没有走弱,就可以坚持中线持股为主,短线高抛低吸的操作策略。

第六,个股股价的下跌空间有限时,不要止损。当股价经过长期的下跌后,股价被压缩到极低位置,再度下行的空间有限时,投资者不仅不能止损卖出,还要考虑如何积极吸纳。

第七,熊市末期缩量下跌时,不要止损。成交量萎缩,显示了下跌动能枯竭,此时止损出局无疑是不明智的。

第八,有恐慌盘出现时,不要止损。恐慌性抛盘的出现往往是股价达到阶段性底部的重要特征,投资者切忌盲目加入恐慌性抛售行列中。

第九,股价接近历史重要支撑位时,不要止损。这时应以观望为宜,不要急于抄底抢反弹,需要等待趋势最终明朗后,再采取进一步动作。

第十,股价临近重要底部区域时,不要止损。股价在底部区域时,通常情况下已经不具有下跌动能,但有时仍会有最后的成交量极小的空跌,投资者要坚定持股信心。

四、短线卖出时机

根据消息面判断短线卖出时机

中国股市中消息面的影响非常大,大盘及个股的暴涨与暴跌,大多是由利好与利空消息造成的,因此要求短线操作者应对大市在不同情况下利空或利好消息带来的影响有所了解,以采取不同的应对措施,捕捉短线卖出时机。

1) 当大市处于上升趋势末期出现利好消息时

因为股市经过长期的上升,主力机构已有了很大的账面利润,此时往往会借助利好消息出货。因此,短线操作者在大市处于上升趋势末期出现利好消息时应逢高出货。

2) 当大市处于上升趋势初期出现利空消息时

当大市处于上升趋势初期出现利空消息,将促使股价快速回调或二次探底,甚至创出新低。短线投资者应在利空消息朦胧之时卖出,待利空消息被证实,股价回调获得支撑并重新抬头,或股价完成二次探底并回升时再买入。

3）当大市处于上升趋势末期出现利空消息时

推动中国股市走出大行情的动力主要来源于一些资金实力雄厚的机构大户。但这些机构入市的资金中有一些是经不起审核的,每当审查各机构资金入市表现的消息传出,一些资金来源经不起审查的机构便会不惜成本地清仓离场。而当股市过于狂热的时候,管理层往往也会出面干预。当这些利空消息传出时,股市的上升行情便到了尽头。

因此,当大市处于上升趋势末期出现利空消息,短线投资者应及早离场。

4）当大市处于下跌趋势初期出现利空消息时

大市下跌趋势初期,由于人们惯性的牛市思维,认为大市下跌只不过是牛市上升中途的回调整理,股市仍会上升,所以仍抱着股票不放,对大市所发出的一些见顶信号视而不见,即使看见了也认为是庄家设的空头陷阱,不愿相信牛市会就此结束。就在此时利空消息传出,等许多投资者终于明白过来,大市已进入下降趋势了,于是恐慌抛售,股价出现大幅下跌。如果短线操作在顶部没有及时出货,待利空消息传出时应果断离场。

根据成交量判断短线卖出时机

1）高位出现天量之后卖出

"天量之后出天价",所谓天量,是指某一个时间单位(比如日、周)内的成交量为近期最大成交量。所谓天价是指在某一个时间单位的价格(比如日、周)是近期最高的价格。

高位出现天量,大多是庄家大量派发筹码所致,股价下跌就在眼前,如果不及时清仓离场,前一段的胜利果实将会化为乌有。

利用此方法时应注意:

①出现天量时股价(或指数)的位置必须处于相对高位。相对高位的确认可以根据该股的历史走势来判断。

②成交量必须是近期最大的成交量。

2）高位放巨量收长阴时卖出

K线高位放巨量收长阴,通常是庄家出货信号。当股价已有了较长时间和较大幅度的上涨后,买方力量已经显示不足,此时成交量忽然放巨量,而当日K线为长阴线,通常表示庄家已完成拉高出货。此时如不能及时清仓出局,必被高位套牢。

利用此方法时应注意:

①必须是在上升行情持续较长时间,股价距行情启动点的涨幅在30%甚至40%以上,该信号才有效。

②要注意两种行情的高位概念:其一,上攻行情的高位是从本轮行情的启动点计算;其二,反弹行情的高位从反弹点计算,其前期高点附近往往是反弹行情的高位。

③高位成交量巨大时K线形态:其一,K线长阴股价大跌,庄家出货意愿坚决;其二,K线长阳股价大涨,庄家强势拉高出货;其三,K线大阴大阳相吞,是较强烈的顶部信号。

3）高位出现价量背离时逢高卖出

成交量是股价上涨的原动力,成交量不足意味着买方不再看好,股价将不可避免地出现回落或反转。

价升量减与价跌量增,都属于价量背离现象。价格上升但成交量并未增加甚至减少,表明买方力量枯竭,股价空涨,难以持久,此时为卖出时机。

价格下跌,成交量反而上升,说明投资者看淡后市,纷纷抛售,价格急剧下跌,这是大市反转、熊市来临的特征,此时为卖出时机。

4）股价高位平台窄幅整理且成交量萎缩时逢高卖出

股价经大幅拉升已到了可获利出局的区域,随后的平台窄幅整理使在此时介入者无获利空间,而成交量的萎缩正说明庄家推高动力正在消失,已完成出货的庄家很快就会不再精心维持这一平台,一轮跌势就此开始。

利用此方法时应注意:

①在快速拉升后,股价应有一定的升幅。

②平台整理的幅度不应过大,时间不应过长,成交量较前期上升时有明显萎缩。

5）巨量打开涨停板时卖出

在涨跌停板制度下,成交量与股价的关系是:涨停量小,继续涨;跌停量小,继续跌。

在涨跌停板制度下,如果某只股在涨停时没有成交量,那是因为卖方惜售,不愿以此价抛出,所以才没有成交量。第二天,饥渴的买方会追买,股价继续上涨。如果当日出现涨停,而成交量放大,说明卖方抛出意愿强烈,买卖力量发生变化,股价有望下跌。短线操作者应在成交量放大使涨停不能维持的第一时间卖出。

利用此方法时应注意:

①涨停位置应处于相对高位,特别是一些历史阻力位。

②涨停中途被打开次数越多、时间越久、成交量越大,反转下跌的可能性越大。

③注意庄家假买真卖。为了达到暗中出货的目的,庄家常会先以大买单挂在涨停位,造成买方追买假象,而当众多投资者以涨停价追买,此时庄家便撤走买单填卖单,自然成交。当买盘消耗差不多时,庄家故技重演,进一步诱使散户追入,如此反复操作,以达到高位顺利出货的目的。因此判断涨停板的真假,应观察是否存在频繁挂单撤单行为,涨停是否经常被打开,当日成交量是否很大。

6）股价多次冲高不过时卖出

股价前期高点往往会成为未来股价的重要阻力位,股价如果能有效突破前期高点,证明上升动力充足,股价创新高不成问题。但如果冲高不过,则说明股价上升动力不足;如果是多次冲高不过,则说明股价上升动力严重不足,同时也反映多数人不看好后市,股价下跌指日可待。

利用此方法时应注意:

①股价在上冲前期高点时,得不到成交量的配合。

②短线可把每次冲高不过时当作卖点,特别是第二次冲高不过后应坚决卖出。

7）股价在高位出现无量空涨时逢高卖出

股价经过一轮涨升,买方的力量已经消耗殆尽,没有能力将股价推向更高,但由于惯性作用,股价有可能顺势上涨,而成交量却不能配合放大,造成无量空涨现象。无量空涨说明买方已不看好后市,涨势不能持久,股价很快就会回落。因此,短线投资者当发现股价在高位出现无量空涨时应逢高卖出。

利用此方法时应注意:
①确认股价所处的位置已在高位,可根据该股历史走势判断。
②无量空涨的幅度不应过大,时间不应过长。
③可结合分时成交情况来综合判断。

8) 高位利好出台,成交量放大但股价却不升(甚至反跌)时卖出

当股价在相对高位时,庄家常利用利好消息引诱散户跟风,以达到出货目的。通常情况下,遇个股利好出台且放量,股价会冲高上涨。但如果股价在高位时,遇利好出台且放量,股价不升(甚至反跌)便成了一个危险信号,庄家出货的可能性极大。短线操作者应抓紧时机卖出。

利用此方法时应注意:
①利好消息朦胧时介入,利好消息明朗时卖出。
②利好出台时应时刻注意成交量及股价的变化,稍有异动就要快速做出反应。

根据趋势线判断短线卖出时机

1) 上升趋势线被股价向下突破时止损

股价在上涨过程中,一个低点比一个低点高,将其中的两个低点连接起来,就构成了一条上升趋势线,它反映股价的上升趋势,并对股价起支撑作用。

根据股价上涨时间的长短,上升趋势可分为长期上升趋势、中期上升趋势、短期上升趋势。

当股价经过较长时间的单边上涨时,一旦股价从上向下跌破上升支撑线,日K线常是一根有力度的中阴线或大阴线,则上涨趋势已被破坏。此时无论有无大成交量的支持,都应离场。

在实际操作过程中,短期上升趋势线可区分为以下三种情况:一是中期上升趋势中出现的短期上升趋势;二是中期下跌趋势中股价反弹时形成的短期上升趋势;三是中期横向趋势中出现的短期上升趋势。

在中期上升趋势中,股价以上升为主,低点与高点不断上移。但股价上升一段后往往会产生回调,当股价从上向下跌破短期上升趋势线时立即止损。

在中期下跌趋势中,股价以下跌为主,低点与高点不断下移,但股价下跌一段之后往往会反弹。这种反弹就是股价中期下跌途中出现的短期上升趋势,此时股价就会受到一条短期上升趋势线的支撑。当股价跌破该短期上升趋势线时,说明短期反弹结束,股价又将进入新一轮下跌,此时应是短线抢反弹的卖出时机。

在中期横盘整理趋势中,股价在一定的价格范围上下震荡,如果股价震荡空间较大就会形成众多的短期上升趋势与短期下降趋势,而当股价每次跌破短期上升趋势线时,便是短线卖出时机。

利用此方法时应注意:

①确认短期上升趋势的时间,不应超过4周。

②股价只要跌破上升趋势线,应该立即离场。

③股价跌破上升趋势线,成交量同步放大则加深跌势,即使没有成交量的配合,股价也会自然滑落。

2) 股价反弹至中期下降趋势线附近时卖出

在中期下降趋势中,股价每次反弹至中期下降趋势线附近,都会受压制,如果股价不能突破这条阻力线,势必会再度下跌。因此,短线操作者在中期下降趋势中抢反弹时,应把股价靠近中期下降趋势线时作为卖出时机。

利用此方法时应注意:

①不必等到股价触到下降趋势线才卖出,反弹行情结束迅速,短线操作应适度提前获利了结。

②在下跌趋势中抢反弹时,如果股价反弹失败,重新下跌,应立即止损了结。

3) 股价向下跌破水平趋势线时止损

股价长时间横向运行,每次下跌到某一价位附近,都受到支撑,把这若干个低点连接起来,便形成一条水平的支撑(趋势)线。当股价跌破这条水平的趋势线时,视为卖出信号,短线操作者应及时止损。

利用此种方法操作时应注意:

①此水平趋势线既可以是股价上升途中回调时形成的水平支撑线,也可

以是股价下跌途中形成的水平支撑线。

②短线操作者应掌握破位即离场的原则。

4）在中期上升通道中，股价每次触到上轨线时卖出

在上升趋势中，连接两个波谷的直线是上升趋势的支撑线（下轨线），通过两波谷间的峰顶作一条平行于上升趋势支撑线的直线，称为上升趋势的压力线（上轨线），它们中的空间称为上升通道。在中期上升趋势中，股价每次触到上升通道上轨线时都会因受阻回落。因此，短线操作者应将股价触到上轨线时作为卖出时机。

利用此方法时应注意：

①短线投资者应该把股价无力抵达上升通道上轨线当作卖出信号，及时获利止盈。

②短线投资者应把股价向下跌破上升通道下轨线当作明确止损点，及时止损。

5）在中期下降通道中，股价反弹靠近上轨线时卖出

在下跌趋势中，连接两个波谷的直线是下跌趋势的支撑线（下轨线），通过两波谷间的峰顶作一条平行于下跌趋势支撑线的直线，称为下跌趋势的压力线（上轨线），它们中的空间称为下降通道。在下跌趋势中，股价每反弹至上轨线附近时都会受阻回落，继续下跌。因此，短线操作者应将股价靠近中期下降通道上轨线时作为卖出时机。

利用此方法时应注意：

①不应奢望卖到反弹的最高点，遇到股价反弹无力，更应及早卖出。

②股价向下跌破下降通道的下轨线时股价将加速下跌，短线抢反弹者应立即止损。

第七章 炒股要看宏观大势

一、炒股要有国际视野
二、炒股要讲政治
三、炒股要看宏观经济面
四、炒股要看境外股市
五、炒股要看期货市场

一、炒股要有国际视野

关注国际政治形势

国际政治是指全球性的政治活动,它与国际关系、国家间的互利与合作、各个国家的政治动态有很大的关系。具体包括:战争、政权变动、法律制度等。国内外重大政治事件的发生会使相关公司的股票价格上升或下跌。投资者预测到这种事件将要发生之时,应果断地买进或卖出相关公司的股票。外交关系的改善会使相关跨国公司的股价上升,投资者应在外交关系改善前,不失时机地买进相关跨国公司的股票。

战争使各国政治经济不稳定,人心动荡,股价下跌,这是战争造成的广泛影响。但是战争对不同行业的股票价格影响又不同,比如,战争使军需工业兴盛,那么凡是与军需工业有关的公司的股票价格必然上涨,战争也会使黄金等有避险功能的股票价格上涨。因此,投资者应适时购进军需等相关股票及黄金类有避险功能的股票,售出容易在战争中受损的行业的股票。

例如,2018年4月美国袭击叙利亚对股市产生了较大的影响。

4月10日晨,美国总统特朗普在内阁会议上表示,对于叙利亚毒气袭击事件,将在24至48小时之内决定是否对叙利亚进行军事打击。特朗普4月11日晨发表了一条推特:"俄罗斯,做好准备吧,因为它们(导弹)就要来了,又好又新又智能!"媒体认为这是暗示即将对叙利亚发起导弹袭击的信号。当日美股道指低开,至收盘下跌0.90%。显然,美国军事打击叙利亚的可能性令市场承压,欧洲股市也收跌。

当日A股黄金概念板块指数缓慢上行后,于下午大幅上涨3.14%,板块内恒邦股份涨停、西部黄金涨7.60%。12日上证指数跌0.87%,创业板指下跌0.42%,恒邦股份涨9.80%。随着相关消息的不断发酵,13日(周五)上证指数大幅下跌2.15%。

周末,美国总统特朗普宣布对叙利亚涉化武地点实施精确打击。美国、英国、法国从空中和海上向叙利亚军事和民用设施发射了110多枚巡航导弹和空对地导弹。4月16日周一开市后,A股连续加速下挫,至4月18日上证指

数创年内新低3041点,除了贸易战的影响之外,美国袭击叙利亚事件也是下跌元凶,如图7-1所示:

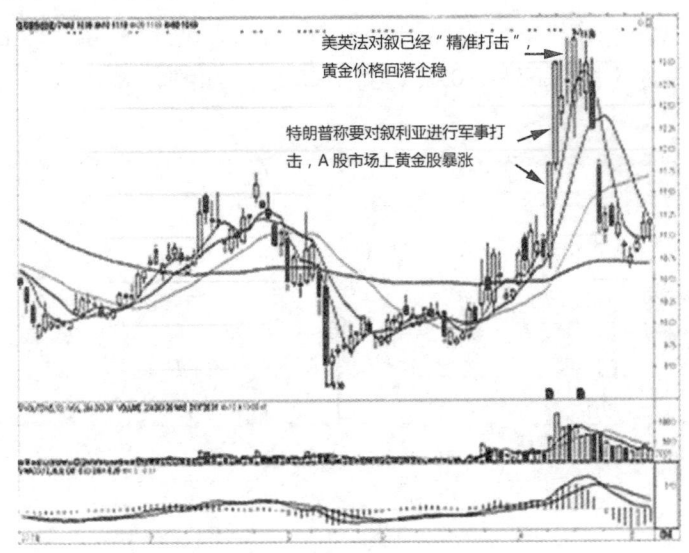

图7-1　恒邦股份股票波动情况

关注国际经济事件

国际经济是指国家之间的商品、资本、其他生产要素的流动所形成的相互联系的经济。经济全球化使当今世界各国的经济联系越来越密切。随着交通运输的日益便利,通信手段、方法的日益完善,国与国之间、地区与地区之间的联系越来越密切,世界从独立单元转变成相互影响的整体,因此国内经济受国外经济影响已十分明显,而作为国民经济晴雨表的股市,同样也会受到国际经济形势的重大影响。

北京时间2018年3月23日0时50分许,美国总统特朗普在白宫正式签署对华贸易备忘录,将有可能对从中国进口的600亿美元商品加征关税,并限制中国企业对美投资并购。当日,中国迅速做出反应,商务部发布了针对美国进口钢铁和铝产品232措施的中止减让产品清单并征求公众意见,拟对自美进口的部分产品加征关税,以平衡因美国对进口钢铁和铝产品加征关税给中方利益造成的损失。

由此,中美贸易战拉开帷幕。贸易战极大地影响了世界股票市场走势。

当天，包括美国三大股指在内的许多国家和地区的股票市场都因为特朗普要打贸易战而大幅下跌，美国股市道琼斯指数下跌2.93%，纳斯达克下跌2.43%；上证综指再度跳空低开3%，收盘跌幅达3.39%，技术指标上形成"特朗普缺口"，创业板指下跌5.02%，"特朗普缺口"如图7-2所示：

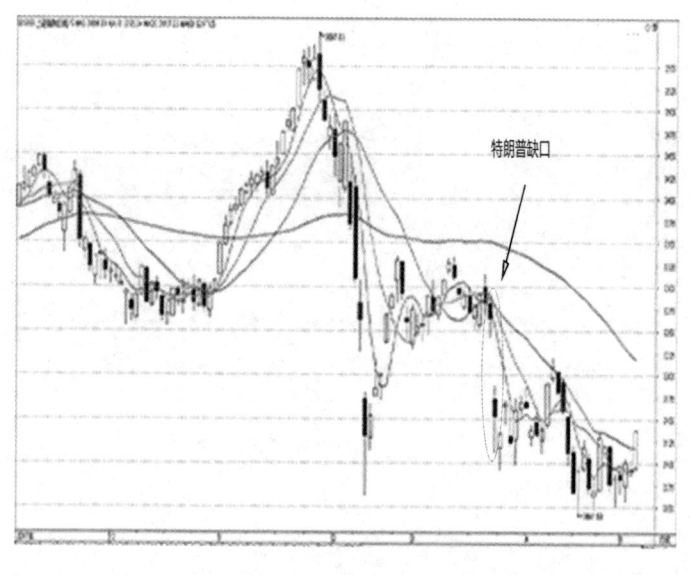

图7-2　特朗普缺口

关注国际金融市场

国际金融市场是指从事各种国际金融业务活动的场所，按照经营业务的种类划分，可以分为货币市场、证券市场、外汇市场、黄金市场和期权期货市场。国际金融市场的剧烈动荡对我国证券市场的影响主要通过以下途径：通过人民币汇率预期影响证券市场；通过宏观面和政策面间接影响证券市场。

自从中国加入WTO以后，与世界的联系更加紧密，中国股市同样也会受到外围股市波动的影响。如由美国次级债问题引发的全球金融市场连锁大幅波动，导致我国香港市场大跌。在这样的大背景下，中国A股市场要想独善其身，其难度是显而易见的。

二、炒股要讲政治

看清国家对股市的调控政策

在我国,国家对股市的调控政策会对股价产生较大的影响,比如 2007 年 5 月 30 日,当财政部宣布将证券(股票)交易印花税税率从 0.1% 上调到 0.3%,上证指数当天以 4087.41 点开盘,比前一交易日低开 247.51 点,幅度达 5.71%,收于 4053.09 点,跌 281.83 点(6.50%);深证成指以 12651.20 点开盘,收于 12627.15 点,跌 829.45 点(6.16%)。6 月 4 日沪深股市双双大幅下挫,上证综指和深证成指分别跌 330.34 点、964.23 点,跌幅分别为 8.26%、7.76%。短短 6 个交易日之后,上证指数从 4335.96 点暴跌到 3404.15 点,跌幅将近 1000 点。如图 7 - 3 所示。

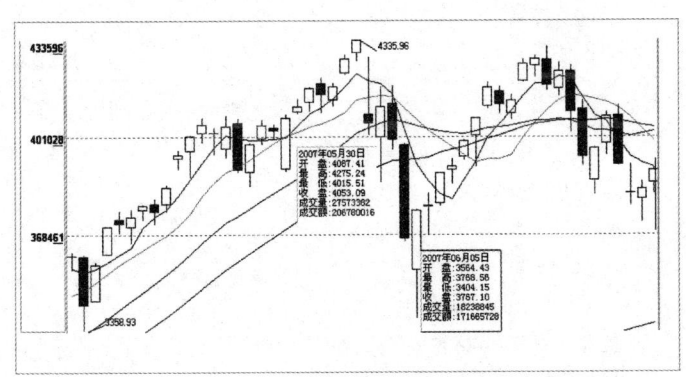

图 7 - 3　提高印花税后的股指走势

作为融资的重要手段,股市关系着经济发展,又关系着国家的金融安全。国家不愿意看到股市过分暴涨或崩盘,当股市的发展偏离了方向,必然会出台强有力的政策调控股市,其影响力可见表 7 - 1。

表7-1　　　　　　　　股市调控政策及其影响表

调控时间	调控政策	调控结果
2001年10月23日	证监会宣布暂停国有股减持	此前,大盘几乎无反弹地调整了30%,其后沪指创恢复涨跌停板制度后最大单日涨幅9.86%
2001年11月16日	财政部决定将A、B股交易印花税率统一降至0.2%(原A股为0.4%)	当天高开后冲高回落
2002年6月23日	国务院决定停止通过国内证券市场减持国有股	当天几乎所有股票全线涨停
2004年1月31日	《国务院关于推进资本市场改革开放和稳定发展的若干意见》发布	之后股权分置改革试点工作正式启动,开启了A股史上最为波澜壮阔的牛市
2005年1月23日	财政部将证券交易印花税税率由0.2%下调为0.1%	沪指高开(开盘上涨1.91%)回落
2005年6月6日	证监会推出《上市公司回购社会公众股份管理办法(试行)》当日大盘探底后成功实现反转,收盘涨2.05%	随后伴随着各种利好,沪指在6月8日创下了自2002年以来的最大单日涨幅(8.21%)和最大单日成交记录(199.4亿)
2008年4月20日	监管层"规范大小非,严控限售股",并且在两天之后"印花税从原先的0.3%下降到0.1%"	之前大盘在创牛市新高6124.04后长期阴跌不止,消息发布后,21日大盘直接高开(上涨6.8%)后回调,在22日大盘探底后,展开了数个交易日的暴涨,其中24日沪指涨幅达9.29%
2008年9月19日	监管层宣布印花税从双边征收改为单边征收,汇金公司更是在二级市场自主购入工、中、建三行股票,国资委支持中央企业控股上市公司回购股份	当日沪指暴涨9.45%,个股除停牌者外全线涨停
2012年11月	证监会开启IPO自查核查,IPO暂停长达13个月	提升了新兴成长股的稀缺性溢价。导致中小盘成长股的结构性牛市(2012年12月—2013年2月),涌现了中青宝、掌趣科技、东方财富等大批牛股

续表

调控时间	调控政策	调控结果
2013年11月30日	《中国证监会关于进一步推进新股发行体制改革的意见》发布。该《意见》进一步提高了新股定价的市场化程度；改革了新股配售方式，持有一定市值股票才能参与网上申购	新政策使网上申购新股的中签率很低，导致次新股的稀缺性被认可，激发次新股暴涨。持有一定市值才能申购新股的规定，促使申购者提前买入股票，为其后的牛市行情创造了条件
2014年4月10日	证监会公告正式批复开展沪港通试点。沪港通下的股票交易将于2014年11月17日开始	公告后，A股进行了3个多月的盘整，其后在沪港通利好预期下一路震荡上行，"沪港通"实施后，激发了内地投资者的做多热情，被认为是2015年大牛市的重要推手
2015年7月3日	监管层推多项重磅举措：减少IPO家数和筹资金额，暂时取消主板发审会议；证金公司将注册资本由240亿元增至1000亿；多举措引导长期资金入市，QFII额度增至1500亿美元，中央汇金入市操作；通报6起造谣传谣违法行为	7月6日（周一）结束了连续多日的暴跌，早盘沪指高开（涨幅7.82%），超过千股涨停，后迅速走低，至收盘，沪指涨2.41%
2015年7月8日	证监会晚间发布公告，从即日起6个月内，上市公司控股股东和持股5%以上股东（并称"大股东"）及董事、监事、高级管理人员不得通过二级市场减持本公司股份	7月9日沪市大涨5.76%，深市则大涨4.25%，创业板全部涨停，中小板只有一家宁波银行（9.31%）未涨停，股指期货大半数涨停，1336家开盘股票1270余家涨停，只有两家下跌

读懂《人民日报》释放的信号

谈起《人民日报》的社论，很多老股民会记忆犹新，《人民日报》代表党的意志，关键时刻的社论对股市每每有扭转乾坤的作用，下表7-2列举了一些社论对股市的影响，从中可看出为什么老股民对《人民日报》的相关文章格外重视。

表 7-2　　　　　《人民日报》的社论及其对股市影响

日期	社论	对股市影响
1996年12月16日	《人民日报》发表特约评论员文章《正确认识当前股票市场》，称股市"最近一个时期的暴涨是不正常和非理性的"	社论前股市暴涨。社论发表后成功扼住了A股上涨势头，并在几日后大幅下挫，开社论调控股市的先河
1999年6月15日	《人民日报》头版发表特约评论员文章《坚定信心，规范发展》，给当年5月19日以来的行情定性"正常的恢复性上升"。并指出"证券市场的良好局面来之不易，各方面都要倍加珍惜"	此文发表后，股市随即大涨，从6月15日的1387点激活，6月30日最高达到1756点。当时网络股在行情中大肆拉抬，并发动了一轮跨世纪牛市行情，上证指数第一次越过2000点
2002年12月14日	《人民日报》（海外版）第7版发表《中国股市将迎来大牛市》，指出"大牛市的拐点将在一年内出现"	16日（周一），股市止住连日跌势，上证指数报收1409.94点，由此一路升至2003年4月16日的1649点
2005年7月4日	《人民日报》发表《白话股权分置改革》支持股改	A股股改箭在弦上，不少人忧心忡忡。在股指跌穿千点、最低至998点时，此社论发表，股市随后再次探底确认后，牛市开启
2007年5月23日	《人民日报》（海外版）第5版文章《央行连出重拳能否抑制经济过热?》，指出"股市投机气氛重新显现，投资热情高涨，正是我国投资过热的表现之一"	该文当时并未引起股市较大震荡，仍持续上涨，直至"5·30"出现。当天因印花税上调，数百只股票齐刷刷跌停
2007年7月21日	《人民日报》第2版《中央祭出组合拳 股市不会剧变》，认为打出"二率"齐动的调控组合拳，不会使运行趋势发生重大改变	该文给了股市上涨动力，7月23日，上证指数收4213.36点，涨154.51点，涨幅3.81%。当年10月冲上6124点的历史高位
2009年6月9日	头版刊登《信心逐步恢复 资本市场活力再现》	文章发表前沪指收盘2787.89点，文章发表后不到两个月股指一路飙升至3471.44点
2010年3月25日	2版刊登《加息或趋谨慎 A股近期有望走出上扬行情》	文章发表后次日沪指展开反弹，至4月2日最高涨到3157.96点
2011年5月25日	2版刊登《中国股市步入"寻底"区域》	当天上证指数下跌0.19%，此后仍继续寻底

续表

| 2014年7月25日 | 2版刊登《外资机构齐声唱多A股市场》 | 当天上证指数上涨1.28%,并于后几日筑底后开始攀升 |
| 2015年3月30日 | 刊登《A股已处牛市中 把握牛市"红利"》 | 上证指数上涨2.59%,随后沪指一路上行,在6月15日创出2015年牛市行情的5178.19点 |

三、炒股要看宏观经济面

宏观经济因素对证券市场产生影响的途径

宏观经济因素是影响证券市场长期走势的唯一因素,其他因素可以暂时改变证券市场的中期和短期走势,但改变不了证券市场的长期走势。宏观经济运行对证券市场的影响通常通过以下途径实现。

①企业经济效益。公司的经济效益会随着宏观经济因素的变动而变动。如果宏观经济运行趋势较好,企业总体赢利水平提高,证券市场的市值自然上涨;如果政府采取强有力的宏观调控政策,紧缩银根,企业的投资和经济会受到影响,盈利下降,证券市场市值就可能缩水。

②居民收入水平。在经济周期处于上升阶段或在提高居民收入的政策作用下,居民收入水平将得到提高,从而在一定程度上拉动消费需求,增加相关企业的经济效益。另外,居民收入水平的提高也会直接促进证券投资需求。

③投资者对股价的预期。当宏观经济趋势较好时,投资者预期公司效益和自身的收入将会上升,从而使证券市场人气旺盛,推动市场平均价格走高。反之,则会令投资者对证券市场信心下降,推动市场平均价格走低。

④资金成本。当国家经济政策发生变化,如采取调整利率水平、实施消费信贷政策、征收利息税等政策,居民、单位的资金持有成本将随着变化,从而促使资金在银行储蓄和股市之间流动,影响证券市场的走向。

宏观经济指标对股市的影响

读者在生活中常常会接触到一些经济指标,如国内生产总值、物价指数等。这些指标由国家统计局公布,对判断宏观经济形势具有重要作用。

1) 国内生产总值(GDP)与经济增长率

国内生产总值(GDP)和经济增长率是我们最常见的两个宏观经济指标。

GDP 是指在一国的领土范围内,本国居民和外国居民在一定时期内所生产的、以市场价格表示的产品和劳务的总值。举个例子,TCL 集团在国外设厂,其产值不予计入我国当年的 GDP;可口可乐在中国设厂,其产值计入我国当年国内生产总值。在宏观经济分析中,GDP 指标占有非常重要的地位,具有广泛的用途。

经济增长率也称经济增长速度,它是反映一定时期经济发展水平变化程度的动态指标,也是反映一个国家经济是否具有活力的基本指标。

当国内生产总值持续、稳定地增长,社会总需求与总供给也协调增长,则企业赢利水平持续上升,居民收入也上升,股票的内在含金量以及投资者对股票的需求增加,促使股票价格上涨,股市走牛。

经济增长率并非越高越好。在经济结构不合理、高通货膨胀下呈现的 GDP 高速增长,是泡沫经济的表现,经济形势有在矛盾激化中恶化的可能,企业成本上升,重复建设又最终导致供大于求,居民实际收入下降,各种因素结合起来将引发股票价格的大跌。

如果国家对经济进行宏观调控,国内生产总值增长减速,股票价格可能会有一个下跌的过程。随着宏观调控的有效性显现,社会经济结构趋于合理,经济矛盾逐步缓解,则股票市场也会体现出对经济向好的预期而出现平稳渐升的态势。

2) 物价、通货膨胀和通货紧缩

居民消费价格指数(CPI)告诉人们购买具有代表性的同一组消费品,在今天要比过去某一时间多花费多少钱。如我国 2018 年 7 月份 CPI 同比上涨 2.1%,意思就是说如果 2017 年 7 月我国普通家庭购买某一组商品的费用是 100 元,那么 2018 年 7 月购买同样商品大约需要 102.1 元。

生产物价指数(PPI)一般指统计局公布的工业品出厂价格指数。目前我国 PPI 的调查产品有四千多种,包括各种生产资料和生活资料,涉及调查种类186 个。其中,能源、原材料价格在 PPI 构成中占较大比重。通常情况下,PPI 走高意味着企业出厂价格提高,因此会导致上游企业盈利增加,但如果下游价格传导不利或市场竞争激烈,走高的 PPI 则意味着众多竞争性领域的企业将面临越来越大的成本压力,从而影响企业赢利水平,整个经济运行的稳定性也将受到考验。

相对于 PPI,CPI 是一个滞后指标,但 PPI 对 CPI 有一定的传导作用。传导可以分为两条路径:一条是以工业品为原材料的生产,存在原材料→生产资料→生活资料的传导。另一条是以农产品为原料的生产,存在农业生产资料→农产品→食品的传导。在中国,就以上两个传导路径来看,目前第二条,即农产品向食品的传导较为充分。由于 PPI 影响 CPI 主要通过影响其下游企业的采购成本来实现,要受到种种因素制约,加上国家政策对部分关键环节价格的政策调控,这种影响具有一定的不确定性。另外,由于 PPI 和 CPI 的调查内容明显不同,也会导致 PPI 和 CPI 的不一致。比如因为消费结构的原因,食品价格在我国 CPI 构成中权重很大,而在 PPI 构成中食品权重相对较小,而能源、原材料占很大比重,这种内容差异也会导致 CPI 和 PPI 出现走势差异乃至背离。

当物价指数衡量的一般价格水平持续上涨,易引发通货膨胀;反之,则易发生通货紧缩。过度的通货膨胀(幅度接近或超过 10%),就表明物价持续走高,居民收入下降,上市公司赢利前景不明,市场风险增加,会有央行紧缩货币政策和财政政策的风险。央行为抑制消费,控制通货膨胀,会采取加息策略,而加息会在一定程度上导致流动资金减少,从而使股市购买资金减少,股价会下跌,对股票市场不利。而通货紧缩时,物价持续走低,企业经营困难,居民对未来预期不乐观,也容易对股票市场造成很大的负面影响。

3)失业率

失业率是指失业人口(一定时期全部就业人口中有工作意愿而仍未有工作的劳动力数)占劳动人口的比率,旨在衡量闲置中的劳动产能。该指标可以反映整体经济状况,其变动与国民经济形势基本同步。失业率低,也就是就业率高,居民生活稳定,消费、投资欲望强,对股市走强有利。过高的失业率不仅影响个人投资意愿,而且会影响社会整体情绪,引发一系列社会问题,股市也会震荡走低。

4) 利率

利率的变化,直接反映出市场中资金供求关系的变化。当利率上升时,一方面市场资金趋于紧张,公司的筹资成本增加,赢利相对减少;另一方面,人们倾向于选择银行存款或购买国债,这就使得投入股市中的资金减少。这两方面的影响都会使股票的价格趋于下跌。反之,当利率下降时,股票的价格将趋于上升。但也有一些相对特殊的情形。当形势看好、股票行情暴涨的时候,利率的调整对股价的控制作用就不会很大。

5) 汇率

汇率又称汇价或外汇行市,是一国货币兑换另一国货币的比率。由于本国货币的升值有利于进口,不利于出口;本国货币的贬值有利于出口,不利于进口,因而汇率的变化对股价的影响表现在如表7-3所示的几个方面:

表7-3 汇率与股价的关系

产品销售去向	产品原料来源	本国货币升值	本国货币贬值
大部分销往海外市场	不依赖于进口	不利于销售,原料成本不变,公司赢利下降,股票价格趋于下跌	股票价格趋于上升
大部分销往国内市场	依赖于进口	对销售影响不大,原料成本下降,公司赢利上升,股票价格上升	股票价格下跌
大部分销往国内市场	不依赖于进口	对产品销售及原料成本影响不大,股票价格基本不变	股票价格基本不变
大部分销往海外市场	大部分依赖于进口	不利于销售,原料成本下降,盈利基本不变,股票价格基本不变	股票价格基本不变

人民币升值会对出口导向型企业带来不利,如纺织业、家电、建材等,人民币升值将很大程度上削弱产品的竞争优势。

对于产品销售价格以人民币结算、原材料主要从境外采购的行业,人民币升值后将使其进口成本和在进口环节支付的费用相应下降,改善行业赢利状况。受益行业包括石化、石油及天然气开采业、钢铁、交通、电力设备、房地产、航空运输业等行业,造纸和纸包装类上市公司、食品消费类上市公司等。

银行类上市公司是人民币升值的最大赢家。因为银行业属于经营货币和资本业务的资金密集型行业,由于具有较好变现能力和流动性,属于高人民币资产的行业,会吸引国际资金大量流入,从中受益。

人民币升值对房地产行业会产生间接的利好。

人民币升值会增加汽车进口,对现有汽车行业上市公司形成比较大的压力。但是对以组装为主、零部件从国外采购的上市公司而言会降低成本。

人民币升值,使境内居民出境旅游变得更加便宜,而外国游客入境旅游变得相对昂贵,这对国内的旅游景点类公司显然是不利的,但对旅行社类上市公司有利。

看货币政策对股市的影响

货币政策也就是金融政策,是指中国人民银行为实现其特定的经济目标而采用的各种控制和调节货币供应量和信用量的方针、政策和措施的总称。通过控制货币供应量、调节利率等手段,央行可进而影响投资乃至整个经济以达到一定经济目标。

货币政策可以分为紧缩的货币政策和宽松的货币政策。实行紧缩的货币政策的手段包括减少货币供应量、提高利率、加强信贷控制等,实行宽松的货币政策的手段则恰好与之相反。如果市场物价上涨、需求过度、经济过度繁荣,被认为是社会总需求大于总供给,中央银行就会采取紧缩的货币政策以减小需求。

货币政策对股票市场的影响是通过影响投资者和上市公司来实现的。宽松的货币政策一方面为企业发展提供了充足的资金,另一方面扩大了社会总需求,刺激了生产发展,提高了上市公司的业绩,居民的收入增加,多余部分的社会购买力就会投入股市,有利于经济发展和证券市场交易,通常会带动股价的上升。紧缩的货币政策使上市公司的运营成本上升,社会总需求不足,上市公司业绩下降,居民收入下降,消费者信心下降,市场资金吃紧,股市资金流出,将带来股价的下跌。

中央银行的货币政策工具有公开市场业务、存款准备金率、中央银行贷款、利率政策、常备借贷便利、中期借贷便利和抵押补充贷款。

1) 公开市场业务

公开市场业务对于调节银行体系流动性水平、引导货币市场利率走势、促进货币供应量合理增长发挥了积极的作用。央行公开市场业务包括人民币操作和外汇操作两部分。

中国人民银行公开市场业务债券交易主要包括回购交易、现券交易和发行中央银行票据。

回购交易分为正回购和逆回购两种,正回购即中国人民银行向一级交易商卖出有价证券,并约定在未来特定日期买回有价证券的交易行为。正回购为央行从市场收回流动性的操作,正回购到期则为央行向市场投放流动性的操作。而逆回购即中国人民银行向一级交易商购买有价证券,并约定在未来特定日期将有价证券卖给一级交易商的交易行为,逆回购为央行向市场上投放流动性的操作,逆回购到期则为央行从市场收回流动性的操作。简单说,逆回购就是央行主动借钱给银行;正回购则是央行把钱从银行那里抽走。

现券交易分为现券买断和现券卖断两种,前者为央行直接从二级市场买入债券,一次性地投放基础货币;后者为央行直接卖出持有债券,一次性地回笼基础货币。

中央银行票据即中国人民银行发行的短期债券,央行通过发行央行票据可以回笼基础货币,央行票据到期则体现为投放基础货币。

2) 存款准备金率

存款准备金是银行经常保留在中央银行的,用来保证储户提取存款和资金清算需要的存款。储户是可以随时提取存款,但很少会出现所有储户在同一时间取走全部存款的现象。所以银行可以把绝大部分存款用来从事贷款或购买短期债券等营利行为,只需要留下一部分存款作为应付提款需要的准备金就可以了。这种准备金在存款中起码应当占的比率是由政府(具体由中央银行代表)规定的,即存款准备金率。政府采取紧缩的货币政策,中央银行就会提高存款准备金率,间接调控货币供应量,抑制货币信贷过快增长。银行客户取得信贷变得困难了,投入股市的资金也会相应缩减。表7-4为近年来存款准备金率调整与调整后股指变化的关系。

表7-4　近年来存款准备金率调整与股指变化的关系

次数	公布时间	调整内容	公布后首个交易日沪指表现
30	2018年4月17日	下调存款类金融机构人民币存款准备金率1个百分点	上涨0.80%
29	2016年2月29日	下调存款类金融机构人民币存款准备金率0.5个百分点	上涨1.68%
28	2015年8月25日	下调存款类金融机构人民币存款准备金率0.5个百分点	下跌1.27%
27	2015年6月27日	1)对"三农"贷款占比达到定向降准标准的城市商业银行、非县域农村商业银行降低存款准备金率0.5个百分点。(2)对"三农"或小微企业贷款达到定向降准标准的国有大型商业银行、股份制商业银行、外资银行降低存款准备金率0.5个百分点。(3)降低财务公司存款准备金率3个百分点,进一步鼓励其发挥好提高企业资金运用效率的作用	下跌3.34%
26	2015年4月19日	下调存款类金融机构人民币存款准备金率1个百分点	下跌1.64%
25	2015年2月4日	下调存款类金融机构人民币存款准备金率0.5个百分点,同时对小微企业贷款占比达到定向降准标准的城市商业银行、非县域农村商业银行额外降低人民币存款准备金率0.5个百分点,对中国农业发展银行额外降低人民币存款准备金率4个百分点	下跌1.18%
24	2012年5月12日	下调存款类金融机构人民币存款准备金率0.5个百分点	下跌0.59%
23	2012年2月18日	下调存款类金融机构人民币存款准备金率0.5个百分点	下跌0.27%
22	2011年11月30日	下调存款类金融机构人民币存款准备金率0.5个百分点	上涨2.29%
21	2011年6月14日	上调存款类金融机构人民币存款准备金率0.5个百分点	下跌0.90%
20	2011年5月12日	上调存款类金融机构人民币存款准备金率0.5个百分点	上涨0.95%
19	2011年4月17日	上调存款类金融机构人民币存款准备金率0.5个百分点	上涨0.22%
18	2011年3月18日	上调存款类金融机构人民币存款准备金率0.5个百分点	上涨0.08%
17	2011年2月18日	上调存款类金融机构人民币存款准备金率0.5个百分点	上涨1.12%

续表

次数	公布时间	调整内容	公布后首个交易日沪指表现
16	2011年1月14日	上调存款类金融机构人民币存款准备金率0.5个百分点	下跌3.03%
15	2010年12月20日	上调存款类金融机构人民币存款准备金率0.5个百分点	上涨1.79%
14	2010年11月19日	上调存款类金融机构人民币存款准备金率0.5个百分点	下跌0.15%
13	2010年11月10日	上调存款类金融机构人民币存款准备金率0.5个百分点	上涨1.04%
12	2010年5月2日	上调存款类金融机构人民币存款准备金率0.5个百分点,农村信用社、村镇银行暂不上调	下跌1.23%
11	2010年2月12日	除农村信用社等小型金融机构外,其他存款类金融机构人民币存款准备金率上调0.5个百分点	下跌0.49%
10	2010年1月12日	除农村信用社等小型金融机构外,其他存款类金融机构人民币存款准备金率上调0.5个百分点(达到16%)	下跌3.09%
9	2008年12月25日	大型金融机构由16%调整至15.5%,中小型金融机构由14%调整至13.5%	下跌0.05%
8	2008年12月5日	大型金融机构由17%调整至16%,中小型金融机构由16%调整至14%	上涨3.97%
7	2008年10月15日	上调存款类金融机构人民币存款准备金率0.5个百分点	下跌4.25%
6	2008年9月25日	下调存款类金融机构人民币存款准备金率0.5个百分点	下跌0.16%
5	2008年6月7日	上调存款类金融机构人民币存款准备金率1个百分点	下跌7.73%
4	2008年5月20日	上调存款类金融机构人民币存款准备金率0.5个百分点	下跌1.84%
3	2008年4月25日	上调存款类金融机构人民币存款准备金率0.5个百分点	下跌2.09%
2	2008年3月25日	上调存款类金融机构人民币存款准备金率0.5个百分点	上涨2.53%
1	2008年1月25日	上调存款类金融机构人民币存款准备金率0.5个百分点	下跌0.97%

3) 中央银行贷款

中央银行贷款指中央银行对金融机构的贷款,简称再贷款,是中央银行调控基础货币的渠道之一。中央银行通过适时调整再贷款的总量及利率,吞吐基础货币,促进实现货币信贷总量调控目标,合理引导资金流向和信贷投向。

再贴现是中央银行对金融机构持有的未到期已贴现商业汇票予以贴现的行为。在我国,中央银行通过适时调整再贴现总量及利率,明确再贴现票据选择,达到吞吐基础货币和实施金融宏观调控的目的,同时发挥调整信贷结构的功能。

4) 利率政策

利率政策是我国货币政策的重要组成部分,也是货币政策实施的主要手段之一。中国人民银行根据货币政策实施的需要,适时地运用利率工具,对利率水平和利率结构进行调整,进而影响社会资金供求状况,实现货币政策的既定目标。

目前,中国人民银行采用的利率工具主要有:

①调整中央银行基准利率,包括:再贷款利率,指中国人民银行向金融机构发放再贷款所采用的利率;再贴现利率,指金融机构将所持有的已贴现票据向中国人民银行办理再贴现所采用的利率;存款准备金利率,指中国人民银行对金融机构交存的法定存款准备金支付的利率;超额存款准备金利率,指中央银行对金融机构交存的准备金中超过法定存款准备金水平的部分支付的利率。

②调整金融机构法定存贷款利率。

③制定金融机构存贷款利率的浮动范围。

④制定相关政策对各类利率结构和档次进行调整等。

前面已提及,利率与股价在通常情况下呈反向变化,但我们不能将此绝对化。在股市发展的历史上,也有一些相对特殊的情形。当形势看好时,股票行情暴涨的时候,利率的调整对股价的控制作用就不会很大。表7-5为近年来利率调整与调整后股指变化的关系。

表 7-5　近年来利率调整与调整后股指变化的关系

次数	公布时间	调整内容	次日开盘表现	次日收盘表现
18	2015年10月23日	一年期存贷款基准利率下调0.25%	1.06%	0.50%
17	2015年8月25日	一年期存贷款基准利率下调0.25%	0.53%	-1.27%
16	2015年6月27日	一年期存贷款基准利率下调0.25%	2.31%	-3.34%
15	2015年5月10日	一年期存贷款基准利率下调0.25%	0.60%	3.05%
14	2015年2月28日	一年期存贷款基准利率下调0.25%	0.68%	0.78%
13	2014年11月22日	一年期存贷款基准利率下调0.25%/0.4%	0.75%	1.85%
12	2012年7月5日	一年期存贷款基准利率下调0.25%/0.3%	0.11%	1.01%
11	2012年6月8日	一年期存贷款基准利率下调0.25%	0.06%	1.07%
10	2011年7月6日	一年期存贷款基准利率上调0.25%	0.10%	-0.58%
9	2011年4月5日	一年期存贷款基准利率上调0.25%	-0.11%	1.14%
8	2011年2月8日	一年期存贷款基准利率上调0.25%	-0.72%	-0.89%
7	2010年12月25日	一年期存贷款基准利率上调0.25%	0.27%	-1.9%
6	2010年10月19日	一年期存贷款基准利率上调0.25%	-1.81%	0.07%
5	2008年12月23日	一年期存款基准利率下调0.27%	-1.25%	-1.76%
4	2008年11月26日	一年期存款基准利率下调1.08%	6.05%	1.05%
3	2008年10月30日	一年期贷款基准利率下调0.27%	-0.53%	-1.97%
2	2008年10月9日	一年期贷款基准利率下调0.27%	-3.79%	-3.57%
1	2008年9月16日	一年期贷款基准利率下调0.27%	-0.74%	-2.9%

5) 常备借贷便利、中期借贷便利和抵押补充贷款

常备借贷便利、中期借贷便利和抵押补充贷款是央行 2013 年后创设的货币政策工具。短期流动性调节工具(Short-term Liquidity Operations,简称 SLO)是央行 2013 年 1 月创设的,作为公开市场常规操作的必要补充,在银行体系流动性出现临时性波动时相机使用。这些货币政策工具的区别如表 7-6 所示。

表 7-6　　　　　　　　　货币政策工具的区别

名称	俗称	含义	期限	主动发起方	利率决定方
常备借贷便利(SLF)	酸辣粉	银行用合格抵押品从央行借款	1—3 个月	商业银行	央行
中期借贷便利(MLF)	麻辣粉	靠合格抵押品从央行借款,有贷款投向约束限制,例如三农领域、小微企业等	3、6、12 个月	央行	利率招标
短期流动性调节工具(SLO)	酸辣藕	央行短期流动性调节工具,更短期的正回购、逆回购,利率采用市场招标方式	7 天以内	央行	利率招标
抵押补充贷款(PSL)	胖死了	央行向银行放抵押贷款,银行可以用这钱再放贷	3—5 年	央行	央行

关注国内平行市场的发展

平行市场是指和股票市场相平行的其他市场,如 QDII、QFII、债券市场、期货市场、黄金市场、房地产市场等。平行市场发展的速度也会对股价产生较大的影响,比如 1995 年 5 月 18 日,因国家关闭国债期货市场,国债期货市场的资金回流到股票市场,使股市指数一天上涨 20%,上证综合指数在 3 天的时间里从 580 点涨到 900 点。

财政政策对股市的影响

财政政策是通过改变财政收入和财政支出来影响宏观经济活动的经济政策。财政政策的手段包括：国家预算、税收、国债、财政补贴、财政管理体制和转移支付制度等。

财政政策包括扩张性财政政策、紧缩性财政政策和中性财政政策。实行扩张性的财政政策，增加财政支出，减少财政收入，可增加总需求，使公司业绩上升，经营风险下降，居民收入增加，因此，股票价格容易上涨；实行紧缩性财政政策，减少财政支出，增加财政收入，可减少社会总需求，使过热的经济受到抑制，从而使得公司业绩下滑，居民收入减少，这样，股票价格就容易下跌。

下面从税收、国债两个方面进行论述。

1）税收

税收是国家参与国民收入分配的一种方式。税收政策是政府根据经济和社会发展的要求而确定的指导制定税收法令制度和开展税收工作的基本方针和基本准则。税收政策的核心问题是税收负担问题。经济萧条时，政府通过减免税收来刺激消费需求，从而增加生产与就业。企业和个人可支配收入的比例增加，涌入股市的投资资金也会增加，推动股市的繁荣。反之亦然。

2）国债

国债是政府运用信用形式筹集资金的特殊形式，是一种财政信用调节工具。国债对股票市场也具有不可忽视的影响。国债利率的升降变动，严重影响着其他证券的发行和价格。当国债利率水平提高时，由于国债的信用程度高、风险水平低，一些投资者就会把资金转投到国债。因此，国债和股票是竞争性的金融资产，当证券市场资金一定或增长有限时，过多的国债就会影响到股票的发行和交易量，导致股票价格的下跌。

四、炒股要看境外股市

随着全球经济一体化进程的不断演进，中国经济已经融入世界，这使A股与外围股票市场的联动性也加强，A股市场与外围股票市场经常表现出同涨同跌的联动效应。因此，国内A股投资者在判断大盘方向时可以参考境外股市走势。

要看欧美股市

一般来说，美国股市是全球股市的风向标，欧洲、日本、中国香港等股市都会或多或少地受到美国股市的走势影响。港股通过A+H股影响A股的走势。

港股与美股的联动主要来自两个方面：

第一方面是资金的联动。例如，当货币供应量急剧增加的时候，美国股市可能第一个感受到资金充裕的效应，而香港股市开盘后也会随即体会出资金的膨胀，也就出现了港股追随美股走高的状况；反之，当出现资金面的问题时，比如次级贷款风波，美国股市资金紧张，香港股市资金也不宽裕，美股和港股也就一起下跌了，并通过A+H股使A股也下跌。

第二方面是股票上的联动。在股票联动上面，不仅港股会追随美股，A股市场也会追随美股。例如当美国股市出现网络股泡沫的时候，港股的网络股大幅上扬，A股的网络股也不断走高。反之，如果美国网络股泡沫破裂了，全世界网络股都要下跌，港股和A股也不例外。

隔夜欧美股走势是预测A股市场最重要的参考之一。因此，国内的投资者在建立自己的自选股时，必然要把欧美股市走势作为一个重要的参考因素。我们可以从两个方面来参考：第一，分析欧美股市重大涨跌情况的原因，考虑该影响因素是否会影响国内A股市场相关板块和个股。第二，在欧美股市没有出现重大涨跌情况下，注意观察欧美股市中领涨或领跌的板块，找出原因，并且考虑该原因是否对国内A股市场的相关板块和个股产生连锁反应。

例如，欧洲股市2009年12月30日微幅收低，泛欧绩优股指数收低

0.4%,英国 FTSE100 指数收低 0.73%,至 5397.86 点;德国 DAX30 指数下跌 0.9%,至 5957.43 点;法国 CAC40 指数回落 0.62%,报 3935.50 点。整个欧洲股市在指数上并没有出现大的涨跌情况。但由于瑞士制药企业 Basilea 股价受旗下药品营销申请遭美国监管部门拒绝影响而大幅下挫,制药股领跌当天的欧洲股市。

2009 年 12 月 31 日,沪深股市在经过一系列的震荡调整后,尾盘再发攻势,至收盘,沪指涨幅 0.45%,深成指涨幅 0.41%。盘面上两市板块涨多跌少,但生物制药板块处于跌幅首位,其中,华兰生物跌近 4%,白云山 A 跌超 3%,海王生物、天坛生物跌幅均超 2%。并且当天国内市场并没出现对生物制药有负面的信息。

从上面的这个例子我们可以看出,在欧美股市整体指数没有出现大的涨跌情况下,其并不能影响 A 股市场的大盘走势,A 股的大盘走势由其自身的情况而定;但在欧美股市中那些出现重大涨跌的行业或个股,很有可能影响 A 股市场的相关板块和个股的走势。

当然,投资者要注意的是并非所有的欧美股市领涨或领跌板块都会传导到国内的 A 股市场,关键是看什么因素导致。有些影响因素本身并没有国际化的影响能力,在国际范围内只影响欧美的局部市场。

投资者每天应该多关注欧美股市中那些领涨和领跌的版块和个股,这样不仅可以寻找到相关的短线投资机会,也可以减小被套的概率。并且在此过程中,逐步积累经验,扩大视野,形成有国际投资理念与研究思维的投资眼光。

要看港股

随着中国经济的不断开放,境内资本市场逐渐融入国际市场。经济全球化已经成为趋势,再加上资本流动形式的多样性,还有投资理念与研究思维的趋同,境内外市场越来越表现出联动,这种态势还在不断加强。

因为香港国际化、机构化程度较高,投资理念较为成熟,香港 H 股的估值往往代表着境外机构投资者对 A 股市场的认同程度,有先行指标的作用。如果香港 H 股市场出现大幅上涨,对国内 A 股市场多会有一定的正面影响,如香港市场的中石化出现大涨,国内市场的中石化也会跟随上涨。最近几年来看,香港和内地市场的股指、板块甚至个股走势常常会出现一致性,产生联动效应。投资者可关注一些股价与香港 H 股接轨特别是倒挂的 A 股。但一些与香港 H 股价差仍较悬殊的三线 A 股,建议投资者回避,这些三线 A 股未来仍有较大的下跌"接轨"空间。对于 A 股投资者来说,密切观察港股趋势,是投资决策的重要依据。

了解香港市场的股价变动可以为投资者提供灵活的投资策略参考。

首先,A、H 股具有一定的联动效应,买了带 H 股的 A 股的股民,在 A 股市场休市等其他情况下,可通过查询 H 股股价变动及时调整 A 股投资策略。

其次,了解香港市场的大盘走势可以为投资者提供 A 股市场走势的趋势判断。中国内地资本市场发展只有二三十年,不论是散户还是机构投资者,在经验及操作上都还有很多不够成熟的地方。香港市场是一个发展运作成熟的市场,全球的资金都在此有所聚集,对全球宏观、微观的任何风吹草动,这些资金的反应都是最灵敏的。

要看其他亚太股市

亚太其他股市的走势对 A 股也是极其重要的一个参考因素。亚太其他股市的表现,往往可以提前预示欧美股市对整个亚太股市(包括 A 股市场)的联动效应强弱。因此,投资者在炒股时,也需要考虑亚太其他的股市的表现情况,特别是日本股市、中国台湾股市、新加坡股市的表现。其热点板块的表现往往会传导至 A 股市场,投资者必须特别关注。

世界各地主要股市的交易时间

世界各地主要股市的交易时间如表 7-7 所示。

表 7-7　　　　　　　　世界各地主要股市的交易时间

国家和地区	北京时间		当地时间	
	开市时间	收市时间	开市时间	收市时间
中国内地	9:30	11:30	9:30	11:30
	13:00	15:00	13:00	15:00
中国香港	9:30	12:00	9:30	12:00
	13:30	16:00	13:30	16:00

续表

国家和地区	北京时间		当地时间	
	开市时间	收市时间	开市时间	收市时间
英国	冬令16：30	23：00	冬令8：30	15：00
	夏令15：30	23：00	夏令7：30	15：00
德国	15：30	23：00	8：30	16：00
法国	15：30	23：00	8：30	16：00
美国	冬令22：30	4：30	冬令9：30	15：30
	夏令21：30	3：30	夏令8：30	14：30
日本	8：00	10：00	9：00	11：00
	11：00	14：00	12：00	15：00
韩国	8：00	10：00	9：00	11：00
	11：00	14：00	12：00	15：00
菲律宾	9：30	12：00	9：30	12：00
泰国	10：30	13：30	9：30	12：30
	15：00	18：00	14：00	17：00
马来西亚	9：00	12：30	9：00	12：30
	14：00	17：00	14：00	17：00
新加坡	9：00	12：30	9：00	12：30
	14：00	17：00	14：00	17：00
澳大利亚	冬令8：00	14：00	冬令11：00	17：00
	夏令7：00	13：00	夏令10：00	16：00

纵观世界各国主要股市的交易时间，大体可以归纳出以下一些特征：

第一，欧美地区交易所开市时间较长，一般在6小时以上，其中，最长的是德国股票交易所，其交易时间长达7.5小时。相反，亚洲地区交易所开市时间较短，一般不足6小时。除新加坡长达6.5小时外，亚洲其他股市交易时间均较短，其中，尤以中国内地的股市交易时间最短，仅为4小时。

第二，亚洲地区股市习惯将每一个交易日区分为"上半场"与"下半场"，而欧美地区的股市的交易日则不分割为"上半场"和"下半场"，它们从当天开盘至当天收盘是连续、不间断的。

盘前要了解境外股市的最新动态

投资者在盘前要了解外围市场的最新动态。

1）了解欧美股市的走势

欧美股市特别是美国股市的收盘对几小时后 A 股的开盘会有一定的影响。欧美股市出现重大幅度的涨跌情况，这很有可能是因为当天欧洲市场出现了重大事件或消息，这种事件或消息很可能将影响整个国际金融市场走势。A 股市场作为国际金融大市场重要的一员，其受影响或在所难免。在国内市场没有出现比较重大消息的情况下，A 股市场很可能将和欧美市场发生同涨同跌的情况。因此，投资者在每个交易日开盘前，了解欧美市场的最新动态应成为必不可少的功课。

要注意的是，欧美股市与 A 股市场并不是完全相关联动的，在不同的时期，欧美股市和 A 股市场的联动效应是不一样的。投资者必须把握市场的关注点，如果市场对国际股市甚至对整个世界的经济关注度比较大，其联动效应就比较强；反之，联动效应不明显。

2）了解上一个交易日港股的收盘

一般情况下，A 股在每天下午 3 点收盘。A 股收盘后，港股再进行一个小时的交易后在下午 4 点收盘。如果港股在这一个小时的走势发生异动，将有可能对 A 股第二天的开盘产生一定的影响。例如香港市场的石化板块出现大涨，国内市场的石化板块也会跟随上涨。最近几年来看，香港和内地市场板块，甚至个股走势常常会出现一致性，产生联动效应。

3）了解日本等亚洲股市的开盘情况

日本等亚洲股市开盘比 A 股市场早，投资者可以观察日本股市的早盘情况，以确认欧美股市大幅涨跌能否传导到亚洲市场。如果欧美市场隔夜发生比较大的跌幅，并且当天日本股市早盘也跟随欧美股市出现比较大的跌幅，在国内市场没有出现重大的利好情况下，投资者在 A 股开盘后，切勿贸然进场。此时，应多观察，避免 A 股市场也跟跌，投资者一进场就被套的情况。

当然，如果欧美股市发生比较大的涨幅，并且日本股市早盘也没有出现变盘，在国内市场没有出现重大的利空情况下，投资者可以采用更激进的投资策略。

对于没有一定经济基础或没有很多投机经验的投资者，我们建议投资者可以每天自行统计情况，这样就可以让自己清楚地看出近期欧美市场对 A 股市场的联动效应是否明显。

盘中要关注境外股市的走势是否有异动

在 A 股进行交易的同时，部分境外股市也进行交易。投资者要关注这些外围市场的走势是否发生异动。

由于亚太股市大多和 A 股交易时间存在重叠，因此，我们在盘中要关注亚太市场的最新动态。在亚太市场出现重大涨跌的情况下，我们可以第一时间掌握发生在亚太市场其他经济体中影响国际市场的重大财经事件，以便在第一时间做出应对的策略。

随着香港市场和 A 股的联动效应日益增强，投资者必须时刻关注港股的最新动向，不仅要关注恒生指数的最新涨跌情况，还必须关注那些有重大涨跌情况的板块和个股。

五、炒股要看期货市场

A 股市场与期货市场存在着比较明显的联动关系，期货价格的变动对股市中相关公司的股票价格产生显著影响。如期货市场中黄金期货品种出现一波单边市拉升行情，股市中的黄金板块就跟随大涨。因此投资者在买卖 A 股时要很好地运用期货价格信息，把握"期股联动"。

投资者如果总把眼光放在股市，难免有局限性。从各个资本市场的相互联系与影响中去看股市，视野将大大拓展，清晰度也将大大提高。

要看期货市场走势

近年来，无论是国际期货市场还是国内商品期货市场，同A股市场之间的联动极为明显。比如，期货市场沪铜指数2009年初不断上涨，从2008年末的阶段性低点22405点一路升至2009年4月16日的41108点，涨幅83.47%；同期，A股市场有色金属板块指数由2359点升至4816点，涨幅104%。

期货市场与A股市场的联动性增强，可以为投资者提供一些有价值的启发：在投资A股市场时，不仅要关注A股市场的运行情况，还要关注期货市场，关注相关品种期货价格的运行轨迹。一般来说，如果期货品种价格上涨，表明A股市场相关上市公司的盈利水平可能上升，从而有助于推动股票价格的上涨；如果期货品种价格下跌，表明相关上市公司的盈利水平可能回落，进而给股票价格带来不利影响。

A股市场与期货市场不仅在大势波段上类似，而且盘面短期波动、市场心态与资金行为等均亦步亦趋，投资者要善于把握住稍纵即逝的联动短线机会。

图7-4和图7-5为2009年4月10日江西铜业和期货铜主力品种的日内分时图。从期货铜4月10日的走势可以发现，上午高位震荡，收盘时封上涨停位置，下午开盘后则一直到收盘都是涨停封死。江西铜业当天的波动状况则是犹豫中震荡向上，直至下午2点才发力封死涨停。投资者可以根据期货铜全天强势冲击涨停，同时结合当时期货铜阶段性强势加速上涨的状态和突破形态，大胆吸纳江西铜业的股票，把握联动影响带来的短期巨大机会。

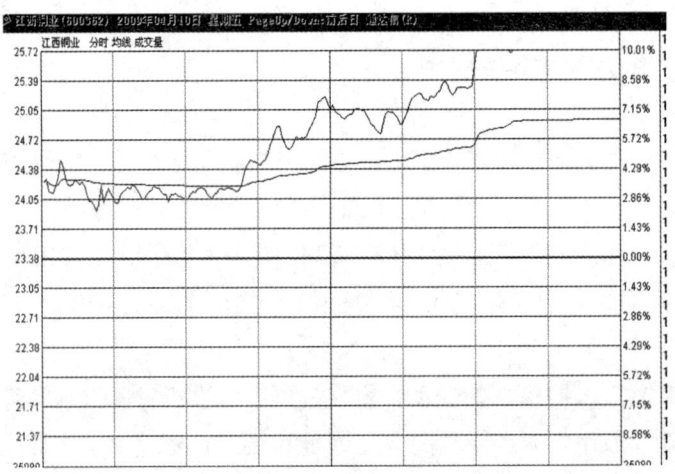

图 7-4 2009 年 4 月 10 日江西铜业日内分时图

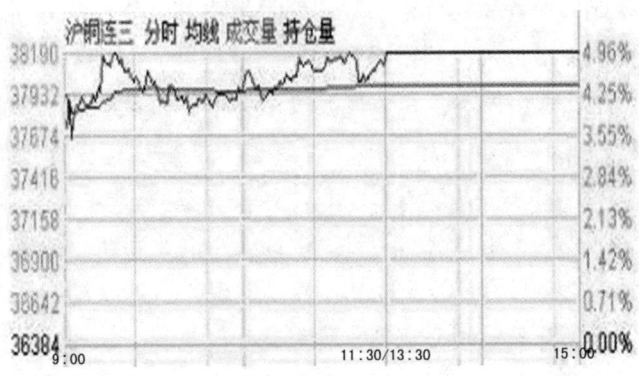

图 7-5 2009 年 4 月 10 日期货铜主力品种的日内分时图

世界上主要的期货市场

世界上主要的期货市场如表 7-8 所示。

表7-8　　　　　　　　　　世界上主要的期货市场

国家和地区	交易所名称	代　码
美国	芝加哥期货交易所	CBOT
	芝加哥商业交易所	CME
	芝加哥商业交易所国际货币市场	IMM
	芝加哥期权交易所	CBOE
	纽约商业交易所	NYMEX
	纽约期货交易所	NYBOT
	美国商品交易所	COMEX
加拿大	加拿大蒙特利尔交易所	ME
英国	伦敦国际金融期货及选择权交易所	LIFFE
	伦敦商品交易所	LCE
	英国国际石油交易所	IPE
	伦敦金属交易所	LME
法国	法国期货交易所	MATIF
德国	德国期货交易所	DTB
瑞士	瑞士选择权与金融期货交易所	SOFFEX
瑞典	瑞典斯德哥尔摩选择权交易所	OM
西班牙	西班牙固定利得金融期货交易所	MEFFRF
	西班牙不定利得金融期货交易所	MEFFRV
日本	日本东京国际金融期货交易所	TIFFE
	日本东京工业品交易所	TOCOM
	日本东京谷物交易所	TGE
	日本大阪纤维交易所	OTE
	日本前桥干茧交易所	MDCE
新加坡	新加坡国际金融交易所	SIMEX
	新加坡商品交易所	SICOM

续表

国家和地区	交易所名称	代码
澳大利亚	澳大利亚悉尼期货交易所	SFE
新西兰	新西兰期货与选择权交易所	NZFOE
中国香港	香港期货交易所	HKFE
中国台湾	台湾期货交易所	TAIFEX
南非	南非期货交易所	SAFEX

盘前盘中关注期货市场走势

由于国际期货市场的价格很有可能对A股的相关板块产生联动效应，A股在每天下午3点收盘至下一个交易日上午9点半开盘期间，各个期货市场各个期货品种的价格走势也会对A股市场及相关板块个股的开盘产生一定的影响。因此，投资者每日开盘前必须关注A股闭市期间国际期货市场的最新动态，特别是投资者的自选股中有和期货市场价格密切相关的股票时。

由于部分期货市场和A股交易时间存在重叠，因此，我们在盘中要关注这些期货市场的最新动态，以便在第一时间做出应对的策略。

第八章
怎样投资不同的板块

一、投资不同行业板块
二、投资不同概念板块
三、投资不同地区板块
四、投资不同风格板块

股票板块是将某些具有同类属性的股票划归一类得出的。依划分方式的不同，股票板块可以分为行业板块、概念板块、地区板块和风格板块。其中行业板块是根据上市公司所从事的领域划分的，比如煤炭板块、纺织板块、医药板块等；概念板块是根据概念话题而划分的，例如 5G 概念板块、雄安新区概念板块和工业互联网概念板块；地区板块主要是根据省份划分的，例如新疆板块、海南板块和福建板块；风格板块是按不同的投资风格划分的板块，例如低市盈率板块、低市净率板块、业绩预增板块等。

一、投资不同行业板块

如果一个行业不景气，该行业的大多数股票也很难有良好表现，所以炒股也怕"入错行"，在买卖股票时要先进行行业分析。

行业分析能帮我们确定重点要投资的行业，方便我们选到好股票，也让我们能更详尽地了解所关注股票的发展潜力。对周期型行业的观察，还能帮投资者把握股票的最佳入市时机以及持股时间。对于中短线投资，行业分析可作为参考；对于长线投资，行业分析更为重要，因为未来发展潜力巨大的行业，是滋生长期牛股的温床。前几年互联网类股票的暴涨就是典型例子。

分析行业所处经济周期

行业按其与经济周期的关系可以分为周期型行业、防御型行业和成长型行业。

周期型行业是指和国内或国际经济波动相关性较强的行业。周期型行业的特征就是产品价格呈周期型波动。

与周期型行业相反，防御型行业指经营和业绩波动基本不受宏观经济涨落影响的行业，行业内的产品需求相对稳定，不会随经济周期大起大落。

成长型行业的发展状态与经济宏观运行的周期也是低相关的，这类行业主要依靠技术的进步、新产品（服务）的推出实现增长。

针对经济周期中不同时期的市场状况，投资者可通过调整选股策略来应对。股票可按其与经济周期的关联性加以区分，其特点与投资策略如表8-1所示。

表8-1　　　　　　　　　股票与经济周期的关联性

股票（行业）	企业特征	举　例	股票特点
周期型股票(行业)	与经济周期关联性很高，经济起落与股价涨跌相一致。包括消费类（生活非必需品）周期型股票和工业类周期型股票	钢铁、煤炭、有色、金融、基建、水泥、运输、机械制造、高端消费（如白酒、汽车、奢侈品、航空运输、酒店、旅游等）行业	选择买入时机很重要。在周期触底反转前介入，可能会获得最为丰厚的投资回报；在周期到达顶端时买入，则可能遭受惨重损失；此时如果持股不动，经过5年甚至10年的漫长等待，可能迎来下一轮股价的复苏甚至高涨
防御型股票(行业)	与经济周期关联性很低；受经济衰退或者增长影响较小；主要为提供生活必需品的行业	医药、供水供热供气、日常消费品等。电力因为大部分都是商业用电，居民用电占比很小，所以只算是相对"防守"	熊市时，这类股票是避风港；牛市里，一般上涨缓慢
成长型股票(行业)	其公司发展常依靠新业务模式、新产品或者新技术，大多属于高科技或新兴行业	主要集中在中小板和创业板，少部分在沪市。如锂电池、无人机、在线教育等行业	高风险高回报，股价振幅较大并波动频繁。由于了解这类股票需要更多的专业知识，其投资决策难度较大

以贵州茅台为例，由于其属于慢涨慢跌型，因此在牛市的时候很少人炒，因此其相对市盈率比较低。相反，在熊市的时候，股票型基金至少保持80%仓位，混合型基金也要保持一定股票仓位，其他很多资金也需要避险，买茅台是很多资金的选择，因此市盈率又会拉高。这就是造成茅台相对市盈率、股价在熊市创新高的原因。

跟踪利率是把握周期型股票入市时机的技巧之一。利率处于低位或者持续下降时，各行业的借贷成本就会降低，从而刺激经济的增长，各行业就会扩大生产及需求，周期型股票的表现会越来越好。反之亦然。但央行持续降息的时候，还不是周期型行业股票介入的最好时机，这时候通常是经济低迷的时候，周期型行业业绩还没那么快好转，股价还不会那么快止跌。在连续降息一段时间后,周期型行业的利好预期会反映在其股价止跌上,这时候很可能就是进行投资的最佳时机。同理,加息也是如此。

分析行业的经济结构

根据经济结构的不同,行业基本上可分为四种市场类型:完全竞争、垄断竞争、寡头垄断、完全垄断,如表8-2所示。

表8-2　　　　　　　　　行业的经济结构分析

类型	要点	特点
完全竞争型	行业内很多独立生产者以相同的方式向市场提供同质产品	①所有企业向市场提供的产品都是同质的、无差别的。②企业不能够影响产品的价格。③生产者众多,所有资源都可以自由流动。④生产者和消费者对市场完全了解,并且可随意进入或退出此行业
垄断竞争型	行业中许多企业生产有明显差别的同一种类产品	①企业生产的产品基本相似,但在质量、商标、包装、大小以及服务态度、信用等方面存在一定的差别。②企业对自己产品的价格有一定的控制能力,是价格的制定者。③生产者众多,所有资源可以流动,易进入该行业
寡头垄断型	行业中少数几家大企业(称为"寡头")控制了绝大部分的市场需求量	①企业为数不多,而且相互影响、相互依存。②产品差别可有可无。③生产者较少,进入该行业十分困难。资本密集型、技术密集型行业等多属这种类型
完全垄断型	行业中只有一家企业生产某种没有或基本没有其他替代品的特质产品。可分为:①政府完全垄断;②私人完全垄断	①一个行业仅有一个企业,其他企业进入这个行业几乎是不可能的。②产品没有或缺少合适的替代品。垄断企业能够根据市场的供需情况制定理想的价格和产量,在高价少销和低价多销之间进行选择,以获取最大利润

我们可以看出,如果按照经济效率的高低和产量的大小排列,上述四种市场类型依次为完全竞争、垄断竞争、寡头垄断和完全垄断;而按照价格的高低和可能获得的利润的大小排列,则次序正好相反,即依次为完全垄断、寡头垄断、垄断竞争和完全竞争。

分析具体行业

行业分析相较于公司分析的一大好处是：能站在更高的视角去看行业的成长与兴衰。行业分析内容如表8-3所示。

表8-3 行业具体分析

分析项目	分析要点	举例
国家政策大方向	中国股市是一个政策市，很多好的行业都是靠政府去推动的，看一个行业一定不要抛开这个行业所处的政策环境。要看该行业是不是有限产政策，是不是受到国家政策扶持等。要多关注国家发改委官网、国家产业政策网站、人民网及各财经网站，了解国家产业政策	十八大和十九大，中央做了深化改革的重大决策，重点发展战略性新兴产业及航天军工。所以与改革密切相关的一些战略新兴产业将长期受益，前景广阔，比如绿色能源、节能环保、环境治理、5G、智能设备、航天军工等相关产业
行业地位	即公司所处的行业在市场中是否热门，是否有举足轻重的地位	在通常情况下，市场偏好是偏向于消费和高科技的，如果不是行业景气度明显提升，钢铁股基本上不会受资金青睐的
行业的规模	行业规模越大，意味着这个行业的扩张空间就大，选择机会就越大，这个行业就有更多的发展机会。规模越小，一旦你离开某个公司或者某个地区，你的选择机会就小很多。行业规模可以通过有关机构公布的相关数据去了解	判断一个行业的规模，可以看这个行业所服务的用户群是大众用户还是某一类特殊用户群，以及是否有地域限制
行业所处发展阶段	大部分行业都会经历起步、成长、繁荣、稳定、衰落等几个发展阶段。很少有行业能够长盛不衰	比如移动互联网处于成长期阶段，PC互联网处于繁荣期和稳定期阶段。如果要选择从零开始进入这两个行业，最好选择移动互联网
行业龙头公司及行业顶尖人物言论	了解这个行业有话语权的龙头公司及其关键人物。多关注他们的一些发言、演讲、微博及博客更新。因为他们的一些看法往往代表了这个行业的发展方向	比如互联网，我们要关注腾讯、百度、阿里巴巴、小米等几家公司及其代表人物马化腾、李彦宏、马云、雷军等几位企业家关于互联网的未来发展方向的一些言论
行业相关经济指标	一些经济指标可反映行业的景气度。相关数据和经济指标可通过炒股软件和国家统计局官网等查找到	比如有色金属行业可通过美元指数走势来反映。发电量的变化一定程度上反映了制造业的景气程度。房屋销售数据可以反映出家居装饰、建材等行业的增长情况

投资者分析一家上市公司,不能简单地将其归属于某一大的行业,还要看它的细分行业或具体业务。由于很多上市公司是跨多个行业经营的,这增加了行业分析的难度。例如同方股份,在它的主打产品中,PC只是其中的一部分,收入占到50%左右,但其利润极少。因此,我们不能将同方股份与联想集团等公司进行简单的比较,否则,你读不懂同方股份,甚至读不懂同方股份的财报。

了解各细分行业龙头

细分行业龙头,也可以称之为"隐形冠军",是出大牛股的地方。以下是A股各行各业龙头股一览。

半导体	康强电子	国内最大塑封引线框架生产基地
半导体	拓日新能	国内非晶硅太阳能电池芯片龙头企业
半导体	国星光电	国内LED封装龙头企业
半导体	台基股份	国内大功率半导体龙头企业
半导体	欧比特	国内航天航空及军工领域龙头企业
半导体	国民技术	国内USBKEY领域龙头企业
半导体	易成新能	国内晶硅片切割刃料领域龙头企业
仓储物流	怡亚通	国内领先的供应链服务商
传媒娱乐	华谊兄弟	国内电影行业龙头企业
电脑设备	华力创通	国内计算机仿真行业领先企业
电气设备	思源电气	国内最大电力保护设备消弧线圈生产商
电气设备	沃尔核材	国内热缩材料行业龙头企业
电气设备	江特电机	国内最大起重冶金电机生产商
电气设备	金风科技	国内领先的风机制造商
电气设备	宁德时代	中国最大锂电池供应商
电气设备	华明装备	国内专用数控成套加工设备龙头企业
电气设备	科华恒盛	国内最大UPS供应商
电气设备	特锐德	国内铁路电力远动箱式变电站龙头
电气设备	南风股份	国内核电HVAC市场龙头企业
电气设备	中元股份	国内电力二次设备子行业领先者
电气设备	中能电气	国内中压预制式电缆附件龙头企业
电气设备	中利集团	国内阻燃耐火软电缆龙头企业

第八章　怎样投资不同的板块

电器仪表	三川智慧	国内最大节水型机械表和智能水表生产商
电器仪表	大族激光	亚洲最大激光加工设备生产商
电器仪表	科陆电子	国内用电采集系统领域龙头企业
电器仪表	证通电子	国内金融支付信息安全产品领先企业
电器仪表	高德红外	国内规模最大的红外热像仪生产厂商
电器仪表	海康威视	国内最大安防视频监控产品供应商
电器仪表	汉威科技	国内气体传感器领先企业
电器仪表	华测检测	国内民营第三方检测的龙头企业
电器仪表	智云股份	国内领先的成套自动化装备方案解决商
电器仪表	精准信息	国内煤矿顶板灾害防治设备龙头企业
电器仪表	东方网络	国内数显量具行业龙头企业
电信运营	网宿科技	国内领先的互联网解决方案供应商
房地产	南山控股	国内集成房屋的龙头企业
纺织服饰	宏达高科	国内汽车顶棚面料龙头企业
纺织服饰	伟星股份	世界最大的纽扣生产企业之一
纺织服饰	浔兴股份	国内拉链行业龙头企业
钢铁	金洲管道	国内最大镀锌钢管、螺旋焊管和钢塑复合管供应商
钢铁	中原特钢	国内大型特殊钢精锻件龙头企业
工程机械	汉钟精机	国内螺杆式压缩机龙头企业
工程机械	天业通联	国内最大铁路桥梁施工起重运输设备供应商
工业机械	方正电机	全球最大多功能家用缝纫机电机生产基地
工业机械	赛象科技	国内橡胶机械制造业的龙头企业
工业机械	杭氧股份	国内最大空分设备和石化设备生产商
工业机械	吉峰农机	国内农机连锁销售龙头企业
工业机械	达意隆	国内饮料包装机械行业龙头企业
工业机械	博深工具	国内最大金刚石工具厂商
工业机械	巨星科技	国内手工具行业龙头企业
工业机械	机器人	国内工业机器人产业先驱
广告包装	东港股份	国内规模最大商业票据印刷企业
广告包装	蓝色光标	国内为企业提供品牌管理服务行业龙头
航空	威海广泰	国内航空地面设备行业龙头企业
互联网	东方财富	国内领先网络财经信息平台综合运营商

化工	回天新材	国内工程胶黏剂行业龙头企业
化工	湘潭电化	国内最大电解二氧化锰生产商
化工	北化股份	全球最大的硝化棉生产企业
化工	新纶科技	国内防静电/洁净室行业龙头企业
化工	多氟多	全球氟化盐龙头企业
化工	齐翔腾达	国内规模最大的甲乙酮生产企业
化工	雅克科技	国内最大的有机磷系阻燃剂生产商
化工	康得新	国内预涂膜行业领先者
化工	华软科技	国内专用化学品细分领域龙头
化工	百川股份	国内醋酸丁酯、偏苯三酸酐的龙头企业
化工	硅宝科技	国内有机硅新材料下游龙头企业
化工	新宙邦	国内电子化学品生产龙头企业
化工	鼎龙股份	国内电子成像显像专用信息化学品龙头
化工	奥克股份	国内环氧乙烷精细化工行业龙头
化工	利尔化学	国内氯代吡啶类除草剂系列农药龙头企业
化工	天龙集团	国内超电子膜行业龙头
化工	安诺其	国内高端燃料行业领跑者
化工	通产丽星	国内化妆品塑料包装行业龙头企业
化工	毅昌股份	国内规模最大的电视机外观结构件供应商
化工	宏达新材	国内高温混炼胶行业龙头企业
化工	三力士	国内传动带行业龙头企业
化纤	中材科技	国内特种纤维复合材料行业龙头企业
化纤	海利得	国内涤纶工业长丝行业龙头
化纤	泰和新材	国内氨纶行业龙头企业
环境保护	碧水源	国内污水处理领先企业
环境保护	三聚环保	国内能源净化行业龙头企业
环境保护	先河环保	空气质量连续监测系统市场占有率全国第一
家用电器	九阳股份	国内豆浆机行业龙头企业
家用电器	爱仕达	国内炊具行业龙头企业
建材	九鼎新材	国内最大的纺织型玻纤制品生产商
建材	金刚玻璃	国内安防玻璃领域龙头企业
建材	濮耐股份	国内钢铁耐火材料的领先者

建材	文化长城	国内艺术陶瓷行业龙头
建筑	东华科技	国内煤化工细分行业龙头企业
矿物制品	当升科技	国内锂电正极材料龙头企业
农林牧渔	益生股份	国内最大祖代种鸡养殖企业
农林牧渔	登海种业	国内玉米种子繁育推广一体化龙头企业
汽车类	巨轮智能	国内汽车子午线轮胎活络模具龙头企业
汽车类	宁波华翔	国内汽车内饰件龙头企业
汽车类	银轮股份	国内最大机油冷却器生产商
汽车类	成飞集成	国内汽车模具行业龙头企业
汽车类	特尔佳	国内汽车电涡缓速器龙头企业
汽车类	西仪股份	国内最大汽车发动机连杆专业生产企业
汽车类	天润曲轴	国内重型发动机曲轴龙头企业
汽车类	亚太股份	国内汽车制动系统专业龙头企业
汽车类	远东传动	国内最大的非等速传动轴生产企业
汽车类	中原内配	亚洲最大气缸套生产企业
汽车类	松芝股份	国内领先的汽车空调制造商
日用化工	青岛金王	国内最大蜡烛制造商
软件服务	远光软件	国内电力财务软件龙头企业
软件服务	软控股份	国内轮胎橡胶行业软件龙头企业
软件服务	金智科技	国内电气自动化设备行业龙头企业
软件服务	启明信息	国内汽车业IT行业龙头企业
软件服务	科大讯飞	国内语音识别技术龙头
软件服务	四维图新	国内导航电子地图行业的领先企业
软件服务	广联达	国内最大的工程造价软件企业
软件服务	海兰信	国内最大的VDR制造企业
软件服务	数字政通	国内数字化城市管理领域龙头
软件服务	银之杰	国内银行影像应用软件领域领先企业
商贸代理	江苏国泰	国内锂离子电池电解液行业龙头企业
石油	海默科技	国内油田多相计量领域领先企业
通信设备	北斗星通	国内最大港口集装箱机械导航系统提供商
通信设备	盛路通信	国内通信天线领域领先企业
通信设备	华平股份	国内领先的多媒体通信系统提供商

通信设备	振芯科技	国内最大的北斗终端供应商
通信设备	远望谷	国内铁路 RFID 市场垄断地位
通用机械	轴研科技	国内航天特种轴承行业龙头企业
通用机械	广东鸿图	国内压铸行业龙头企业
通用机械	江苏神通	国内冶金特种阀门与核电阀门龙头企业
通用机械	金通灵	国内最大的离心风机产品制造商
通用机械	华伍股份	国内工业制动器行业龙头
通用机械	泰尔股份	国内冶金行业用联轴器领域龙头企业
通用机械	通润装备	国内工具箱柜行业龙头企业
文教休闲	广博股份	国内纸制品文具行业龙头企业
文教休闲	高乐股份	国内玩具行业龙头企业
文教休闲	信隆健康	国内自行车零配件龙头企业
医疗保健	科华生物	国内体外临床诊断行业龙头企业
医疗保健	鱼跃医疗	国内基础医疗器械龙头企业
医疗保健	爱尔眼科	民营眼科医院连锁企业
医疗保健	阳普医疗	国内真空采血系统行业龙头企业
医药	必康股份	国内医药中间体龙头企业
医药	华兰生物	国内血液制品行业龙头企业
医药	达安基因	国内核酸诊断试剂领域领先者
医药	药明康德	中国规模最大的小分子医药研发服务企业
医药	新和成	国内最大维生素 A 和维生素 E 生产商
医药	北陆药业	国内医药对比剂行业领跑者
医药	红日药业	血必净注射液等产品垄断细分市场
医药	福瑞股份	国内肝病诊治领域龙头企业
有色	常铝股份	国内最大空调箔生产商
有色	西部材料	国内最大稀有金属复合材料生产商
有色	云海金属	国内最大专业化镁合金生产商
有色	云南锗业	国内锗产品龙头企业
有色	赣锋锂业	国内主要锂产品供应商
有色	楚江新材	国内最大的铜带生产企业
元器件	横店东磁	全球最大的磁体生产企业之一
元器件	恒宝股份	国内智能卡行业龙头企业

元器件	莱宝高科	国内彩色滤光片行业龙头企业
元器件	顺络电子	国内最大片式压敏电阻生产商
元器件	拓邦股份	国内最大微波炉控制板生产商
元器件	贤丰控股	国内最大微细漆包线生产商
元器件	中航光电	国内最大军用连接器制造企业
元器件	福晶科技	全球最大LBO、BBO非线性光学晶体生产商
元器件	水晶光电	国内光电子产业世界领跑者
元器件	南洋科技	国内高端聚丙烯电子薄膜行业龙头
元器件	和而泰	国内智能控制器行业龙头企业
元器件	兴森科技	国内最大专业印制电路板样板生产商
元器件	欧菲科技	国内领先的精密光电薄膜元器件制造商
元器件	亿纬锂能	中国最大、世界第五锂亚电池供应商
元器件	金龙机电	国内最大的超小型微特电机生产商
元器件	思创医惠	国内电子防盗卷标行业龙头企业
运输设备	鼎汉技术	国内轨道交通电源系统龙头企业

二、投资不同概念板块

概念炒作的高投资回报

自1990年中国股市开市以来,概念炒作便一直广泛存在。回顾28年以来的所有大小行情,无一不与所谓的概念有关,各种概念五花八门,你方唱罢我登场。例如进入2015年以后,以"互联网+"概念为主线的炒作热点,迅速席卷了整个市场,站在"互联网+"的风口上顺势而为的投资者赚得盆满钵满。

2013年7月3日,国务院总理李克强主持召开国务院常务会议,通过了《中国(上海)自由贸易实验区总体方案》。2013年8月22日国务院正式批准设立上海自贸区。

8月23日(周五),上港集团、锦江投资封死涨停,其他个股高开低走。8月26日(周一)起,经过周末消息发酵,板块全面爆发,龙头股锦江投资收出了7个涨停板。随后9月2日外高桥复牌,碰巧是自贸区短期顶部回调的时间节点,外高桥被视为补涨龙头,收出了10个一字板。可以看出9月2日到9月18日,上海自贸区板块进入缩量调整,没有大跌的原因是外高桥的持续一字板刺激。9月18日板块启动最后一波行情,龙头为陆家嘴,收出4个涨停。9月25日,外高桥作为补涨龙头,与陆家嘴、浦东金桥收出了最后一个涨停(当时人称"两桥一嘴")。在上海自贸区的这次炒作中,板块代表性龙头普遍翻3倍以上,最高6倍。如图8-1、8-2、8-3所示:

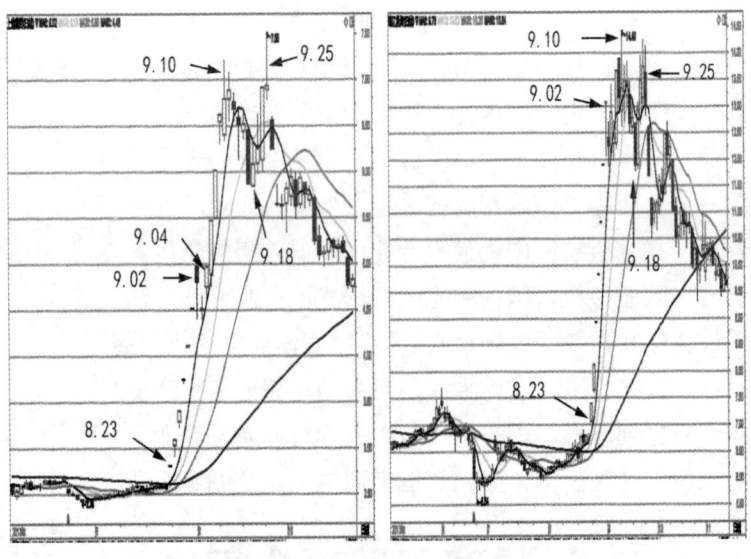

图8-1　上港集团　锦江投资

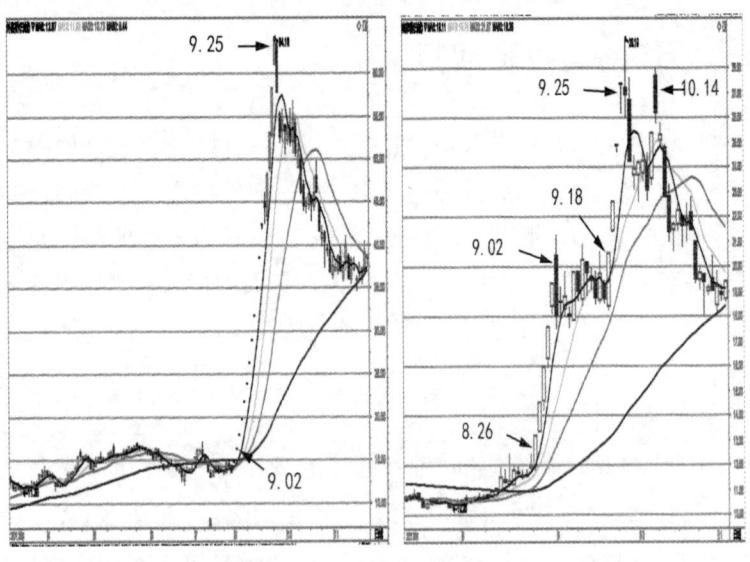

图8-2　外高桥　陆家嘴

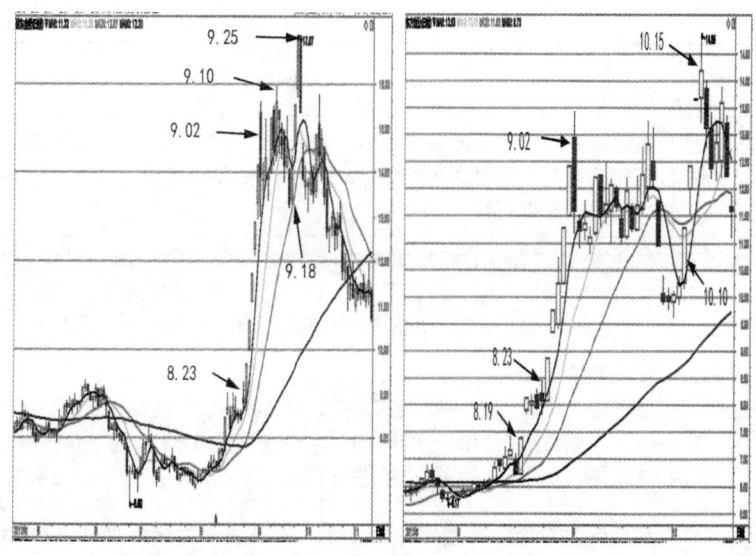

图 8-3　浦东金桥　东方创业

概念板块行情特点

概念板块的行情特点如表 8-4 所示。

表 8-4　　　　　　　　概念板块行情特点

效应名称	效应特点
板块联动效应	板块中某一只股票突然涨起来会带动同一板块中的其他股票涨起来。最典型的是证券股，一只证券股大涨，其他证券股也会跟着涨，最后参股证券概念股也会跟涨
局部效应	概念炒作一般只能引起部分板块或个股的涨跌，影响不了大盘指数。只有众多热点题材集中爆发，或者数个大的概念主题的爆发才能带动指数的上涨
短期效应	概念炒作周期较短，参与的资金往往快进快出，动用资金规模相对较小，一般属于短期游资行为
跨市场联动效应	某个交易所出现某热点概念板块的炒作，该概念在另一个交易所也容易被炒作。例如科技股炒作一般是纳斯达克领先，其他交易所跟随，比如特斯拉、埃博拉防护服、数字营销等概念的炒作就是如此

续表

效应名称	效应特点
IPO上市效应	如果某只有影响的股票要IPO，一般会带动该板块上涨，如前期的富士康和宁德时代要IPO，独角兽概念股大热，和独角兽有关联的上市公司的股票也涨得不错
节日效应	A股的国庆、春节等假日期间，如果外盘大涨，A股开市一般也会跟着大涨，如果大跌，一般也会跟跌。在五一、十一等旅游黄金周期间，旅游股一般会有所表现，而在中秋节、春节期间，由于白酒消费量增加，白酒股会表现较好
热点效应	市场在一段时间内一般会有1~2个热点，每个热点也会有1~2个龙头。一般热点会持续一段时间，如2013年的上海自贸。有些热点会持续几周或几个月，如军工、环保、传媒
涨停效应	热点概念的龙头股，常连续拉涨停，如果某一天涨停打开，由于市场投资存在惯性，此时买入，一般还有机会上拉
放大效应	利空或利好一般会被放大。股价上涨时，人们只看利好，下跌时只看利空。伴随着股价下跌，利空会成群结队而来，典型的如前两年的白酒行业，不断利空，白酒利空出尽，股价超跌，产业资本就会收购，又会导致股价上涨

A股主要概念板块

A股的概念板块非常多，并且不断有新的概念涌现出来。概念板块的划分也没有固定的标准，表8-5列举了一些热点概念板块，并给出其相应的详细分类。

表8-5　　　　　　　概念股的详细分类

概念股大类	所含概念板块
近期热门概念股	独角兽、人工智能、工业互联网、雄安、5G、粤港澳大湾区、区块链
IT类概念股	互联网金融、跨境电商、人脸识别、网络安全、5G概念、大数据、芯片国产化概念股、智能音箱、增强现实、区块链、移动支付、量子信息、电商、柔性电路、全息手机、手游、集成电路、超导、网络游戏、车联网、云计算、3D打印、金融软件、电子元件、OLED、核高基、虚拟现实
医药生物类概念股	健康中国、细胞免疫、基因测序、移动医疗、乙肝疫苗抗癌、民营医院、维生素、人脑工程

续表

概念股大类	所含概念板块
军工航空概念股	国产航母、军民融合、大飞机、军工、核电、北斗导航、无人机、低空飞行
农林食品环保概念股	食品安全检测、农资电商、生态园林、生态农业、农垦改革、土壤治理、节能环保、固废处理、污水处理、水域改革、废气治理、现代农机、猪肉、林权流转、乳制品、土地流转、乡村振兴
能源汽车概念股	锂电池、充电桩、无线充电、特斯拉、能源互联网、光伏、电动物流车、燃料电池、无人驾驶、智能电网、风能、新能源、地热能、特高压、钒电池、可燃冰、天然气、页岩气、PTA
金融概念股	蚂蚁金服、养老金、金融IC卡、新三板、年报高送转、兜底增持、ST摘帽、高送转、债转股、参股期货、民营银行、中字头、AMC
地域概念股	天津自贸区、上海自贸区、三沙、福建、广东国资改革、深圳国资改革、沪企改革、振兴东北、京津冀一体化、成渝特区、浦东国资改革、新疆、西藏
材料金属概念股	液态金属、黄金、稀土、永磁、镍、石墨烯、蓝宝石、钛白粉、铝塑膜
其他概念股	物联网、智能物流、依法治国、新零售、苹果、PPP、"十三五"规划、数字营销、中韩自贸、在线教育、创投、IP、LED、草甘膦、磷化工、安防

三、投资不同地区板块

地区板块是以上市公司所处的不同区域进行区分,并将处于同一区域的上市公司进行归总而形成的板块。例如福建板块、广东板块、上海板块等。

地区板块

地区板块的形成,源于各地区经济发展状况不一样,政府部门对上市公司的支持态度及具体政策有差别,以及有时市场主力刻意营造等。

根据经济与社会发展总的战略方向和目标,国家会对一定地区范围内的社会经济发展和建设进行总体部署,有些地区的上市公司往往能够得到资金、技术、政策、人才等方面的支持,获利能力将大幅增加,其股票也将会大幅上涨。

不同地区有不同的发展特点。当国家制订发展规划时会偏重于不同的行业。例如海南岛的发展重点是旅游服务业。当海南发展规划推出时,旅游服务业自然会成为发展重点,而这个行业内的某些股票也就会成为炒作龙头。

不同地区之间的发展会有相互拉动作用,不同地区概念的股票间也会有相互拉动效应。例如珠三角和横琴新区之间的关系十分紧密,当珠三角概念受到炒作时,横琴新区股票往往会有不错的涨幅。

在一个地域发生事关经济发展的重大事件时,相邻区域的有关板块也会出现大幅波动。例如当朝鲜宣布将大力发展经济时,东北地区的部分股票就出现了大幅上涨。

2018年4月21日(星期六),朝鲜宣布将从21日开始停止核试验和洲际弹道导弹发射,废弃朝鲜北部核试验场,集中力量发展经济。由于中朝合作的两个经济区毗邻中国吉林省延边地区和辽宁省丹东地区,因此随着中朝进一步加强开发合作,对具备地缘优势的域内相关企业无疑是一个好消息。

23日(周一)东北地区部分股票果然闻风起舞。吉林高速一字涨停,龙建股份、曙光股份也涨停开盘,盘中瞬间开板后又牢牢封死涨停。于是,东北区域的部分个股人气迅速攀升,龙头股吉大通信23日高开1.17%,经过一个多小时的盘整后直线拉板,之后经两日一字涨停,于26日继续涨停,共计四连板。蓝英装备23日低开0.80%,半个小时后快速拉升,当日成功封板,连续四个交易日涨停(其中26日涨停板尾盘打开)。其他如长白山、奥普光电、锦航科技、吉翔股份也收获了不错的涨幅。

可见,如果有敏锐的市场眼光,善于发现地区板块中的机会,会有不错的收益的。

区域板块炒作介绍

股市中对地区板块的炒作被人们戏称为"炒地图"。A股历史上,"炒地图"之风由来已久,对老股民来说,印象最深刻的当属2008年4万亿投资之后,区域振兴规划引发的一轮行情,这轮行情到2010年发展到高潮。

2010年伊始,随着政府陆续出台各地方(区域)的"十二五"规划发展纲要,大家紧随着新闻热点,一个地方接一个地方地炒,哪个地方出一个消息,哪个地方的有些股票就会出现连续大涨。海南、新疆、西藏、天津、上海、辽宁等板块此起彼伏,使2010年的地区板块行情一波三折、高潮迭起,不断走向深化。2010年区域振兴概念炒作典型情况如表8-6所示。

表8-6　　2010年区域振兴概念炒作情况举例

炒作时间	地区	上涨原因	龙头股表现
2010年1月5日—2010年2月12日	海南	1月4日,海南国际旅游岛规划获批,为当年区域振兴概念拉开了序幕	罗顿发展股价21个交易日涨幅达2.5倍(6.58-17.78)。罗牛山和海南高速等海南"地主"也都展开了翻番行情
2010年2月3日—2010年3月1日	广西	预期《广西北部湾经济区发展规划》出台	北海国发(国发股份)二连板,至3月1日累计涨幅接近40%。世纪光华(恒逸石化)自2月11日起七连板,股价翻倍,并带动了板块个股的上涨
2010年1月28日—2010年3月2日	新疆	预期中央支持新疆跨越式发展,将加大对新疆的投资	新疆城建(现为卓郎智能)股价在前期已经涨幅不小的情况下,又上涨90%以上。其他如新疆天业、新中基、北新路桥、新疆众和等,都有不错的表现
2010年1月5日—2010年3月1日	重庆	预期成渝经济区和重庆两江新区会获优惠政策支持	重庆路桥2月6日大涨8%以上,随后股价经三波上涨,至3月1日创15.49的新高,区间累计上涨60%以上
2010年3月23日—2010年3月25日	湖北	湖北抛出12万亿元的投资规划,投资额相当于湖北省2009年GDP近10倍	武汉控股继23日大阳、24日涨停,至25日,武汉控股、楚天高速、武汉中商、道博股份、凯乐科技、东湖高新、南国置业涨停。板块其他个股大涨
2010年7月2日—2010年11月5日	西藏	中央将加大对西藏的财政投资	西藏城投股价涨幅达254%。西藏药业、西藏旅游、西藏矿业涨幅均超过80%;奇正藏药、西藏天路、五洲明珠、西藏发展等股价也有60%以上涨幅
2010年2月22日—2010年3月1日	福建	12日—15日总书记在福建过年,重提推动海西经济区发展和两岸经贸合作	三木集团、平潭发展、漳州发展、福能股份、中国武夷、福建水泥等6只股涨停。其中龙头三木集团2连板后继续上涨,六个交易日累计上涨42%

2010年地区板块炒作中的典型龙头炒作情况如图8-4所示。

从炒作逻辑上来看,投资者受到区域经济发展规划的影响,由此推论当地的上市公司会受益,公司市值会上涨,所以就纷纷跟进投资。这种逻辑无可非

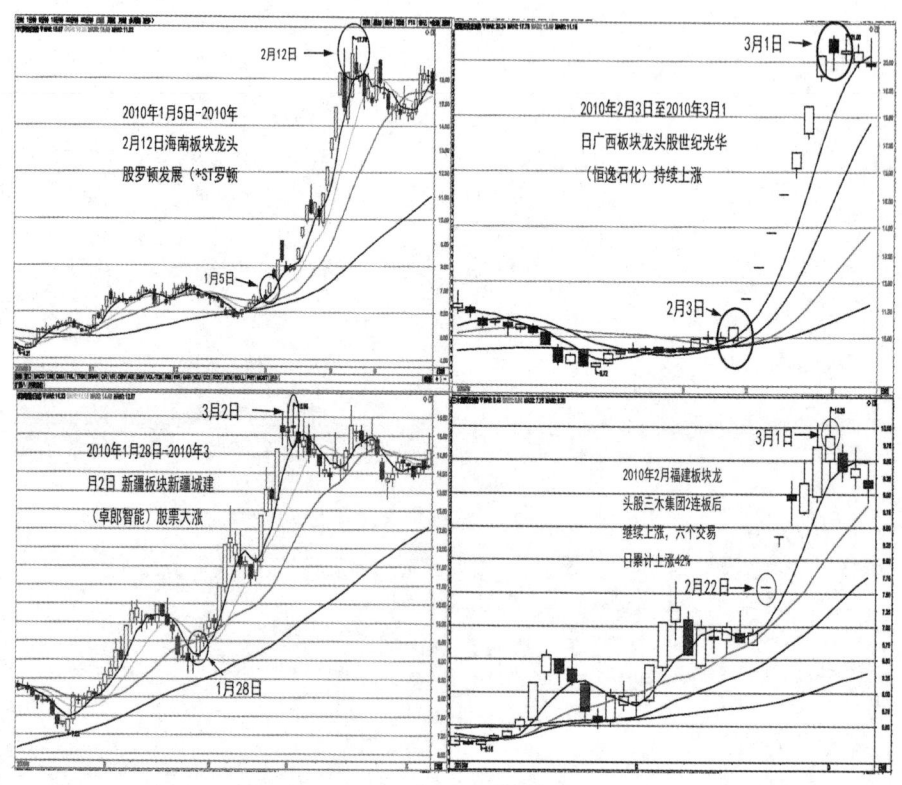

图 8-4 典型龙头股

议,但后来相关股票大幅回落的事实证明,这种行情只是一种概念炒作,并不属于价值投资,投资者应注意其中的风险。

部分区域板块介绍

A 股共有 32 个地区板块,每个板块都有自己的典型特点,这里列出八个最被投资者重视的地区板块,如表 8-7 所示。

表 8-7　　　　　最被投资者重视的地区板块

地区	关联的概念板块	板块特点
北京	京津冀一体化、北京城市副中心、政治类概念、IT类概念	拥有得天独厚的地理优势和政策扶持优势,京津冀和雄安新区建设也给相关股票带来了长期利好。根据规划,北京城市副中心与河北雄安新区是北京发展的新两翼,相关个股值得重点关注。此外,高精尖技术产业、文化旅游、生态环保、商贸服务、总部经济、房产增值等都是北京板块热门

续表

地区	关联的概念板块	板块特点
天津	京津冀一体化、滨海新区、国资改革	天津是京津冀一体化中的一极,既是历史悠久的制造业和航运物流中心,又有融资租赁等金融创新优势。天津上市公司具有稳健经营的特点,可关注主业增长预期明显且处于行业领先地位的龙头公司;此外,天津国企改革相关主题性公司也同样值得关注
河北	京津冀一体化、雄安新区	京津冀一体化和雄安新区是中央提出的重磅发展战略。特别是雄安概念的提出,使炒作者有更大的想象空间。雄安新区是继深圳经济特区和上海浦东新区之后又一具有全国意义的新区,可密切关注后续雄安新区的政策出台带给河北板块的机遇。河北板块的炒作还需要关注并结合京津板块,因为三者区域相邻,股价联动性强
上海	自由贸易区、自由港、国资改革	上海自贸区及其升级版自由港、国际金融中心和航运中心建设、国企整合、崇明岛开发都是上海板块的优势。中央给上海的政策是重磅的,单单是自贸区的政策,上海本地房地产板块就已经得到令人羡慕的政策红利。上海本地股历史上有大机构光顾的传统,业绩好的上海股基本上是基金重仓股。上海板块反复炒作,不少个股历史上有惊人涨幅
海南	海南自由港、海南国际旅游岛、赛马	海南政策红利相当大,热点概念众多,如自贸港、国际旅游岛、赛马、地产增值、特色产品、航运物流等。从板块特点来看,个股数量较少,适合主力资金大幅炒作,历来是炒地图的必炒之地。海南股糟糕之处在于一些个股业绩较差,罗顿发展变身ST罗顿大跌的事件说明,一定要小心业绩地雷
广西	"一带一路"、西部开发、北部湾经济区	广西板块尚没有大规模炒作过,但少数民族自治区都具备政策上的优势,因此也具备我国政策市上频出牛股的天然基因。广西北部湾堪称得天独厚。要密切关注北部湾经济区发展带来的机会,此外,可关注区域快速发展给物流行业带来的机会,基础建设加快所引发的对钢铁、机械、建材等行业的机会,受益于国家政策扶持的当地优势产业如糖、化工、旅游等相关个股
新疆	"一带一路"、西部开发、喀什特区(中央在少数民族地区设立的第一个经济特区)	新疆有独特的地理优势和民族特点,是我国连接中亚和欧亚大陆的西大门,国家会给予较好的政策支持;区域内部分企业有极强的区域垄断优势。但新疆板块缺乏有名气的公司,业绩也是板块中部个股的硬伤,这使新疆板块很少有整体行情。新疆板块在炒作深度和广度上还有欠缺,有待政策红利进一步释放。可适当关注基建、资源、农业类上市公司

续表

地区	关联的概念板块	板块特点
西藏	西部开发、特色旅游等	西藏板块中个股少，只有十余家，具有小盘优势，显然便于拉升。矿产资源、文化旅游资源、藏药、高原特色的农牧产品等四大稀缺资源，都是炒作的好题材。此外，由于西藏政策支持的特殊性，其"壳"资源也带来重组想象，前景光明
福建	海峡两岸、平潭试验区	福建对面是台湾，因此福建板块是一个受益政治因素的牛股区域，历史上漳州发展、三木集团、中国武夷、厦门钨业等都曾走出暴涨行情。福建股的特点，一是小公司林立、新兴产业发展较好，这和侨胞众多有关；二是以游资短期炒作题材概念为主，有待持续性的长庄带来的长牛股票出现

四、投资不同风格板块

选择成长型的股票

成长型的股票将来的报酬率一般都比较高。高成长性公司的主营业务收入和净利润的增长态势通常处于高速扩张之中，并在多送红股少分现金以保证有充足资金投入运营的同时，能使业绩的递增速度追上股本规模的高速扩张。它们往往在多次大面积送配股之后，其含金量和每股收益却并未因此而大大稀释。

此外，成长型股票的市场容量比较大。随着越来越多的中国人步入"小康"，由于人口众多，中国市场已成为一个庞大且非常富有潜力的市场，但是，由于行业不同，市场容量和发展空间也就大不相同。如传统的商业企业的市场容量就无法和如空调制造业的企业相比拟。在这方面，朝阳行业的企业发展空间要比夕阳行业企业的发展空间大得多。

除此之外，成长型股票还有如下特征：首先，属于成长型工业。今后被认为是成长型的工业是生化工程、太空与海洋工业、电子自动化与仪器设备及与提高生活水准有关的工业。其次，资本额较少，较易期待其成长，且可以计划增资，造成股价上涨。

选择蓝筹股

西方赌场中有蓝、白、红三种颜色的筹码，其中蓝色筹码最值钱。套用在股市上，蓝筹股就是指资金雄厚、业绩优良稳定、经营管理有效、技术力量强大、能按期分配股利、在行业内占有支配性地位公司的股票。

蓝筹股通常具有稳定的盈利记录并且会分派较优厚的股息，因而成为市场追捧的对象，蓝筹股注重的是企业的业绩，而不仅仅是投机性。投资蓝筹股不会让你一夜暴富，甚至不会给你带来投机的刺激，但可以让你获得相对稳定的收益，不用每天看盘，不必担心什么风吹草动，坐等按时的分红和收益。它会让你的财务更加稳健，让你心平气和地分享股价涨升带来的收益。所以蓝筹股比较适合中长线投资者，是稳健型投资者的首选。

选择冷门股和热门股

冷门股是指交易量小，流通性差，价格变化幅度小，很少被投资者关注的股票。

对于公司经营状况不良的冷门股，最好不要买入，因为最终股价能否上涨取决于公司是否获得赢利，投资一家经营状况不良公司的股票很难得到预期回报。投资者更不要贪图冷门股的低价位，因为对该类股感兴趣的人数很少，其股价自然难以上涨。

对于因受外部因素影响的冷门股，如果股票具备以下条件，可适当加以关注：

①公司经营没有出现重大危机，成长前景没有出现恶化的迹象。
②市盈率比同行业的股票低。
③成交量逐渐有放大、走出低迷状态的迹象。

热门股是指在特定时间内走红，经常位于涨幅榜前列、被众多投资者关注的股票。投资者在搜索和捕捉热门股时，一定要分析清楚两个重要问题：

①能够维持多长时间。
②未来的上涨空间有多大。

热门股可以分为短期热门股和长期热门股。短期热门股往往因某一特定事件和题材而聚集起很高的人气；长期热门股的上涨空间较大，甚至有可能使股价节节升高。

如何选择大型股票

大型股票的特点是其盈余收入大多呈现稳步而缓慢的变化。由于炒家不会轻易介入这类股票的炒买炒卖,其股价涨跌幅度较小。大型股票的长期价格走向与公司的盈余密切相关,短期价格的涨跌与利率的走向成反向变化,当利率升高时,其股价降低,当利率降低时,其股价升高。

大型股票的买卖策略是:

①大型股票在过去的最低价和最高价,具有较强的支撑和阻力作用,投资者要把其作为股票买卖时的重要参考依据。

②当投资者估计短期内利率将升高时,应抛出股票,等待利率真的升高后,再予以补进;当预计短期内利率将降低时,应买进股票,等利率真的降低后,再予以卖出。

③投资者要在经济不景气后期的低价圈里买进股票,而在业绩明显好转、股价大幅升高时予以卖出。

如何选择中小型股票

中小型股票由于股本小,炒作资金较之大型股票要少,较易成为大户的炒作对象,其股价的涨跌幅度较大,其股价受利多、利空消息影响的程度也较大型股票敏感得多,所以经常成为大户之间打消息战的争执目标。

由于中小型股票容易成为大户操纵的对象,因此投资者在买卖中小型股票时,不要盲目跟着大家走,要自己研究,自己判断行情,不要被未证实的谣言改变决心。投资者要在市盈率较低的低价位区买进股票,而不要跟风卖出股票,要耐心等待股价走出低谷。在股票的高价区,千万不能贪心,要见好就收。

如何选择投机股

投机股是指那些被投机者操纵而使股价暴涨、暴跌的股票。投机者通过买卖投机股可以在短时间内赚取相当可观的利润。

投机股的买卖策略是:

①选择优缺点同时并存的股票。因为优缺点同时并存的股票,当其优点

被大肆渲染时,容易使股价暴涨;当其弱点被广为传播时,又极易使股价暴跌。

②选择资本额较少的股票。因为资本额较少的股票,炒作的资金较少,一旦投下巨资容易造成价格的大幅度变动,投资者可通过这种大幅波动赚取可观的利润。

③选择新上市的股票。新上市的股票,常常被人寄予厚望,投机者容易操纵而使股价出现大幅度的波动。

④选择有炒作题材的股票。例如有收购题材的股票,有送配股分红题材的股票,有业绩题材的股票等。因为这些题材有助于大户对投机股进行操纵。

一般投资者对投机股票要持谨慎的态度,不要盲目跟风,以免被高价套牢,成为大户的牺牲品。

如何选择波幅大的股票

波幅大的股票最适合短线炒手进出,但波幅大同时意味着风险也大,如何低买高卖最为关键。波段操作是针对股价变动幅度大的股票的有效操作方法,它在股价跌入低谷企稳时买入,在股价处于高位滞涨时卖出,随着股价一浪一浪的波动,反复操作,赚取差价,这种操作方式可以有效回避市场风险,保存资金实力和培养市场感觉,但对投资者短线研判能力要求较高。

如何选择新股

新股上市第一天没有涨跌幅限制,因此被广大投资者关注。但新股上市第一天投机成分非常大,若选不好股,不但不能获利,还会产生很大损失。投资者在选择新股时,应注意以下几点:

首先,应关注公司基本面情况。重点关注公司所属行业、大股东实力和募集资金投向。如果公司所属行业是朝阳产业,特别是一些具有充分想象空间的朝阳产业,其股票会定价较高,且容易获得较大上升空间。而大股东实力越强,上市公司就越有可能获得更多的支持。募集资金投向可帮助股民判断公司未来、成长性。投资者应根据招股说明书了解相关事项,判断未来公司发展前景。

其次,分析新股上市定价在当时的环境下是否合理。上市定价受大盘和板块热点的影响较大。如果大盘连续上涨,而该股又是板块热点,则其定价就相对较高。另外,上市前其他新股屡炒屡胜,则定价也会上扬。如果上市前其他新股股价大多高开低走,那么其上市定价就会较低。如果新股有好的亮点,那么就有可能得到较大的炒作。

第三,关注上市后首日的换手率。这是未来股价走势的关键。判断新股是否有短线机会,最重要的一点就是换手是否充分,如果首日换手接近60%,炒作的主力资金才有疯狂拉高股价、使价格脱离成本区的可能。

如何选择热门股

股市上有句谚语:新手求稳妥,老手炒热门。所谓热门股就是在特定时间内走红的股票。它们或是成长股,或是实质股,或是供求紧张的个股,或是有潜力的小型股。从成交量上判断,热门股每天成交的金额,在当天股票的总成交金额排名中,一般在前30位以内。

热门股代表了市场的热点和焦点,也是一般所称的"主流股",有较多投资者买进卖出,通常会有较大的涨跌幅度,因此不论是短线操作还是中期投资,热门股不失为一种好的选择。

热门股存在不断更替的情形,这是因为影响股价的因素较多,诸如政治、经济、军事、社会等方面。这些热点问题影响到社会相应部门、行业或公司的损益,而这些损益反映到股市上后,就导致股价的相应波动。

由于热门股具有不断交替的特性,因此没有一只热门股可以永远走红,它在主宰股市一段时间后必然会退化,并代之以其他热门股。因此,股民选择买热门股时,应该关注两个方面:第一,要预测好哪一类股票在最近的一段时间内会走红;第二,要尽可能提早判断当前的热门股是否会退化、何时退化。

一只股票成为热门股会有以下先兆:

①不利消息甚至利空消息出现时股价并不下跌,利好消息公布时股价大涨。

②股价不断攀升,成交量也随之趋于活跃。

③与其相关的各种股票轮流上涨,形成向上比价的情势。

如何预测即将走红的股票呢?可以参照以下几个因素:

1) 关注经济周期循环

根据经济周期循环理论,判断当前经济总形势处于经济周期的哪一阶段,预测下一阶段的经济总形势又会怎样,确定将来产生热门股的环境因素。比如,当经济处于衰退阶段时,各类公司获得赢利能力普遍减弱,但消费并没有停止,因而消费部门情况相对较好,热门股就有可能在消费领域出现;而在经济复苏阶段时,人们竞相扩大生产规模,生产企业的情况相对会好,热门股也就因此可能出现在生产部门。

2) 把握投资者心态

股市是投资大众对经济形势判断优劣的反映。例如,如果投资者担心通货紧缩,这一忧虑会很快反映到自身的投资行为上,进而影响到股票价格。如能敏锐把握投资者的想法,了解他们所关心或担心的事,那么,判断和选择热门股也并非难事了。

3) 经常进行技术分析

选定热门股后,应经常进行技术分析以验证判断正确与否。如 K 线图、指标等技术分析的结果是否属于偏多向上,支撑和阻力的状况又如何。

应该指出的是,热门股涨得快,跌得也快,其价格往往脱离公司业绩。因此,在选择购买这类股票时应慎重,最好不要买进太多,更不要全仓买入。

第九章
股票技术面分析

一、技术分析方法的 2 个基本工具
二、股市特殊图形分析
三、趋势线分析
四、量价关系分析
五、股市常用技术分析指标
六、股票价格反转形态分析
七、股票价格整理形态分析

一、技术分析方法的 2 个基本工具

线形图

线形图是一种在分析股价的各种图形中最简单明了而用途广泛的股价走势图。

线形图的横轴表示交易的时间,纵轴分为上下两部分,上半部分表示股票的成交价格,下半部分表示股票的成交量,如图 9 - 1 所示。

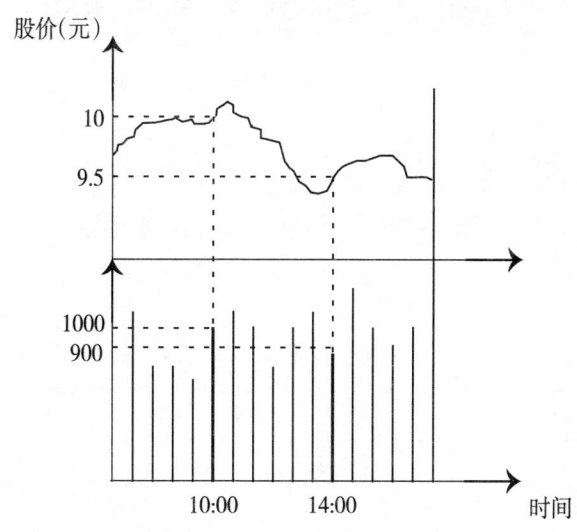

图 9 - 1　线形图示意图

从图中可以看出,10 点时的股票成交价为每股 10 元,共成交 1000 股;14 点时的股票成交价为每股 9.5 元,共成交 900 股。

图 9 - 2、图 9 - 3 为实战中的个股线形图、大盘指数线形图。

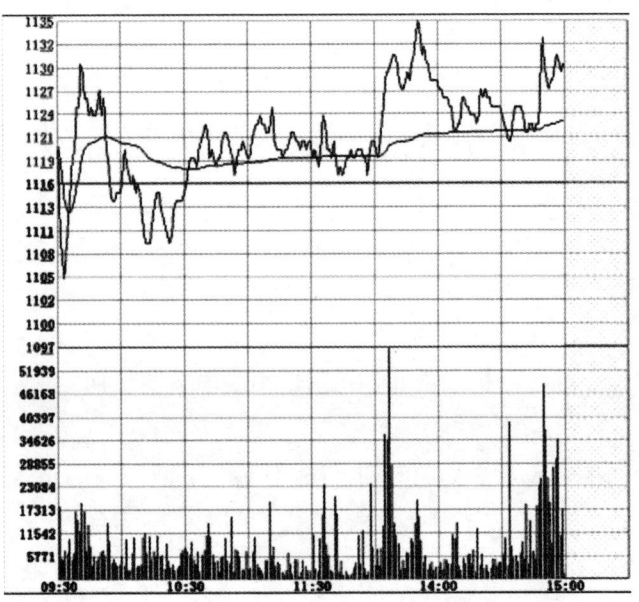

图9-2 实战中的个股线形图

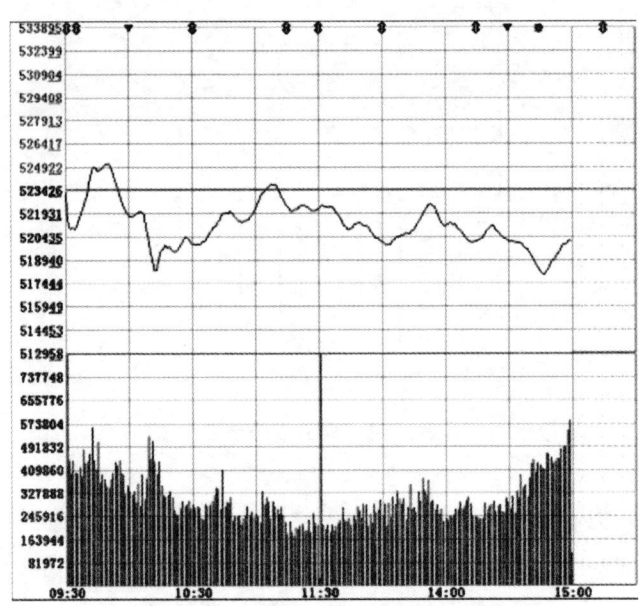

图9-3 实战中的大盘指数线形图

K 线图

K 线图是股市中经常使用的一种图。画 K 线图时需要四个数据——开盘价、最高价、最低价和收盘价。它用一小短横线表示开盘价和收盘价,用两条竖线分别将左端和右端联结起来形成一个矩形实体,当开盘价低于收盘价时,实体部分以空白表示,我们称之为阳线。当开盘价高于收盘价时,实体部分以黑线表示,我们称之为阴线。在阳线中,当最高价与收盘价不同时,最高价与收盘价之间的连线称为上影线;当最低价与开盘价不同时,最低价与开盘价之间的连线称为下影线。在阴线中,当最高价与开盘价不同时,最高价与开盘价之间的连线称为上影线;当最低价与收盘价不同时,最低价与收盘价之间的连线称为下影线。如图 9-4 所示。

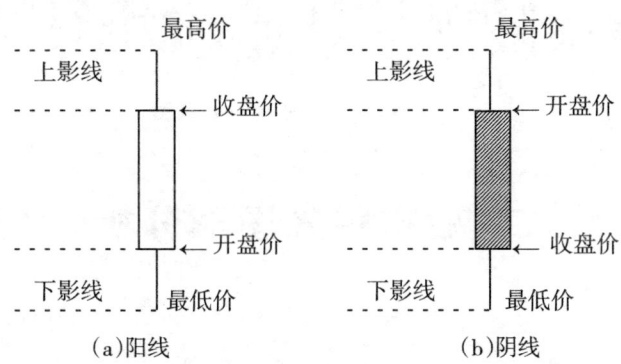

图 9-4 阳线 K 线图和阴线 K 线图

K 线图按时间划分可分为:日线图、周线图、月线图。

日线图用当天的最高价、当天的最低价、当天的开盘价和当天的收盘价等四个数据来画 K 线图。周线图用 1 周内的最高价、最低价,该周第一个交易日的开盘价和最后一个交易日的收盘价等四个数据来画 K 线图。月线图则用 1 个月内的最高价、最低价,该月第一个交易日的开盘价和最后一个交易日的收盘价等四个数据来画 K 线图。

图 9-5 为实战中的 K 线图。

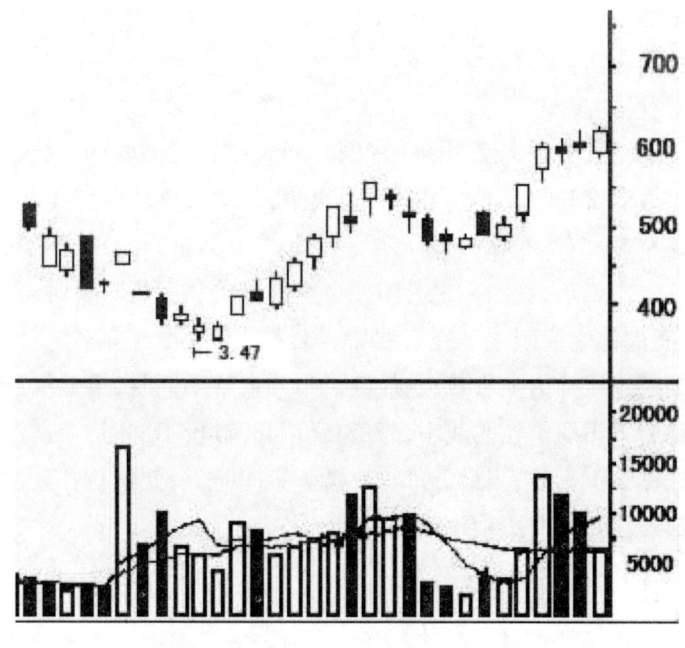

图9-5　实战中的K线图

二、股市特殊图形分析

K线的意义

K线是股价历史走势的记录,将每日的K线按时间顺序排列起来,便是一张K线图表。通过对K线图表进行分析,可以辨别行情的多空能量变化,可以以此预测股市未来的发展趋势。

K线是一种特殊语言,从表面看K线图只是一种阴阳交错的历史走势图,实际上它内含着因果关系。从K线图上来看,上一交易日对于今一交易日来说,上一交易日是"因",今一交易日则是"果";而今一交易日对于下一交易日来说,今一交易日是"因",则下一交易日是"果"。正是这一因果关系的存在,股票分析人士才得以根据K线阴阳变化,从中寻找规律,并借此判断股价走势。

K线的规律性表现在:一些典型的K线或K线组合出现在某一位置时,股价或指数将会按照某种趋势运行,当这些典型的 K 线或 K 线组合又重新出现在类似位置时,就会重复历史的情况。

例如,底部十字形出现时,股价往往会由此止跌回升。掌握了这一规律,当你再遇到底部出现十字形时,你就可以判断股价反转在即,因而就可以考虑此时介入。

K 线的规律,都是股民在长期实际操作中摸索出来的,作为新股民,还需要在学习别人经验与参加实战中提高自己观察与分析 K 线的能力,只有如此,才能真正掌握并利用 K 线的规律。

需要告诫新股民的是,初学 K 线,不能只看表面现象。K 线在不同的价位、不同的时间,表达的信息是不同的。如有些股票本来全日走势是低开低走,走势非常弱,但一些人在尾市临收盘前几秒钟通过一两笔大单拉到高位收盘,在 K 线图上留下一条长下影的光头阳线,使投资者误以为该股买盘强劲。再如,在低位,下影线长可以认为下档有支撑;但在较高的位置,还认为下档有支撑就可能出错,因为这可能是主力提前出货,试盘或者骗线。

K 线的特殊图形分析

K 线图有如图 9 – 6 所示的 10 种特殊形态。

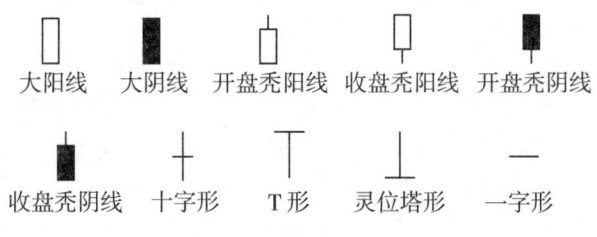

图 9 – 6　K 线图的十种特殊图形

1) 大阳线

大阳线表示买盘相当强劲,后市看涨,但在不同时期,应区别对待。
①在低价区,突然出现大阳线,应该买进。
②长期盘整之后出现大阳线,可闭眼跟进。
③高价区出现大阳线时,应谨慎对待,持币观望为佳。

2)大阴线

大阴线表示卖盘强劲,后市看跌,但在不同的阶段,应区别对待。

①在高价区出现大阴线时,是股价反转之兆,股民应卖出股票,走为上策。

②在盘整之后,出现大阴线,表示多数投资者看淡后市,此时投资者应卖出股票。

③在低价区出现大阴线时,市场的卖压并非较大,投资者可持观望态度。

3)开盘秃阳线

开盘秃阳线表示在开盘后,买方发动较强的攻势,卖方难以阻挡,股价一路上升,但在收盘前,股价受卖方打压,价格回落。

4)收盘秃阳线

收盘秃阳线表示开盘后,卖方力量较强,股价下挫,当跌幅较深时,抛盘减轻,股价回升,不断上涨,最终以最高价报收。

在低价区出现收盘秃阳线时,投资者可买入。

5)开盘秃阴线

开盘秃阴线表示开盘后,卖方力量大于买方力量,股价大幅度下跌。当跌幅较深时,部分投资者不愿忍痛斩仓,低位抛压逐渐减轻,股价反弹。

6)收盘秃阴线

收盘秃阴线表示开盘后,买方力量较强,股价上涨。当涨幅较大后,卖方力量越来越强,股价下跌,并以最低价收盘,后市看跌。

7)十字形

十字形表示买、卖双方的力量势均力敌。十字形可以用来判断行情是否反转,一般来说,如果十字形出现在连日上涨之后,就可能是下跌的信号;而如果出现在连日下跌之后,就可能是上涨的信号。

8) T形

T形表示开盘后,卖方力量强于买方力量,股票价格下跌,但在随后,买方力量强于卖方力量,股价开始反弹,并以和开盘价一样的最高价收盘。

若在低价区出现该种图形时,投资者可酌情买进;若在高价区出现该种图形,投资者可酌情卖出。

9) ⊥形

"⊥"形,又称灵位塔形。它表示开盘后,买方力量强于卖方力量,股价上涨到全日的最高价点,随后,卖方力量逐渐加强,股价下挫,以和开盘价一样的最低价收盘。

若在高价区出现灵位塔形,投资者要酌情卖出;若在低价区出现灵位塔形,投资者应持币观望。

10) 一字形

这种图形表示成交价在全天都是一样。

股市典型图形分析

1) 舍子线①——卖出信号

从图9-7可以看出:股价连续拉出几根阳线后,跳空上涨形成一条十字线,又跳空拉出一根阴线,表明买方力量已不能使股价继续上涨,股票行情即将暴跌,投资者应卖出股票。

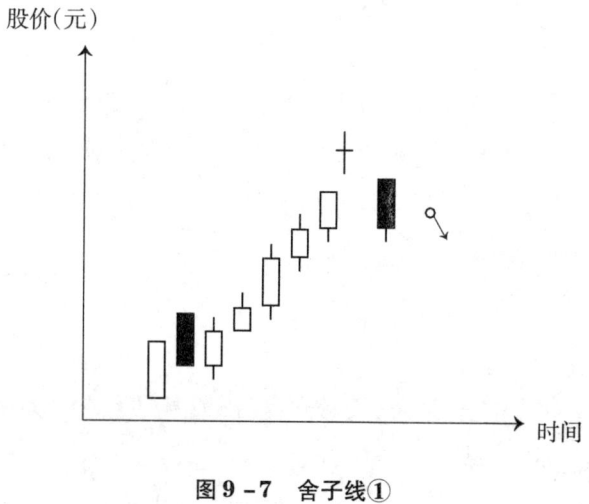

图 9-7 舍子线①

2) 舍子线②——买进信号

从图 9-8 可以看出:股市在下跌的行情中,跳空出现十字线,又跳空拉出一根大阳线,显示买方力量将使股价向上反弹,投资者应抓紧时机,买进股票。

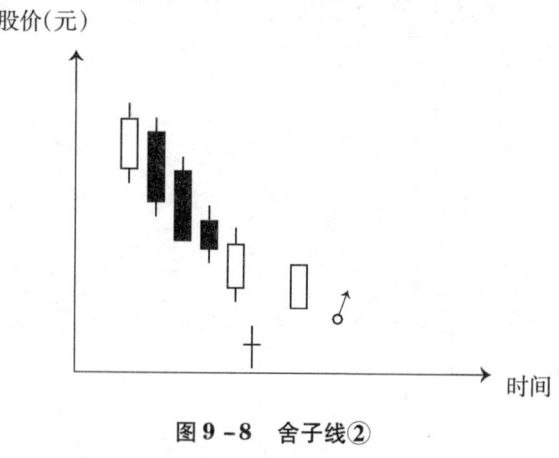

图 9-8 舍子线②

3) 反弹线——买进信号

从图 9-9 可以看出:股价在连续下跌的过程中,出现带有长长下影线的阴线,此时若无重大利空出现,股价必定反弹,投资者可以买进。

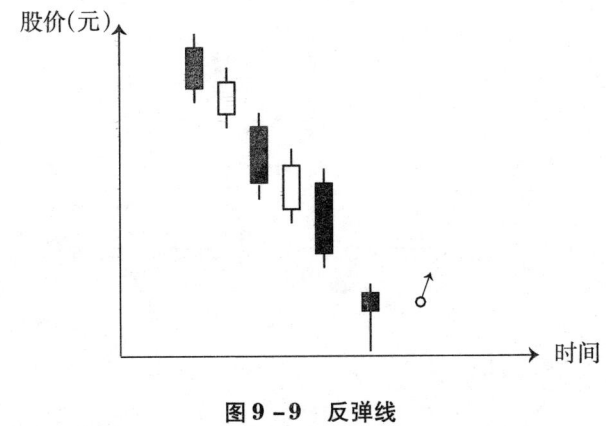

图 9-9 反弹线

4)三根大阳线——卖出信号

从图 9-10 可以看出:股价连续拉出三根大阳线后,买方力量逐渐衰竭,在第四天拉出一根带有上影线的阴线,表明股票价格将下跌,投资者应卖出股票。

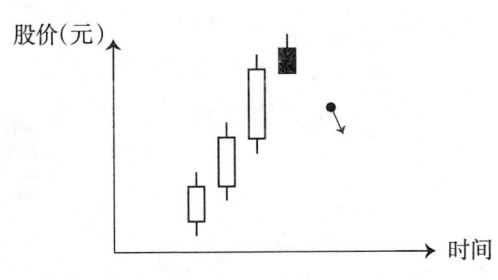

图 9-10 三根大阳线

5)覆盖线——卖出信号

从图 9-11 可以看出:股价连续多天上涨之后,出现跳空开盘的阴线,表明超买之后,卖方力量胜过买方力量,股价将下跌,投资者应卖出股票。

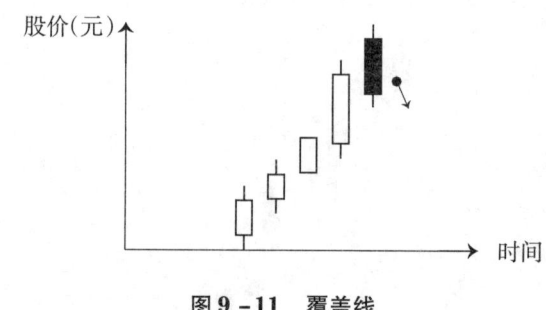

图 9-11 覆盖线

缺口的形态及意义

缺口是 K 线图中所出现的一种特殊形态,它是指当天的最低成交价比前一个交易日的最高价还要高或者当天的最高成交价比上一交易日最低价还要低,造成相邻两根 K 线之间有一个空间,这个空间内无交易,如图 9-12 所示。

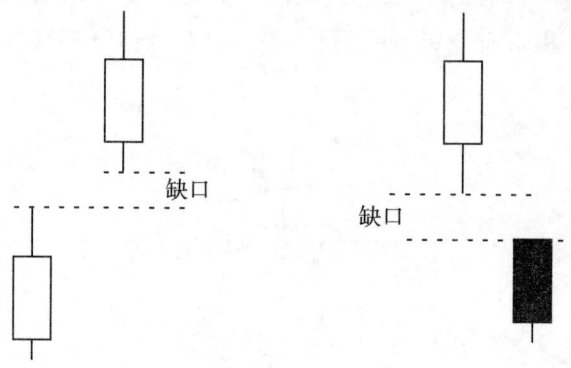

图 9-12 缺口

但要注意,相邻的两根 K 线,虽然实体部分有缺口,但如果有上下影线相连,就不是缺口,只是跳空现象,如图 9-13 所示。

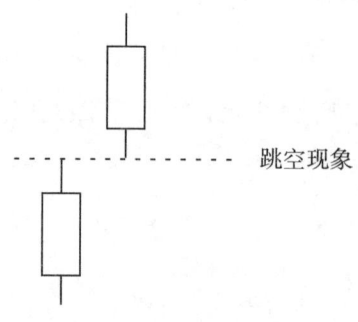

图 9-13 跳空现象

缺口有普通缺口和功能性缺口之分。而功能性缺口又有突破性缺口、中途缺口和竭尽缺口三种。

普通性缺口一般产生在股价的整理区域或者在成交密集区域内,缺口的身后没有明显的形态做配合,缺口产生后,成交量也没有持续放大。

在技术分析领域中,有缺口必补的说法。在实际走势中,普通性缺口一定会被回补,而且所用的时间并不长。所以,投资者可利用这一特点,在普通缺口产生后,逢高就逐级减持筹码,静待股价回落到缺口位置后,再制定另一个回合的买卖策略。

有些技术分析者认为:一个缺口的出现,如在三日内不补,将会在三周内补上。也有人认为:三日内不被补上的缺口才有实际意义。但在实践中,有很多缺口封闭的时间并不在三日内,而在数日内。曾有被投资者看好的三日内没有封闭的缺口,却在不久被封闭,随后股价连续下跌。因此,投资者在使用缺口判势时,应放宽思路。

普通缺口有以下情况应引起注意:

①连续三个向上的小跳空缺口预示一波上升行情可能将结束;连续三个向下的小跳空缺口预示一波下跌行情可能将结束。

②一个向上的跳空缺口在股价回调时,缺口位置常是明显的支撑;一个向下的跳空缺口在股价反弹时,缺口位置常是明显的阻力。

③缺口处如伴随着较大的成交量,在此间形成的支撑和阻力也越强。向上的缺口如没有成交量的支持,此缺口极容易被回补;向下的缺口如没成交量的支持,此缺口并不一定很快回补。

④缺口被回补后,股价经常向原方向继续运行。

功能性缺口与普通缺口相比,有更强、更明确的测试功能。下面我们分别介绍功能性缺口的三种类型。

突破性缺口,常出现在大底部向上突破和大顶部向下突破时。判断是否为突破性缺口,关键看缺口产生时其身后有没有形态做衬托(所谓形态,是指平常所讲的头肩底、W 底、潜伏底等形态);其次,再看缺口产生的当日和未来几天的成交量是否能持续放大。假如成交量有几日缩减,也应远大于启动前的成交量,如果是,就可初步判定其为突破性缺口。突破性缺口的出现,预示着股指和股价可能将走出大的反转行情。但要注意,向下突破性缺口的产生,既可有成交量的配合,也可无成交量的配合,其主要特点是身后常有一个较长时间构筑的平台或成交密集的整理区域。

中途缺口,常出现在一轮大幅上涨行情或一轮大幅下跌行情的中途。当它同时具备了某些特定条件时,又可称其为测量缺口、逃逸缺口、量度缺口等。中途缺口产生后预示着股指或股价将继续走大幅上涨或大幅下跌的行情,短期内不会回补。测量缺口出现的位置,应远离上一个形态;在缺口出现的当天,必须有大额成交量做配合;通常出现在一个漫长的单边升势当中,短期、中期均线系统须形成完全的多头排列,并且测量缺口出现之后,股价将加速上升,表现出轻快的上扬态势。测量缺口测市意义较重要,如果将测量缺口出现的点位减去启动形态的底边的最低点,其所得的绝对值再加上测量缺口形成时的点位所得到的数值,可以看作是本轮行情的理论目标价位。现举例说明:假如某只股票在上升中途产生中途缺口,缺口产生的点位为20元,启动形态的底边最低点位是8元,则本轮行情的理论目标价位为:(20−8)+20=32(元)。要注意,此处算出的是理论目标价位,并非实际上的。所以在实际操作中要灵活掌握,不要非等到出现理论目标价位时才出货,一般可在此目标价位附近出货。

竭尽缺口,也称消耗性缺口。常出现在长期上涨或下跌行情的末端,此缺口出现的当日或次日,通常伴随着巨大的成交量和猛烈的股价变动。它预示着多头或空头力量将尽,股价在短期内将发生反转行情。判断此种缺口,看当时的成交量是否巨大,并预测在未来一段时间内将不可能出现更大的成交量,如果当时的成交量特别巨大,且可以预测未来一段时间内不会出现更大的成交量,则可以初步判断此缺口为竭尽性缺口,在几日内必补。在下降趋势中竭尽缺口出现时,成交量并无显著的变化,更不会出现巨量的成交,这是与上升途中的竭尽性缺口的最大区别。因此,在长期上升趋势末期出现此缺口时,意味着阶段性大顶的出现,投资者应及时清仓;在长期下降趋势末期出现此缺口时,则意味着阶段性底部形成,投资者应抓住时机吸筹。

三、趋势线分析

趋势线是用以表明股票价格变动趋势的技术分析工具。这种分析方法认为,股票价格的变化趋势一旦形成,就会继续下去,直到出现明显的反转信号为止。投资者可以通过确认股票价格变化趋势的形成和识别趋势的尾声,来准确地预测股票行情的走势和确定买卖时机。

如何确定股价变化的趋势线

趋势线包括下跌支撑线和上升阻力线两种。如果股价是按一个低点比一个低点高的运行方式运行,将数个低点连接所画出的一条直线就是上升趋势线;如果股价是按一个高点比一个高点低的运行方式运行,将下降的数个高点连接而成的一条直线就是下降趋势线。

上升趋势线对股价起强烈支撑作用,支持股价继续向上涨;下跌趋势线对股价起阻力作用,阻止股价下跌。

趋势线按时间跨度来说,有长、中、短期之分。跨度在半年以上的为长期趋势线,跨度在1~6个月之内的为中期趋势线,跨度在1个月之内的为短期趋势线。

一个长期趋势线要由若干个中期趋势线组成,而一个中期趋势线要由若干个短期趋势线组成。一个长期的上涨趋势中,可以存在着数个中期上涨趋势和中期下跌趋势,上涨趋势的时间长于下跌趋势的时间。一个长期的下跌趋势,由数个中期下跌趋势和中期上涨趋势组成,下跌趋势的时间长于上涨趋势的时间。如图9-14所示。

图9-14 趋势线

在确定股价变化的趋势线时,如果股价暂时跌破原有的趋势线,就必须将早期的底(或顶)和新近的底(或顶)连在一起,做成新的趋势线,图9-15(a)、9-15(b)就是做成新趋势线的一个例子。

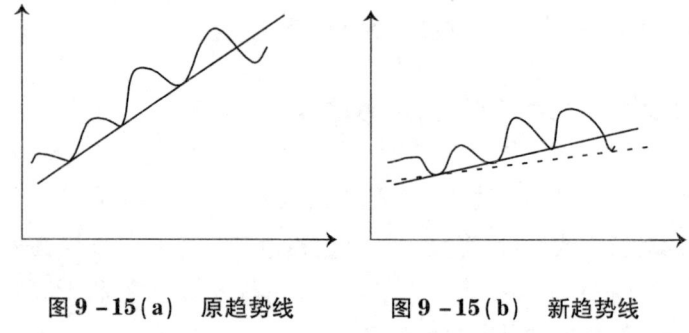

图 9-15(a) 原趋势线　　图 9-15(b) 新趋势线

由于投资者要依靠趋势线进行投资,因此趋势线的准确与否关系着投资人在股市上的赚钱与赔钱。投资者要用如下三项标准来判断趋势线的可靠性:

①趋势线被触及的次数越多,说明趋势线越可靠。

②趋势线的倾斜度越大,说明市场交易价变动越大,其可靠性越低。以图 9-16 为例,图中 A′B′的可靠性比 AB 高。

③趋势线所跨越的时间越长,其可靠性越高。图 9-16 中的 A′B′就是一条跨越时间比 AB 长的新趋势线,其可靠性也比 AB 高。

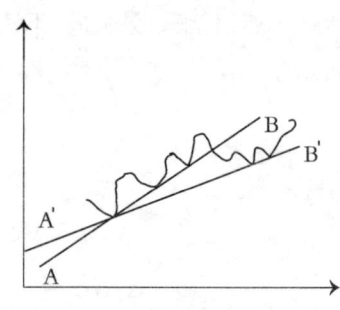

图 9-16　趋势线的倾斜度比较

如何根据趋势线确定买卖时机

趋势线是根据股价走势画出的线,因此,依据趋势线可以确定股票的买卖时机。

当发现上涨趋势形成时,在股价回落到上涨趋势线附近时,是买入时机;当发现下跌趋势线形成时,在股价反弹到下跌趋势线附近时,是卖出时机。

在中期下跌趋势中,股市下跌一段时间之后往往会产生反弹,当股价向上突破短期下降趋势线时便是短线买入时机,在股价接近中期下跌趋势线时是短线卖出时机。

在中期上涨趋势中,股价在急速上升一段之后,也会进入短期的下调整理,这时股价就会受到一条短期下降趋势线的压制,而当股价向上突破该条短期下降趋势线时,是中期上升趋势中的一个新的短线买入时机。

当一轮中期上升行情结束进入持续下跌,且跌幅较大和时间较长之后,股价放量向上突破由中期下降趋势中两个明显的高点连成的下降趋势线时,是中线买入时机。其后的上涨将具有明显的对称性,即下跌了多久有可能上涨多久或从哪里跌下来的有可能又涨回哪里去。新股民应好好把握这一特征。

当一轮牛市结束,就会进入下跌时间很长或下跌幅度很深的熊市之中。而且牛市涨得越高,熊市的跌幅就越大、时间也越长。在熊市的长期下跌过程中,也会产生数次中期的反弹或上涨行情而形成一些明显的高点,将其中两个重要的中期高点连成一条直线,就是一条长期下降趋势线,当股价放量突破这条线时,就是一次中长线买入时机。

而当一个上涨趋势运行一段时间后,若股价从上向下突破了上升趋势线,说明转折点已出现,股价可能将改变运行趋势,此时是卖出股票时机。

另外要注意上升或下降趋势中出现的假突破,为了避免判断失误踏空或被套,应对原趋势线进行修正。在一轮较大的行情结束后,股价将会进入长期下跌趋势,但在下跌趋势中,仍会有多次的反弹。这时候,我们可将前面上升行情的最高点作为原始点,与第一次反弹的高点连成第一条下降趋势线,当股价再次下跌并反弹突破第一条下降趋势线后,不要以为是跌势的结束,因为此时股价支持不了多久仍会下跌。我们应将原始点与第二次反弹的高点再连成第二条下降趋势线,这条线即为修正后的下降趋势线。当股价突破第二条下降趋势线时,仍不能把此视为跌势的结束,此时可把原始点与第三次反弹的高点连成第三条下降趋势线。当股价突破第三条趋势线的时候,才是真正的突破,意味着长期跌势的结束,股价将进入中长期的上升阶段,此时是中长线买入的最佳时机。同理,在长期下跌趋势结束,股价进入中长期上升趋势时,如果股价突破第三条上升趋势线时,则表示涨势结束,股价将进入中长期跌势,此时是卖出股票的时机。

如何判断趋势线的有效突破

正确判断趋势线的有效突破,有助于投资者进行正确的投资。当判明股价涨破阻力趋势线后应及时买进,当股价跌破支撑线后应及时抛出。如果投资者对趋势线的突破判断错误,将会带来投资上的损失,因此正确判断趋势线的有效突破十分重要。一般来说,下列突破都是有效突破。

①收盘价突破趋势线通常是有效的突破,而市价曾突破趋势线,但收盘价未突破趋势线的突破是无效的突破。

②连续两天以上的突破是较为有效的突破。

③连续两天以上创新价的突破是有效的突破。

④股价突破趋势线后,成交量上升或保持不变的突破是有效的突破。

⑤股价突破趋势线后,持续的时间越长,突破越有效。

四、量价关系分析

股票价格与成交量虽然是两个不同的概念,但两者之间却有着因果关系。

正是由于成交量的变化会造成股价的变化,所以成交量便成了股价的先行指标。分析成交量的变化,可以预测股价的动向。美国投资大师葛兰威尔指出:"成交量才是股市的元气,而股价只是成交量的反映罢了,成交量的变化是股价变化的前兆。"由此可见,成交量与股价有着非常密切的关系。

市场中存在的几种量价关系及其意义

一般情况下,股价要上涨,必须有成交量的支持,而股价下跌,可以有成交量配合,也可以没有成交量配合。比如,一个人推一辆手推车上坡,他需要用劲推,车才能往上走,否则车是不会向上走的;如果在山顶上,一个人推一辆手推车向下走,即使他不使劲,车照样会自然向下滑落,要是使劲的话,车向下跑得会更快。成交量配合股价的涨跌正是同样的道理。如果股价变化和成交量变化出现矛盾,必然造成市场价格的反方向运动。

市场中存在的量价关系归纳起来共有 9 种,这 9 种不同的量价关系所代

表的市场意义各不相同,具体情况为:

1)价升量增

如果股价逐渐上升,成交量也增加,说明价格上升得到了成交量增加的支撑,后市将继续看好,特别是运用在大盘指数操作的情况下,当大盘的指数开始涨升时,那么成交量则需要有一定程度的配合性增加量,以推动指数的稳步上涨;当指数小幅度上升时,成交量则需要维持涨升前的状况,或者是稍微增加量,以支持指数的涨升;当指数出现大涨时,成交量则必须要有放大程度的量值配合,否则指数则有可能因为上涨能量有限,而无力上行。同时,成交量的相应增大,也是市场上人气聚积的具体表现。

当股价在一个相对较高的位置区域内,一旦出现价涨量增时,极可能会是一个十分危险的信号。

2)价涨量平

价格上涨而成交量变化不大,可能是场外资金仍在观望,跟进做多的力量不大,这样的情况如出现在筑底时间较短的涨势初期,涨势极可能是昙花一现,投资者不可盲目跟进。如果价涨量平是出现在股价长期筑底之后,则表明主力庄家持仓量较重,流通筹码稀少,主力庄家的操作目标位置相对较高,这样的股票会有很大的升幅,投资者可以跟进。

3)价升量减

价格上升但成交量未增加甚至减少,表明股价上升没有得到成交量的支持,股价属于空涨,必定难以持久,因而后市不容乐观。这种情形一般出现在牛市的末段或是熊市中的反弹阶段。投资者应酌量减少手中的持股,以免高位套牢。但如果以后股价继续上涨,成交量也相应增加则量减属于惜售现象,投资者仍可继续做多。

4)价跌量增

价格下跌,成交量反而上升,说明价格的下跌得到成交量的配合,价格将继续下跌。这一特点在大市反转、熊市来临的情况下更为突出,投资者因对后市看淡,纷纷斩仓离场,甚至出现恐慌性抛售,价格急剧下跌,此时为卖出时机。但如果股价连续下跌了很长时间之后,此时股价有轻微续跌,成交量反而剧增,则可视为底部渐近,是分批建仓的好时机,股价近日可望止跌企稳。

5) 价跌量平

股票的价格持续性下挫,而成交量却没有能同步地有效放大,这也就说明市场投资者并没有形成一种"一致看空"的空头效应。在这种情形下,多是控盘主力庄家开始逐渐退出市场的前兆。由于成交量的运行状态平稳,容易使场外的散户投资者产生一种"侥幸"的心理,并以为这种现象仅仅只是控盘主力庄家洗盘的结果,因此,他们多不会轻易地抛出自己手中所持的筹码。而控盘主力庄家则正是利用他们的这种心理,从容不迫地缓步清仓,直到自己所持的仓位不再十分沉重时,才会将自己的余量部分一起抛出,从而加深、加快股价的下跌幅度和速度。

6) 价跌量减

股价下跌,成交量减少,表示投资者惜售心理严重。如果出现在股价涨升初期,属正常回档,投资者可以逢低补仓;若发生在股价下跌初期,显示跌势仍将持续。若股价长期下跌后,跌幅略减,成交量也萎缩至最低,此时买盘虽还有顾虑,但卖压也逐渐收敛,行情将止跌回稳。

对于出现价跌量缩的个股,投资者应密切关注大盘走势,如大盘仍有上升空间,则个股可能会止跌向上;如果大盘向下,出现价跌量缩的个股可能会向下突破。

7) 价稳量增

这种情况如出现在下跌趋势末期或上升趋势初中期,则表明有主力在大力吸纳筹码,后市看好,投资者可跟进。如果出现在涨势末期,可能是主力在托盘出货,应卖出。下跌初中期出现价稳量增,也是主力利用价格平台出货的表现。

8) 价稳量平

价稳量平则表明多空双方势均力敌,市场将继续盘整行情,投资者应观望,待趋势明朗时再做决定。

9)价稳量减

成交量萎缩,表明投资者仍在观望,若是在股价下跌了很长时间之后,表示正在逐渐筑底。

涨跌停板制度下价量关系分析特点

通常来说,价涨量增,价量配合好,涨势形成或会继续,可以追涨或继续持股;如果上涨时量不能配合放大,说明追高意愿不强,涨势难以持续,应抛出手中的股。但在涨跌停板制度下,再按上面思路操作就不灵了。就涨停板来说,如果某只股在涨停时没有成交量,并不能说该股涨势难以持续。为什么呢?因为在涨停出现时,持股者为了能卖更好的价钱,就提高自己卖出的目标,不愿以此价抛出,买方买不到,所以才没有成交量。下一个交易日,买方还会发动攻势,追买的结果会造成股价续涨。相反,当出现涨停,但中途被打开,而成交量放大时,说明想卖出的人增加,买卖力量发生变化,股价则有可能下跌。同样,价跌量缩说明卖方惜售,抛压轻,后市可看好,若价跌量增,则说明跌势形成或继续,应观望或抛出手中持股。

但在涨跌停板制度下,若出现跌停,买方则会考虑于下一交易日以后在更低价位买入,这样会造成买盘缺少的情况,从而使成交量很小,跌势仍会继续;相反,如果开盘仍为跌停,但中途曾被打开,成交量放大,说明有买盘主动介入,止跌盘升有望。

既然涨跌停板制度下,价量之间关系所代表的意义不同于平常,在我们遇到此种情况时,就应该用新的思路来操作。在此,我们就涨跌停板制度下,价量关系分析的判断做几点说明:

①在涨跌停板制度下,涨停量小,将续涨;跌停量小,将续跌。

②涨停或跌停中途被打开次数越多、时间越长、成交量越大,其走势反转(或回档反弹)的可能性越大。

③涨跌停关门时间越早,下一个交易日继续该趋势的可能性越大。

④连续跌停的股票,打开越早成交量越大者,止跌越快,大市回稳后,反弹力度越强。

⑤封住涨停板的买盘数量和封住跌停板的卖盘数量越大越有可能继续时下

走势,后续涨跌幅度也越大。但要特别注意庄家借此出货或吸货。如果是庄家的行为,买卖盘数量再大也是虚的。要判断这一点也不难,你可以观察挂单撤单行为是否频繁,涨跌停是否经常被打开,当日成交量是否很大,若回答是肯定的,就可以断定封住涨停(或跌停)的买卖盘巨额数量是虚的。反之,就是实的。

五、股市常用技术分析指标

相对强弱指数(RSI)

相对强弱指数(RSI)是用以测量股市中买卖双方强弱程度的一个指数。它能帮助人们清楚地了解目前市场的"气势",是买家战胜卖家还是卖家战胜买家,还是双方势均力敌。若以12日为一周期,则RSI把这12日中涨势(即每日收盘价较前一日收盘价高)的总和,视为买方(需求者)的总力量,即12日中的买力;把12日中跌势的总和视为卖方的总力量,即12日中的卖力,则:

$$\mathrm{RSI}(n) = 100 \times \frac{n\text{日内上涨值}}{n\text{日内上涨值} + n\text{日内下跌值}}$$

式中: $n = 12$。

从RSI的表达式可以看出,RSI值永远介于0~100之间。当股价在 n 日内天天上涨时,RSI为100;当股价在 n 日内天天下跌时,RSI为0。

下面以某股票为例来计算其相对强弱指数。

日期	股价	涨跌
4月1日	8.0	
4月2日	9.0	+1.0
4月3日	10.5	+1.5
4月4日	9.5	−1.0
4月5日	9.0	−0.5
4月8日	10.5	+1.5
4月9日	11.0	+0.5
4月10日	12.0	+1.0

4月10日的 RSI(3) = $100 \times \dfrac{1+0.5+1.5}{(1+0.5+1.5)+0} = 100$

4月10日的 RSI(5) = $100 \times \dfrac{1+0.5+1.5}{(1+0.5+1.5)+(1+0.5)} = 66.7$

4月8日的 RSI(3) = $100 \times \dfrac{1.5}{1.5+(1+0.5)} = 50$

RSI 的意义如下：

①当 RSI 超过 70 时，表示市场力度强，处于超买状态，牛市中，往往以超过 80 为超买水平。

②当 RSI 低于 30 时，表示市场力度弱，处于超卖状态，熊市中，往往以低于 20 为超卖水平。

③RSI 在 70 以上或 30 以下时出现背离现象，是可能见顶或见底的信号。

④可以结合快速与慢速两条 RSI 线来确定买卖时机。如当短期 RSI 线向上穿破中期 RSI 线时，一般为买进时机；当短期 RSI 线向下跌破中期 RSI 线时，一般为卖出时机。尤其当 RSI 处于 30 以下发出的买入信号与 70 以上发出的卖出信号较可靠。

威廉指数（W％R）

威廉指数是由拉瑞·威廉首先提出来的，是用来衡量超买、超卖程度的一个指标。其计算公式为：

$$W\%R = 100 \times \dfrac{H_n - C}{H_n - L_n}$$

式中：H_n 表示 n 天内的最高价；L_n 表示 n 天内的最低价；C 表示当天的收盘价。

从 W％R 的计算公式可以看出，其取值范围在 0～100 之间。若当天收盘价为 n 日内的最高价时，威廉指数为 0；若当天收盘价为 n 日内的最低价时，威廉指数为 100。

当威廉指数小于 20 时，表明市场处于超买状态；当威廉指数大于 80 时，表明市场处于超卖状态。

移动平均线

移动平均线是将股价的过去变动的平均值描绘成曲线,借以判断股价变化趋势的技术分析方法。

1)移动平均线的种类

移动平均线按其计算方法来分可分为简单移动平均线和加权移动平均线。

简单移动平均线将每日的价格同等看待,以10日简单移动平均线为例,将最近10日的收市价相加再除以10得到一个数据,随着新的交易日的更迭,得到一组平均数据,将其标于坐标上,相连所得之线即为10日简单移动平均线。加权移动平均线则不同,该计算方法认为某些天的价格变化影响大,有些天的价格变化影响小,因而给每天的价格以不同的权重来加以平均计算,由此所得的一组数据描绘出的线为加权移动平均线。

移动平均线按时间长短分可以分为长期移动平均线、中期移动平均线和短期移动平均线。短期移动平均线[如MA(5)]是将短期(5天)内股票的收市价进行平均;长期移动平均线[如MA(250)]是将长期(250天)的股票收市价进行平均。

在上升市场中,短期移动平均线、中期移动平均线、长期移动平均线的排列顺序是从上到下排列,反之,在下跌市场中,它们的排列顺序正好相反。

2)如何利用移动平均线判定买卖时机

①利用不同时间的移动平均线判定买卖时机。在股市上,当较短期的移动平均线向上穿越较长期的移动平均线时,表明市场看涨,很可能为买入时机;当较短期的移动平均线向下穿越较长期的移动平均线时,表明市场看跌,很可能为卖出时机。

②格兰维尔8大买卖法则。

美国著名股票分析家格兰维尔根据200天移动平均线与每日股价的关系提出了如下的8条法则,如图9-17所示。

法则1:当平均线从下降逐渐转为水平,而股价从平均线的下方向上移动并突破平均线时宜买进(如图中A)。这是因为,移动平均线止跌转平,表示股价将转为上升趋势,而此时股价再突破平均线而向上延升,则表示当天股价已经突破卖方压力,买方已处于相对优势地位。

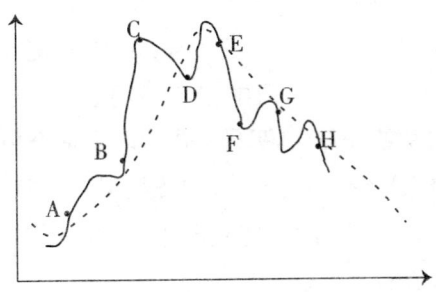

图9-17　格兰维尔8大买卖法则示意图

法则2:当股价连续上升后时突然下跌,但未跌破平均线便又上升时,宜买进(如图中B)。因为这往往表明投资者获利回吐,但由于承接能力较强,股价在短期内经过整理后,又会强劲上升,因而是买进时机。

法则3:股价急速上升,在平均线上方移动且距平均线越来越远,上涨幅度相当可观时是卖出信号(如图中C)。因为这说明近期内买股者已获利,随时会产生回吐压力。

法则4:股价一时跌破平均线,但平均线短期内依然继续上升时,宜买进(如图中D)。这是因为,当移动平均线持续上升时,若股价急速跌入平均线之下,在多数情况下,这种下跌只是一种假象,几天后,股价又回升至移动平均线之上,故这也是一种买进时机。

法则5:当平均线走势由上升逐渐走平转弯下跌,而股价从平均线上方向下跌破平均线时,是重要的卖出信号(如图中E)。

法则6:股价跌破平均线后突然连连暴跌,远离平均线,属于超卖现象,如果这时股价开始回升,宜买进(如图中F)。因为股价过分降低,极有可能反弹至移动平均线附近。

法则7:股价跌落于平均线之下,然后向平均线弹升,但未突破平均线即又告回落,也是卖出的信号(如图中G)。

法则8:股价虽然向上突破平均线,但又立刻跌到平均线之下,而这时的平均线仍在继续下走,为卖出信号(如图中H)。

③利用10日均线判定买入时机。股价向上突破10日均线是重要的买入

时机,但要等股价站上 10 日均线再买入。在上升行情的初期跟进不会踏空,即使被套也有 10 日均线作为明确的止损点,损失不会太大。在较长时间的下跌趋势中,在下跌趋势末期,应当在股价第二次或第三次站上 10 日均线时买入。股价向上突破 10 日均线应有量的配合,否则,可能仅是下跌中途的反弹,此时应止损再行观望。在上升行情中,走势弱于大盘而且没有庄家照顾的有些个股,不适合 10 日均线操作法,另外盘局也不太适合用此法。

上升趋势中股价回档不跌破 10 日均线是买入时机,但要注意,如果买入后,股价又很快跌破了 10 日均线,应立即止损出局观望,待股价再站上 10 日均线时买入。

上升趋势中股价跌破 10 日均线,但 10 日均线仍向上,股价很快又重回 10 日均线上方时是买入时机。一般来说,这个时间不超过 5 个交易日,成交量会明显缩小,否则,上升的力度有限。另外,当这种情况出现在股价大幅上涨已久之后或第三次特别是行情末期,很可能是庄家制造的多头陷阱,当股价跌破 10 日均线时应坚决止损,特别是放量长阴线跌破 10 日均线时。

下跌趋势中股价急跌或暴跌远离 10 日均线是买入时机。

④利用 30 日均线判断买入时机。股价向上突破 30 日均线是中长线最佳买入时机。对于个股来说,30 日均线是判断有庄无庄、庄家出没出货以及其走势强弱的标准。因为 30 日均线有非常强的趋势性,无论其上升趋势还是下跌趋势一旦形成均很难改变。股价向上突破 30 日均线应有成交量放大的配合,否则可靠性降低。

上升趋势中股价回档不破 30 日均线是买入时机;在此过程中,成交量应明显萎缩,而上升时成交量应放大。如果股价向下跌破 30 日均线且放量时,应立即止损出局。

上升趋势中股价跌破 30 日均线后很快又重回 30 日均线上方时是新的买入时机。如果在股价跌破 30 日均线时,30 日均线仍是上升趋势,更为有效和可靠。如果根据以上情况买入股票后股价很快又跌破 30 日均线且放量,有可能出现头部,此时应止损出局。

⑤利用 5 日、10 日、30 日 3 条均线组合判断买入时机。股价向上突破 5 日、10 日、30 日 3 条均线是最佳买入时机。股价在 5 日、10 日、30 日 3 条均线先后形成黄金交叉之后的上涨,成交量应逐步放大,回调时成交量应明显萎缩;特别是在突破 30 日均线时应有量的配合,否则,可靠性降低。万一买入后涨幅并不大,股价却很快跌破 3 条均线且 3 条均线形成死亡交叉发散下行,应

立即止损出局。

横向趋势中 5 日、10 日、30 日均线由黏合状发散上行是买入时机。这一过程应有量的配合,回调时成交量应明显缩小。如果向上突破后,又很快跌破 3 条均线回到横盘区域内,只是假突破,应止损出局。

3) 乖离率(BIAS)

乖离率(BIAS)是用来衡量股价远离移动平均线程度的指标。其计算公式为:

$$BIAS = \frac{100 \times (当日股价指数或股价 - n 日平均股价指数或股价)}{n 日平均指数或股价}$$

从式中可以看出:
①当股价在移动平均线上时,乖离率为正。
②当股价在移动平均线下时,乖离率为负。
③当股价越远离移动平均线时,乖离率的绝对值越大。

4) 指数平滑异同平均线(MACD)

指数平滑异同平均线是对快速与慢速移动平均线加以双重平滑运算,用以判断股票的买进与卖出时机的技术分析指标。

在指数平滑异同平均线(MACD)的计算过程之中,要分别加重最近一日的分量权重,即:

$$EMA(n) = 前一日\ EMA(n) \times (1 - \frac{2}{n+1}) + 今日收盘价 \times \frac{2}{n+1}$$

注 第一日的 EMA 值取第一日的收盘价。

则 12 日 EMA 的计算公式为:

$$EMA(12) = 前一日\ EMA(12) \times \frac{11}{13} + 今日收盘价 \times \frac{2}{13}$$

则 26 日 EMA 的计算公式为:

$$EMA(26) = 前一日 EMA(26) \times \frac{25}{27} + 今日收盘价 \times \frac{2}{27}$$

差离值(DIF)的计算为：

$$DIF(12,26) = EMA(12) - EMA(26)$$

$$离差平均值 DEA(9) = 前一日 DEA \times \frac{8}{10} + 今日 DIF \times \frac{2}{10}$$

人气指标心理线(PSY)

人气指标心理线是研究一段时间内投资人趋向于买方或卖方的心理与事实，作为买进后卖出股票的指标，目前一般技术投资专家多以1日、2日为短、中期投资指标。其计算公式为：

$$PSY(n) = 100 \times \frac{n 日内上涨天数}{n}$$

人气指标心理线分析要点如下：
①一般心理线指标介于25%~75%是合理变动范围。
②超过75%或低于25%，就有超买或超卖现象，此时可准备卖出或买进。在大多头、大空头市场初期，可将超买、超卖点调整至83%、17%，直至行情尾声，再调回至75%、25%。

动向指标(MTM)

动向指标是一种测量股票价格变化速度的技术分析指标。当价格上升(或下降)的速度越来越快时，表明市场的动量正在增加，当价格上升(或下降)的速度越来越慢时，表明市场的动量正在减弱。其计算公式为：

$$MTM = C - C_n$$

式中：C 表示当天收市价；C_n 表示 n 天前的收市价。

该指标中常用的时间跨度为10天或20天。由MTM的计算公式，我们可得出如下几条应用原则：

①在上升趋势中,若价格的波动一浪高过一浪,而动量指标线却一浪低过一浪,说明市场上升动力正在减弱。反之,在下降趋势中,若价格的波动一浪低过一浪,而动量指标线却一浪高过一浪,说明市场下跌的动力正在减弱。

②当动量指标向上穿越零线时,若市场趋势亦向上,此时为买进信号;当动量指标向下穿越零线时,若市场趋势向下,此时为卖出信号。

随机指数(KD)

随机指数是由乔治·蓝恩博士发明的,它采用了 K 线和 D 线两条图线。要计算 KD 值,要先计算未成熟随机值 RSV。

$$RSV = 100 \times \frac{C - L_n}{H_n - L_n}$$

式中:C 表示当日的收市价;L_n 表示前 n 日内的最低价;H_n 表示前 n 日内的最高价。

在该指标中,常用的时间跨度为 9 天(即 $n=9$)。

计算 RSV 值后,可按如下方法计算 K 值、D 值和 J 值:

$$K 值 = 当日 RSV \times \frac{1}{3} + 前一日 K 值 \times \frac{2}{3}$$

$$D 值 = 当日 K 值 \times \frac{1}{3} + 前一日 D 值 \times \frac{2}{3}$$

$$J 值 = 3K - 2D$$

随机指数的应用方法为:

①通常认为 K 值在 20 以下是超卖区,可逢低买入;K 值在 80 以上为超买区,可逢高卖出。

②K 线向上突破 D 线(即 K 值 > D 值)为买进信号;K 线跌破 D 线(即 K 值 < D 值)为卖出信号。

③J 值大于 100 时,通常是卖出时机;J 值小于 0 时,通常是买入时机。

AR 指标与 BR 指标

AR 是股市分析中常用的技术分析指标,其计算公式为:

$$AR(n) = \frac{n \text{ 日内正数累积}}{n \text{ 日内负数累积}}$$

其中：

①每天正数为每天的股票最高价减去开盘价。

②每天负数为每天的股票开盘价减去最低价。

③将每天的正负数分别累积即为 n 日内正数累积和 n 日内负数累积。

④除权或除息日的成交价格不需以加权值修正，只要照平常的方法计算即可。

BR 指标是以买卖者的意愿去预测股价动向。其计算方法为：

①将前一天的收盘价减去今天的最低价，所得之数为负方，然后将今天的最高价减去昨天的收盘价，所得之数为正方，然后分别累积。

②除权或除息时，需要把前一天的收盘价扣去权值或股息，即以其除权或除息的申报来计算其正、负方数值。

③与计算 AR 指标的方式大致相同，先求出其 n 天的累积数，再以正方的总和为分子，负方的总和为分母，两者相比，则得到 BR 指标。

AR 指标和 BR 指标的应用方法如下：

①通常 AR 指标和 BR 指标同时急速下降，而行情也随之大幅度下跌时，投资者应抓住时机买进。

②在股价上升或下降的过程中，AR 和 BR 指标呈现某种距离性的分开。当两项指标由分开变为接近时，表示行情看涨，投资者应抓住时机买进。

③一般说来，AR 指标值多比 BR 值低，当 BR 的指标降至 AR 指标值的下面时，表示行情探底，股价处于低档整理，投资者可考虑买进。

④在行情连续下跌，投资意愿低迷时，BR 指标很容易下降到 1 以下，此时若 AR 指标也降至 0.5 附近时，投资者可考虑买进。

⑤若 AR 指标在 0.8～1 之间，而 BR 指标也降至 0.5 附近时，此现象表明股价接近底部，投资者可考虑买进。

涨跌比率 ADR

所谓涨跌比率就是指在一段时间内股市中价格上涨的股票的累积总和与价格下跌的股票的累积总和的比率。用公式表示为：

$$\text{涨跌比率 ADR}(n) = \frac{\text{上涨股票的累积总和}}{\text{下跌股票的累积总和}}$$

例如,某日起近 10 日上涨的股票数如下:20、30、50、60、70、80、60、50、85、90,总和为 595。某日起近 10 日下跌的股票数如下:100、90、70、45、45、40、10、70、20、5,总和为 495。则该日的 ADR(10)为:

$$ADR(10)=\frac{595}{495}=1.2$$

根据股市中的实践经验,ADR 的比率通常在 0.5~1.5 之间。当 ADR 低于 0.5 时,一般为买入时机,当 ADR 大于 1.5 时,一般为卖出时机。

六、股票价格反转形态分析

在股市上,股票价格产生反转的主要形态有如下几种:

头肩形反转

头肩形反转又分为头肩顶反转和头肩底反转,如图 9-18(a)、图 9-18(b)所示。

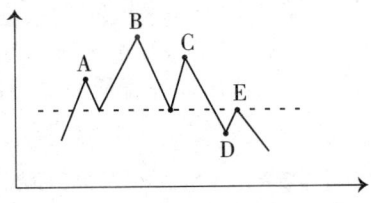

图 9-18(a)　头肩顶反转

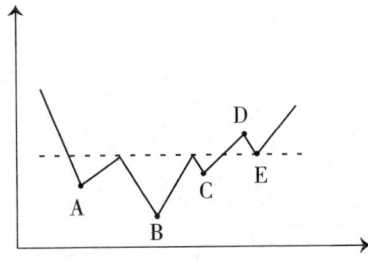

图 9-18(b)　头肩底反转

头肩顶反转的主要特点为:

①B 点价格比 A 点高,而成交量同前一轮上涨相比已有所减少。

②C 点价格比 B 点价格低,成交量同前一轮上涨相比进一步减少。

③股价跌破颈线到 D 点后,一般会反弹至 E 点,E 点的价位应低于颈线,然后再恢复下跌。

头肩底的形成过程与头肩顶相似。

圆形反转

圆形反转分为圆形底反转和圆形顶反转,如图 9-19(a)、图 9-19(b)所示。

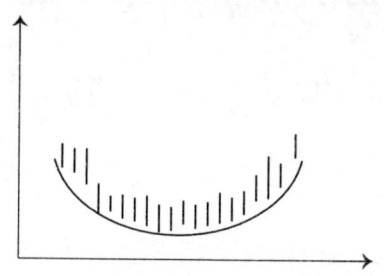

图 9-19(a)　圆形底反转

圆形底反转这种反转形态往往出现在优质股上,其成交量在底部时不大,一旦股价上升的力量形成后,成交量就会大幅度增加,买盘强劲将股价上拉。这是因为当优质股的价格下跌时,卖方开始惜售,而买方犹豫观望,于是股价在低价位呈现延伸性的平底争持盘局。一旦股价有了上升的征兆,买方就不再犹豫,以至价格上涨,造成圆形底的股价走势。

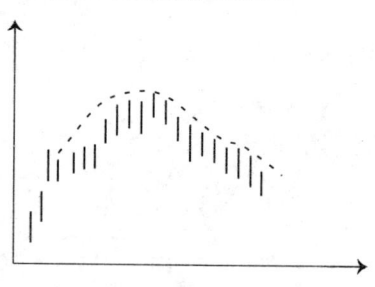

图 9-19(b)　圆形顶反转

圆形顶反转的情况正好与圆形底反转相反，股票的价格先是上涨，成交量也随着增加，但在接近顶部的高价位时，交易量就日趋减少。由于卖方在高价位抛售而形成股价下跌的反转行情。

三角形反转

常见的三角形反转图形有对称三角形、上升三角形和下降三角形，如图9-20(a)、图9-20(b)、图9-20(c)所示。

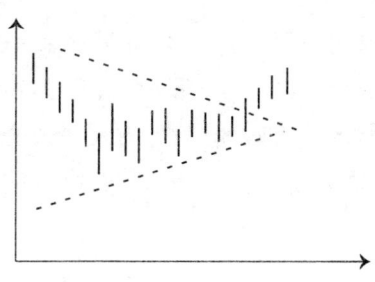

图9-20(a) 对称三角形反转

在股价形成对称三角形的过程中，由于买卖双方势均力敌，并对股价的变化持观望态度，其成交量会比较低，但一旦突破上斜边并产生上涨的反转行情之后，成交量将会增大。

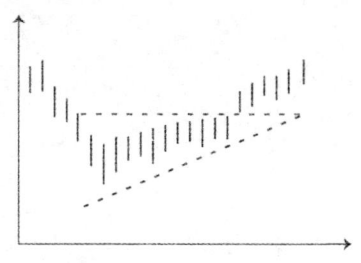

图9-20(b) 上升三角形反转

在上升三角形的反转形态中，买盘的力量逐渐加强，虽然最高价没有突破水平上限，但最低价已日趋上升，一旦股价突破三角形的上边，并有较大的成交量与之配合，这就预示着股价会出现突破性的上升行情，股民可以买进。

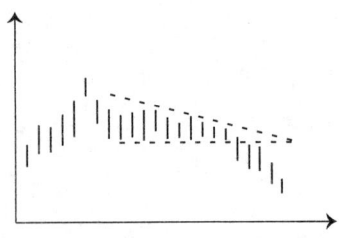

图9-20(c) 下降三角形反转

在下降三角形的反转形态中,卖盘的力量逐渐加强,虽然最低价没有突破水平下限,但最高价已日趋下降。在买卖双方争持的过程中,成交量不大,即使突破了下跌的底价,成交量也不会大量增加,只是在刚突破底价的一段短时间内有所增加,并马上减弱。否则的话,如有大量成交量的支撑,股价就有可能出现反弹。因此,如果股价一旦突破了下跌的底价,投资者应抓住时机卖出。

矩形反转

图9-21为股价矩形反转走势。当股价维持在某段价位之间变动时,买卖双方势均力敌,但当股价突破矩形的界限而上涨时,必伴随有较大的交易量。

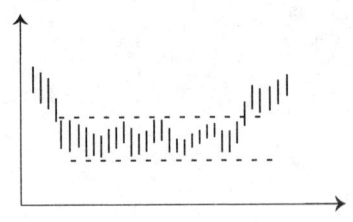

图9-21 矩形反转

楔形反转

楔形反转包括上升楔形和下降楔形,如图9-22(a)、图9-22(b)所示。

上升楔形的价格界限是两条上升的直线。其顶价连线的斜率小于底价连线的斜率,在楔形范围内,买卖双方价位呈现拉锯式的变化,一旦股价突破楔形的顶价连线,并伴随有较大的成交量,股价就会出现反转的局面。下降楔形的形态形成与上升楔形类似。

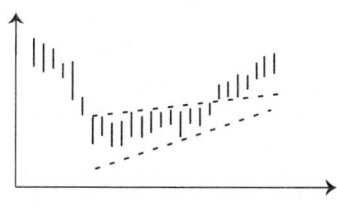

图 9-22(a)　上升楔形

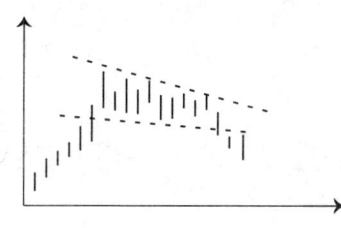

图 9-22(b)　下降楔形

双重底反转

双重底也称"W 底",是指股票的价格在连续两次下跌的低点大致相同时形成的股价走势图形。两个低点的连线叫支撑线。如图 9-23 所示。

双重底图形的特点是,两个低价支撑点位置相当,而且整个股价走势中,股价的变动与成交量的变动向同一方向变化。

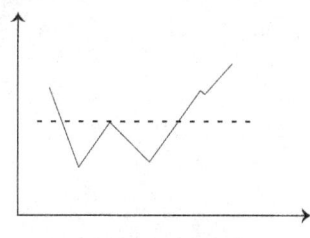

图 9-23　双重底反转

双重顶反转

双重顶图形也叫"M 头"图形,是股票价格连续两次上升所达到的高度大致相同时形成的股价走势图形。如图9-24所示。

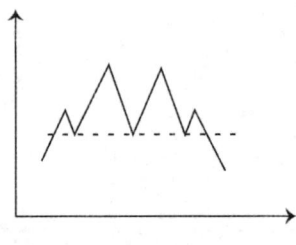

图9-24 双重顶反转

双重顶的图形中,当股价达到第二个顶峰时,其成交量往往比第一个顶峰时少,这表明,股价已经达到了相当的高度,大的股价滑跌可能就要开始了。

七、股票价格整理形态分析

股价争持或盘局,除产生反转外,还有另一种可能是整理,股价整理形态常见的有方旗形、尖旗形及扇形。

方旗形整理

方旗形是股价走势一种重要的整理形态,它表示股价在某段时间内在一个平行四边形中变动。股票在整理期间的交易量通常是减少的,但一旦破盘整理形成后,股票的成交量通常都会上升。方旗形走势可分为上升方旗形和下降方旗形。如图9-25(a)、图9-25(b)所示。

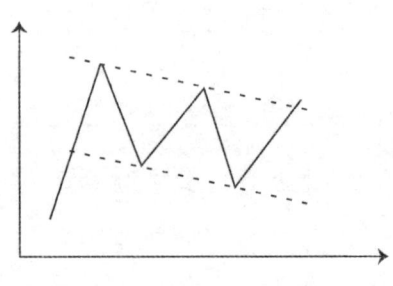

图9-25(a) 上升方旗形

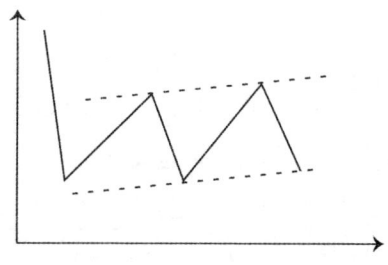

图9-25(b) 下降方旗形

尖旗形整理

尖旗形是由两条收敛的直线组成,其形状像一面细长的三角形。在股价上涨的尖旗形盘局中,其旗帜是下倾的,如图9-26所示;在股价下跌的尖旗形盘局中,其旗帜是上扬的。

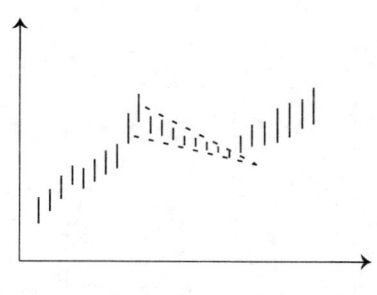

图9-26 尖旗形

图中的尖旗形表示:股价在整理期间的变化幅度日益缩小,这表示由于买卖双方犹豫而使成交量大幅度降低,但当股价突破界限后,成交量又会重新大幅度增加。

扇形整理

扇形整理形态是连接圆形的上升和下降趋势而产生的,它可分为上升扇形和下降扇形两种,如图9-27(a)、图9-27(b)所示。

在上升的扇形中,当股价在每个圆形底部下跌时,交易量也降低。随着股价在每个圆形的后期的上升,其交易量也随之上升。圆形中的股价上升价位通常要比原先开始下跌的价位高些,成交量也会多些。新的圆形的底价要比前一个圆形的底价高。新的圆形的顶价也要比前一个圆形的顶价高。于是股价在各个圆形的连接中,逐个往上递增,形成上涨的走势。

下降扇形是由两个或两个以上的圆形顶连接而成。其股价的总体趋势是下跌的。

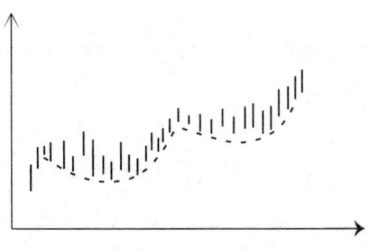

图 9-27(a)　上升扇形

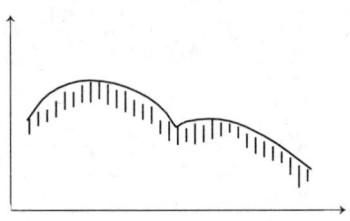

图 9-27(b)　下降扇形

第十章
炒股技巧

一、怎样选择好公司
二、怎样盯主力
三、怎样做波段
四、怎样根据公开信息选股
五、怎样捕捉暴利股
六、股票套牢怎么办

一、怎样选择好公司

看公司管理团队和领军人物

"火车跑得快,全靠车头带",没有好的管理层就不会有好的企业未来。公司管理团队的素质是给投资者带来超额收益的根本因素。一个企业能走多远、能做多大,关键因素就在于管理层。因此管理团队的素质就是企业的素质。"投资要投人"正是从这个角度说的。即使行业很好,但管理层不行,公司也难以赚大钱,业绩更难以持续大幅增长。

投资者考察上市公司管理团队的情况时要重点分析以下几个方面:

①重点考察管理团队人员的背景。通过新闻、公司公告、公司网站等媒介途径了解其管理团队的重要人员和言行,必要的时候还可以到公司现场调研,以获得第一手的资料。通过分析相关信息你可以从中知晓企业的经营战略、团队精神、管理效率、资金状况、危机应对能力、人脉关系、用人机制、员工积极性等方面的信息。

②考察重要管理人员的人格魅力。我们需要判断他们的人品、格局、价值观和行事风格,这些因素对一个企业的经营水平影响深远,当然也会影响企业的融资扩张能力和投资者的持股信心。最终它们都会反映在投资者回报率上。股神巴菲特就非常重视这一方面,他说:"我们购买的目标公司不仅要业务优秀,还要有非凡出众、聪明能干、受人敬爱的管理者。"

③分析公司的管理风格和经营理念。经营理念往往是管理风格形成的前提。一般而言,公司的管理风格和经营理念可以分为稳健型和创新型两种。公司的管理风格和经营理念是对公司经营范围、成长方向、速度以及竞争对策等的长期规划,直接关系着公司未来的发展和成长。

④分析公司员工的素质和创新能力。公司竞争很大程度上是人才的竞争,有什么样的管理团队,就会有什么样的员工,员工的素质彰显管理层的用人能力,也是分析判断上市公司持续发展能力的重要指标。

⑤重点分析公司的领军人物。每个公司都有自己的掌舵人,掌舵人决定着其管理团队的水平,也决定着企业的发展方向。人们说:一流的人才做三流

的生意,有可能把三流做成一流;三流的人才做一流的生意,却能把一流做成不入流。这话反映了企业发展的现实。没有马云,就没有阿里巴巴;没有任正非,也很难有华为。一个上市公司的领军人物长袖善舞,企业发展就能顺风顺水,其股票也容易得到投资者的喜爱,自然就容易产生增值效应。你要了解的是,掌舵人是不是精力旺盛,是不是富有人格魅力,是不是积极进取、有远大抱负,是不是人脉丰富、具备资源整合能力,更重要的,是不是高度热情、始终专注于自己的事业?

选择赢利能力强的公司

赢利能力是指企业获取利润的能力,是反映公司价值的一个重要方面,是衡量公司有无活力、经济效益优劣的标志,也是投资者选择公司或证券的主要依据。作为证券投资者,当然应该选择利润丰厚、投资回报率高的公司进行投资;而那些利润率低甚至亏损,或者投资利润率不断下降的公司股票则成为市场抛售的对象。在分析赢利能力时要注重公司主营业务的盈利能力,下面介绍具体的分析指标与方法:

①资产报酬率。也叫投资盈利率,是指企业资产总额中所能获得的纯利润的比例,是用以衡量公司运用所有投资资源所获经营成效的指标。其公式为:

$$资产报酬率 = \frac{税后利润}{平均资产总额} \times 100\%$$

式中,平均资产总额=(期初资产总额+期末资产总额)÷2。资产报酬率越高越好,原则上最低不应低于银行利息率。

②资本报酬率。也称股东权益报酬率,是指公司税后盈利与资本总额的比率,是用以衡量公司运用所有资本所获经营成效的指标,其计算公式为:

$$资本报酬率 = \frac{税后利润}{资本总额} = \frac{税后利润}{股东权益} \times 100\%$$

式中,股东权益即为公司资本总额,等于总资产与总负债之差。对股东而言,股东权益报酬率越高越好。

③每股收益。是指扣除优先股股息后的税后利润与普通股股数的比率,其计算公式为:

$$每股收益 = \frac{税后利润 - 优先股股息}{普通股总股数}$$

每股收益是测定股票投资价值的最重要指标之一。每股赢利越多,则股票投资价值越高。

上市公司在公布年报时,有的会在财务状况中列出每股收益(Ⅰ),每股收益(Ⅱ),前者是指按加权股本计算,后者是按期末总股本(全面摊薄)计算。那么什么是加权计算和全面摊薄计算呢？

由于股本变动将影响到每股收益,在计算每股收益时,股本应该是确定的。但上市公司常因送配股造成股本变动,因此,为了较准确地衡量相对固定化的股本数量,常采取加权法和全面摊薄法。加权法是将公司送配股时间作为权数来计算每股收益的方法,而全面摊薄法是将期末的总股本作为除数来计算每股收益的方法。

④每股收益扣除。每股收益扣除是指每股股票收益扣除非经常性损益后的净值。

上市公司通常会公布包括非经常性损益和经常性损益在内的每股收益,同时也会公布仅包括经常性损益的每股收益,即扣除非经常性损益。

非经常性损益通常指与企业的主营业务无直接关系的各项收支,包括营业外收入、营业外支出、股权处置损益、补贴收入等科目。包括非经常性损益在内的每股收益反映了公司的总体盈利状况,而每股收益扣除非经常性损益则能更好地反映该公司主营业务的盈利状况。

⑤每股净值。也称每股账面价值或每股净资产额,是股东权益与股本总数的比率。一般来说,股票市价高于其资产净值,而每股资产净值又高于其面额。其计算公式为:

$$每股净值 = \frac{股东权益}{股本总数}$$

每股净资产的数额越高,表明公司的内部积累越是雄厚,即使公司处于不景气时期也有抵御能力,股东所享有的权益就越多。此外,在购买或兼并公司的过程中,普通股每股账面价值及现行市价是对被购买者或被合并的企业价值进行估算时所必须参考的重要因素。一般来说,那些净资产较高而市价不高的股票,具有较好的投资价值;相反,如果净资产较低,但市价却盘踞高价的股票,投资价值小。

⑥市盈率。市盈率＝每股现行市价÷普通股每股净收益。一般来说,经营前景良好、很有发展前途的公司的股票市盈率趋于升高;而发展机会不多、经营前景黯淡的公司,其股票市盈率总是处于较低水平。市盈率是被广泛用于评估公司股票价值的一个重要指标。假定某企业普通股每股市价为10元,每股获利额为0.40元,则其市盈率＝10÷0.40＝25,它表示该种股票的市价是每股税后利润的25倍,其倒数(即1/25＝4%)则表示投资于该种股票的投资报酬率。

⑦销售利润率。是指公司税后利润与销售收入的比率,其计算公式为:

$$销售利润率 = \frac{税后利润}{销售收入} \times 100\%$$

该比率也是反映公司获利能力大小的一个重要指标,其数值越大,表示公司获利能力越强,反之则弱。

选择现金流好的公司

现金流是企业的血液,企业实现良好发展的一项关键因素就是具备稳定而流畅的现金流。失去现金流的企业很快会供血不足导致破产,因此现金流是企业的生命之源。

假如我是专门卖彩电的京西电器商城,每台彩电进价1万元,售价1万元,每天卖1万台彩电,虽然我的利润是0,但如果我所销售彩电的平均库存时间是15天,和供应商的结账周期是105天,那么从长期看我就拥有了1万×1万×90＝90亿元的免息周转资金。

这个例子说明了现金流的重要性。投资者不仅要盯着毛利率、净资产收益率等获利指标,还要盯住现金流。否则即使企业有赢利能力,但若现金周转不畅、也将严重影响企业正常的生产经营,最终影响企业的生存。投资者可以通过分析现金流量表来分析企业的现金流状况。

现金流量表是以现金及现金等价物为基础编制的,反映公司财务状况变动及其原因的主要财务报表。看现金流量表,主要是弄清楚企业的利润是否真实,看它是否隐瞒利润或虚构利润,看它是否有发展前景。

现金流量表主要向股民提供公司在年度内经营活动、投资活动和筹资活动所产生的现金流入和流出的信息。现金流量表所指的现金是广义的现金概念,包括公司的库存现金、银行存款、其他货币资金以及短期证券投资。

股民在分析现金流量表时,一方面可以借助现金流量表本身分析公司现金流入结构、现金流出结构和现金收支是否平衡,判断公司的现金流量是否正常和健康;另一方面可以通过计算有关的财务比率,将现金流量表与其他财务报表提供的资料结合起来分析,以评价公司的整体素质。与现金流量表有关的财务比率主要有现金流量与当期债务之比、现金流量与债务总额之比和每股现金流量。

①现金净流量与短期偿债能力的变化。现金流量表反映了公司现金及现金等价物的变动情况。如果公司本期现金净流量增加了,说明该公司的短期偿债能力增强了,公司的财务状况得到了改善;反之,如果公司本期现金净流量减少了,说明该公司的短期偿债能力削弱了,公司的财务状况恶化了。所以,股民只要分析现金流量表中的"现金及现金等价物的净增加额"项目,就可以评价公司短期偿债能力的变化。与对公司营运资金的分析一样,并不是说公司的现金及现金等价物的净增加额越大越好。因为公司现金净流量的增加意味着公司现有的经营活动未能充分利用现有的资源来产生赢利,由此公司丧失了许多获取赢利的机会。

②现金流入量的结构与公司的长期稳定。股民通过比较现金流入量中分别由经营活动、投资活动和筹资活动提供的现金比例,可以了解公司的现金是从哪些方面取得的。如果再结合公司前几年的现金流量表的变化情况,即可分析公司未来财务状况的稳定性。经营活动提供的现金流量具有再生性;而公司所发生的投资活动和筹资活动都是为了保证公司生产经营活动的顺利进行而开展的辅助性活动,投资活动和筹资活动所产生的流动资金不具有再生性。公司往往通过投资活动为暂时闲置的现金寻找获利的机会,通过筹资活动解决生产经营所需资金的不足。因此,如果一个公司经营活动提供的现金流量的比重越大,公司未来的财务状况也就越稳定;反之,如果一个公司的现金流量主要来源于投资活动和筹资活动,则公司未来的财务状况可能会不稳定。

③投资活动和筹资活动产生的现金流量与公司未来的发展。股民在分析公司投资活动产生的现金流量时,应仔细研究公司对内投资和对外投资的关系。对内投资是指公司增加固定资产、无形资产等的投资。如果一个公司对内投资的现金流出量大幅度地提高,往往意味着该公司正面临着新的发展机会或新的投资机会,公司股票的成长性一般会很好。如果一个公司对外投资的现金流出量大幅度地提高,则说明该公司正常的经营活动没有能充分吸纳

其现有的资金,而需要通过投资活动来寻找获利机会。股民在分析投资活动产生的现金流量时,应联系筹资活动产生的现金流量进行综合分析。如果一个公司经营活动产生的现金流量未变,公司投资活动大量的现金净流出量是通过筹资活动大量的现金净流入量来解决的,说明公司正在扩张。

选择高成长性的公司

投资者在买入股票时,不仅要看这只股票现有的利润指标、市盈率,还要看它的将来,即成长性。买股票是买未来,所以成长性分析的侧重点在于看公司未来的成长,而不是过去的辉煌。

成长性分析重点在于营收和净利增长分析,在具体分析时,要参照对公司经营团队能力的分析,并结合天花板理论着眼看行业远景。

1)高成长性高市盈率与低成长性低市盈率

高成长性意味着一只股票的未来被看好,所以容易被投资者选中持有,因此其市盈率一般较高。相反,即使市盈率低,但缺乏成长性,股价难以大幅增长,也会被有经验的投资者抛弃。通过表10-1的对比,读者能更具体地理解为什么投资要买高成长性的股票。

表10-1　　　　　恒瑞医药与粤高速投资指标对比

指　　标	恒瑞医药	粤高速
2006年末股价(元)	32.26	4.48
2006年每股收益(元)	0.623	0.26
2006年末静态市盈率	51.8	17.2
2006年利润(亿元)	2.05	3.44
2007—2016年10年间净利润合计(亿元)	117.41	39.34
2007—2016年10年间净利润复合增长率	28.87%	5.9%
2016年末股价(复权价)(元)	321.2	7.95
股票投资回报率	896%	77%

由表可知,买入虽然高市盈率但成长性高的恒瑞医药,比买入低市盈率低成长性的粤高速,持股十年的回报要高得多。所以,在买入股票时,多看其成

长性,而不要只盯着市盈率。

2) 公司的成长性分析

公司的成长性难以精确地定量分析,而更多地要进行定性分析。对于成熟行业来说,较长时间的历史数据(最好涵盖一个完整的经济周期)能够提供一些线索,可以在进行分析时作为参考,但对于新兴行业来说,历史数据的参考意义不大,须追踪研究行业动态,以确定相关公司的成长性。从即有数据分析公司成长性的重点是分析营收和净利的增长,主要有以下三种情况。

①营收和净利二者协调增长,当然是增长越高越好,这样的上市公司最理想。

②营收增长较慢,但利润增长较快。这种情况要具体分析其原因是什么。如果是因为行业规模增长有限,但由于行业门槛或产品调价的影响,导致毛利率增加,这说明虽然营收增长有限,但公司的竞争力突出,从而毛利率提高,利润增长超越营收增长,这类公司相对还可以,但除非通过并购等方式,未来难以实现较显著的成长;如果是因为企业管理能力突出,费用控制能力较强,造成净利增速远超营收增速,但长远看费用的压缩有一定的限度,这类公司的成长也是不可持续的。

③最差的是营收、净利不增长或负增长。说明这类公司竞争力不足或行业前景黯淡。在一定时间内,除非公司发生重大的变革,很难成为高成长性公司。

通过以上分析可以看出,只有营收增长前提下的净利增长,才是高质量的增长,相关上市公司才具有较高的成长性。

3) 看企业的天花板

企业的天花板是指,一个企业当发展到一定程度后,其产品(或服务)趋于饱和、达到或接近供大于求,难以进行市场拓展的状态。通过对企业天花板的分析,有助于我们确认一个公司的成长远景。

具体判断的时候,既要重视行业前景,也必须关注企业经营能力。我们必须明确我们分析的公司所处行业属于以下哪种情况,以便制订有针对性的投资计划。

①已经触及天花板的行业。例如钢铁行业,就是极度饱和的行业。这类企业的投资机会来自经营能力强的企业低成本兼并劣势企业,扩大市场份额,

降低产品生产和销售的边际成本,从而进一步构筑市场壁垒,获得产品的定价权。对于展开兼并的行业内公司,要区别情况对待。例如,一些国企在行政命令推动下的兼并,并非按照市场定价原则进行,其中的政治意义可能就大于经济意义,这类企业即使兼并动作很大,也不具备较大投资价值。只有通过兼并重组,能够使企业经营的边际成本下降很多,这样的企业才有可能是良好的投资标的。在正常竞争的市场环境中,当某行业处于萧条期的末端,行业内大多数公司会纷纷陷入困境,而其中一些出类拔萃的企业仍然能保持良好的现金流,有实力进行兼并扩张,这样的企业极具成长性。一旦行业拐点出现,这类企业就会形成巨大的爆发力,使营收和净利实现高速增长。

②重新架构天花板的行业。例如汽车行业和通信行业,其行业已经比较成熟,投资机会在于技术创新带来的新需求。在这类行业中,技术创新引领着产业的升级改造,新的需求被不断创造出来,原有的行业平衡被打破,其天花板也会被重新架构。例如,电动车相对于汽车的创新,智能手机相对于普通手机和电脑的创新,都给行业带来了颠覆性机会,而代表新技术并具有核心竞争力的企业将会享受行业重新洗牌带来的盛宴,其成长性极具爆发力。

③天花板尚不明确的新兴行业。一些新兴的行业,或传统行业中的某些新兴细分领域,由于其需求正在形成,未来市场容量也难以精确预测,蕴藏着巨大的投资机会。例如当互联网刚刚兴起时,难以明确估计未来的市场情况,随着行业发展,互联网行业获得了巨大的发展机会,成为滋生牛股的温床,一些伟大的企业也应运而生。因此,天花板不明确的新兴行业是伟大企业的摇篮,对这类企业成长性的评估不能用传统的眼光,而应该用创新的视野去看待它们。这类企业的最大机会或许在生物制药、信息技术、节能环保、新材料等新兴行业中,也可能在其他还没有出现的细分行业中。所以要重点挖掘那些细分行业里具备创新产品和创新能力的优秀企业——现在的小公司,将来的巨无霸。

分析公司盈利模式

盈利模式,又叫商业模式。简单地说,盈利模式就是企业赚钱的渠道,即通过怎样的模式和渠道来赚钱。

盈利模式可以用来解释公司的销售收入是通过什么方式产生的,又需要支出哪些成本和费用。所以投资者不能仅限于了解这家公司是做什么的,还需要更深一步知道它的收入和利润是如何实现的，比如百度的盈利模式是搜索流量变现，不断进步的搜索技术是其核心竞争力，巨大数据库和大量的应用软件是其壁垒。通过以免费杀毒为入口，获取流量变现是奇虎360的商业模式。强大的研发能力、快速的服务响应能力是奇虎360的核心竞争力，巨大的用户群构成竞争壁垒。360至今还没有突破性的技术进展可以挑战百度累积的巨大数据和应用软件壁垒，所以360尚未具备颠覆百度的能力。

再比如，五粮液（000858），其主要的盈利模式和利润来源是高档白酒的销售，而公司在生产高档白酒的同时还生产大量的低档白酒，从销量上看这些产品是销售的主力，却拉低了公司的毛利率，如果能够降低低档白酒的销售比例，提高高档白酒的销售比例，就可以明显改善公司的盈利状况。公司的盈利模式并不是固定不变的，随着市场和行业环境的变化，公司也需要相应调整盈利模式。

什么才算才是一个好的盈利模式？第一是必须符合当前的市场状况，第二是可以实现利润，而非仅是完成销售额。事实上，公司有一个稳固的盈利模式，这是确保投资者投资成功的重要因素，也是投资者需要最先弄明白的地方。投资者需要学会分析和评估一家公司的盈利模式，才能分辨哪些公司值得投资，而投资哪些公司注定会困难重重甚至失败。

分析公司核心竞争力

在激烈的市场竞争中，企业要想在发展中强于对手，就必须具有一些特别重要的别人不具备的本领，也就是核心竞争力。企业核心竞争力是企业技术、产品、管理、文化等的综合优势在市场上的反映，是企业在经营过程中形成的不易被竞争对手效仿，并能带来超额利润的独特能力。企业只有具有核心竞争力，才能获得持久的竞争优势，保持长盛不衰。

投资者应对上市公司进行以下7个方面的分析，以准确了解其核心竞争力。

1）竞争优劣势分析

上市公司在招股书、年报等里面一般都有公司竞争优势和劣势的分析，但其中内容我们不可全信，我们可以通过其他渠道来了解他们，以获得更多有价值的信息，从而做出我们自己的判断。

一个公司为了上市或获得投资者的认可，常常在发布的信息中美化自己，同时避开自己公司的短板。例如,有的企业说自己研发优势突出,但当你真实地考察其产品的时候,却可能会发现其产品和同行相比没有什么突出的地方,甚至已经是落后的产品。

因此,公司对外公开的各种报告有可能严重误导投资者,许多公司自称的竞争优势其实并非真正的优势。所以当我们分析一个公司的竞争优势时,要收集尽可能准确的信息,通过对其产品、赢利能力、研发实力的详细了解而予以严格论证和理性分析。

至于经营方面的劣势,上市公司常常用很少的文字说明,并且避重就轻,我们只有认真分析有关信息,从蛛丝马迹中捕捉其真相,并和同行业公司加以对比,找到其短板所在,才能避开一些不良上市公司的陷阱。

2) 转化成本

转化成本是指:用户弃用一个公司的产品而使用其他企业相类似产品时所产生的成本(含时间成本)与仍旧使用本公司产品所产生的成本差值。较高的转化成本构成就容易构成一种产品的垄断,从而获得完全的竞争优势。如近年来的移动端社交端口的争夺战中,腾讯凭借其多年经营QQ的经验推出了微信产品,通过强有力的宣传推广获得了大量用户。相比较起来,易信等社交软件尽管技术上和微信差不多,但微信用户如果换用别的社交软件,就会承受交流对象减少的损失,很不方便,也就是存在较高转化成本,因此微信取得了垄断地位。

如果一个企业能让用户只使用自己的产品,而不选择竞争对手的产品,那么这家企业就拥有强大的竞争优势而立于不败之地。这种情况要求企业的产品有用户黏性,即用户对产品的依赖性和排他性。如何衡量一个产品的用户黏性呢?我们可以研究一种产品的转化成本,以其作为衡量用户黏性的标准。

3) 网络效应

网络效应也称需求方规模经济,是指其产品价值随购买这种产品消费者的数量增加而增加。在具有网络效应的产业中,"先下手为强"和"赢家通吃"是其市场竞争中的典型特点。在通信、互联网、传媒、航空运输、金融等行业普遍存在网络效应。例如在电信系统中,当人们都不使用电话时,安装电话是没有价值的,而电话越普及,安装电话的价值就越高。

由于网络效应的存在,随着产品或服务规模的扩大,使用户消费或使用起来更便利,从而产生了用户黏性,弃用产品则具有一定的转化成本。因而随着用户的增加,其网络效应也不断放大,由此产品价值也随之不断增值,如此形成了良性循环。

一个公司的产品如果形成了网络效应,就相当于构建了坚固的防火墙,其他企业很难占领他们的市场。例如百度和谷歌的搜索引擎、微软的Windows操作系统、阿里巴巴的淘宝网等等。这些公司,从微小企业起步,一步步成为信息时代的巨无霸。其股价也受到了人们的热烈追捧,获得令人惊讶的增值效应。

因此,当我们评价一个企业的核心竞争力的时候,可以从需求端加以考察。例如,企业通过哪些手段销售产品?其用户网络是如何构建的?电商模式在其销售额中的占比如何?其规模是否形成了网络效应?其网络效应还有拓展空间吗?对这些问题的回答都有利于了解上市公司的核心竞争力。

4) 无形资产

无形资产包括专利权、非专利技术、商标权、著作权、土地使用权、特许权等。对于我国的上市公司来说,最重要的、构成核心竞争力的无形资产有三种:品牌、专利权、政府特许专营权等。

强大的品牌可以产生品牌溢价。例如贵州茅台,其美誉度在酒类行业无与伦比,只要经济条件允许,人们宁愿花几十倍上百倍的价格购买茅台酒,喝了茅台酒是可以向朋友炫耀的美事,这就具有了品牌唯一性,构筑了品牌护城河。品牌能够反映出一种产品或服务的差异性、质量、品位和口碑,影响消费者的购买行为,从而为企业带来高于平均水平的附加值。因此,品牌是考察企业核心竞争力的重要指标。

专利权简称"专利",是发明创造者或其权利受让者对特定的发明创造在一定期限内依法享有的独占实施权。专利权具有排他性、时间性和地域性,因而拥有某种专利的企业,就等同于有了该产品的定价权。特别是信息产业和生物医药行业,如果有了重要的专利技术,就等于有了源源不断的现金收入。

政府特许权也意味着一种特许经营权,例如矿业,我国的矿业一般是政府特许经营,其开采权属于对资源的垄断,因而获得了行业保护。这种经营模式显然构筑了他人无法参与的护城河。A股历史上也有炒矿业的历史,其心理根源就在于此。但需要注意的是公用事业虽然具备特许经营的特质,但由于政府定价,企业本身并不具备定价权,所以并不能享受垄断经营的巨大利益。

5) 专一性

专心致志才能将事情做到最好,对于企业经营也是这样。专一并不是说产品"单一",而是指企业长期专注某一领域,对该领域具有深刻认识,并能够深度挖掘市场,以扩张其产品和服务。例如双汇发展,该公司除肉制品之外的行业均不涉及。因而在肉制品上做到了专一,但其产品线却很丰富,在热鲜肉、冷鲜肉、冻肉、肉肠和其他肉类加工产品方面有深入挖掘和拓展的能力。

相比之下,乐视网涉及了视频网站、影视制作、电视、手机生产、房地产投资、汽车制造等各种行业,结果哪个行业都没有做好,最终导致了企业的巨额亏损。A股市场上有不少公司经常花样翻新,如猴子掰玉米,概念层出不穷,投资者要小心这样的公司。现代市场竞争激烈,人的精力是有限的,一个企业长期做一个领域,做到登峰造极,就非常了不起了。只有坚持不懈才能在一个领域有所成就,也才能造就企业的核心竞争力。

6) 创新能力

当企业遇到激烈的市场竞争,唯有通过创新才能改善企业运作流程,在竞争中立于不败之地。因此,创新能力是衡量企业核心竞争力的必要标准。

产品和技术创新能力是现代企业最重要的竞争力,也是企业综合素质的反映。拥有优秀的研发团队,企业才能创新产品、构筑技术壁垒,实现超速发展。例如,华为的超强技术研发能力使其成为通信领域的最强公司之一;英特尔的超强研发能力使其几乎独霸了全世界电脑CPU的供应。这样的企业想不赚钱也难,这就是创新能力的市场价值。

中国厂商生产的手机销量在全世界领先,但智能手机市场的利润绝大部分却被苹果和三星两家厂商拿去了,究其原因就是缺乏关键技术的创新能力,在芯片技术上受制于人。而作为智能手机的开拓者,苹果公司的市值已达9300多亿美元。产品创新能力,可以带来产品质量、生产效率以及生产成本的优势,乃至获得一种产品的定价权。投资这样的企业,自然能获得高于行业水平的回报。投资者可以通过产品性能的行业对比或了解企业的研发费用与收入的比值关系来评估企业的产品创新能力。

7) 低成本

同样的价格同样的质量,当全行业亏损时,低成本的企业却能获利。这种竞争优势是企业梦寐以求的,因为低成本的企业可以打败其他企业,进而强者恒强。随着时间的推移,这样的企业一定会扩大市场份额,规模优势将进一步累积,成本优势也更加明显,从而具备持续扩张的基因。比如玻璃行业的福耀玻璃,水泥行业的海螺水泥,煤炭行业的中国神华,零售行业的沃尔玛等。

低成本优势其实是一种超级强大的护城河,使一个企业可以无惧价格竞争打败同行并壮大自己,因而获得产品定价权。判断上市公司是否具有低成本优势,可以考察其产品的生产、运输和销售流程,了解其是否具有生产成本、地理位置、资源和市场规模等方面的优势。在具体决策时,要了解该企业的成本构成是怎样的,决定因素有哪些,成本能否做到行业最低,如何做到,单位成本能不能随着销售规模扩大而下降,然后通过综合分析就可以知道一个公司是否具有成本优势。

二、怎样盯主力

中国股市的一大特点是各种主力对股价的影响十分明显。有大主力介入的中小盘股随时可能拔地而起,短时间内大幅上涨;没有大主力推升价格的股票,即使有确定利好,也很难实现连续上涨。在股市有风险时,主力的存在也有稳定股价的作用。所以散户在股市中的最佳策略之一是盯紧主力,紧跟他们的步伐。

短线主力、中线主力、长线主力

根据主力介入某只股票的时间长短,可把主力分为短线主力、中线主力、长线主力。

1) 短线主力及其特点

短线主力俗称"过江龙",运作股票长则一个月,短则一两天。"过江龙"来势凶猛,对个股的筹码鲸吞蚕食,建仓、洗盘、拉升一气呵成,短期间股价飞涨。其炒作特点如下:

①收集筹码少,收集期特别短,1~2天就可以收集完毕,吸货行动十分隐蔽,通常难以被投资者察觉。

②涨幅有限,一般为10%~30%。

③快进快出,获利即退,尽快落袋为安。即使亏损也会尽快止损离场,极少变"游击战"为"持久战"。因此,这种主力的利润通常只有10%~20%。

④借助于朦胧利好时大量进货,待股价上扬,众人追涨时,立即出货。

2)中线主力及其特点

中线主力运作时间介于短线主力与长线主力之间,运作股票长则半年,短则两个月左右。其炒作特点如下:

①有一个明显的收集期。由于吃进的筹码比较多,动用的资金数以千万元甚至上亿元计,也因此收集时间较长,在日线图上,往往留下明显的痕迹:在接近底部时,大市持续下跌而该股不再下跌;大市盘整时,它却盘升,成交量温和增大。

②升幅可观,可达五成以上。由于中线主力锁定大量筹码,很容易把股价抬高。而且正因为吸筹太多,将来出货也难,因而需有较大升幅以保证在出货价格下跌时仍能获利。

③派发时间长。由于手中筹码多,派发时间自然比较长。中线主力不仅高位派发,而且下跌过程也派发,甚至在股价急落到低位时,也会将获利筹码贱价沽出。

④往往采取波段式操作。因为要有较大升幅,所以每拉升一段就要进行充分洗盘,让散户手中部分筹码换手,抬高散户持仓成本。

⑤中线操作通常会有良好的炒作题材,如并购、送配股、股权转让等,以便主力拉抬时师出有名。

3)长线主力及其特点

长线主力是指长时间跟踪炒一只股票的主力。运作股票时长一般在一年以上。长线主力具有下列特点:

①收集时间长,通常在一年以上。

②不太计较短期盈亏,往往采取台阶式收集方式。

③股价涨幅惊人。

长线主力一般在大市跌至底部时大量吸足筹码,大市好转时开始拉升;当人气高涨指数进入高位时,则大量派发。长线主力吸货时敢于拉高,派发时意志坚决,可谓重势不重价,重股更重时。

主力与散户的优劣势对比

主力与散户的优劣势对比如表10-2所示。

表 10-2　　　　　　　　　主力与散户的优劣势对比

项目	优势	劣势
主力	1. 人才优势 2. 信息优势 3. 资金优势 4. 交易优势	1. 建仓容易出仓难 2. 成本巨大 3. 技术指标显机构意图 4. 不能完全自主决策
散户	1. 资金进出灵活性强 2. 操作成本低 3. 完全自主决策 4. 有"渔翁得利"的机会	1. 资金规模小 2. 分析解盘能力不强 3. 信息不畅 4. 时间和精力不够 5. 投资心理不成熟

主力的构成主体及其特点

主力的构成主体及其特点如表 10-3 所示。

表 10-3　　　　　　　　　主力的构成主体及其特点

主力的构成主体	主力的特点
证券经营机构	是由证券主管机关依法批准设立的在证券市场上经营证券业务的金融机构,可依法买卖股票
投资基金	1997 年 11 月国务院颁布《证券投资基金管理暂行办法》后,我国投资基金业得到很大发展,已成为我国股票市场的重要机构投资者
企业和事业法人	企业和事业法人可以用自己的积累资金或暂时不用的闲置资金进行证券投资
社保基金	社保基金即社会保障基金。国务院为这部分基金的运用制定了明确的原则,即"以支定收、略有节余、留有部分积累"。社保基金以资产的保值增值为首要目的,对于投资的绝对回报要求并不高,这也使其通常能够成功"逃顶"
保险资金	1999 年 10 月,中国保监会允许保险资金通过基金间接进入股市。2004 年 10 月,保险资金获准直接入市
QFII	QFII(Qualified Foreign Institutional Investors)即合格的境外机构投资者,其投资机制依据的是外国专业投资机构到境内投资的资格认定制度
外资	由于受到政府、法规等方面的限制,海外机构投资者纷纷采用各种"变通"的手法,或利用注册在大陆的独资、三资企业入市,或借用在国内的个人名义开户,以间接的方式参与中国股市
民间游资	手握重金的民间游资,在股市上往往让投资者联想到一连串交投活跃、不断制造涨停板的营业部

民间游资主要包括江浙游资和广东游资。这两大民间游资,因为其产生背景不同,性格及嗜好相异,投资方式也多有不同。表10-4列出了游资的派系及其特点。

表10-4　　　　　　　　　　游资的派系及其特点

游资派系	特　点
江浙游资	指浙江、江苏和上海的游资。目前,在江浙一带有很多小型的私募公司,会集合很多社会上的闲散资金,做一些投资或者是投机类的活动,多以短期炒作为主。江浙游资以"涨停敢死队"著称于市,主要以中国银河证券宁波解放南路营业部、中国银河证券宁波和义南路营业部,以及光大证券宁波解放南路营业部为主战场
广东游资	以国信证券深圳泰然九路营业部为主的广东游资,其实力也不可小觑。国信证券深圳泰然九路营业部,是最近两年蜚声国内的后起之秀,该营业部成交金额在国内诸多营业部中首屈一指,是广东游资的主战场

江浙游资和广东游资精于算计,投资性和投机性都很强,经常更换其投资场所,对个股选择比较灵活。股票市场不好的时候,它们会转到期货市场、房产市场、黄金市场或者收藏品市场等。

主力青睐的股票

散户选择跟踪庄股时首先应了解主力喜欢什么样的股票。一般说来,主力钟情于以下类型的股票:

1) 绩优成长股

绩优成长股风险小、利润高,能给投资者带来丰厚回报,广大股民乐于跟风,是中长线主力选择的目标。这类股票有坚实的业绩作后盾,在拉抬时又有业绩传闻、新闻公布、送股转股、派息除权等环节可利用,主力可以不顾大市涨跌,步步拉升,抬高股价。散户中长线持有这类股票相对比较安全。

2) 超跌股

散户的惯性思维是处于涨势中的股票才算是好股票,长期下跌的股票尤其不受欢迎,然而主力却往往选择超跌股建仓,其一,因为超跌使价值严重低估，蕴涵的投资价值大；其二，跌无可跌时一般会涨；其三，股价超跌，人弃我取，使主力低位吸筹更容易。

3) 具有丰富题材的股票

国家的发展战略，对某些地区、行业的政策倾斜，公司的购并、重组、资产增值、业绩改善、送配股等等，这些都会成为股票炒作的题材。股市需要热点，没有题材的股票不会被大资金关注，个股只有具备丰富的炒作题材才能吸引大量散户涌入。

国家政策、资产重组、高新科技、业绩大增、高送转高分红等都是股市历久不衰的炒作题材。

4) 冷门股

市场上总有一些股票得不到重视，长期成为被投资者遗忘的对象。主力遵循"人弃我取，人取我弃"的原则，专门买这类股票，待已悄悄吸足筹码之后，便开始制造各种新闻，把它炒热，等散户察觉时，股价已暴涨，而主力已筹划着出货了。

5) 问题股

反向思维操作是主力的一贯伎俩。某些有问题的股票，甚至亏损股票一般投资者唯恐避之不及。而一些实力雄厚的机构则专选问题股坐庄，因为这类股票持股者抛售意愿强烈，主力可以低价吸到足够的筹码。

而正因为公司有问题，主力往往能无中生有地"炮制"出各种题材。譬如，给亏损股套上"扭亏增盈"的美丽光环；给行业不景气、业绩欠佳的股份公司赋予"资产重组"的概念，以此引诱散户"上钩"。

6) ST股

ST股主要指那些连续两年年利润为负值或每股净资产低于股票面值的个股。这些业绩亏损的股票人们往往敬而远之，但部分非经营性亏损的ST股往往被主力看中，成为主力手中百炒不厌的对象。但对连续三年亏损、有摘牌危险的、股价高得远离其价值的、股性不活跃的ST股，主力是不会热衷炒作的。

7）新上市的股票

主力青睐新股原因有三：其一，新股的题材较多，有利于炒作。其二，新股上方无套牢盘。由于刚上市的新股没有什么复杂的交易历史，主力很容易掌握筹码的分布情况，也容易集中吸货，达到完全控盘的目的，拉抬起来容易。其三，市场定位往往不确定。定位偏高有利于主力日后洗盘，定位低，主力吸货更为放心。随着该股投资价值被逐步发现，主力不用费多大劲就能把股价拉上新的台阶。

8）中小盘股

对资金实力小的主力来说，往往偏好流通盘小的股票，因为这种股票比较易于控盘。大盘股炒作起来费时费力，即使资金实力相当雄厚的主力，在成交量萎缩、跟风盘稀少的情况下，控盘也相当难，因此，流通盘较小的股票最适宜中小主力坐庄。而且一般来说，在一波行情中，小盘股升幅相对要大。

主力买入股票的时机

炒作对象和时机的选择直接影响到主力今后操作的成败。炒作对象的选择将在本章第三节详细论述。

1）当宏观经济处于低谷并有启动迹象时

坐庄讲究顺势而为。当宏观经济运行到低谷而有启动迹象时，股市已经历漫长下跌，风险释放殆尽，此时入场能在日后的操纵过程中得到基本面的配合，也能顺应市场大趋势的发展。而大多数散户经过漫长的熊市煎熬，尚未从下跌的阴影中摆脱出来，心态未向牛市转变。此时，主力乘机在底部收集筹码。当利好消息频传，散户觉醒过来时，指数已高，主力正好借人气旺盛之际顺势拉抬。等到几乎所有人认同追涨，股市火爆，成交量剧增时，主力出货兑现也就比较容易了。

2）在公司业绩有大幅改观而未被市场发现时

主力同上市公司联系密切，许多重要信息尚未公布，主力已提前知晓，此时逢低吸筹，只待日后坐享其成。这种股随着价值逐渐被人发现，股价虽然会有一个曲折攀升的过程，但不需费多大周折，就能得到市场认同。因此选择入庄，只有赢的机会，没有赔的风险。

3）国家有关政策出台时

国家从经济全局出发，必定会对某些重要或特殊产业（或行业）进行大力扶持，给予特殊的优惠政策，这些政策的出台会对相关上市公司的发展前景产生重大影响。受国家政策扶持的上市公司，通常本身就是有市场有效益的企业，其前景被看好，预期业绩就会大幅提高，因此常常成为机构投资者青睐的对象。此时，主力会不失时机介入受益的股票。

4）上市公司实施资产重组前夕

资产重组永远是股市上魅力无穷的炒作题材，因为它能给投资者无限的想象空间。通过资产重组，亏损企业可以重新焕发蓬勃生机；绩优企业则能够开拓更多的、更有发展前景的利润增长点。所以，一旦资产重组付诸实施，能大大增加上市公司的市场价值，使得股价飞涨。当上市公司资产重组的题材尚不为公众所知时，主力往往会利用自身的信息优势，在低位价格及时入庄，大量吸进廉价筹码，推动股价上扬。而当资产重组的方案正式公之于众时，主力又会趁人们纷纷抢购时，进一步将股价抬高，伺机抛售。

5）新股上市时

新股大多属概念式炒作。主力偏好新股，在于新股题材丰富易于炒作，而且新股上方无套牢盘，拉抬起来容易。特别是一批行业独特，流通盘适中，市场占有率高的成长股一上市即成为市场"新贵"。

如果新股为少数民族地区的上市公司，由于这些地区上市公司较稀少，通常会得到当地政府的一些利好配合，主力就更会青睐这种稀贵的新股品种。

一般来说，有庄介入的新股上市当日都会保持低调，呈现出高开低走的局面，甚至上市几天内连创新低。这通常是主力为清洗筹码或压低吸纳更多筹码，故意在临近收盘时打压。

6）分红（送配）方案出台前后

分红送股是上市公司给股东的真正回报。分红形式（派送现金或送红股发放红利）以及利润留成的比例等，都能反映出上市公司对未来经营的信心。

当主力通过各种渠道得知上市公司可能推出高比例送配方案时，并且判断该方案对股价上升有拉动作用，就会在方案出台前快速吸纳筹码，推动股价上涨。而当上市公司的分红方案出台后，主力如果发现其股票定位偏低，也会大炒该股，从而推动该股票价格上涨。

7）大盘出现深跌、急跌或连跌之后

在牛市中大盘由于某种原因深跌、急跌或连跌之后，往往会出现报复性反弹行情。在这类情况下，机构投资者由于在信息方面有优势，多采取快进快出的手法获取短期收益。

8）某些个股利空消息发布时

如果上市公司公布的中期业绩很差，股民对该股失去信心，便会纷纷抛售手中所持股票，该股价格马上会暴跌，主力则乘机吃进大量低价筹码，结果主力在短时间内就可以将该股价格炒高。

其实，每年公布年报、中报期间，总可见到部分个股业绩不增反退甚至赢利由正数转负数，使散户不得不忍痛割爱，主力却得渔翁之利。

9）在大盘调整，散户抛售时

大盘调整时，有时要连续几个月，有些股票会跌得面目全非，主力趁机纷纷抢购"便宜货"。这类股票往往在前期涨势一般，持股者收益较小，主力容易吸到筹码。

主力卖出股票的时机

主力用什么作掩护，才使他的"金蝉脱壳"之计得逞的呢？通过分析发现，主力主要利用以下几点来掩护出货：

1）利用大盘的上涨趋势

大部分的主力都是在大势向好时顺势将股价拉高，到行情的后期（一般是本轮涨幅的2/3处）就开始出货，最后导致大盘见顶回落。不过，要想获得大盘的掩护对主力来说并不是件容易的事。关键是要对大盘的走势，尤其是大盘何时见顶估计正确。主力不像散户，看大盘当天表现不好一把就跑出

来了，主力必须要提前许多天预测见顶，以便早点开始出货。而股市预测和天气预报一样，越提前就越不准，越到眼前就越准。在大行情中常有主力提前出货，出完货后大盘仍然热情奔放，股价又涨很多的情况，这就使主力丧失了更多获利的机会。不过，从安全及赢利的角度来考虑，早点出货还是上策，主力出货毕竟需要一定时间，不像散户那样快。

2）利用市场狂热的气氛

在市场炒作达到狂热的程度时，多数人会失去理智，暴利蒙住了众多散户的眼睛，除了钱之外什么也看不到，早忘了"天量之后必有天价"的股市常识，以至于把用高价买来的主力抛出的筹码当宝贝看待，股价跌了也舍不得抛出。

3）利用上市公司公布优良业绩和好送配方案

一个有实力的主力由于自身的资金量较大，进出非常不方便，通常他们在进货的时候就要考虑如何出货，因此他们通常在炒作一只股票之前，就会到上市公司了解上市公司的经营业绩，通过方方面面获得的资料，仔细分析上市公司可能达到的盈利情况，当他们了解和分析出某个上市公司将取得较好利润，并有好的分配方案，他们才会大规模介入这只股票，而当经营业绩公布出来时，主力正好逢高派货。

4）利用其他板块轮涨的机会

在经济复苏、大市向暖之时各板块的反应是不一样的，有的反应快，有的却很迟钝。所以，上涨时就有先有后，造成板块轮涨的局面。例如，2014年—2015年的"杠杆牛"行情中，最先领涨的是银行、保险、证券为主的大金融板块，在形势大好时主力趁机把筹码兑现，把领涨的接力棒交给了高科技股、绩优股。

5）利用利好消息

媒体与机构券商之间有千丝万缕的联系，常常有意无意成为主力的工具。在吸货时用很多负面消息吓掉散户的筹码，拉升时用许多小道消息让跟风股民将信将疑，心态不稳，换手频繁，出货时则正面消息频出让股民坚定持股信心，这几乎是铁的规律。主力出货时一般都选在正面消息最频繁的时候。所谓正面消息，就是利多消息，包括吹捧、宣传该股票（或所在行业）

的报道和企业消息。这时的消息通过正式渠道传播，如通过报刊、电视台、广播电台登出或播出，可信度高，影响面大，给主力出货制造了最好时机。因此，如果某只股票已经上涨了相当的幅度，你发觉关于这只股票的正面的宣传开始增加，说明主力已经萌生退意，要出货了，你必须提高警惕。另外，如果此时关于这只股票的利好传言也多起来了，你也要当心，这也可能是主力出货的前兆。

6) 利用技术手段

技术手段是主力出货时用以迷惑技术派人士的很好工具，越是信得真，被骗得越实在。

假突破就是主力利用技术手段来掩护出货的。在技术分析中有很多突破形态，如三角形的突破、矩形的突破等等，主力有时采用打破一个关键点位，形成突破的假象引诱部分投资者跟进，然后反向操作达到出货目的。

运用对敲使成交量放大以诱骗投资者跟风，主力则趁机出货。这也是一种用来掩护出货的技术手段。对敲是主力在同一价位附近进行自买自卖操纵股价的一种技术手法，目的是使成交量放大，吸引投资者注意，使投资者认为主力要拉升股价纷纷跟风买进，实际上当主力目的达到后便大肆出货套牢跟风者。

对敲虽然是一种被禁止的行为，但主力为了顺利出货会不择手段，照样敢使用。

把震仓做得像出货，而在真出货时做得像震仓，由于震仓与出货在形式上非常相像，经验不足的投资者难以区分，往往两边上当。这也是其中一种利用技术手段来做掩护而出货的方式。实际上，震仓与出货是有本质区别的，即使在现象中也可以找出许多区别来。最关键的是：震仓是在上涨的初期或关键点位处，而出货一般是在上涨的后期；震仓所表现出来的抛压小，而出货的抛压大；震仓一般不破强技术支撑，而出货可破层层支撑。关于二者的区别后面将有详细介绍。

主力还会利用短线反弹迷惑人的双眼。大盘或个股调整时往往以急剧上冲—下跌—反弹—新一轮下跌的退二进一形式，使散户在该抛时舍不得抛，由小套变大套，而主力却潇洒出局。

主力利用技术手段掩护出货的方式还有很多，此处不再一一罗列，总之，当股价有了很大升幅或上涨了很长时间之后，技术派人士一定要小心，稍有风吹草动，还是先落袋为安。

主力出货方式

拉升股价后，主力要兑现账面赢利就必须出货，但不同的主力所采用的出货方式各不相同。通常主力出货的方式有以下几种：

1）拉高出货

这种出货手段基本表现是在大市见顶之时，主力使股价大幅拉升，增加出货空间，利用投资者追涨行为将筹码大批量短时间内派发，并利用股价高位回落后的反弹继续拉高派发。但由于主力必须在派发前先进行拉高，有的使主力吃进许多高价筹码，增加了主力风险。所以主力往往利用每日开市后几分钟将股价高开并拉高，吸引散户追涨而出货。

这种出货方式适合于：①短线庄股；②中小盘股，出货量不太大；③行情火爆，追高者众多。

2）压低出货

主力爆炒之后因大市或个股基本面发生重大利空或因本身违规等原因而在高台大举派发，股价终因主力抛压过重而大跳水。不仅追涨的散户被深套，而且股价已逼近主力成本区。由于主力进货成本低，采取此种出货方式，一般不会赔本，但遇到特殊情况主力即使赔本也认了。

这种出货手段表现在大市走弱时，投资者信心受挫，轻易不追涨，主力采取其他手法无法出货，因此不计利润向市场强行出脱筹码，使股价随出货步步走低。

3）平台整理出货

这是指主力将股价拉升至目标价位后，在高位做平台整理，做出仍有进一步上涨的迹象，却暗中出掉手中筹码的出货方式。

在大市未见顶时，投资者抱股不放，买气大于卖气，主力用此方式出货可以顺利地在平台价位出脱大部分筹码，实现坐庄收益。这种出货方法的前提是大市必须向好，且出货行为不能太急，筹码兑现需要一定时间。

投资者如发现庄股拉高后出现长期平台走势，就应有所警觉，如通过成交量观察有较大出货现象，则以先出局观望为好。

4）涨停板出货

技巧高明的主力总是让中小散户不知不觉中上当。利用涨停板出货就是一种比较高明的派发措施。这种方式既可拉开上升空间，又可节省"弹药"，还可以引起市场追涨的轰动效应，派发起来较为轻松。

主力利用涨停板出货有两种做法：

①在涨停板价位挂买单，引诱投资者追涨，当追涨盘足够大时，便撤去买单挂卖单，向下方的承接盘抛售。涨停板不时被打开，说明主力出货意图强烈。

②主力不断将自己在涨停板价位上的买单撤回往后排队。表面上看来，涨停板上仍有巨额买单，成交量也很大，但实际上是主力对着别人的买盘抛售。因此，高位涨停板之日，若成交量很大，往往是主力出货所为。

5）假填权真出货

这是指主力在股票除权前，先进行大的拉升来抢权。等除权后，主力会使股价在某一价位上横向整理。数日后，进行拉升，误导股民认为主力准备填权，从而吸引了更多的买盘。当主力发现买盘越来越多时，便会不失时机地把手中筹码派给追进者，把所有买进者都通通套牢。

主力出货的形式还有很多，投资者应多分析总结，加深认识，以避免在实战中被主力迷惑而上当，充当牺牲品。

三、怎样做波段

波段操作（time the market，也称为选时操作）就是指投资股票的人在价位高时卖出股票，在低位时买入股票的投资方法。

了解波段操作

股市中职业投资人的最大优势就是有大量的时间盯盘，他们不可能只安于做中长线投资，还希望可以频繁操作和波段操作。波段操作是针对目前国内股市呈波段性运行特征的有效的操作方法，因为在每一阶段的行情中都有主峰和主谷，峰顶是卖出的机会，波谷是买入的机会。特别是对于大盘而言,很多个股具有更多的做波段机会。我们对一些个股进行仔细研判,再去确定个股的价值区域,远远高离价值区域后,市场会出现回调的压力,这时候再卖出;当股价进入价值低估区域后,再在低位买入,耐心持有,等待机会,这样一般都会获取较大收益。

做波段的优点是可以抓上涨行情和有效地回避市场带来的风险,可以让资金发挥最大的效果,从而实现利润最大化。做波段最主要的缺点是对技术分析的水平要求较高,综合分析能力要求较强,一般投资者做波段的失误率较高。

波段操作选股技巧

震荡市给投资者提供了较多的波段操作机会。在这样的震荡市中,如果一些投资者不愿持股死守,希望通过波段操作来增加收益。那么就需要选用合适的投资品种。比较适合做波段的四种投资品种的优缺点如表 10-5 所示:

表 10-5　　　适合做波段的四种投资标的的优缺点

品　种	缺　点	优　点
股票	如果买了股票后股价不涨反跌,不仅做不成差价,反而是踩到了"地雷"。普通投资者不容易区分哪个是"地雷"哪个是"黑马"。虽然可以通过股票组合来规避个股风险。但如果组合品种过少,其风险并不能充分化解;如果过多,效果也已经等同于去买一个指数基金了	个股比指数、基金或指数基金具有更多的做波段机会
普通股票基金	基金由于申购、赎回时间长,灵敏度不够,如果行情在一周内完成一次震荡,很难用基金做波段;基金申购赎回费用比股票交易高,因此做波段的成本较高;投资者已经把操作权交给了基金经理,存在着你看好后市而该基金经理看空的情况	基金经理要比普通投资者更专业,可规避一些非系统风险;滤掉了一些"地雷"股
普通指数基金	申购赎回时间长,费用较高等	看得准指数的涨跌就可以赚钱
ETF 基金	ETF 基金也称交易型开放式指数基金,做波段的机会比个股少	看得准指数涨跌就可以赚钱,交易费用较低还可免印花税,可无风险套利等

投资者如果要选择具体的股票做波段，首先，可以选择抢反弹。既是反弹，持续时间一定不会很长，空间亦有限，所以抢反弹要参与反弹行情中走强的品种，因为这些品种容易激发人气，力度大，也有一定的题材，主力往往把这类板块作为激发人气的工具。一来它们走强有群体效应，买它们可以相对保证获利。二来这些品种后市的行情不会马上消失，有较好的连续性。从而就能使我们做反弹有相对的安全性，给我们的兑现提供了保障。

其次，比较适合做波段的股票在筑底阶段会有放量的现象，量能的有效放大表示有比较大的资金介入。筑底阶段的放量说明有投资者不计成本在抛盘，股价不下跌，就说明有比较大的资金正在趁机建仓，这是一个比较好的短线操作的机会。

波段操作买卖技巧

在波谷时买入。波谷是指一个区域，并非是某一特定的拐点或价位，不能把底部区域的买入理解为对某一拐点的买入，因为在实际操作中是很难买到最低价的。底部区域的买入不必追求买到最低价或拐点位，只要能买到相对低位就是成功的。

从技术上看，波谷一般在以下的位置出现：BOLL布林线的下轨线；趋势通道的下轨支撑线；成交密集区的边缘线；箱底位置等。

抢反弹是做波段的一个重要方法，但要把握好抢反弹的时机。抢反弹过早，容易造成套牢；抢反弹过迟，往往会错过稍纵即逝的买入价位，从而失去机会。抢反弹应坚持不追高的操作原则，因为抢反弹具有一定不确定的风险因素，盲目追高容易使自己陷入被动的境地，逢低买入一些暴跌过后的超跌股，可以使自己掌握进出自由的主动权。

波段操作强调在波峰时卖出。波峰是指一个区域，并非是某一特定的拐点或价位。从技术上看，波峰一般出现在以下位置：BOLL布林线的上轨线；趋势通道的上轨趋势线；成交密集区的边缘线；投资者事先制定的止盈位；箱顶位置等。

投资者做波段时可以通过埋单的方式卖出股票，因为股市经常会出现疾风骤雨式的拉升，很多投资者经常被迷惑，以为是新一轮行情启动了，从而失去高位卖出的机会。历史上虽然有过反弹最终演化为反转的先例，但出现的概率很小。绝大多数报复性反弹会在某一重要位置遇阻回落，当反弹接近阻力位时,要提高警惕,踏空的投资者不能随意追涨,获利的投资者要及时获利了结。

抢反弹的操作和上涨行情中的操作不同,上涨行情中一般要等待涨势结束时,股价已经停止上涨并回落时才卖出,但是在反弹行情中的卖出不宜等待涨势将尽的时候。抢反弹操作中要及早卖出,一般在有盈利以后就要果断获利了结;如果因为某种原因暂时还没有获利,而大盘的反弹即将到达其理论空间的位置时,也要果断卖出。因为反弹行情的持续时间和涨升空间都是有限的,如果等到确认阶段性顶部后再卖出,就为时已晚了。

通过融资融券做日内波段

通过融资融券实现零利息成本的日内波段交易,日终清算后的总头寸无变化。这种做法可通过日内交易摊低持仓成本,利用融资资金赚取日内股价上涨带来的效益。具体内容如下表10-6所示:

表10-6 如何利用融资融券做日内波段

类型	融资T+0交易	融券T+0交易
适用情景	投资者满仓持有股票A,当日预计该股票低开高走	投资者未持有股票A,当日预计该股票低开高走
操作要点	①低点融资买入股票A。②高点卖券还款,抛出原持有的股票A,实现当日股票A总负债为零	①低点普通或融资买入股票A。②高点融券卖出同等数量的股票A,实现当日股票A净头寸为零。③次日直接还券归还融资负债
交易特点	无利息费用;可以当日滚动多次操作;可摊薄客户平均持有股成本	产生一天利息;可以是当日滚动多次操作;对客户是否持股无要求

下面我们通过一个例子来看看如何通过融资融券做日内波段。

客户持有100万市值的山东黄金(SH600489),某日国际市场黄金价格大幅上涨,该客户判断当日山东黄金的股价将大幅上涨,于是决定当日融资买入,加大仓位。山东黄金的折算率为65%、融资保证金比例为100%,最多可融资买入65万市值的山东黄金。如果客户融资买入50万市值的山东黄金,在当日股价较融资买入价上涨5%后随即卖出原先持有的50万山东黄金并还款(卖券还款),即可获利2.5万元。

由于该客户是在融资买入的当天就还款了,因此当天清算后总头寸没有变化，未产生利息。实际就是客户零成本使用了证券公司的资金赚取了近2.5万元的利润。客户也可以在当日收盘前卖出其他之前持有的证券进行还款。

波段操作更要重视佣金费率

波段操作属于短线操作，故交易佣金的多少在一定程度上影响到您的交易成本。很多投资者对交易佣金是比较关心的，在此就不同的交易佣金举一个简单的例子给大家看看：A 客户通过折扣网开户交易佣金为 0.02%，B 客户交易佣金为 0.03%，假如您资金量为 30 万元，每月交易 10 次，佣金费率为 0.02%、0.03% 两种费率情况下的交易成本如表 10 - 7 所示：

表 10 - 7　　　　　　　　交易费用对比

交易客户	资金量	每年交易次数	年交易量	佣金	每年交易成本	每年节约成本	节约成本产生的收益率
A	30 万	120	3600 万	0.2‰	7200	3600	1.2%
B	30 万	120	3600 万	0.3‰	10800	0	0%

通过上表对比，不同的佣金费率所花的佣金差别不少！

四、怎样根据公开信息选股

了解公开信息及其来源

股票投资的成败胜负在很大程度上取决于你手里掌握的信息，许多对市场操作非常有价值的资料就藏在公开发布的各种信息里。因此，无论是机构投资者还是散户投资者都非常重视信息的收集。在中国股市，获取股市信息的途径有很多，比如网络、图书、报刊、报告会、电视等，但在如今的网络时代，最常用也最快速的渠道就是通过网络获取股票信息了。公开信息的最常见来源如表 10 - 8 所示。

表10-8 公开信息的来源

公开信息来源类别	公开信息具体来源
金融监管机构	央行网站（www.pbc.gov.cn）、证监会网站（www.csrc.gov.cn）、上交所网站（www.sse.com.cn），深交所网站（www.szse.cn）
国家统计局	在国家统计局的网站（www.stats.gov.cn）上提供了"部门数据链接"，点击链接可以直接登录各部门公布信息的页面。查询路径：首页－统计数据－数据查询－部门数据
其他政府机构	关注国家发改委、财政部、商务部、国资委、新华通讯社等政府机构的信息
证监会指定信息披露媒体	《中国证券报》《上海证券报》《证券时报》《证券日报》《证券市场周刊》；还有上海证券交易所官方网站、深圳证券交易所官方网站、巨潮资讯网
上市公司网站	投资者也可以选择进入上市公司官网或者登录中国上市公司资讯网（http：//www.cnlist.com/financial/）进行查询，或登录巨潮资讯网（http：//www.cninfo.com.cn）查询
行业信息来源	关注中国农业信息网、中国煤炭工业网、慧聪食品工业网、中国纺织经济信息网、中国纸网、中国金属网、中国黄金网、中国金融网、文化传播网、中国木材网、中国电子网及各地的房地产网
七大主力动向	关注中国证金公司、公募基金、私募基金、券商自营和券商集合理财、社保基金及保险公司、游资大户、QFII等七大主力的股市动向
其他信息	关注机构研究报告、股评、相关网、著名博客微博及股市名人等动向。例如巨潮资讯网的优点除了全面还在于它兼具了权威性和简洁性，比如同样一份上市公司的公告，巨潮资讯网提供的都是最权威的清晰无误的PDF文档，而有些财经网站却只能看到显示数据文件时容易看错的网页形式。投资者输入股票代码或简称可以查询任意一家上市公司的最新的和过往的公告原文

在充斥股市的各种信息中，真正属于能够对个股走势产生短期波动的时效性信息所占比例并不大，大量的信息都属于非时效性信息。对于这类信息来说，重要的不是如何"在第一时间内获得"，而是如何正确地分析和充分利用，在"第一时间内推出正确的结论"。应该说，对于这类信息的利用，中小散户和机构大户是在同一起跑线上的，谁对这些信息利用得好，谁的投资回报就会高一些。因此，散户应多关注那些非时效性公开信息，学会利用这些公开信息来炒股，从而弥补其他方面的缺陷。

特殊信息查询路径

和股票投资有关的一些特殊信息的查询路径如表10-9：

表10-9 特殊信息的查询路径

特殊信息类型	特殊信息说明	查询路径
公司董高监及相关人员股票账户	上市公司高管（包括董事、监事、高管以及相关人员）的持股变动	深圳证券交易所网站—信息披露—监管信息公开—董监高以及相关人员股份变动；上海证券交易所网站主页—披露—监管信息公开—公司监管—持股变动
异动股票	对每个交易日中的异动股票，要公布前五大买入卖出席位及其金额	上交所网站首页—披露—交易信息披露—交易公开信息；深交所首页—信息披露—交易公开信息—主板A中小企业板、创业板
停牌和突然停牌	如果媒体刊登了对公司股价可能有重大影响的文章，且文章主要内容又从未披露过，交易所会要求上市公司做出解释，该解释内容通过公司公告发布之前，该股票将保持停牌状态	投资者在开盘时发现自己持有的股票停牌，先在F10中查询下是否有公告，也可以上指定网站查询公司公告中是否预告停牌，如果没有，就可以通过交易所网站看看是否有紧急事项
并购重组进程	上市公司并购重组会可能会对公司股价产生重大影响	中国证监会官网主页—机关部门—上市部-行政许可公开—审核情况公示表—上市公司—并购重组行政许可审核情况公示—下载上市公司并购重组行政许可申请基本信息及审核进度表（如图10-1，10-2所示）
定期报告披露之前预约	在定期报告披露之前，各上市公司定期报告的具体披露时间都要与交易所预约	投资者可在上交所网站、巨潮资讯网、深交所网站等指定信息披露网站的首页方便地查询哪一家上市公司会在什么时候披露定期报告
临时报告	各类大量的临时报告一般会在每日收盘后开始陆续在指定的网站上披露	投资者收盘后次日开盘前通过证券公司行情软件F10查询所关注的上市公司是否有信息披露，必要时通过指定信息披露媒体阅读原版公告

上市公司影响股票交易的信息非常多，信息化社会消息传播非常快，很多信息经过多种传播方式流转后可能已经背离原文意思，投资者可在"中国

证券监督管理委员会”网站上的信息公示、信息披露中查看上市公司情况、并购、重组进度等内容。希望大家掌握正确的查询信息的方式，不人云亦云，及时掌握上市公司权威的信息。

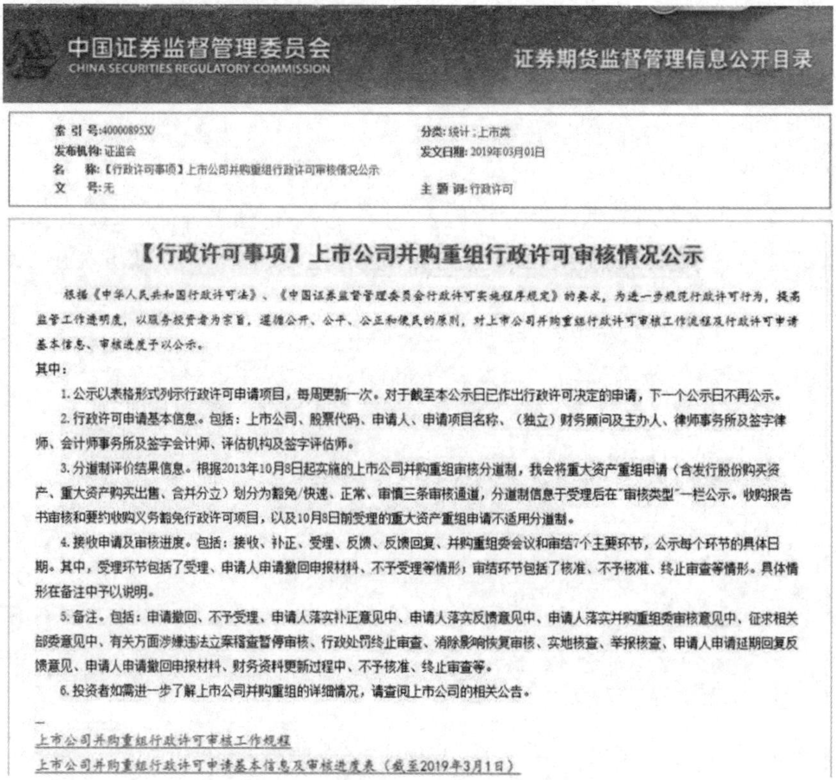

中国证券监督管理委员会
CHINA SECURITIES REGULATORY COMMISSION
证券期货监督管理信息公开目录

索 引 号:40000895X/
分类:统计;上市类
发布机构:证监会
发文日期:2019年03月01日
名　　称:【行政许可事项】上市公司并购重组行政许可审核情况公示
文　　号:无
主 题 词:行政许可

【行政许可事项】上市公司并购重组行政许可审核情况公示

根据《中华人民共和国行政许可法》、《中国证券监督管理委员会行政许可实施程序规定》的要求，为进一步规范行政许可行为，提高监管工作透明度，以服务投资者为宗旨，遵循公开、公平、公正和便民的原则，对上市公司并购重组行政许可审核工作流程及行政许可申请基本信息、审核进度予以公示。

其中：

1. 公示以表格形式列示行政许可申请项目，每周更新一次。对于截至本公示日已作出行政许可决定的申请，下一个公示日不再公示。

2. 行政许可申请基本信息。包括：上市公司、股票代码、申请人、申请项目名称、（独立）财务顾问及主办人、律师事务所及签字律师、会计师事务所及签字会计师、评估机构及签字评估师。

3. 分道制评价结果信息。根据2013年10月8日起实施的上市公司并购重组审核分道制，我会将重大资产重组申请（含发行股份购买资产、重大资产购买出售、合并分立）划分为豁免/快速、正常、审慎三条审核通道，分道制信息于受理后在"审核类型"一栏公示。收购报告书审核和要约收购义务豁免行政许可项目，以及10月8日前受理的重大资产重组申请不适用分道制。

4. 接收申请及审核进度。包括：接收、补正、受理、反馈、反馈回复、并购重组委会议和审结7个主要环节，公示每个环节的具体日期。其中，受理环节包括了受理、申请人申请撤回申报材料、不予受理等情形；审结环节包括了核准、不予核准、终止审查等情形。具体情形在备注中予以说明。

5. 备注。包括：申请撤回、不予受理、申请人落实补正意见中、申请人落实反馈意见中、申请人落实并购重组委审核意见中、征求相关部委意见中、有关方面涉嫌违法立案稽查暂停审核、行政处罚终止审查、消除影响恢复审核、实地核查、举报核查、申请人申请延期回复反馈意见、申请人申请撤回申报材料、财务资料更新过程中、不予核准、终止审查等。

6. 投资者如需进一步了解上市公司并购重组的详细情况，请查阅上市公司的相关公告。

上市公司并购重组行政许可审核工作规程

上市公司并购重组行政许可申请基本信息及审核进度表（截至2019年3月1日）

图 10－1　上市公司并购重组审核情况公示

下载图 10－1 最下面的审核进度表后可看到如图 10－2 所示的详细信息。

上市公司并购重组政许可申请基本信息及审核进度表
（截至2019年3月1日）

						审核进度								中介机构情况
序号	上市公司简称	股票代码	申请人	申请项目	审核类型	接收日期	补正日期	受理日期	反馈日期	反馈回复日期	并购重组委会议日期	审结日期	备注	独立财务顾问
1	通宝能源	600780	山西省国有资本投资运营有限公司	豁免（简易）	不适用	2017/11/24	2017/11/30	2017/12/25					中止审查	无
2	太原重工	600169	山西省国有资本投资运营有限公司	豁免（简易）	不适用	2017/11/24	2017/11/30	2017/12/25					中止审查	无
3	*ST三维	000755	山西省国有资本投资运营有限公司	豁免（简易）	不适用	2017/11/24	2017/11/30	2017/12/25					中止审查	无
4	西山煤电	000983	山西省国有资本投资运营有限公司	豁免（简易）	不适用	2017/11/24	2017/11/30	2017/12/25					中止审查	无

图 10－2　上市公司并购重组行政许可申请基本信息及审核进度表

正确对待股评

股市是一个涉及政治、经济、金融、心理、哲学等多个领域的极其庞大而复杂的交易市场。这个市场上本身没有能长期100%准确预测的专家，而我国股市又是一个极其年轻、不够规范的市场，其中投资咨询行业还非常不成熟，存在许多问题。股评者是人而不是神，他们不可能每一次都能对纷繁复杂的股市行情做出准确的研判。因此，我们不能苛求股评像天气预报一样能精确地预报天气的变化，也不能因为股评与实际的差异而责怪股评者、否定股评。就目前股评界的现状来讲，股民对待股评要采取以下态度：

①把股评看作是手杖而不是大脑

散户对待各种股评一定要客观、冷静，接收信息的关键是把股评看作手杖而不是大脑。相对于散户，股评家们有更丰富的看盘技巧、更纯熟的操作经验和更灵通的信息来源，所以他们对大势、选股、操作手法的评论和建议具有指导和参考意义。

股民还要了解技术面。除了自己看电脑分析技术指标外，也不妨了解参考一下别人对目前技术面的看法。作为一个成熟的理性的投资者，对于股评家的文章，只需当作提供了某种信息，只有通过自己结合实践经验判断正确后进行理性操作，方能成为股市的赢家。

②要注意股评家的长处

股民对股评人士要进行分类处理，对比较优秀的股评人士也要注意他们的长处之所在。比如有些股评家擅长基本分析，分析股市行情时偏重基本面，对股票的质量比较看重，着眼点比较长远，这样的文章对于中长线操作就比较有价值；有些股评家偏于技术分析，看指标、看图形，结合个人经验，往往对短期走势判断比较准确，喜欢做短线的朋友可以多看看这类股评；还有一些股评家消息多而且快，股评依据是各种消息，这样的文章说法颇费斟酌，主要是消息的真伪不容易甄别。据此操作，既有可能骑上大黑马，更有可能品尝被套之苦。

很多股评家在媒体有股评专栏，连续评论。散户股民不妨对其进行"跟踪调查"，看其评论的风格和结果一般怎样，做到心中有数，以帮助自己决策。

③要学会优秀股评家的分析思路和方法

股市中各种信息对不同的市场参与者的到达时间是有严重差异的。某些人由于工作或社会关系等方面的因素，能先于他人获得信息，又通过学习先行掌握了一些技术分析知识，便脱颖而出，成为第一代股评人士。经过几年的大浪淘沙，股评家的队伍发生了很大的变化。现在也有一部分股评家经验丰富、知识全面，具有一些基本分析的能力。投资者在分析判断股评意见的时候更重要的是弄清楚股评人士分析问题的思路和方法，从而使自己较快地把握对市场的判断能力。

④对股评持灵活的态度

不同的股评人士对股市有不同的看法，投资者在接受他们的观点时应持灵活的态度。有的投资者可能总在琢磨谁的建议更准确，是名人的？还是大机构的？结果发现谁也没有100%正确的时候。有的投资者可能因一次接受某股评的错误建议赔了钱，以后便对该作者的言论一概嗤之以鼻。事实上，这些想法都是不正确的。代表大机构说话的股评并非代表股民利益，而名人也不能左右操盘手的操盘思路。因此，在不同的阶段接受不同的建议才是有益的。如大盘低迷时，市场人士纷纷为寻底而烦恼，但毕竟会有人理性地做出判断，此时应注意这些股评对后市主流热点的分析，而不必理会大盘的涨跌。当大势走牛时，市场人士又会纷纷为大盘何时见顶而操心，此时投资者也可不理会大盘涨跌，而应该注意有关热点转换方面的分析文章，这样才有可能比大盘先走一步。

参考股评而又不迷信股评，不盲从股评，这应该是现阶段投资者对待股评的正确态度。

根据名人言行炒股

由于明星效应，和股市有关的名人所青睐股票一般都会大涨。开始时是有资金在背后运作，频频树立涨停榜样，久而久之，市场就形成一种思维定式，股市名人所购买、所推荐的股票很有可能会大涨。该思维定式会促使很多投资者跟风买进名人所青睐的股票，从而使名人所青睐的股票在客观上更容易暴涨。

例如，价值投资的代表巴菲特是许多人心中的偶像，因此他所购买的股票以及公众认为他所青睐的股票容易大涨。巴菲特买中国石油时的名人效应没那么明显，到他买比亚迪时，名人效应就显而易见了。赵丹阳在赴天价午餐时狠狠地利用了一下巴菲特的金字招牌,声称向巴菲特推荐物美商业,结果如愿以偿,物美商业连涨4天,最高涨幅超过22%。

大杨创世公司主要经营服装业务,其赢利能力并非特别突出。但在伯克希尔·哈撒韦的股东大会上,巴菲特身穿大杨创世旗下的创世品牌西装并友情出演了3分钟视频短片。视频中,巴菲特盛赞创世西服,甚至不无玩笑意味地声称自己和比尔·盖茨应该开一家专卖店去销售大杨创世的西服。2009年9月9日,适逢大杨集团30周年庆,巴菲特破天荒地寄来了3分钟祝贺DV。

在巴菲特光环的笼罩之下,大杨创世(600233)的股价连创新高。因为跟股神巴菲特拉上了关系,游资将巴菲特概念股大杨创世炒上了天。自2009年9月9日起短短20个交易日,股价由9.19元涨至19.63元,上涨了100%,按复权价计算创下了历史最高价(图10-3)。

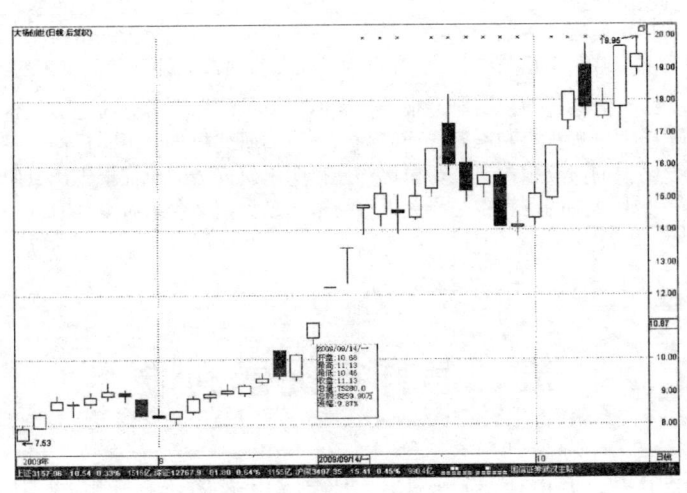

图10-3 大杨创世股价走势图

正确运用研究报告

中国股市经过20多年的发展,股民人数有了较大的增长。尤其是新投资者当中涌现了一批价值型投资者,他们常常借助机构的研究报告来分析宏观政策走向、行业发展趋势、上市公司的基本面,以及确定估值方法与目标价位等。但是为数不少的研究报告没有为投资者提供任何参考价值，有些甚至误导了投资者（如有关中石油的研究报告，上证综指 6124 点以来机构对银行股的研究报告等等）。作为广大散户股民在利用机构研究报告时要了解表 10-10 所示的内容：

表 10-10　　　　　　　　机构研究报告利用要点

类别	要点
按发布者分类	分为券商研究报告、基金公司投资报告、私募基金投资报告、保险公司投资报告、资产管理公司投资报告、银行投资部门研究报告等。我们经常看到的是券商研究报告和基金公司投资报告
券商研究报告分类	晨会报告、行业研究报告、投资策略报告、公司研究报告、月度投资报告、季度投资报告、年度投资报告、调研报告等。证券公司研究报告是所有报告中流动性最高的，对自己的客户（开户的人）基本上是开放的
研究报告局限性	时效滞后、未实地调研闭门造车、获得资料在时间上比机构投资者滞后
风险	研究员因能力和经验带来的认知风险；研究员个人情绪风险（例如喜欢某上市公司）；研究员为了获取直接或间接利益而带来的道德风险
利用机构研究报告	有选择地使用研究报告；学习研究员的思路和分析能力；根据以往的准确程度和准确方面来判断当下的研究报告；不同机构对各行业龙头的研究报告要进行对比；选择明星研究员的研究报告认真研读并理解其中的逻辑；把研究报告与市场趋势相结合来做出判断

五、怎样捕捉暴利股

无论是牛市、熊市还是震荡市，沪深股市都存在着涨幅巨大的暴利股。投资者只要能独具慧眼，找到暴利股并有胆识坚定持有，即使处在熊市，也可获得暴利。

暴利股的特征

明了暴利股的特征，才更容易找到暴利股。通过对历年来暴利股的观察研究，我们发现这些股票常常具有以下所述的全部或多数特点：

①有市场大资金入驻其中

②流通盘小
③启动价位比较低
④高送转
⑤绩差股
⑥资产重组股
⑦业绩高增长
⑧每个行业都有可能出现暴利股
⑨具有独特的概念

在重组股中捕捉暴利股

上市公司的资产重组活动对提高上市公司资产整体质量和经营效率能起到积极作用。成功的重组有可能深刻改变上市公司的预期价值，带给人丰富的想象空间，因而也是诞生暴利股的温床，其巨大的财富效应使得具有重组概念的个股成为投资者竞相追逐的热点。

1）不同资产重组类型中的暴利股

上市公司的重组方式有很多，带给公司的影响也各不相同。具体来说，资产重组的背景下的暴利股，主要包括以下几种：

①非上市公司买壳上市所产生的暴利股
②上市公司和大股东之间关联交易所产生的暴利股
③上市公司吸收合并其他上市公司所产生的暴利股
④上市公司分立所产生的暴利股
⑤上市公司发行新股换取其他公司资产所产生的暴利股
⑥上市公司实际控制人变更所产生的暴利股

2）捕捉资产重组股的暴利机会

对于上市公司来说，资产重组并非万能灵药，重组失败，或重组成功后由于整合不力导致业绩下滑的公司也屡见不鲜。要想较稳妥地捕捉重组股的暴利机会，投资者须在以下方面多加注意：

①判定资产重组后的业绩
②关注大股东资产质量好的公司

③关注业绩虽差但重组预期明朗的公司

3）规避投资重组股的风险

股市是有风险的地方，投资重组类股票当然也不例外。由于重组造成对股票预期的巨大改变，因而容易暴涨暴跌。一旦判断有误，所介入的股票股价被严重高估，则可能会带来较大亏损。因此，投资者对重组概念股存在的风险应予以重视，对于一些基本面不佳、实力不够、投机性较强的相关个股，应尽量回避，具体来说要做到以下几点：

①规避重组失败的风险
②规避"见光死"的风险
③规避重组方案低于预期的风险
④规避上市公司"假"资产重组的风险

在高送转股中捕捉暴利股

虽然高送转对公司的净资产收益率和盈利均没有实质性影响，但普通投资者却喜欢追逐它们，造成高送转股容易暴涨暴跌。究其原因，是因为人们有一种心理错觉，认为低价股便宜，所以股市中容易形成"低价股溢价"现象。

1）捕捉高送转股中的暴利机会

每年的年报、季报前后，都是捕捉高送转暴利股的绝好机会。同样是高送转股，其走势却可能千差万别，并且受到监管层相关政策的影响，因此投资高送转股也要根据具体情况选择不同的投资方式，在时机选择上要重点把握三种情况制定策略。

①根据高送转公司的特征提前潜伏
②高送转分配方案公布后的抢权
③上市公司除权后的填权

2）防范风险

对上市公司来说，高送转实质上就是把一张大饼切成两块，本身并没有实质性利好。主力资金主要是利用投资者贪便宜的不成熟心态进行高送转炒作，因此高送转行情纯属靠炒作而带来的交易性机会，投资者应格外注意其中的风险，具体来说一定要把握好以下两个方面：

①防范见光死

②防范高送转预期不兑现的风险

在大资金介入的个股中寻找暴利股

大资金是股票市场上的主力，大资金的一举一动对股票走势影响很大，也常常是一只股票暴涨的真正幕后推手。因此，发现大资金的踪迹，研究其战略战术，是在股市中擒获暴利股的重要手段。

1）怎样判断是否有大资金介入

作为股民，总希望能买到一只大资金介入的股票。但是，大资金的介入一般都是隐蔽的，而且在大幅拉升之前总是想方设法来掩饰自己的意图，以免被投资者发现其行踪。

那么，散户该如何寻觅大资金介入的股票呢？以下就是常见的几种判断方法，可供投资者参考。

①从股价走势来寻找大资金介入的股票

②成交量突变可能有大资金介入

③根据交易周转率判断是否有大资金介入

④根据平均每笔成交量判断是否有大资金介入

⑤根据大手笔成交数判断是否有大资金介入

⑥根据委托买卖笔数及成交笔数判断是否有大资金介入

⑦根据大资金收集筹码时成交量特点判断是否有大资金介入

⑧涨跌停瞬间变化的个股有大资金介入

2）大资金介入时机的选择

大资金介入时机的选择直接影响他今后操作的成败，因此，选准介入时机具有至关重要的作用。大资金们往往会抓住一个恰当的时机买进，进而一步步实现其炒作的计划。投资者要善于从大资金的常见介入时机来判断某只股票是否有大资金介入。归纳起来，大资金一般选择在以下时机介入。

①当宏观经济处于低谷有启动迹象时

②在公司业绩有大幅改观而未被市场发现时

③国家有关产业（或行业）政策出台时

④上市公司实施资产重组前夕

⑤新股上市时

⑥高送转方案出台前后

⑦股价超跌有反弹要求时

⑧大盘出现深跌、急跌或连跌之后

⑨某些个股利空消息发布时

⑩在重要政策底部介入

3）防范大资金所设置的各种陷阱

布设陷阱是大资金惯用招式之一。炒股票有零和游戏的味道，大资金赚钱，就有股民亏本。因此，大资金通过布设陷阱，诱骗散户"上钩"：在高位时，使散户觉得后市"钱"途无量，抢着买入；在低位时，骗散户自觉抛出，这样使散户手中的钱转移到大资金的腰包中。在操作过程中，大资金通过种种方式布设陷阱，诱使股民一个个"落马"。散户主要应在以下方面多下功夫：

①识别大资金设置的空头陷阱

②识别大资金设置的多头陷阱

③识别大资金利用成交量设置的陷阱

④识别大资金利用消息设置的陷阱

从公司基本面中捕捉暴利股

选择股票如果单纯根据技术分析，而不结合其业绩表现固然有可能得益于一时，但从长远看是非常危险的，因为公司的基本面才是影响股价的最根本因素。当前的股市市场博弈日趋激烈，使技术分析的准确性大大降低，因而分析上市公司的基本面异常重要。从公司基本面中一样能发现暴利股，并且持有这样的股票也更令人放心。

1）从业绩变动中捕捉暴利股

决定股价的是市场中多空力量的消长与筹码供求关系的变化。从表面上看，似乎股价与业绩并没有绝对的关系，但从长远的眼光来看，买股票买的是未来，预期中公司的业绩增长才是股价的基石。买入经营良好、未来业绩可观而现在股价偏低的股票，是价值投资的精髓，也是股市的常胜之道。A股中，一家经营良好的上市公司一旦被贪婪的机构看中，就一定会打压吸筹，并在合适的时机（例如业绩暴增时）超预期地暴涨。发现这样的股票，并长期跟踪，选择合适的时机买入，其丰厚利润自不待言，在具体投资中可以采用的方法有：

①从周期型行业的业绩上涨股中捕捉暴利股

②从国家政策型业绩上涨中捕捉暴利股

③在扭亏股中捕捉暴利股

④从产品价格上涨中捕捉暴利股

2）从经营特点中捕捉暴利股

分析历史上的暴涨牛股，可以发现有些公司是行业龙头，具有卓越的经营管理能力；有些公司具有垄断特征，可以独占行业利润；有些公司则独辟蹊径，具有独特的经营模式。类似的经营特点使得这些上市公司或坐收渔利，或稳健成长，或超常发展，随着时间的积累，它们的股价也获得惊人的涨幅。因此，我们可以通过以下方法寻找这一类股票：

①从龙头股中捕捉暴利股

②从垄断型公司中捕捉暴利股

③从经营模式独特的公司中捕捉暴利股

3）从ST股中捕捉暴利股

中国的股市变幻莫测，投资者精心挑选的"极具投资价值"的个股却往往不见股价动静；专业人士推荐的较为稳定保险的个股也未必保险，而人人唯恐避之不及并不断下跌的ST股，却可能忽然摇身一变，涨得令人跌破眼镜。"最危险的地方往往最安全"，这句话有深刻的道理。一只股票因为连年亏损变身ST，就会人人避之唯恐不及，常常遭遇连续下跌的命运，但物极必反，下跌到跌无可跌，可能机会就来了。而主力常常在众多投资者弃亏损股如草芥的时候，在极低的价位大肆打压吸筹，等到时机成熟，一切忽然反转，原来的ST股也从低位起飞，变身为股市最耀眼的明星。针对ST股，投资者要有以下意识：

①ST 股存在暴利机会
②投资有望摘帽、摘星的 ST 股
③投资有望重组的 ST 股
④跟踪 ST 股以敏锐捕捉其反转时机
⑤注意防范 ST 股的风险

中长期投资怎样捕捉暴利股

想短期赢取暴利，势必给交易带来风险，对业绩优良并有巨大发展潜力的股票进行中长期投资，则是擒获暴利股的稳健方法。正确的长线投资方法是用基本面的分析方法进行股票的选择，买入股票的时间是在股票的底部，其要点如下：
①持续的股本扩张能力是暴利股必须具备的要素
②选择资产重组后脱胎换骨的公司股票
③选择低价行业龙头股
④抵抗市场投机的诱惑

六、股票套牢怎么办

套牢，这一现象在股票市场中十分常见，它是指股票投资者原预测某种股票的价格会上涨，但买进该种股票后，股票的价格却产生下跌，直到低于买进价格，使买入股票的成本价远远高出目前交易价格的状况。

显而易见，套牢就意味着亏本，它是每一位股票投资者都不愿遇到的，但在充满机遇与风险的股票市场中，要想永远不被套牢是不可能的。若您作为一位股票投资者，一旦真的被高价套牢该怎么办？这就需要您在努力争取胜算的同时，也要做好被套牢后解套的充分准备。

面对套牢，首先，要冷静，要经得住赔本的打击：即在投资之前，做好一定的心理准备，被套牢后，就会镇静自若，迅速做出反应，着手处理，摆脱困境。其次，投资者还需具备一定的解套技能，脱套方法通常有被动解套和主动解套两种方式。在被动解套方式中，投资者主要采取持股等待，即在股票被套后，只要尚未脱手，就不能认为已亏本。若手中所持股票均为品质良好的绩优股，且整体投资环境尚好，股市走势仍为多头市场，就可紧握手中筹码，静候时机好转，待到价位高于成本价时再卖出，获得解套。这是一种消极的处理方式，在资金周转上，投资者容易陷入一定程度的窘境；在心理上，投资者还需要承受一定压力，冒有较大的风险。

由于被动解套多偏于消极的一面，大多数被套的投资者都采取主动、积极的解套方式，依靠自己买卖股票的知识和技巧来达到解套的目的。它主要包含以下几种方式：

停损了结法

所谓"停损了结"就是将被套牢的股票全盘卖出，即把高价买进的股票低价抛出，以免股价继续下跌而遭受更大的损失。以投机为目的的短期投资者和持有劣质股票的投资者多采取这种方法。因为在处于跌势的空头市场中，品质较差的股票难有回升的机会，持有时间越长，投资者的损失也将越大。

在一般情况下，投资者当然不要轻易卖出股票了结，但在特殊情况下这种方法不仅是必要的，而且还是一种股票操作技巧。通常一名成熟的股民是敢于赔钱了结的。因此，在下文两种情形中，投资者一定要注意观察股市走势，选择合适时机，果断地采用此方法。

1）大盘要反转下跌时

当大盘要从上升趋势转为下跌趋势时，持有股票是很危险的，投资者要去掉幻想，即使亏本，也要迅速抛出手中的股票，否则，损失会加大。

例如，某投资者在 2018 年 1 月以 12 元的价格购买 1 万股 K 股票，在上证指数上涨至 3500 点时，有人见大盘即将反转，劝他以 11 元的价格抛出，但该投资者考虑到抛出后要亏损 10000 元，就继续捂股。直到 2018 年 3 月底股票指数跌至 3100 点时，该投资者见股价难以回升且急需用钱，才以每股 9 元的价格将 1 万股 K 股票全部抛出。在此例中，投资者由于没有及时停损了结，不仅在经济上多亏损了 2 万元，而且还在心理上受到了相当大的打击。

2）误购炒高股

在人为的炒作下，有些股票的价格远远高于它的价值，且脱离大盘运行的轨道,而在市场上,有些投资者欠缺思考,盲目跟风追涨,错将这些被炒高的股票购入。事实上,这类股票已属"天价",一旦下跌,难有回升、解套的机会,因此,买入该种股票是极其危险的。

特别是很多新股,一旦入市,往往成为人们恶炒的对象,投资者误购这些高价股的可能性很大。

因此,投资者在投资过程中不要盲目跟随"潮流",在选购某种股票前,需查找相关资料,确定其最高价格、最低价格和平均价格,看清目前该种股票走势,千万不要购买因恶炒而创新天价的股票,一旦误购,应当机立断,迅速脱手,即使亏本也在所不惜。因为这种高价位购入的股票已无上涨空间,而有更多的下跌空间,除了停损了结,别无选择。

在停损了结的方法中,根据持有股的多少,可采取一批了结法和分批了结法。例如,某投资者手中持有 600 股股票,当价格跌到界限点,他全部售出,这为一批了结法;当他持有股数较多,如 4 万股时,便可规定一个临界度,如 19.5~20 元,出 1 万股,跌至 19 元时,再出 1 万股……这是分批了结法。这种方法有助于进一步减少风险损失,如若价格反转上升,便获利,增大反败为胜的机会。

拨档子法

拨档子就是多头先卖出股票,即先停损了结,然后在价位变动到较低价位时,给予补进,待到上升时抛出,以本次盈利抵补上次亏损,减轻或轧平上档解套的损失。

例如,某投资者以每股 50 元买进一种股票,当市价跌到 47 元时,他经过分析认为股市可能会继续下跌,其间可能有小的回转,就以 47 元抛出,赔钱了结。随后当股价跌至 43 元时又买入,后来,该股票由 43 元升到 45 元,他于此时卖出了结,获取 2 元的收益,和不采取拨档子法相比,减少了损失。这样,既减少和避免了套牢损失,有时还能反亏为盈。

拨档子法多适用于资金有限的投资者,而且在熊市中有明显的效果。

摊平法

随着股市的下跌,投资者可采用该种方法,在不同的界限点多次加码买进股票，以降低所持股票的平均成本，并在股价回升至平均成本之上时，即可解套。

例如，某投资者以市价 50 元买进某种股票 200 股，他本认为该股票会上涨，不料反而持续下跌，当股价跌至 40 元时，他买进 200 股，当跌至 30 元时，又买进 200 股。此时，他所持 600 股的平均成本为 40 元，当股价反转至 40 元时，他就可解套。

采用摊平法，一般须有较充裕的资金，并以整体环境尚未恶化、股市并未由多头市场转入空头市场为前提，否则，就会陷入越套越多的困境。

冷热互换法

在该方法中，有两种操作方式可供投资者选择：一是去弱留强，即先忍痛把手中的弱势股抛出，然后换进市场中的强势股，当投资者发现手中所持股票为明显的弱势股，且在短期内难有翻身机会时，采用此方法有明显效果；二是去热留冷，与前者相反，这时是热门股的股价已很高，难有再上升的机会，此时可把热门股卖出，换进未上涨的冷门股，低价冷门股一般有补涨行情，这样，避免了被套牢的危险，又加大了一定的胜算。该方法看起来有点保守，但较为稳健。

在股票市场中，股票被套牢的现象、原因多种多样，投资者在运用解套方法时，要果断、迅速、敢于忍痛割爱，同时应针对不同问题选择相应的方法，对症下药，灵活运用。

第十一章
规避股市风险

一、股市常见风险
二、规避各种股市陷阱
三、规避认识误区
四、保持良好心态
五、规避风险有技巧

一、股市常见风险

股市作为一个高风险的投资场所,既能给投资者带来丰厚回报,也能让投资者血本无归。虽然中国股市长期看好,然而市场变幻,风云莫测,正如投资者入市前熟知的警句"股市有风险,入市须谨慎",因此,正确认识和规避市场风险对于投资者来说,十分重要。

系统性风险和非系统性风险

股市中的风险,大体可以分为系统性风险和非系统性风险。系统性风险指的是总风险中影响所有股票价格变化的那一部分风险。经济的、政治的和社会的变动是系统风险的根源,它会给所有的股票带来风险,这也是系统性风险的一个主要特征。

1)系统性风险的主要形式

①购买力风险。又称通货膨胀风险,是指由于通货膨胀引起的投资者实际收益率下降的风险。

②利率风险。一般来说,银行利率与股票价格成反比,即银行利率上升,股票价格下跌,反之亦然。

③汇率风险。指因汇率变动而给所有公司的股票所带来的风险。

④宏观经济风险。这类风险主要是由于宏观经济因素的变化,比如经济政策变化、经济的周期性波动以及国际经济因素的变化带来的。这类变化会对股票价格产生极大的不确定性,给投资者带来风险。

⑤社会政治风险。稳定的社会、政治环境是股票市场正常发展的基本前提。倘若一国政治局势出现大的变化,如政府更迭、国内出现动乱、对外政治关系发生危机时,都会在股市中反映出来,导致股票价格大起大落。

⑥市场风险。是指投资者对股票投资前景(主要是对股票收益的预期)

的看法发生变化所引起的股票价格的变动。

2）非系统风险的主要形式

非系统性风险是总风险中只对一个公司或一个行业产生影响的风险。非系统风险的主要形式有四种：

①金融风险。这类风险主要体现在公司筹集资金方面，可以通过观察公司资本结构来估量该公司股票的金融风险。一般来说，资本结构中贷款和债券比重小的公司，其股票的金融风险较低；反之，金融风险就高。

②经营风险。是指公司经营方面出现问题对股票价格变动产生的风险，它既可以来自公司外部经营环境，也可以来自公司内部经营管理方面。

③流动性风险。这类风险主要涉及公司资产的变现问题。公司资产变现的困难越大，则该股票的流动性风险越大。

④操作性风险。操作性风险主要由投资者自身造成。在同一个市场上，对同一只股票，不同投资者投资带来的结果可能大相径庭，有的获利丰厚，有的亏损累累。这种差异很大程度上是因投资者不同的心理素质、不同的判断标准、不同的操作技巧造成的，其中最重要的还是心理因素。

因非系统风险仅涉及某个公司或某个行业的股票，所以，投资者可以通过变换投资方向或购买多个行业（公司）的股票来减少或避免非系统风险。

传言风险

传言如同股市影子，无所不在。在中国的股市中，消息面的影响非常大，投资者重视消息无可厚非，但对各种各样的股市传言，应理智看待，不仅要学会分辨消息的真伪，还要知道如何运用消息去操作。

股市的传言可以分为三类：

1）传闻传言

主要来自媒体对一些专家，也包括对上市公司负责人非正式的访谈，某些人士会从中透漏出对尚未正式出台的法规条文、政策的看法，对经济形势的个人见解，等等。这类消息如果属实的话，确实可以为投资者的投资决策提供很大帮助，但如果不加分辨，一概相信，难免要吃大亏。所以投资者一定要认真分析真伪。

2）预测、估计

主要是一些股评家、分析家发表的对股市甚至某只股票前景的看法、估算，另外还有一些非正式场合部门领导人的估算。这类消息有一定的借鉴意义，但也不可盲目跟从。

3）市场上的谣言

这类消息往往来无踪，去无影，如某某超级大户坐某某股的庄，消息灵通人士说某某股有重大利好等等。不明究竟的散户很容易相信并立即买进，对于这类谣言，一定要保持高度的警惕。

仅仅依据市场的传闻来从事股票投资绝非明智之举。投资者一定要学会鉴别真伪、虚实。首先要问消息的来源，对于虚无缥缈的谣言最好不为所动。即便是一些有来源的消息，也要根据自己掌握的知识，判断其发生的可能性。

盲目跟风的风险

1）盲目跟风是大忌

买东西都要货比三家，对于证券交易动辄数十万元、数百万元的大手笔更应谨慎行事。而一些投资者在股市交易中却相当草率，存在盲目跟风现象。

盲目跟风实质是依赖心理作祟。在股票投资上适当借助他人力量是必要的，但必须从始至终坚持独立思考、自主判断的原则。

2）掌握投资分析工具

投资者盲目跟风，从技术上说是缺乏分析股价走势的能力和工具。经过股权分置改革，中国股市开始步入健康发展的轨道，不确定性因素逐渐减少，而可确定因素逐渐增加。这时，技术分析工具的作用日益突出。比如，根据业绩来选择投资品种，就让许多投资者大为受益。

当然，业绩好的公司也有各自的特点。比如，有些企业的业绩受季节性影响，具有一定的时间周期性；有的企业业绩容易受到政策因素的影响，周期性不明显，不确定性风险大。如何选出适合自己投资风格的股票，如何选择具体操作方式，对于投资者来说，就是非常重要的课题。因此，投资者应该学会使用一些基本的投资工具并具有一定的分析能力，这样才能在股市中应付裕如。

熊市风险

在熊市中，一般人会更加谨慎，因为熊市风险大是大家的共识。但是即便如此，仍然有一些风险为很多投资者所忽视。以下是股民在熊市中的常见错误：

1）爱用相反理论

遇到熊市，一些投资者（尤其是新股民）认为"别人都绝望了"，"大底来了"，于是盲目进入抄底。其实，真正的熊市来临了，多数股价90%以上的时间里都是下跌，剩下9%的时间是反弹和横盘，只有1%的时间是否极泰来的时候。这时多数人的看法是对的，一味地与别人背道而驰，最终别人幸运你倒霉。

2）运用以前的经验

一些投资者相信，历史总是在重演。但是，股市有一个重要特点，就是每次行情都不一样，将以前的经验套用于现在，往往失利。

3）提前行动

一些投资者缺乏定力，不等看到趋势逆转的信号就提前进场，或者抄底或者逃顶，并因此无端套牢或坐失良机。

4）不放过任何波动

熊市中也会有一些短期波动和反弹，一些投资者总不情愿空仓，紧盯盘面，一有红线便杀进。然而熊市中的反弹只有大约10%的部分有操作意义。

5）没有止损观念

不甘心割肉，总想在反弹时减仓，更希望在反弹最高点时再出，其结果便越套越深。

牛市风险

对于熊市中的风险，投资者已形成共识。但牛市中的风险，一般人都会忽视，其实，牛市中依然存在风险，主要表现在：

1) **业绩风险**

上市公司的业绩永远是股市中的试金石。在牛市中一些亏损股、微利股的股价也有相当涨幅，但是决定一只股票中长期走势的依然是业绩。所以那些经不起年报和半年报的考验的股票，业绩公布之时往往也就是股价下跌之日。

另外，一些上市公司存在虚报盈利的情况，如果投资者轻信而不全面了解公司的情况，贸然持有该公司股票，一旦虚报被揭露，股价下跌，投资者往往会遭受损失。

2) **扩容风险**

新股发行、再融资和海外股回归A股市场等扩容行为，可能造成股市资金相对不足，而给牛市带来一定的不可测因素。

3) **违规风险**

随着股市的火爆，各路资金涌进股市，一些违规资金也趁机进入，监管层也因此施以重拳。2017年，证监会对涉嫌存在违法违规行为立案调查，并做出处罚。但个股的风险并未随之降低，投资者在选择股票时要更加谨慎。

4) **交易故障风险**

这是经常被人忽视也是在牛市中发生概率很大的一类风险。股市火爆，股民急剧增多，成交次数、成交量数倍放大。券商往往来不及更新硬件，老化的设备常发生交易故障，诸如堵单、电话委托占线、网上交易故障、银证转账不畅等等，给投资者带来巨大损失。因此股民应保证有多种交易通道（例如既开通网上委托，又开通电话委托），以备不测。

信息不对称风险

投资者在股票市场做出买卖交易决定,都是以对市场信息的掌握为基础。

我国的证券市场是新兴市场,还处于待完善阶段。目前,信息不对称是最需要防范的风险之一。在资本市场,相关利益主体总在通过各种方式影响市场,以引导行情向着利于自己的方向行进。许多流言蜚语一经互联网、手机短信等的传播,就容易对行情走势产生突发性影响。中小投资者倘若不能辨别真伪,被各种空穴来风的信息所左右,就可能上当吃亏。

此外,信息不对称的风险还在于,一些相关利益主体也常常利用掌握内幕信息的优势,进行各种违规甚至违法交易。

而通过内幕交易来追求个人利益最大化的行为造成的不确定性风险,即使专业人士也无法估量和预测。因此,这类风险往往是投资者无法控制,甚至无法预料的。

因此,信息不对称的风险要求投资者在入市之初就要学会对各种信息进行筛选和辨识,不能听风便是雨,被千奇百怪的谣言牵着鼻子走。

二、规避各种股市陷阱

目前我们的股票市场尚不完善,一些人为了牟取私利,设置下各类陷阱,常使人防不胜防。陷阱设置者有来自上市公司的,有来自证券商的,也有庄家或股评家甚至于中小散户。

骗线陷阱

由于技术分析中靠价格和成交量来形成技术指标,某些股市操纵者通过操纵股价和成交量,很轻松地就可以使K线或其他技术指标呈现典型的卖出或买进的形态,即骗线。一些仅靠技术分析来判断股票买卖时机的投资者便往往会吃亏上当。

因此在投资决策时,一方面应将技术分析与基本面情况相结合,另一方面在运用技术指标时，最好用中长期指标，因为时间越长，被做假的难度越大，被做假的可能性越小。

另外，股民始终要记住，股市中永远是图线随着股价变，而不是股价随着图线变，在技术分析中应谨防将两者本末倒置。

专家陷阱

股市专家对股市有比较深入的研究和理解，其投资建议往往比较中肯。因此，不少人把他们视作权威而过分依赖。但是，股市变化莫测，没有哪位专家能做出百分之百的准确预测，迷信专家往往会使自己遭受损失。股市专家造成陷阱通常有以下几种原因：

①股市专家在投资方面虽有一技之长，也难免有贪婪、恐惧和从众的某些弱点。

②股市专家在得出结论时，并不仅仅依靠独立思考，彼此之间也存在着相互影响；另外，股市专家不约而同得出的结论，其依据可能是同一种并不可靠的信息和理论。

③最可怕的又比较常见的专家陷阱是，某些股市专家充当机构大户的宣传工具，帮助机构大户散布影响市场的看法，使中小投资者做出错误选择。

因此，股市专家的意见可以参考，却不要盲目信取，只有坚持独立理性分析，不被外界所左右，才能避免可能造成的损失。

咨询机构陷阱

证券咨询机构通过向股民提供咨询信息收取相应费用，本来是一种正常的咨询服务。然而也有一些不良咨询机构相信"不炒股票炒股民"，以所谓"能搞到内部消息""高回报低风险"等诱人的幌子吸引投资者上钩，破坏了市场规则，污染了整个咨询行业。

典型的咨询机构陷阱有以下几类：

1）**招募会员**

一些不良咨询机构通过吸引投资者成为会员，从而骗取高额会员费。他们通常会在电视、网络等媒体打出广告："昨日我们推荐的××股票今日涨停,今天再免费向最先打入电话的20位投资者赠送一只大牛股,这只股票现在刚刚结束调整,马上就要爆发向上,想知道这只股票具体是什么,请迅速拨打免费咨询电话×××。"但当投资者拨通电话时,并不会得到推荐股票的代码,咨询机构只会反复宣传会员将得到投资指导方面的超值回报,并劝说投资者入会。

如果投资者交了不菲的会员费成为会员,却没能赚到钱,甚至亏损,咨询机构会说:"您交的是初级会员费,所以成绩不太理想,如果您再交×万元贵宾会员费,我们老师直接带您操作。"据说有咨询机构曾从自有资金17万元投资者身上收取了12万元会员费,其营销水平令人惊叹。根据调查,在交纳了会员费之后,绝大多数的投资者并不能实现自己的盈利目标,投资效果与自己操盘相差无几。因为咨询机构收会员费才是真正目的,股民赢利与否,他们并不关心。

2)妙提佣金

一些炒手带领股民炒股,通过与券商暗中分享佣金的方式赚取钱财。典型的是由某个有经验的"老师"在券商处承包一个大户室建立工作室,并亲自指导股民操作。"老师"的真正作用是为证券营业部带来大量的客户和交易佣金,因此他们并不需要教会股民如何炒股,而是着力于提高交易量,所以其投资建议往往是频繁交易,短线出手。因为只有这样,券商才能给"老师"不菲的返佣。

3)借钱坐庄

一些咨询机构先让投资者频频赚取小利,令其产生崇拜心理,然后利用这种心理让投资者完全执行其买卖指令,这相当于借别人的钱控制股票走势。如果借钱坐庄顺利,虽然让出部分利润给投资者,但尚有大量会员费作为补偿;而一旦坐庄失败,接盘的则只能是投资者。

4)推销软件

证券分析软件可以帮助投资者研判股价走势,但一些软件推销商往往用极具煽动性的宣传口号(如"准确发出买卖信号""准确捕捉涨停板""快速获取翻番暴利"等等)误导投资者购买价格昂贵的证券分析软件,并交纳不菲的服务年费,从中牟取暴利。

实际上，一些软件宣传的"准确发出买卖信号"的实战案例往往是"事后诸葛亮"，其间很多不成功的预测都被掩去不提。

预测一只股票的走势，除了要考虑技术面，还要考虑基本面、政策面、资金面等因素，仅靠一个技术分析软件就能准确获知股票或股市走势并不现实。

由上述一些不良咨询机构的做法可见，他们关心的是投资者的会员费、佣金、软件费等，而非投资者能否获得投资收益。因此应提高警惕，谨防咨询机构陷阱。

上市公司的陷阱

一些上市公司为了维护公司股价或出于其他目的，会在财务上做手脚，欺骗投资者。

1) 虚增资产负债比率，虚构企业偿债能力

衡量企业的偿债能力主要看企业流动资产对负债总额的比率。只要该比率不小于1，企业就具有较强的清偿债务能力。但现实中有些企业经营不善，流动资产不足，造成债务过多，二者的比率小于1。为了吸引公众投资，这些企业就采取在资产负债表中人为提高流动资产或降低负债总额的方法，增大流动资产对负债总额的比率，制造企业有良好偿债能力的假象，欺骗投资者。

2) 虚报盈利，虚构投资价值

企业盈利是公司是否有投资价值的一个重要指标。有些公司本来盈利欠佳，虚盈实亏，却在损益表中硬性增报利润额，相应多报销售和其他业务收入，或者相应少报产品销售成本、营业外支出。

3) 虚构投资者权益，夸大企业实力

投资者权益是指全部资产减去全部负债后的余额，即公司资产净额，包括股本（原有出资额）和保留盈余（累积未分配收益）。资产净额的大小是公司实力的重要标志。公司股本透明度较高，难以作假；而保留盈余部分的未分拨部分用作发放股利。于是有些企业虚构保留盈余，人为制造投资者权

益增大的假象，以提高股票的投资价值。

4）虚构成本费用利用率，夸大企业效益

成本费用利用率是利润总额与成本费用总额之比。该利用率越高，说明企业挖潜降耗能力越强，企业越有投资价值。反之则企业创利能力较低，投资者不会将资金投向该企业。有的企业为了提高自己的投资价值，会虚构成本费用利用率，夸大企业效益。

5）虚构速动资产和流动负债，夸大企业变现能力

速动资产与流动负债的比率体现企业的变现能力，如果该比率小于1，则企业的变现能力较差。速动资产包括流动资产内的现金、有价证券、应收款项等，体现在资产负债表中是货币资金、短期投资、应收票据、应收账款等项目。一些企业为了使投资者相信其较高的变现能力，便通过人为提高速动资产或降低流动负债等方法欺骗公众。

6）少报负债额度，隐藏财务风险

负债额的大小是衡量一个企业经营状况的重要指标。如果负债额大于资产总额，说明企业已经资不抵债，就不会有投资者持有其股票。在这种情况下，有些企业便少报负债额，掩盖资不抵债的事实。

7）少报支付承诺，隐瞒企业风险

有些金融机构或企业为他人的债务提供担保，从中收取一定费用。此类担保通常具有相当的风险，所以一些金融机构或企业会在有关财务报告中隐瞒相关情况，不报或少报此类担保。

8）隐瞒资产损失，制造虚假印象

资产损失至少包括存货损失和固定资产损失两种。资产损失如果公开，会打击投资者的信心。因此，有些企业在对外公布财务信息时，将实际存在的资产损失不在资产负债表中填列，而是与存货或固定资产项合并，隐报资产损失。

9）隐瞒招股、配股募集资金实际到位情况

上市公司故意将招配股募集资金没有完全到位的情况隐瞒起来，对外声

称募集资金已全部到位。其目的是避免让投资者对公司的运营和前景产生疑虑。

股评的消息陷阱

当股市处于牛市，媒体上各种股评满天飞，点评个股并向投资者进行推荐。但部分股评往往是消息陷阱，使股民因此而蒙受巨大损失。股评消息陷阱有四种类型：

第一种，股评家本身并不具备特别的洞察力与准确的分析能力。他们一脸严肃，却信口开河，股市火爆时推波助澜，股市走弱时悲观丧气。

第二种，由于影响市场的因素繁多而复杂，股评家也难免会出现一两次判断失误，客观上构成陷阱，但他们的本意并非如此，因此可以谅解。

第三种，股评家与庄家或上市公司联系，有意设置消息陷阱，制造假象，这类股评毫无可信度。庄家进货时大唱悲观论调，制造利空消息，迫使散户斩仓割肉；庄家出货时则"强力推荐"，制造利好消息，误导散户高位接货。

第四种，因害怕得罪上市公司或庄家，股评家有时不说真话而造成消息陷阱。比如，股票基本面明明很差，却遮遮掩掩，含糊搪塞，形成对股民的误导。

以上四种股评的消息陷阱，危害最大的是第三种，其次是第一种和第四种，第二种虽然并非自觉，但毕竟造成了损失，依然要给予指责。股民要学会独立分析市场走向，自主投资，才是根本之大计。

三、规避认识误区

除了股市客观方面的风险可能导致投资者遭受损失，主观上的认识误区也会令投资者坐失良机或遭受损失，常见的有以下几种：

既然已涨了那么多，就不可能再涨了

无论长期投资者还是短线投资者都存在此认识误区。其实对于长期投资

者来说股票终究会涨到什么程度最终要取决于上市公司,只要公司的经营情况良好,赢利在继续增长,那么股价就可能还有上涨空间。

对于短线投资者来说,这种认识导致他们不敢追高,不敢追龙头股。常见的是"恐高症",一只股票开始上涨时,不知道它是不是龙头,等大家知道它是龙头时,已经有一定的涨幅了。这时散户往往不敢再跟进,认为股价已经很高,再去追涨被套住了怎么办?其实强势股涨势越强,跟风越多,上涨越是轻松,见顶后也会有相当时间的横盘,让你有足够的时间出局。股价的涨跌与价位的高低并没有必然联系,关键在于"势",在上涨趋势形成后介入,安全性很高而且短期内获利很大。核心问题在于如何判断上升趋势是否已经形成,这在不同的市场环境中有不同的标准。比如在大牛市中,放量创出新高的股票是好股票,而在弱市中,这往往是多头陷阱。当然,如果涨幅太大,自然不可贸然追涨。

股价已跌了那么多,它不可能再往下跌了

这是关于股价底部的一个认识误区。当一只股票价格下跌到一个前所未有的低价时,总有不少人认为股价已跌了那么多,不可能再往下跌了,现在应该是底部了。当该股是一家市场前景十分看好的公司股票时,抱这种观点的人会更多。有这种看法的人觉得现在是机遇,只要这时买进,不久就会大赚一笔的。但事实上股价仍可能继续下跌。

这种想法也会让原来被套牢的人不愿意止损。即便这时已经到了止损线,由于认为目前股价处于底部,可能反弹,从而继续持有,结果是被套得更深。

实际上,和股价上涨时没有限度一样,一种股票价格会跌到何种程度,也是没有限度的,它与宏观经济状况和大市的走势有关,而不能以公司的经营良好来做保证的。

股票便宜,不会有多大损失

这是初入股市者常见的一种认识误区。刚刚进入股市的新股民,没有经验,想赢又怕亏,于是专挑价格比较低的股票买。他们的想法是我买入的股票很便宜,即使股价跌了,我也不会损失太大。其实这种认识是错误的,只

要股价下跌，价格高的股票和价格低的股票都具有同样的风险。如果分别用1000元购买每股5元的股票和每股1元的股票，同时下跌10%，损失是同样的。不管购买的股票价格为多少，只要挑选错了，都要付出代价。

存责怨之心

股市中有句名言：股市无是非，不必责怨人。

当遇到股市行情下跌时，常有人会责怨做空的人抛空行情，责怨小额投资人无端心慌抛售，助长跌势。其实，股市上存在着多方和空方。一般来说，多方是由看好股市前景的人组成的，空方是由看淡股市前景的人组成的。只有多方的买进和空方的卖出同时存在，股票交易才能实现。股市一般不会出现只存在多方或空方的情况，人们对股票行情的看法总会存在差异的。

更重要的是，抱怨别人于事无补。与其报怨，还不如认真总结教训，避免重蹈覆辙。

频频交易可赚钱

新入市的股民，常常希望在短时间内赚到大钱，于是频频买卖股票，这恰恰是经验不足的表现。

首先，短线操作时，频繁买卖，支付的手续费相应增加。投资者应尽量避免短线频繁进出，以减少不必要的交易费用支出。

其次，在多头行情中，多数股票都会涨一段时间。若频繁交易，就会因小失大，使人失去方向感和趋势感。而在空头行情中，多数股票都会跌一段时间，此时频繁交易，难以保证买进的股票会逆市上涨。

此外，频繁操作也会增加失误的概率，利用市场调整期间休息一下，以无货一身轻的态度、旁观者的身份研究市场走势，会更客观些，有利于自己提高炒股本领。

迷信技术分析

技术分析在股市研究中具有重要作用，否认技术分析的有效性固然不对，但把技术分析的作用夸大到不适当的地位也是危险的。

股民之所以不应迷信技术分析，首先在于技术分析是一种工具而不是科学，也并不是百分百准确。所以在使用技术分析工具时，要先考问，其正确性有多高？原因何在？

此外，图表、指标只是对过去信息的反映。预测所指向的也只是未来走势的一种可能，所以不能本末倒置，把注意力集中在行情走势是否符合技术分析上，而应关注技术分析结果是否符合实际走势。

盲目相信股市理论

股市理论是人们对股票市场内在规律的一种探索，它本身并不是科学定律，也有各自的优缺点。投资者学习股市理论会拓展观察股市的角度和深度，但切记不能将理论奉为唯一的准则，盲目相认。关于股市理论，股民应记住以下几点：①股市理论不是科学理论，而是一种研判工具。②股市理论不能放之四海皆准，而都有局限性，只在一定条件下才成立。③同一事件用不同的股市理论分析，可能会得出不同结果。④盲目崇拜一种股市理论会使我们忽视其他理论及信息。

持股数目太多

新股民常常没有形成自己选股的方法，而靠别人推荐。结果不知不觉就持有十多只股票，操作中顾此失彼。

那么散户应该买多少只股票比较合适呢？股神巴菲特建议，散户持有3到5只股票比较理想。

四、保持良好心态

自律

投资股市要有周密的考虑和果断的操作，这些都需要投资者有严格自律的能力。

一般投资者都知道炒股的一些基本原则，但到实际操作中，便很容易被市场假象迷惑，缺乏严格的自控力。因此，股市投资的成败，往往不在于信奉哪些原则，知道哪些策略，而在于投资者能否自觉自律、始终如一地贯彻这些原则策略。

自律可使投资者在众人企盼更高价时卖出，自律也可帮助投资者除去贪念，让别人去抢最后的一段上涨，而自己轻松地保持赢家头衔。

乐观

乐观是克服所有不良心态和情绪的灵丹妙药。在股市中始终保有这种心态，那么无论股价涨跌，都能坦然面对。股市低迷时，乐观可驱散怨气、忧愁，克服悲观甚至绝望的心理，有利于恢复信心；遭遇股市风险时，乐观可排除焦急和烦躁，缓解恐惧造成的心理压力，有利于迅速回到冷静状态。

有些投资者获利时欣喜若狂，而一旦操作失误便垂头丧气，总让乐观的天平处于失衡状态。而情绪上的大起大落极易造成判断失误，使投资失败。因此，善于保持乐观心态的股民会平衡自己的情绪，使身心始终处于愉悦状态。心态平和，精、气、神、脑力保持良好的状态，判断才会更准确，才能做到从容面对股市风云。

果断

面对股市涨涨跌跌，除了正确决策，更要毫不犹豫地按决策执行，这要求投资者行事果断。一些投资者心智不够果断坚决，在上升行情初期始终不能下决心追价买进，眼看股价步步涨升而错过良机；而在行情下跌初期也不能果断卖出，使损失在犹豫中迅速扩大。在实践中，投资者心中应有一把"剑"，该买就按照市价买入，该卖就按照市价卖出，特别是在市场重要转折关头或研判行情出现大失误时，更需要行动果断。

冷静

狂热是投资者的大敌，冷静才是制胜的法宝。股市越热闹，股民心中越要保持冷静。这就要求面对股价上蹿下跳、行情跌宕起伏，始终保持心态稳定。不盲目追涨杀跌，也不期望去寻找快速翻番的牛股。冷静全面地分析个股，准备买入时不慌不忙、不急不躁，"一看二慢三通过"。只有理性冷静地做投资，才能成为股市的赢家。

平常心

平常心是股民应有的一种良好心态，它是战胜一切的法宝。没有平常心，即便再成功，最后也会因一时贪婪而失败。只有真正以平常心对待股市，股民才不会因为行情的变化而忐忑不安，也不会因为股市的涨跌而患得患失。这样才能在股市中从容进退，左右逢源。

敢于承认错误

决策失误是投资者普遍会遇到的情况。失误并不可怕，可怕的是寻找借口，惧怕承认错误、分析错误。一些投资者往往敢赢不敢输，面对决策失误的事实，回避拖延，不敢正视。而错误并不会自动消失，相反，回避只会使后果更加严重。因此，出现投资决策失误时一定要敢于承认错误，采取果断措施停止损失。

此外，股民应经常分析自己的错误，有意识地反省、检讨自己的行为，防患于未然。一旦证明投资方向错误时，应尽快放弃原先的看法，保存实力，而不能为了面子苦撑局面，最终毁掉自己的资本。

成功的投资者一定要有承认错误的勇气，只有不断从错误中分析原因，汲取教训，采取措施，才能避免重蹈覆辙，使自己的投资能力百尺竿头，更进一步。

独立

在股市中，投资者无论赔赚，都是自己的钱，因此在做出决策时，理应独立自主。

独立做出投资决策除了要相信自己的理性分析，更关键的是要尽力避免被周围环境影响。很多投资者都有切身体验，事先建立的信念、做出的判断多数是对的，但一看到证券行情跳动的数字，就很容易受到影响；或因亲朋好友传来的"内线消息"打乱了原来的计划,做出错误的判断和行动。因此投资者要避免受到市场气氛的感染,最好是不到证券营业部,也不要依赖股评买股,更不要听小道消息炒股,而要相信自己经过独立理性分析做出的判断。

另外,每个人都有自己的投资风格,适合别人的操作未必适合自己。真正成功的股票投资者,其投资计划每每特立独行,并默默地贯彻到底。

五、规避风险有技巧

在股市中,收益和风险如同一枚硬币的正反面,两者总是紧密相连。虽然人们都希望以最小的风险换取最大的收益,然而在实际的投资中往往不能如愿以偿。一个理智的股民不仅要面对风险,认识并预测风险,还要采取各种有效的投资方法,防范各类风险的发生,使收益得到保障。

投资要量力而行

投资者在做投资决策之前,必须衡量自己承担风险的能力,量力而行。

首先,要做到全部以自有资金买进,决不靠借钱或贷款来投资股票。

使用自有资金的好处在于,当投资者遇到股价下跌或上升时,因为不必受债主上门或银行逼债的困扰,而能更加冷静客观地做出买进或卖出的投资决策。若借贷款投资股票,在股价涨跌一定幅度之后,很容易因为过度担心本金的安全而做出草率决定。

其次,凡是购买股票的资金应该是宽裕而非急用资金。股票市场有涨有跌,当股票被套牢,投资者如果是用宽裕资金买的股票,就可以静待股票价格回升,寻找适当时机卖出,减少亏损;但若是急用资金买入的股票,因无法长期持有以待有利时机到来,只能忍痛割肉。

因而以下的几类资金不宜用来买股票:

1)**正常的生活费用**

用于日常生活用品、基本消费品的资金是绝不可以购买股票的,即使是压缩正常消费来买股票也不提倡。一般而言股民应存有半年至一年的用于支付日常生活开销的费用。

2）急用款项

这些急需的资金一般是用于建房、结婚、生子等以及教育费用、医疗费等。股票赢利在于赚取利差，如果股市逆转，所买股票被套牢，急需用钱的时候就无法变现，卖出则大亏，不卖则无应急的资金，陷入进退两难的困境之中。因此这些钱可以用来买收益稳定可靠的债券或进行储蓄。

3）遗产、保险金、养老金、退休金

这些资金原则上不适于投资在股票上，均应投资于本息稳定、安全的存款、债券上。

熊市中控制仓位技巧

在熊市中，投资者只有重视和提高自己的仓位控制水平，才能有效控制风险，防止亏损的进一步扩大，并且争取把握时机反败为胜。具体的仓位控制方法有以下几种：

1）**持仓比例**

在熊市中持仓原则是轻仓，最好不要重仓或满仓。如果被重仓或满仓套住，要把握住大盘下滑途中的短暂反弹机会，将一些浅套的个股适当清仓卖出。因为，在大盘连续性的破位下跌中，仓位过重的投资者，其资产净值损失必将大于仓位较轻投资者的净值损失。股市的非理性暴跌也会对满仓的投资者构成强大的心理压力，进而影响到投资者的实际操作。对于部分浅套而且基本面不是太好，上升空间不大的个股，要果断斩仓。只有保持充足的后备资金，才能在熊市中应变自如。

2）**仓位结构**

熊市中受影响较大而产生连续性暴跌的很多是一些基本面比较差的个股，且它们之前已被爆炒，所以股民应择机卖出这些股票。这时可选择一些基本面比较好的、有新庄建仓、未来有可能演化成主流板块和领头羊的个股逢低吸纳。千万不要忽视这种操作方式，它是决定投资者未来能否反败为胜或跑赢大势的关键因素。

3）分仓程度

投资者分仓程度首先是根据资金实力的大小。资金多的可以适当分散投资，资金少的不宜采用分散投资操作，因为这样做会大大提高交易成本。

如果投资者判断股市进入熊市末期，大盘止跌企稳，并出现转好迹象时，对于战略性补仓或抄底型的买入操作，可以适当分散投资，并分别在若干个未来最有可能演化成热点的板块中选股买入。

顺势而为

人们常说炒股应顺势而为，不与市场作对。顺势而为是股市上股票投资者最为保险的一种操作策略和指导思想。（具体操作原则可参见本书第五章第三节。）

通过在股市上的顺势操作，投资者在将风险限制到较低程度的同时，可以获得较为丰厚的市场回报。

止损线是你的生命线

在股市中，学会如何少输钱比学会如何多赢钱更重要。事实上即使判断准确率为50%也应该赢，关键在于每次搞错的时候要将损失减到最少。市场上常常听到这样懊悔的话语，"如果我早这样就会少亏点钱"，"如果我不犹豫，我将狠赚一把"，的确，不能自控，就要付出惨重的代价。

一笔交易必须设立一个止损点，止损线可能就是你的生命线。在市场面前，不可能永远判断正确，人人都会遭受失败，为此我们要面对失败。

投资三分法

投资三分法是人们管理资金的一种重要方法，即投资者将可支配的全部资产分配在不同投资领域的投资方法。其具体操作为：将全部资产的1/3存入银行，1/3用来购置房产等不动产，1/3用来购买债券、股票等有价证券。在这种投资组合中，存入银行的资产具有较高的安全性和变现力，但收益性较低；购置房产等不动产的资产具有较好的保值性，但变现力较差；购买债券、股票的资产具有较好的收益性，但风险较高。如投资者将全部资产合理地分配在这三种投资形态上，则可以相互补充，相得益彰，实现安全性、收益性和变现力的和谐统一。当然，这个比例可根据实际情况做出相应的调整。比如，当股市处于牛市中，可以适当加大购买股票的比重。

在有价证券的投资上，也可以实行三分法，即用一部分资产购买风险很小的债券，另一部分资产购买风险较小的股票，再以一部分资产购买风险大、收益高的股票。

投资三分法兼顾了投资的安全性、流动性和收益性的三个原则，是一种适合新股民采用的比较理想而能减少股市风险的投资策略。

试探性投资法

这种投资法主要适用于新股民。新股民由于还没有熟练掌握各种投资方法和技巧，如果一开始就重仓买进股票，很有可能在股市下跌时遭受惨重损失。如果采用试探性投资法，试探性地买进少量股票，以此作为是否大量购买的依据，这样，可以减少股票买进中的盲目性和失误率，进而减少被套牢的风险。

试探性投资法是一种可以使投资者在风险发生时不受太大损失的投资策略。

分散投资法

有这样一句谚语"不要把鸡蛋都放在同一个篮子里"，可谓尽人皆知，这话也道出了分散风险的哲理。在股票投资中，为了分散股市风险，投资者可以采用以下分散投资的方法。

1) 资金的分散

不要将全部资金集中购买一家公司的股票，而应将其分散于数家公司的股票。不过，分散投资的要点在于把资金分散于风险高低不同的股票上。因此，如果把资金分散于20只ST股票上，仍然不能算作真正的分散投资。因为这些股票的风险不相上下，达不到分散风险的目的。

2）行业选择分散

这点要求所选股票所属的公司要分散在不同的行业中。共同的经济环境会对同行业和相邻行业的企业带来相同的影响，如果投资选择的是同行业或相邻行业的不同企业，也达不到分散风险的目的。只有不同行业、不相关的企业才有可能此损彼益，从而能有效地分散风险。

3）时间的分散

做好短、中、长线的搭配。也就是根据市场的形势，把资金分别投资于长线、中线和短线，以避免短期市场波动带来的风险。

4）地区上的分散

不要全部购买某一地区的股票，而应分散购买不同地区的股票。

分批买入法

没有人能够永远准确预测股市走向。若投资者看好某只股票便满仓买入，那么，如果该股确实大幅度上涨，投资者自然可以获利；但如果股价下跌，投资者就会蒙受较大的损失。为了防范这种风险，应采取分批买入法。

分批卖出法

分批卖出法是在某一价位时卖出第一批，在股价下跌到一定价位时卖出第二批，以后再在不同价位卖出第三、第四批等。在此过程中，一旦出现股价上升，投资者既可立即停止卖出，也可根据实际情况购进股票。分批卖出法的优点是能有效地降低风险，但同样也存在着减少投资收益的缺陷。

第十二章
相关市场投资规则

一、创业板
二、股指期货
三、融资融券
四、沪港通与深港通
五、新三板投资规则

一、创业板

什么是创业板

我国大多数新兴中小企业的发展必须有一个资金平台来支持,但他们大多不容易得到银行的贷款,创业板可以为这些新兴中小企业的发展提供良好的融资环境。

创业板是指给创业型企业上市融资的股票市场。与现在的证券市场(主板市场)相比,主板市场在上市公司数量,单个上市公司规模以及对上市公司条件的要求上都要高于创业板,所以创业板的性质属于二板市场。由于我国的二板市场定位于为创业型中小企业服务,所以称为创业板。我国的创业板市场设立在深圳证券交易所。

因为创业企业的创业风险比较大,如果在种子期就进入资本市场融资会带来较大的投资风险。企业创业的风险应该由创业者承担,由风险投资人承担,而创业板市场的投资者主要承担的是企业成长的风险。因此我国创业板市场对欲进入创业板市场的企业设立了盈利要求,要求这些企业发展到一定的阶段,有一定的规模和财务稳定性,并具有良好的成长前景。

创业板的高收益与高风险

创业板具有高风险高收益的特点。偏好高风险高收益的投资者可以从创业板中获得获取高收益的机会。如果所投资的企业运作良好,投资者会取得比较诱人的收益。例如,2009年10月30日上市的爱尔眼科,由于存在独特题材,自上市以来被市场认可,尽管受到过股灾的影响,但股价仍维持稳步增长。经过8年多的时间,累计涨幅达到1355.5%,若从股价调整后的最低点算起,最大涨幅达1856.5%,涨幅超过了18倍。如图12-1所示。

当然,创业板也存在规模较小、业绩不确定性大、经营风险高、市场估值难、估值结果稳定性差等特点,而且较大数量的股票买卖行为就有可能诱发股价出现大幅波动,给创业板投资者带来很高的风险。

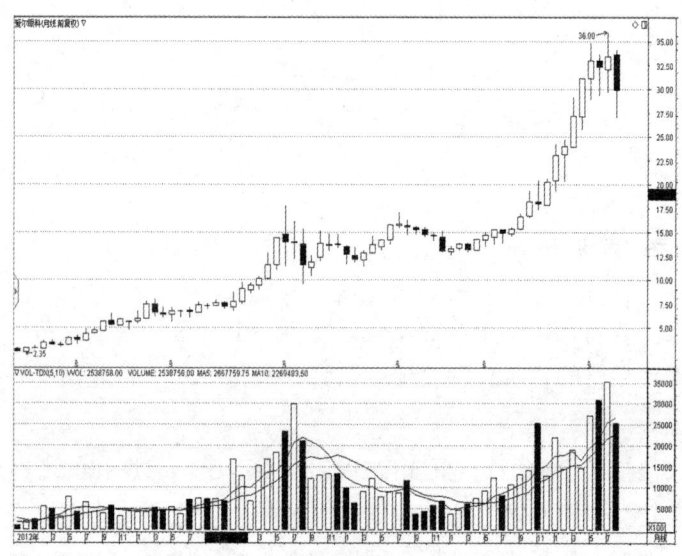

图 12-1　爱尔眼科上市以来月线图

创业板与主板的上市条件对比

创业板与主板的上市条件对比如表 12-1 所示。

表 12-1　　　　创业板与主板的上市条件对比

比较对象	A 股主板	创业板
主体资格	依法设立且合法存续的股份有限公司	依法设立且持续经营 3 年以上的股份有限公司
资产要求	最近一期末无形资产（扣除土地使用权、水面养殖权和采矿权等后）占净资产的比例不高于 20%	最近一期末净资产不少于 2000 万元
股本要求	发行前股本总额不少于人民币 3000 万元	企业发行后的股本总额不少于 3000 万元
主营业务要求	最近 3 年内主营业务没有发生重大变化	发行人应当主营业务突出，且募集资金只能用于发展主营业务
董事及管理层	最近 3 年内没有发生重大变化	最近 2 年内未发生重大变化

续表

比较对象	A股主板	创业板
同业竞争	发行人的业务与控股股东、实际控制人及其控制的其他企业间不得有同业竞争	发行人与控股股东、实际控制人及其控制的其他企业间不存在同业竞争
发审委	设主板发行审核委员会，委员25人	设创业板发行审核委员会，加大行业专家委员的比例，委员与主板发审委委员相互不兼任
盈利要求	同时满足以下几点：①最近3个会计年度净利润均为正数且累计超过人民币3000万元，净利润以扣除非经常性损益前后较低者为计算依据；②最近3个会计年度经营活动产生的现金流量净额累计超过人民币5000万元，或者最近3个会计年度营业收入累计超过人民币3亿元；③最近一期不存在未弥补亏损	满足以下条件中的一个：①最近2年连续盈利，最近2年净利润累计不少于1000万元，且持续增长；②最近1年盈利，且净利润不少于500万元，最近1年营业收入不少于5000万元，最近2年营业收入增长率均不低于30%，净利润以扣除非经常性损益前后低者为计算依据
初审征求意见	征求省级人民政府、国家发改委意见	无
其他要求	主板无	①发行人的经营成果对税收优惠不存在严重依赖。②在公司治理方面参照主板上市公司从严要求，要求董事会下设审计委员会，并强化独立董事履职和控股股东责任。③要求保荐人对公司成长性、自主创新能力要尽职调查和审慎判断，并出具专项意见。④要求发行人的控股股东对招股说明书签署确认意见。⑤要求发行人在招股说明书显要位置做出风险提示，内容为"本次股票发行后拟在创业板市场上市，该市场具有较高的投资风险。创业板公司具有业绩不稳定、经营风险高等特点，投资者面临较大的市场波动风险，投资者应充分了解创业板市场的投资风险及本公司所披露的风险因素，审慎做出投资决定"。⑥不要求发行人编制招股说明书摘要

创业板信息披露特别要求

创业板上市公司具有平均规模较小、经营不够稳定的特点，为了使投资者更好地了解创业板公司经营与规范运作情况，创业板对于上市公司定期报告和临时报告提出了更具针对性的信息披露要求，以提高披露的及时性和有效性，同时降低披露成本，具体包括：

①为促进创业板上市公司及时披露年度业绩信息，避免业绩泄漏，规定预计不能在会计年度结束之日起两个月内披露年度报告的公司，应当在会计年度结束后两个月内披露相关会计期间的业绩快报。

②要求上市公司在每年年度报告披露后1个月内举行年度报告说明会，向投资者真实、准确地介绍公司的发展战略、生产经营、新产品和新技术开发、财务状况和经营业绩、投资项目等各方面情况。

③临时公告实行实时披露，上市公司可以在中午休市期间或下午3：30后通过指定网站披露临时报告。在公共媒体中传播的信息可能或者已经对上市公司相关股票及其衍生品种交易价格产生较大影响等紧急情况下，公司可以申请相关股票及其衍生品种临时停牌，并在上午开市前或者市场交易期间通过指定网站披露临时报告。

④为降低创业板上市公司信息披露成本，兼顾广大中小投资者的阅读习惯，并满足实时披露的要求，上市公司定期报告摘要需要在证监会指定报刊上披露，临时公告和定期报告全文则需在证监会指定网站及公司网站上披露。

⑤强化对核心技术等核心竞争能力相关内容的披露要求。主要包括：一是公司在用的商标、专利、专有技术、特许经营权等重要资产或者技术的取得或者使用发生重大不利变化；二是公司核心技术团队或关键技术人员等对公司核心竞争能力有重大影响的人员辞职或者发生较大变动；三是公司核心技术、关键设备、经营模式等面临被替代或被淘汰的风险；四是公司放弃对重要核心技术项目的继续投资或控制权；五是深交所或者公司认定的其他有关核心竞争能力的重大风险情形。

⑥根据创业板公司平均规模较小的特点，合理确定了需履行临时报告信息披露义务的重大事项（包括一般交易和关联交易）及提交股东大会审议事项的触发指标值。

⑦对"提供财务资助""委托理财"等事项的披露要求更加充分，只要12个月内累计发生金额达到100万元，就须进行公告。

开户手续

只要在证券公司开立了深市A股账户，现场签订《创业板市场投资风险揭示书》，同时按规定办理有关手续后，即可参与创业板股票投资。

对未具备两年交易经验的投资者，原则上不鼓励直接参与创业板市场交易。如果投资者审慎评估了自身风险承担能力坚持要申请，则必须在营业部现场按要求签署《创业板市场投资风险揭示书》，并就自愿承担市场风险抄录"特别声明"。证券公司在5个交易日后为其开通交易。现场按要求签署《创业板市场投资风险揭示书》是为了尽可能避免将签署变成走过场；同时，证券公司的工作人员可以有机会向投资者当面讲解创业板市场的特点和相关规则，将风险揭示工作真正落到实处。

创业板在股份限售制度方面的规定

在制定股份限售制度时，创业板充分考虑了保持公司股权和经营稳定与满足股东适当的退出需求之间的平衡：

对控股股东、实际控制人所持股份，要求其承诺自发行人股票上市之日起36个月内，不转让或者委托他人管理其直接或者间接持有的发行人公开发行股票前已发行的股份，也不由发行人回购其直接或者间接持有的发行人公开发行股票前已发行的股份。

对于其他股东所持股份，如果属于在发行人向中国证监会提出首次公开发行股票申请前6个月内（以中国证监会正式受理日为基准日）进行增资扩股的，自发行人股票上市之日起12个月内不能转让，并承诺：自发行人股票上市之日起12个月到24个月内，可出售的股份不超过其所持有股份的50%；24个月后，方可出售其余股份。

自发行人股票上市之日起1年后，出现下列情形之一的，经控股股东和实际控制人申请并经深交所同意，可豁免遵守上述承诺：

①转让双方存在实际控制关系，或者均受同一控制人控制的。

②深交所认定的其他情形。

对于前述两类股东以外的其他股东所持股份，按照《中华人民共和国公司法》的规定，须自上市之日起满1年后方可转让。

创业板投资的风险

现阶段我国资本市场仍处于"新兴＋转轨"阶段，创业板市场相对于为成熟企业服务的主板市场，具有更高的风险性。综合来看，创业板投资有以下六大风险需要投资者特别注意：

①上市公司诚信风险。创业板公司多为民营企业，可能存在更加突出的信息不对称问题，如果大面积出现上市公司诚信问题，不仅会使投资面临巨大风险，也会使整个创业板发展遇到诚信危机。

②上市公司的经营风险。创业板上市公司具有高成长性的潜力，但是，由于上市公司大多是中小型高科技企业，创立或经营时间不长，经营管理者往往缺乏经营管理经验，可能受政策变化的影响，致使投资回报并不高，甚至经营失败。

③盲目炒作风险。由于创业板的上市公司流通股本偏小，因而比主板更容易发生市场操纵和内幕交易，出现被控盘或爆炒现象的概率也较高。因此，股价涨得快跌得也快，其震荡幅度也大。

④技术风险。科技转化为产品存在不确定性，必然会受到许多可变因素以及事先难以估测的不确定因素的作用和影响，存在出现技术失败而造成损失的风险。与此同时，如果掌握核心技术的高管离职，技术也有外泄的风险。

⑤投资者不成熟可能引发的风险。我国投资者结构仍以个人投资者为主，抗风险能力不强，容易出现盲目投资而引致投资损失风险。

⑥保荐机构、会计师事务所、资产评估机构、律师事务所等社会中介机构服务水平不高带来的风险。

风险警示与撤销

上市公司出现财务状况或者其他状况异常，导致其股票存在终止上市风险，或者投资者难以判断公司前景，其投资权益可能受到损害的，深交所对该公司股票交易实行风险警示处理。

风险警示处理分为警示存在终止上市风险的风险警示处理（以下简称退市风险警示）和其他风险警示处理。

风险警示的处理措施包括：

①修改公司股票简称。

②股票价格的日涨跌幅限制为5%。

恢复上市首日股票价格的日涨跌幅不受前项有关5%的限制。

深交所有权对创业板上市公司股票交易实行退市风险警示的情形及上市公司

可以向深交所申请对其股票交易撤销退市风险警示的情形如表 12-2 所示。

表 12-2　　　　　　　　退市风险警示的认定与撤销情形

深交所有权对创业板上市公司股票交易实行退市风险警示的情形	向深交所申请对其股票交易撤销退市风险警示的情形
①最近两年连续亏损（以最近两年年度报告披露的当年经审计净利润为依据）	情形①已消除的
②因财务会计报告存在重大的前期差错或者虚假记载，公司主动改正或者被中国证监会责令改正，对以前年度财务会计报告进行追溯调整，导致最近两年连续亏损	情形②已消除的
③最近一个会计年度的财务会计报告显示当年经审计净资产为负值	情形③已消除的
④因财务会计报告存在重大的前期差错或者虚假记载，被中国证监会责令改正但未在规定期限内改正，且公司股票已停牌两个月	在实行退市风险警示后两个月内情形④消除
⑤未在法定期限内披露年度报告或者中期报告	在实行退市风险警示后两个月内情形⑤消除
⑥最近一个会计年度的财务会计报告被注册会计师出具否定意见或者无法表示意见的审计报告	情形⑥已消除的
⑦出现可能导致公司解散的情形	公司认为情形⑦已消除
⑧因股权分布或股东人数不具备上市条件，公司在规定期限内提出股权分布或股东人数问题解决方案，经深交所同意其实施	在深交所限定期限内其股权分布或股东人数重新具备上市条件
⑨公司股票连续 120 个交易日通过本所交易系统实现的累计成交量低于 100 万股	在实施退市风险警示后出现连续 120 个交易日的累计成交量高于 100 万股情形的
⑩法院依法受理公司重整、和解或者破产清算申请	出现以下情形之一： a. 重整计划执行完毕； b. 和解协议执行完毕； c. 法院受理破产申请后至破产宣告前，依据《企业破产法》规定情形做出驳回破产申请的裁定，且申请人在法定期限内未上诉的；或做出终结破产程序的裁定
⑪深交所认定的其他存在退市风险的情形	深交所认为可以撤销退市风险警示的情形

深交所有权对创业板上市公司股票交易实行其他风险警示的情形及上市公司可以向深交所申请对其股票交易撤销其他风险警示的情形如表 12-3 所示。

表 12-3　　其他风险警示的认定与撤销情形

深交所有权对创业板上市公司股票交易实行其他风险警示的情形	向深交所申请对其股票交易撤销其他风险警示的情形
①按照《深圳证券交易所创业板股票上市规则》的有关规定申请并获准撤销退市风险警示的公司或者按照14.2.1条申请并获准恢复上市的公司,其最近一个会计年度的审计结果显示主营业务未正常运营或者扣除非经常性损益后的净利润为负值	被实施其他风险警示处理后,最近一个会计年度财务状况恢复正常,审计结果表明已满足以下条件的,公司应当自董事会审议年度报告后及时向本所报告并披露,同时可以向本所申请对其股票交易撤销其他风险警示处理: ①主营业务正常运营; ②扣除非经常性损益后的净利润为正值
②公司生产经营活动受到严重影响且预计在3个月以内不能恢复正常	情形②已消除的
③公司主要银行账号被冻结	情形③已消除的
④公司董事会无法正常召开会议并形成董事会决议	在实行退市风险警示后两个月内情形④消除
⑤中国证监会或者深交所认定的其他情形	中国证监会或者深交所认定可以撤销其他风险警示的情形

创业板停牌制度相对主板的改进

创业板停牌制度相对主板停牌制度在三个方面有改进:一是披露年度报告、业绩预告等重大事项不实行1小时例行停牌;二是出现异常情况如预计重大事项策划阶段不能保密、市场有传闻且出现股价异动的情况等,公司可主动提出停牌申请或由深交所直接实施盘中停牌;三是要求长期停牌公司每5个交易日必须披露停牌原因及相应工作进展情况。

投资创业板股票的技巧

投资者在投资创业板股票时,要重点关注7个方面,如图12-2所示。

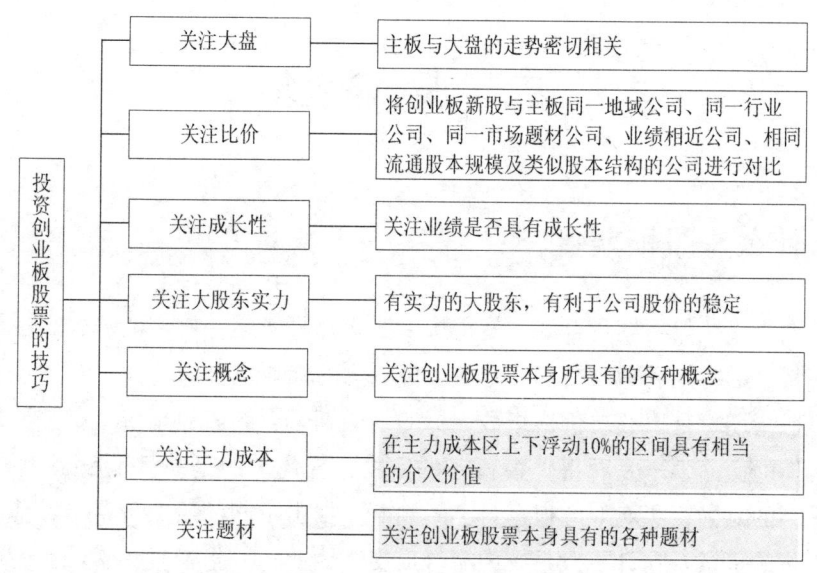

图12-2 投资创业板股票的技巧

挑选高成长股

成长性是创业板最大的亮点。投资者只要牢牢抓住成长性这条主线，就可以获得很好的收益。投资者要从7个方面来挑选高成长股。如图12-3所示。

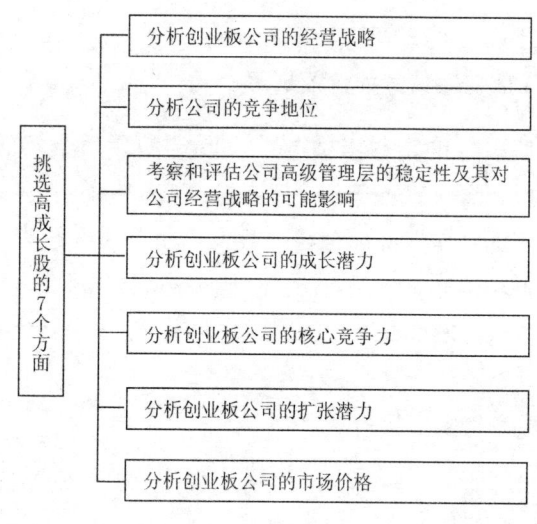

图12-3 从7个方面挑选高成长股

二、股指期货

什么是股指期货

期货,一般指期货合约,就是指由期货交易所统一制定的、规定在将来某一特定的时间和地点交割一定数量标的物的标准化合约。

股指期货是以股票价格指数为标的物的期货合约。股票价格指数不是一个具体的商品,不是看得见摸得着的实物,它代表的是一篮子股票的价格。在交易的时候,买卖双方根据自己的判断,报出不同的股票价格指数作为股指期货的价格,在计算机系统内撮合成交。因此,股指期货买卖的是股票指数价格水平,是投资者对股票价格指数走势的一种预期和判断。在合约到期后,股指期货将通过现金结算差价来进行交割。

沪深 300 股指期货合约的相关规定

下面,我们详细解释这个合约的条款,以便更好地遵守合约中的规定,开展好交易。

1)一份沪深 300 指数期货合约价值规定

股指期货合约价值以标的指数点数与某一既定的货币金额的乘积来表示,即:合约价值=指数点×每点金额,每点金额我们称之为合约乘数。沪深 300 指数期货合约的价格=报价×合约乘数,目前合约乘数为 300 元,也就是每个指数点的报价相当于 300 元人民币。假设沪深 300 指数位于 5000 左右的点位,合约面值约为 1500000 元(5000 点×300 元/点=1500000 元)。

2)沪深 300 指数期货买卖报价规定

买卖股指期货的报价要按照最小变动价位的规定报,投资者的报价必须是最小变动价位的整数倍,否则报价无效。在沪深 300 指数期货中,合约报价的最小变动价位是 0.2,投资者只有报出 0.2 的整数倍才可以进入竞价系统,计算机才识别,例如报价2100.8就是有效的,而2100.7就是一个无效的报价。

3)沪深300指数期货合约月份的规定

股指期货的合约月份是指股指期货合约到期交割所在的月份。沪深300指数期货合约月份为当月、下月及随后的两个季月,共四个月份合约。例如2010年5月11日,沪深300指数期货同时有IF1005、IF1006、IF1009、IF1012四个月份合约在交易。IF表示沪深300股指期货,"10"表示2010年,"05"表示5月份。

4)股指期货交易的时间规定

股指期货合约都有到期时间,它的最后交易日和最后结算日是同一天,都是指合约到期的最后一个工作日。

沪深300指数期货的交易时间为9:15~11:30和13:00~15:15,当月到期最后交易日的交易时间为9:15~11:30和13:00~15:00。

相对于现货市场,股指期货市场开盘早的好处在于,期货市场可以对上日收盘后到第二天开盘前的市场信息做出反应,有效地发挥价格发现的功能。而且期货市场早开盘可以帮助现货市场在未开盘前建立均衡价格,从而降低现货市场开盘时的波幅。另外,期货市场比现货市场收盘晚的好处在于,降低现货市场收盘时的波幅,帮助现货市场收盘后,为投资者提供对冲工具,使投资者可以根据现货股票资产及价格情况调整套期保值策略。

股指期货市场的参与者

股指期货市场的参与者包括:监管机构、期货经纪公司、结算机构、投资者等。

我国进行股指期货交易的场所是中国金融期货交易所(中金所)。我国股指期货市场的监管机构是中国证监会,中国证监会垂直领导中金所,交易所总经理、副总经理由中国证监会任命。

期货经纪公司是指依法设立的以自己的名义代理客户进行期货交易并收取一定手续费的中介组织。交易者必须通过经纪公司才能进行交易。作为交易者与期货交易所之间的桥梁,期货经纪公司具有如下职能:根据客户指令代理买卖期货合约、办理投资者交易结算和交割手续；对客户账户进行管理，控制客户交易风险；为客户提供期货市场信息，进行期货交易咨询，充当客户的交易顾问。

结算机构作为中间方，担保履约。股指期货交易并不是在买卖双方之间直接进行，而由结算机构出面，即成为所有买方的唯一卖方，所有卖方的唯一买方，以自有资产担保交易履约。这样，买卖双方就不用关注对方的信用状况如何，只要结算机构有足够信用就不会发生违约。

股指期货投资者包括个人投资者和机构投资者。机构投资者包括基金、券商、QFII 和保险公司等。

投资者面临的主要风险

由于股指期货的特殊性，投资者除了面对一般的市场风险外，还会面临以下几种风险：

1）杠杆性风险

股指期货交易中保证金制度具有杠杆效应。有些投资者认为一旦行情有利，可以赚取几倍甚至十几倍的利润；而一旦行情不利，损失的也仅仅是这点保证金。这种看法是错误的。股指期货交易的保证金制度在放大盈利的同时也放大了亏损。一旦资金管理不当或者行情发生不利变化时，投资者不但会把保证金亏掉，而且如果不及时止损，投资者资金甚至可能出现负值。

假定保证金比率为 10%，若我们投入 10 万元就可以进行一手合约面值为 100 万元的交易，如果沪深 300 指数上涨 10%，对于买入多单的多头来说，可以获利 10 万元（为计算方便，先不考虑手续费，下同），收益率为 100%；但对于买入空单的空头来说，收益率为 -100%，即投资者的保证金被全部亏掉，这就是保证金交易的杠杆性风险。

2）股指期货的到期风险

股票买入后，可以短期持有，也可以长期投资。但股指期货交易有到期日，投资者不能无限期持有，到期后要采用百分之百的现金交割。因此，投资者必须根据市场变动情况，决定是提前平仓，还是等待合约到期日进行现金交割。而对于投资者可能遇到的股指期货到期风险，专家认为主要包括以下

两种:

①投资者对股指期货的长期走势虽然判断准确,但短期内还未实现盈利的时候,合约就到期了。

②投资者在持仓过程中曾经有获利机会,但投资者没有及时平仓,合约到期时由于价格变动,账户由盈转亏。

3) 强制平仓的风险

当投资者的保证金余额不足,并未能在规定时限内补足时,就会面临被强行平仓的风险。

例如,某投资者投入30万元,若保证金比率为10%,合约乘数为300。在沪深300指数3000点的水平,他买了3手多单,共用去保证金27万元。第二天,股指期货下跌了100点,则他亏损了:

$$100 \times 300 \times 3 = 90000（元）$$

他需要的保证金水平是:

$$2900 \times 300 \times 3 \times 10\% = 261000（元）$$

需要追加的保证金为:

$$300000 - 90000 - 261000 = -51000（元）$$

按规定,这个投资者需要追加51000元的保证金,若这个投资者没有追加,第二天,他就会被强行平仓1手。

如第三天,沪深300指数下降至2800点。他将在这个价位上被平仓1手。造成实际损失为:

$$(3000 - 2800) \times 300 \times 1 = 60000（元）$$

而其他未平仓的2手给投资者造成的12万元亏损属于浮亏。

4) 爆仓的风险

爆仓是指投资者的账户权益为负数,这意味着保证金不仅全部输光而且还欠了期货经纪公司的钱。正常情况下,在逐日清算制度及强制平仓制度下,爆仓是不会发生的。然而在有些特殊情况下,比如在行情发生跳空变化时,持仓比例较多且预测与行情逆方向的账户就很可能会爆仓。

例如,某投资者投入10万元,若保证金比率为10%,合约乘数为300。在沪深300指数3000点的水平,他买了1手多单,共用去保证金9万元。第二天，股指期货下跌了 300 点，则他亏损了：

$$300 \times 300 \times 1 = 90000 \text{（元）}$$

他需要的保证金水平是：

$$2700 \times 300 \times 1 \times 10\% = 81000 \text{（元）}$$

需要追加的保证金为：

$$100000 - 90000 - 81000 = -71000 \text{（元）}$$

按规定，这个投资者需要在第三天开市前追加 71000 元的保证金，但这个投资者没有追加。第三天，股指期货大跌，下降至 2500 点。此时期货公司将其拥有的 1 手股指期货合约强行平仓。

该投资者在这 3 天的总亏损为：

$$(3000 - 2500) \times 300 \times 1 = 150000 \text{（元）}$$

该投资者除赔掉所投入的 10 万元自有资金外，还欠期货经纪公司 50000 元。

发生爆仓时，投资者需要将亏空补足，否则会面临法律追索。为避免这种情况的发生，需要特别控制好仓位，切忌像股票交易那样满仓操作。并且对行情进行及时跟踪，不能像股票交易那样一买了之。

股指期货交易常用术语

1）买多卖空

与股票市场不同，股指期货是双向交易机制，股票投资只能先买后卖，而股指期货既可先买入后卖出，也可先卖出后买入。因此，期货要创立新的概念来区分首次的交易行为和交易方向。在交易方向上创立了买多和卖空概念，在交易行为上创立了开仓和平仓概念。买多指买入期货合约（多仓），卖空指卖出期货合约（空仓）。同一月份合约的买多和卖空持仓只不过是同一合约的"两面"，并非是两种合约品种，也就是说只要方向判断正确，做多、做空均可赚钱。

对于看涨买入期货合约，市场一般称为"买多"，这里的"多"是看涨。对于看跌卖出期货合约，市场一般称为"卖空"，这里"空"的意思是看跌。

2）开仓

开仓也叫建仓，无论买还是卖，凡是新建一定数量的合约都叫开仓，就是把资金变成合约。如果投资者将这份合约保留到最后交易日，他就必须通过现金交割来了结这笔交易。

3）平仓

平仓是指投资者买入或者卖出与其所持仓方向相反的股指期货合约，是了结股指期货持仓的交易行为。

4）持仓

持仓也叫未平仓合约，是指投资者在开仓之后尚没有平仓的合约，即现在持有的合约。开仓之后有两种方式了结股指期货合约：或者择机平仓，或者持有至最后交易日并进行现金交割。

5）成交量

成交量是指当日开始交易至当时的累计总成交量。

6）总持仓量

总持仓量是指市场上所有投资者在此合约上总的"未平仓合约"数量。投资者需要特别关注总持仓量这个指标。如果总持仓量一路增长，表明多头、空头都在开仓，对合约的兴趣都在增长，会有越来越多的资金进入该合约交易。若总持仓量一路减少，表明多头、空头都在平仓出局，交易者对此合约的兴趣在减退。当成交量在增加，总持仓量变化不大，表明以换手交易为主。

7）多头持仓

多头持仓简称多头，是指投资者买入股指期货合约后所持有的持仓。

8）空头持仓

空头持仓简称空头，是指投资者卖出股指期货合约后所持有的持仓。

持有多头的投资者认为股指期货合约价格会涨，所以会买进；相反，持有空头的投资者认为股指期货合约价格以后会下跌，所以卖出。

例如，某投资者在 2010 年 4 月 16 日开仓买进 5 手沪深 300 股指期货 IF1006，成交价为 3450 点，这时，他就有了 5 手多头持仓。

到 5 月 5 日，该投资者预计股指期货价格会继续下跌，于是在 3100 点的价格卖出平仓 3 手合约，成交之后，该投资者的实际持仓就只有 2 手多头持仓了。

需要提醒的是，投资者下达买卖指令时一定要注明是开仓还是平仓。如果 5 月 5 日该投资者在下单时报的是卖出开仓 3 手合约，成交之后，该投资者的实际持仓就不是 2 手多头持仓，而是 5 手多头持仓和 3 手空头持仓了。

9）换手交易

换手交易有"多头换手"和"空头换手"，原来的多头仓单平仓后，新的多头又开仓时，称为多头换手；而原来的空头仓单平仓后，新的空头又开仓时，称为空头换手。

股指期货的交易流程

1）寻找合适的期货公司

期货公司是投资者和中金所之间的纽带，除了中金所的自营会员外，其他投资者从事股指期货交易可以通过期货公司进行，选择合适的期货公司进行交易有利于保护投资者的合法权益。

投资者可以到中金所网站（www.cffex.com.cn）上找到合适的中金所会员或者取得股指期货介绍经纪商资格的证券公司的联系方式。

2）开户

客户开户必须以真实身份办理开户手续，开户对象分为个人户和法人户。个人开户必须出示身份证原件，并且提供复印件，签署时需提供相应的居住地址、联系方式等信息，以及交易所要求的其他材料。

自然人投资者申请开立股指期货交易编码要符合的标准为：
①申请开户时保证金账户可用资金余额不低于人民币 50 万元。
②具备股指期货基础知识，通过相关测试。
③具有累计 10 个交易日、20 笔以上的股指期货仿真交易成交记录，或者最近三年内具有 10 笔以上的商品期货交易成交记录。

④不存在严重不良诚信记录；不存在法律、行政法规、规章和交易所业务规则禁止或者限制从事股指期货交易的情形。

期货公司会员除按上述标准对投资者进行审核外，还应当按照交易所制定的投资者适当性制度操作指引，对投资者的基本情况、相关投资经历、财务状况和诚信状况等进行综合评估，不得为综合评估得分低于规定标准的投资者申请开立股指期货交易编码。

一般法人投资者申请开立股指期货交易编码要符合下列标准：
①净资产不低于人民币100万元。
②申请开户时保证金账户可用资金余额不低于人民币50万元。
③具有相应的决策机制和操作流程。
④相关业务人员具备股指期货基础知识，通过相关测试。
⑤具有累计10个交易日、20笔以上的股指期货仿真交易成交记录；或者最近三年内具有10笔以上的商品期货交易成交记录。
⑥不存在严重不良诚信记录；不存在法律、行政法规、规章和交易所业务规则禁止或者限制从事股指期货交易的情形。

3）申请交易编码及确认资金账号

合同签署完毕后，客户还应该填写期货交易登记表，这张表格将由期货经纪公司提交给交易所，为客户申请交易所的专用交易编码。同时经纪公司还会向客户分配一个专用的资金账号。

4）打入交易保证金并确认到账

客户在办齐一切手续之后及交易之前，应按规定缴纳开户保证金。期货经纪公司应将客户所缴纳的保证金存入期货经纪合同中指定的客户账户中，供客户进行期货交易。

5）下单

期货投资者可以通过书面、电话、计算机、网上委托等方式下达交易指令：
①以书面方式下达交易指令的，投资者应当填写书面交易指令单。
②以电话方式下达交易指令的，期货公司必须同步录音。

③以计算机、网上委托以及其他方式下达交易指令的,期货公司应当保存能够证明交易指令内容的记录。

中金所实行远程电子交易,投资者的指令通过中金所会员的系统进入中金所交易系统。若投资者委托的期货公司是结算会员,则投资者的指令进入结算会员系统后,由结算会员通过与交易系统联网的电子通信系统参加中金所竞价交易。若投资者所委托的期货公司是非结算会员,则结算会员可以允许该非结算会员的指令直接进入中金所系统,也可要求该非结算会员的指令必须通过该结算会员的系统进入中金所系统。

由于远程电子交易可能会因计算机系统或通信传输系统导致出现一些额外的风险,因而,客户如果选择电子化交易方式,期货经纪公司会要求客户在签署《期货经纪合同书》的同时,签署《电脑自助委托交易补充协议》《网上期货交易风险揭示书》《网上期货交易补充协议》等相应的协议。

6) 竞价

股指期货是通过计算机撮合成交的,买卖双方报出价格,按照价格优先和时间优先的原则,形成合理的成交价格。

竞价又分为集合竞价和连续竞价。两者都需要计算机系统自动撮合形成。集合竞价是指通过收集买卖申报,然后在特定时间按单一价格执行买卖申报的交易形式。连续竞价是指通过直接连续撮合买卖申报形成交易价格的交易形式。

股指期货的成交价分为开盘价和一般的成交价。开盘价采用集合竞价,例如沪深 300 指数期货的开盘竞价是在交易日开盘前 5 分钟内进行,前 4 分钟为买卖指令申报时间,后 1 分钟为集合竞价撮合时间,开盘时产生开盘价。开盘后的成交价格采用连续竞价,投资者报出价格,由交易所计算机自动撮合系统撮合成交,当报出的买入价大于、等于报出的卖出价则自动撮合成交。撮合成交价,即为买入价、卖出价、前一成交价三者中居中的一个价格。

7) 结算

股指期货的结算分为三个层次:一是交易所结算部门对具有结算资格的会员的结算,二是结算会员对一般投资者和非结算会员的结算,三是非结算会员对开户投资者的结算。三个结算层次又都包含了无负债结算这项具体工作。

8）交割

沪深 300 指数期货采用现金交割的方式：当合约到达交割日时，如果投资者的持仓合约在到期日收盘时尚未平仓，则采用现金净额交割，即按当天沪深 300 现货市场指数的结算价进行自动平仓，然后将客户的平仓的净差额盈亏从当日客户保证金账户中进行划拨。现金交割需要采取交割结算价，也就是最后一个交易日的结算价来计算。沪深 300 指数期货的交割结算价采用到期日沪深 300 指数最后 2 小时的算术平均价。

根据中金所交易规则及相关细则规定，沪深 300 股指期货合约的最后交易日为合约到期月份的第三个周五，例如，IF1005 合约的最后交易日为 2010 年 5 月 21 日。最后交易日涨跌停板为上一交易日结算价的 ±20%。最后交易日即为交割日，交割结算价为最后交易日标的指数最后 2 小时的算术平均价（计算结果保留至小数点后两位）。

若最后交易日 2010 年 5 月 21 日沪深 300 指数，IF1005 合约最后两小时的价格（单位：元）为：

2800.1，2800.2，2800.3，2800.4，2800.5

则其算术平均价为：

（2800.1＋2800.2＋2800.3＋2800.4＋2800.5）÷5＝2800.3（元）

则沪深 300 指数期货的交割结算价为 2800.3 元。

交易制度

1）保证金制度

投资者在进行期货交易时，必须按照其买卖期货合约价值的一定比例来缴纳资金，作为履行期货合约的财力保证，然后才能参与期货合约的买卖。这笔资金就是我们常说的保证金。例如，假设沪深 300 股指期货的保证金为 10%，合约乘数为 300，那么，当沪深 300 指数为 5000 点时，投资者交易一张期货合约，需要支付的保证金应该是 5000×300×0.1＝150000（元）。

由于保证金制度的实施，股指期货交易具有杠杆效应即风险和收益放大的特性，因此，交易所可以根据市场风险调整交易保证金标准，并向中国证监会报告。

2) 当日无负债结算制度

当日无负债结算制度又称"逐日盯市"制度,简单地说,就是期货公司根据每日市场的价格对投资者所持有的合约计算盈亏并划转保证金账户中相应的资金。当发生账面亏损较大而已交保证金不足以抵偿时,期货公司会立即发出追加保证金通知,投资者应于规定时限以前交纳应追加的保证金,以保证不负债,否则,交易所或期货公司有权强行平仓。

沪深300股指期货的当日结算价是指某一合约最后一小时成交价位为成交量的加权平均价。

例如:某合约最后一小时价格(单位:元)变化为1800.0成交2手,1800.2成交1手,1800.4成交3手,1800.6成交1手,1800.8成交2手。

加权平均价 = (1800.0×2 + 1800.2×1 + 1800.4×3 + 1800.6×1 + 1800.8×2) ÷ (2+1+3+1+2) = 1800.4(元)

即当日结算价为1800.4元。

3) 涨跌停板制度

为了防止市场发生恐慌和过度投机,同时也为了限制单个交易日内的最大交易损失,因而采取涨跌停板制度。沪深300股指期货合约的涨跌停板幅度和股票现货市场规定一致,都为10%。涨跌停板价的计算方法为:

涨停板价 = 该股指期货合约上一交易日结算价 × (1 + 涨停板幅度)

跌停板价 = 该股指期货合约上一交易日结算价 × (1 - 跌停板幅度)

4) 持仓限制制度

交易所为了防范市场操纵和少数投资者风险过度集中的情况,对会员和客户手中持有的合约数量上限进行一定的限制,这就是持仓限制制度。限仓数量是指交易所规定结算会员或投资者可以持有的、按单边计算的某一合约的最大数额。一旦会员或客户的持仓总数超过了这个数额,交易所可按规定强行平仓或者提高保证金比例。沪深300股指期货限仓数额为2000手,同一投资者在不同会员处开仓交易,其在某一合约的持仓合计,不得超出一个投资者的持仓限额。

5）大户报告制度

大户报告制度是指当投资者的持仓量达到交易所规定的持仓限额时，应通过结算会员或交易会员向交易所或监管机构报告其资金和持仓情况。大户报告制度是与持仓限额制度紧密相关的另一防范大户操纵市场价格、控制市场风险的制度。

6）强行平仓制度

强行平仓制度是与持仓限制制度和涨跌停板制度等相互配合的风险管理制度。当交易所会员或客户的交易保证金不足并未在规定时间内补足，或当会员或客户的持仓量超出规定的限额，或当会员或客户违规时，交易所为了防止风险进一步扩大，将对其持有的未平仓合约进行强制性平仓处理，这就是强行平仓制度。

7）强行减仓制度

强制减仓制度是当市场出现连续两个及两个以上交易日的同方向涨停（或跌停）等特别重大的风险时，交易所为迅速、有效化解市场风险，防止出现大量违约而采取的措施。

三、融资融券

融资融券及其与普通交易的区别

融资融券交易，又称信用交易，分为融资交易和融券交易。它是指投资者以资金或证券作为质押，在看涨时，从证券公司借入资金低价买入证券再高价卖出；在看跌时，从证券公司借入证券高价卖出再低价买回，从而获得收益的交易方式。总体来说，融资融券交易关键在于一个"融"字，有"融"投资者就必须提供一定的担保和支付一定的费用，并在约定期内归还借贷的资金或证券。

融资融券交易与普通证券交易相比，在许多方面有较大的区别，具体见

表 12 - 4：

表 12 - 4　　　　　　　融资融券与普通证券交易的区别

比较项目	普通证券交易	融资融券交易
买入资金	自有资金	向券商借入资金买入
卖出的证券	自有证券	向券商借入证券卖出
法律关系	委托买卖	委托买卖 + 借贷
杠杆效应	无	有
风险承担者	投资者承担	除了投资者承担，还给券商带来风险
风险收益级别	低风险低收益	高风险高收益
交易标的	所有证券	融资融券标的证券
账户提取现金	投资者自由提取	若要提取融资融券账户中的现金或证券，必须保证提取后维持担保比例不得低于300%

开通融资融券业务的要点

投资者开通融资融券业务时要了解以下要点：

1）判断是否满足条件

投资者在办理融资融券业务开户手续前，需评估、确定自身是否满足证券公司的融资融券客户选择标准。需要满足的条件如下：

①账户内资产价值达到一定规模（一般要求 50 万元以上）；
②在公司开立普通账户 18 个月以上且无不良记录；
③年内累计成交金额与其账户内资产价值之比达一定比例；
④通过该公司组织的融资融券业务基础知识测试 。

2）选择证券公司营业部

投资者在评估确定自身符合证券公司融资融券客户条件后，向具有融资融券业务资质的普通账户所在证券公司提出开户申请。

证券公司在向客户融资、融券前，将对申请融资融券业务的投资者进行征信，了解客户的身份、财产与收入状况、证券投资经验和风险偏好，并以书面和电子方式予以记载、保存。

证券公司将根据投资者提交的申请材料、资信状况、担保物价值、履约情况、市场状况等因素，综合确定投资者的信用额度。

3）开立信用证券账户

投资者与证券公司签订融资融券合同后，证券公司将为投资者开立实名信用证券账户。投资者信用证券账户是证券公司客户信用交易担保证券账户的二级账户，用于记载投资者委托证券公司持有的担保证券的明细数据。投资者用于一家证券交易所上市证券交易的信用证券账户只能有一个。投资者信用证券账户与其普通证券账户的开户人的姓名或者名称应当一致。信用证券账户是新开的证券账户，独立于普通证券账户。投资者在进行融资融券交易前，需将用于担保的可充抵保证金证券从普通证券账户划转至信用证券账户。融资融券交易了结后，投资者可以将担保证券划转回普通证券账户。在融资融券交易期间，投资者可将超过维持担保比例300%以上部分的担保证券划转回普通证券账户。

4）开立信用资金账户

投资者在与证券公司签订融资融券合同后，需与证券公司、商业银行签订客户信用资金第三方存管协议。证券公司应当通知第三方存管银行，根据投资者的申请，为其开立实名信用资金账户。投资者信用资金账户是证券公司客户信用交易担保资金账户的二级账户，用于记载投资者交存的担保资金的明细数据。投资者只能开立一个信用资金账户。

融资融券标的证券

融资融券账户可以进行普通交易（普通买入、普通卖出），也可以进行信用交易（融资买入、融券卖出），可以融资买入的证券为融资标的，可以融券卖出的证券为融券标的，一般来说融资标的也是融券标的，所以合称为融资融券标的。

在炒股软件中，标有R字样的股票都是融资融券标的证券，可以查阅。但这些证券投资者所在的证券公司不一定都有。投资者可以查询公司网站上融资融券的券源信息，也可以打开信用账户后查看可以融券的券的情况。如图12-4所示。

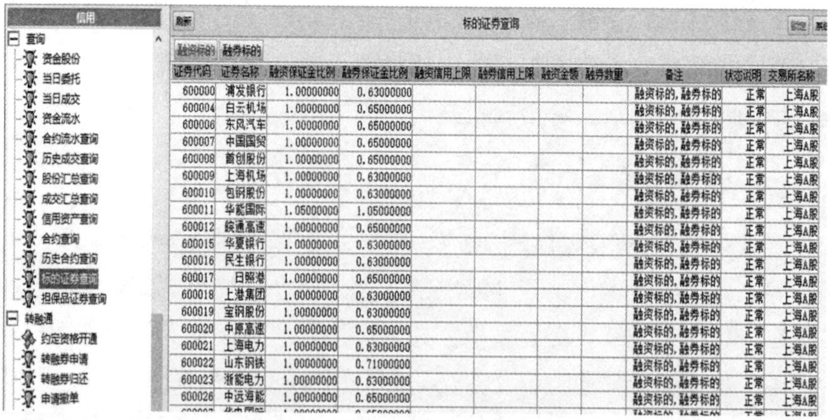

证券代码	证券名称	融资保证金比例	融券保证金比例	融资信用上限	融券信用上限	融资金额	融券数量	备注	状态说明	交易所名称
600000	浦发银行	1.00000000	0.63000000					融资标的，融券标的	正常	上海A股
600004	白云机场	1.00000000	0.65000000					融资标的，融券标的	正常	上海A股
600006	东风汽车	1.00000000	0.65000000					融资标的，融券标的	正常	上海A股
600007	中国国贸	1.00000000	0.65000000					融资标的，融券标的	正常	上海A股
600008	首创股份	1.00000000	0.65000000					融资标的，融券标的	正常	上海A股
600009	上海机场	1.00000000	0.63000000					融资标的，融券标的	正常	上海A股
600010	包钢股份	1.00000000	0.63000000					融资标的，融券标的	正常	上海A股
600011	华能国际	1.05000000	1.05000000					融资标的，融券标的	正常	上海A股
600012	皖通高速	1.00000000	0.65000000					融资标的，融券标的	正常	上海A股
600015	华夏银行	1.00000000	0.63000000					融资标的，融券标的	正常	上海A股
600016	民生银行	1.00000000	0.63000000					融资标的，融券标的	正常	上海A股
600017	日照港	1.00000000	0.65000000					融资标的，融券标的	正常	上海A股
600018	上港集团	1.00000000	0.63000000					融资标的，融券标的	正常	上海A股
600019	宝钢股份	1.00000000	0.63000000					融资标的，融券标的	正常	上海A股
600020	中原高速	1.00000000	0.65000000					融资标的，融券标的	正常	上海A股
600021	上海电力	1.00000000	0.63000000					融资标的，融券标的	正常	上海A股
600022	山东钢铁	1.00000000	0.71000000					融资标的，融券标的	正常	上海A股
600023	浙能电力	1.00000000	0.63000000					融资标的，融券标的	正常	上海A股
600026	中远海能	1.00000000	0.65000000					融资标的，融券标的	正常	上海A股

图 12－4　融资融券标的证券

保证金可用余额计算

客户融资买入或融券卖出时所使用的保证金不得超过其保证金可用余额。

保证金可用余额是指客户用于充抵保证金的现金、证券市值及融资融券交易产生的浮盈经折算后形成的保证金总额，减去客户未了结融资融券交易已占用保证金和相关利息、费用的余额。

其计算公式为：保证金可用余额＝现金＋Σ（充抵保证金的证券市值×折算率）＋Σ〔（融资买入证券市值－融资买入金额）×折算率〕＋Σ〔（融券卖出金额－融券卖出证券市值）×折算率〕－Σ融券卖出金额－Σ（融资买入证券金额×融资保证金比例）－Σ（融券卖出证券市值×融券保证金比例）－利息及费用

公式中：

融券卖出金额＝融券卖出证券的数量×卖出价格

融券卖出证券市值＝融券卖出证券数量×市价

融券卖出证券数量指融券卖出后尚未偿还的证券数量

Σ（融资买入证券市值－融资买入金额）×折算率、Σ（融券卖出金额－融券卖出证券市值）×折算率中的折算率，是指融资买入、融券卖出证券对应的折算率。当融资买入证券市值低于融资买入金额或融券卖出证券市值高于融券卖出金额时，折算率按 100% 计算。

案例：A 投资者向信用账户中存入现金 5 万元和 5000 股华夏幸福（市值 30 元/股，折算率为 80%）。

则该投资者信用账户保证金可用余额为：

$50000 + 5000 \times 30 \times 80\% = 170000$ 元

维持担保比例的计算

维持担保比例是证券公司对每个信用账户的风险控制指标，是指信用账户内担保物价值与其融资融券债务之间的比例。该比例会随着融资融券交易的盈亏和账户内担保物价值的变化而变化。一旦收盘低于 130%，则需在 2 个交易日内追加担保物或偿还部分债务，以使该比例高于 150%。若 T+2 日收盘无法把该比例保持在 150% 以上，证券公司将在 T+3 日执行强制平仓以控制风险。

维持担保比例超过 300% 的情况下，可以从信用账户转出资金，但转出后该比例仍须保持在 300% 以上。

融资融券的每笔仓单自建立之日起不得超过 6 个月。投资者应在仓单到期日前偿还负债。若逾期未还，会有强制平仓的风险。

举例：

(1) 假如投资者的融资融券账户有 100 万资产，其中 50 万为现金，30 万为股票 A (折算率为 0.7)，20 万为股票 B (折算率为 0.6)。

账户保证金总值 = 50 万 + (30 万 × 0.7) + (20 万 × 0.6) = 83 万；

若全额融资买入股票 A，算得保证金比例 = 0.5 + (1 - 0.7) = 0.8，所以可融资买入 83 万 ÷ 0.8 = 103.75 万；

若全额融资买入股票 C (融资保证金比例为 0.9)，可融资买入 83 万 ÷ 0.9 = 92.2 万；

对于不同折算率的股票，可获得的最大融资额度是不同的；对于同一个股票，可获得最大融资和融券的额度也是不同的。

(2) 假如投资者的融资融券账户有 100 万现金资产，全额融资买入股票 C (融资保证金比例为 0.8)。

如果希望杠杆最大化，可先用自有资金做保证金融资，可以融资买入股票 A 总值为 100 万 ÷ 0.8 = 125 万。

然后再用自有资金普通买入，可买 125 万。则融资融券账号里的总资产共有 100 万 + 125 万 = 225 万（其中负债 125 万）。

当前的维持担保比例约为(100+125)/125 = 180%；当前的投资杠杆为(100+125)/100 = 2.25 倍。

如果投资者按以上方式买入股票后，股票总市值下跌至 187.5 万，相当于下跌幅度为(225-187.5)/225 = 16.7% 时，则融资融券维持担保比例为 187.5/125 =150%。此时，投资者应密切关注持仓股票的走势。

如果持仓股票持续下跌，当资产总值跌至 162.5 万，相当于下跌幅度为(225-162.5)/225 = 27.8% 时，融资融券维持担保比例降至 162.5/125 = 130%，则有强制平仓的风险。须在 2 个交易日内通过追加担保品或者偿还部分融资合约的途径，把维持担保比例提升至 150% 以上。

融资融券在充分使用额度的情况下，收益与风险也随之放大。控制好融资融券的使用额度，密切关注融资融券合约的期限和维持担保比例的变化，是每个投资者控制好投资风险和发挥融资融券投资效用的关键。

四、沪港通与深港通

了解沪港通和深港通

所谓沪港通和深港通，是为了使内地和香港投资者可以通过当地证券公司或经纪商买卖规定范围内的对方交易所上市的股票，而建立的内地与香港股票的交易互联互通机制。这套机制包括沪港股票市场交易互联互通机制（简称沪港通）和深港股票市场交易互联互通机制（简称深港通）。

沪港通包括沪股通和沪港通下的港股通，深港通包括深股通和深港通下的港股通，沪港通下的港股通和深港通下的港股通统称港股通。其特点如表 12-5 所示。

表 12-5　　　　　　　　　沪港通和深港通的特点

种类	特点	标的股	额度
沪股通	委托香港经纪商经由港交所在上海设立的证券交易服务公司,买卖沪港通规定范围内的上交所上市的股票	上证180指数成份股,上证380指数成份股,上交所上市的A+H股公司股票	520亿元人民币
港股通（沪港通下）	委托内地证券公司经由上交所在香港设立的证券交易服务公司,买卖沪港通规定范围内的港交所上市的股票	恒生综合大型、中型股指数的成份股,同时在上交所和港交所上市的A+H股公司股票	420亿元人民币（等值港币）
深股通	委托香港经纪商经由港交所在深圳设立的证券交易服务公司,买卖深港通规定范围内的深交所上市的股票	市值60亿元人民币及以上的深证成份指数和深证中小创新指数的成份股,深交所上市的A+H股公司股票	520亿元人民币
港股通（深港通下）	委托内地证券公司经由深交所在香港设立的证券交易服务公司,买卖沪港通规定范围内的港交所上市的股票	恒生综合大型、中型股指数的成份股与市值50亿元港币及以上的恒生综合小型股指数的成份股,港交所上市的A+H股公司股票	420亿元人民币（等值港币）

港股通开通流程

步骤一：开通港股通，并不需要投资者重新开一个账户，只要投资者有内地券商（该券商得有参与港股通的资格）的A股账户，港股通就设在账户下面的业务栏里，只要开通这个业务，就可以自由买卖港股了。

步骤二：投资者可以本人带上身份证亲自去营业厅办理港股通业务，也可以从网上开通港股通业务，下载各自的PC端金融交易软件，登录后找到港股通业务，然后按操作提示就可以完成。

步骤三：完成风险测试题。在开通港股通的流程中，投资者需要做一份风险测试题。通过评估问卷测试风险承受能力，还能测试出投资者是积极型还是保守型客户,券商一般要求投资者回答风险测试题能达到80%左右的正确率。

步骤四:签署风险提示书和委托交易书。当你完成了风险测试题目后,券商会要求你签署风险提示书和委托交易书,风险提示书一共有二十八条,旨在告诉各投资者港股投资的一些风险所在;委托交易书一共三十二条,是关于投资者与证券公司之间的协议和法律条款。各投资者详细看完后只需在屏幕下方点一下"同意"就完成了。

港股通基本交易规则及与A股市场差异

不同证券交易市场的交易制度往往有一定差别。投资者开通了沪港通或深港通下的港股通交易权限,在开始交易前要先了解如表12-6所示的A股和港股市场的交易规则差异。

表12-6　　　　A股和港股市场的交易规则差异

比较项目	A股	港股
交易交收机制	T+1交易制度	实行T+0回转交易、T+2交收制度,也就是说投资者买入港股当天即能卖出,而卖出时在T+2日完成交收前仍享有该证券的权益
涨跌幅限制	A股市场的股票、基金交易有10%的价格涨跌幅限制,ST和*ST等被实施特别处理的股票有5%的价格涨跌幅限制	港股市场不设涨跌幅限制,但有市场波动调节机制,即部分适用市场波动调节机制的个股在监测时段出现价格剧烈波动时,会触发5分钟的冷静期,在冷静期内交易价格受到触发时5分钟前最后一次交易价格的上下10%范围的限制
交易单位规定	竞价交易买入股票应为100股或其整数倍	每"手"股数没有统一规定,港股的上市公司可以自行设立不同数量的每手股票交易单位,可以是100、200、1000或5000等
最小报价单位	A股是0.01元人民币	不同价格的股票,最小报价单位不同,股价越高,最小报价单位越大

续表

比较项目	A 股	港股
交易时间安排	深市 A 股的交易时间分为：开盘集合竞价时段（9:15—9:25）、连续竞价时段（9:30—11:30 和 13:00—14:57）、收盘集合竞价时段（14:57—15:00）；沪市 A 股则没有收盘时的集合竞价，其他与深市相同	交易日的 9:00 至 9:30 为开市前时段（集合竞价），其中 9:00 至 9:15 接受竞价限价盘；9:30 至 12:00 及 13:00 至 16:00 为持续交易时段（连续竞价），接受增强限价盘。撤单时间则为 9:00—9:15；9:30—12:00；12:30—16:00
"半日市"特别安排	一般没有半日市	有"半日市"，即如果圣诞前夕（12 月 24 日）、新年前夕（12 月 31 日）及农历新年前夕（农历腊月最后一天）为交易日，则仅有半天交易。如果该日为港股通交易日，那么该日的港股通交易也仅有半天交易
报价显示	上涨时报价屏幕上显示红色，下跌时显示绿色	上涨时报价屏幕上显示为绿色，下跌时则为红色
风险警示和退市制度	A 股存在证券简称前加入警示标记的情形（例如，ST、*ST 等标记），来提示投资者投资风险，且对退市股票安排了退市整理期，退市后股票仍可进入全国中小企业股份转让系统挂牌交易	联交所采用非量化的退市标准且没有退市风险警示、退市整理期等安排，港股通股票一旦从联交所市场退市，没有相关后续交易安排，投资者将面临无法继续通过港股通买卖相关股票的风险

港股通和在香港开户交易港股的对比

越来越多的人开始关注港股，目前大陆投资者主要有 2 个渠道来进行直接投资港股的交易：一是通过港股通，二是直接开办香港证券公司的户头。下表 12-7 就这两种交易渠道的交易特点进行了对比。

表12-7　　　　　　港股通和在香港开户交易港股的对比

比较点	港股通	在香港开户购买港股
进入门槛	开通前20个交易日账户内日均人民币净资产须大于或等于50万元。已有沪市A股账户的投资者不需要再开通一个账户,只需要与证券公司签订港股通证券交易委托协议,签署风险揭示书等,就可以直接用A股账户炒港股	无资产要求,开户方法有3种:1.直接到香港券商处开户;2.国内有香港分公司的证券公司在国内的营业部帮你代办;3.通过网络券商直接开户
交易标的	港股通只能买入沪港通或深港通的标的股,不能买入其他标的。这些标的都是经过慎重选择的,风险较小	可以购买所有港股,还可以购买美股日股欧股等全球绝大部分市场的债券、股票、期货、期权、外汇等各种标的,包括新加坡A50等。但是风险也大
交易费率	买入股票不收印花税,卖出时收印花税0.1%。券商交易佣金费率一般在0.025%左右,比香港券商收费要低得多	买卖都需交0.1%的印花税,0.0025%的联交所费,0.0025%的交易征费,单笔结算费一般为0.002%或最低2元每笔。券商交易佣金费率一般为0.05%,最低费用50港币
红利税	内地券商买港股需要缴纳20%的股息红利税	H股和红筹股一般要交10%股息红利税,香港本地股不收红利税,交易外资股则看所在国家的情况来定
交易时间	必须A股和港股同时开市才能买卖	只需港所开市即可买卖
融资融券	国内券商港股通不能融资融券	可以融资融券,并且融资融券门槛低,杠杆高。买A股或者港股,负债人民币利率年化4%~6%,负债港币利率2%多一点
交易方式	买港股卖出后不能立即买入A股	卖出港股后可以立即买入沪股通或深股通标的股

续表

比较点	港股通	在香港开户购买港股
外汇处理	买入时每次都用人民币换成港币结算,然后卖出的时候要用港币再换成人民币,每次汇兑大约有0.05%左右的汇兑损失。买港股不是真正意义上使用外汇,而是一种预借,并且会收取3%左右的点差,这个点差在卖出后返还	香港开户需要将人民币换成港币,然后汇出到香港账户后就可以买卖,以后每次交易都是用港币结算,不用再换汇了
额度	每日额度不超过420亿元人民币(等值港币)	无此约束
资金安全	中登公司代持,资金风险几乎为0	资金挂在香港的证券公司,如果证券公司倒闭了或者发生变故,15万港币以内是金管局包赔

五、新三板投资规则

了解多层次资本市场与新三板

多层次资本市场如表12-8所示。

表12-8　　　　多层次资本市场

板序号	特　征
一板	A股、B股
二板	中小板和创业板
新三板	指中关村科技园区非上市股份有限公司进入代办股份系统进行转让试点,因挂牌企业均为高科技企业而不同于原转让系统内的退市企业及原STAQ、NET系统挂牌公司,故形象地称为"新三板"
四板	大家通常说的E板(中小企业股权报价系统)、Q板(非上市股份有限公司股份转让系统)。以上海股权托管交易中心为代表,属于区域性交易市场
新四板	深圳前海股权交易中心是在深圳前海深港现代服务业合作区建设的国有企业控股、市场化运作的区域性交易市场,于2012年5月15日揭牌

新三板是全国性的非上市股份有限公司股权交易平台，主要针对的是中小微型企业，它的作用就像一个秀场。企业在新三板上挂牌，说明企业进入了资本市场，有被投资方"目光所及"并得到青睐的机会。

新三板是继沪深交易所之后第三家全国性证券交易场所，在场所性质和法律定位上，与证券交易所相同，同属公众公司范畴，都是多层次资本市场体系的重要组成部分，也需同上市公司一样履行信息披露义务，满足《非上市公众公司监督管理办法》对公司治理等方面的相关要求，接受社会公众监督。新三板定位于非上市公众公司发行和公开转让股份的市场平台，为公司提供股票交易、发行融资、并购重组等资本市场服务，为市场参与人提供信息、技术和培训等服务。

新三板市场概况如表12-9所示（2018年4月27日）。

表12-9　　　　　　　　新三板市场概况

项目	做市转让	协议转让	合计
挂牌公司家数	1292	10090	11382
总股本（亿股）	1213.95	5361.42	6575.37
流通股本（亿股）	752.35	2740.76	3493.11
成交股票只数	469	318	787
成交金额（万元）	12992.10	20522.39	33514.49
成交数量（万股）	4877.51	4966.53	9844.04

投资者开户条件

1) 机构投资者

①注册资本500万元人民币以上的法人机构；
②实缴出资总额500万元人民币以上的合伙企业。

2) 自然人投资者

①投资者本人名下前一交易日日终证券类资产市值500万元人民币以

上。证券类资产包括客户交易结算资金、股票、基金、债券、券商集合理财产品等,信用证券账户资产除外。

②具有两年以上证券投资经验,或具有会计、金融、投资、财经等相关专业背景或培训经历。

投资经验的起算时点为投资者本人名下账户在全国股份转让系统、上海证券交易所或深圳证券交易所发生首笔股票交易之日。

新三板交易规则

①转让时间

每周一至周五9:15—11:30,13:00—15:00,转让时间内因故停市,转让时间不做顺延,遇法定节假日和全国股份转让系统公司公告的休市日,全国股份转让系统休市。

②买卖股票的申报数量

买卖股票的申报数量应当为1000股或其整数倍;卖出股票时,余额不足1000股部分,应当一次性申报卖出。

股票转让单笔申报最大数量不得超过100万股。

③股价变动单位

股票转让的计价单位为"每股价格";转让申报价格最小变动单位为0.01元人民币。

④有效报价区间

开盘集合竞价的申报有效价格区间为前收盘价的上下20%以内;连续竞价、收盘集合竞价的申报有效价格区间为最近成交价的上下20%以内;当日无成交的,申报有效价格区间为前收盘价的上下20%以内。

不在有效价格区间范围内的申报不参与竞价,暂存于交易主机,当成交价波动使其进入有效价格区间时,交易主机自动取出申报,参加竞价。

⑤股票交收

实行T+1。

⑥涨跌幅限制

不设涨跌幅限制。

新三板投资回报与风险

投资新三板公司的逻辑在于新三板如果在主板、中小板、创业板或海外股市上市后,投资者可以获得很高的回报。

为了改善新三板流动性不足、交易量日益萎缩现状,加强新三板市场和国际资本对接,2018年4月21日,全国股转公司与港交所在北京签署了合作谅解备忘录,标志着坊间一直热议的"新三板+H"模式正式落地。根据备忘录内容,挂牌公司可以到境外发行股票并在香港联交所上市(简称"发行H股"),无须在全国股转系统终止挂牌。挂牌公司可以结合自身业务发展规划,充分利用境内外两个市场进行资本运作,实现与境外资本的对接。

投资新三板的风险在于:

①新三板的流动性差,例如2018年4月25日,一万多家挂牌公司股票仅有573只有交易,总成交5145.45万股,9447.02万元;

②不少挂牌企业嫌融资成本太高或不愿再向外透露公司的动作而可能会选择摘牌;

③挂牌公司多处于创业期和成长期,部分公司治理不够规范,具有业绩波动较大、风险较高等特点;

④新三板不容易在主板、中小板、创业板或海外股市上市。

案例:2017年4月,张女士网上认识了来自福建的郑某。经过一段时间"感情培养",郑某声称知晓内幕,能弄到即将"转板上市"的新三板挂牌公司股票,一旦公司转板上市,这些股票就能赚取高额收益。法律法规规定,个人投资者新三板开户需满足个人金融资产500万元以上等条件。张女士资产状况达不到投资开户条件,郑某称其可帮忙垫资开户。在"潜在高利诱惑"下,张女士盲目听信,拿着郑某团伙提供的虚假银行流水在证券公司办理了新三板开户手续,然后以15元/股购买了7万股郑某团伙转让给她的某新三板公司股票,总金额105万元。事后,张女士才发现该公司远达不到上市条件,所谓"转板上市"只是诱骗其上当的陷阱。

第十三章
世界著名投资大师的投资经验和投资理论

一、投资大师的投资经验
二、投资大师的投资理论

一、投资大师的投资经验

格雷厄姆的投资经验

1）华尔街教父

本杰明·格雷厄姆，巴菲特的授业恩师，20世纪最伟大的股票投资家和理论家。他对股票投资的贡献，就像达尔文对于生物进化论一样重要。在格雷厄姆之前，股票投资只是一种冒险的投机，自他之后，股票才成为一种可以分析的投资行为。

1934年年底，格雷厄姆完成他酝酿已久的《证券分析》，这是一部划时代的著作，被誉为投资者的"圣经"，创了证券投资书籍发行的纪录。

此后，格雷厄姆又先后推出《财务报表解读》（1936年）、《聪明的投资人》（1942年）两部力作。这三大巨著奠定了他作为一位证券分析大师和"华尔街教父"的不朽地位。

纽约证券分析协会对他的评价是："给这座令人惊叹而为之却步的城市——股票市场绘制了第一张可以依赖的地图，他为股票投资奠定了方法论的基础，而在此之前，它与赌博这门伪科学毫无差别。证券投资没有格雷厄姆就如同共产主义没有马克思，原则性将不复存在。"

而他生平最得意的弟子巴菲特则说："我从本杰明·格雷厄姆身上汲取了大量的智慧，他是金融史上最伟大的老师。"

2）生平简介

格雷厄姆1894年5月9日出生于伦敦，一岁时随父母移民美国。少年时的格雷厄姆家境贫寒，但是他学习成绩却很好。1914年，格雷厄姆以荣誉毕业生和全班第二名的成绩从哥伦比亚大学毕业。同年夏天，在校长的力荐下，格雷厄姆进入纽伯格-亨德森-劳伯公司，当了一名信息员。由于工作成绩突出，格雷厄姆很快升为研究报告撰写人。1920年，格雷厄姆又荣升为公司的合伙人。

第十三章 世界著名投资大师的投资经验和投资理论

随着投资经验的丰富,1923年年初,格雷厄姆离开了纽伯格-亨德森-劳伯公司,决定自立门户。

他成立了格兰赫私人基金。格兰赫基金运作一年半,其投资回报率高达100%以上,远高于同期平均股价79%的上涨幅度,但由于股东与格雷厄姆在分红方案上意见分歧,1925年,格兰赫基金最终不得不以解散而告终。格雷厄姆接着成立了格雷厄姆联合投资账户继续进行投资管理。1925—1928年,他的年均投资收益率高达25.7%。

其间,他遇到了投资方面的黄金搭档杰诺姆·纽曼,两人成立投资合伙公司——格雷厄姆-纽曼公司,格雷厄姆负责最核心的分析和投资策略,纽曼负责处理与投资有关的各种具体事务。该基金年回报率高达30%。

虽然做了一定准备,1929年的大危机仍然给格雷厄姆带来了重大打击。在一片倒闭声中,格雷厄姆凭借高超的投资技巧,使合资公司死里逃生,并重铸辉煌。此后,美国经济虽然也经历了几次萧条,不过,从大危机中汲取了足够经验教训的格雷厄姆应付自如,合资公司的业绩蒸蒸日上。

格雷厄姆-纽曼公司1948—1956年间分给股东的结算利润年平均增长率是11.4%。1948年年初花11413美元买进的一手(100股)格雷厄姆-纽曼公司的股票到公司停止营业时价值是70400美元。

1956年,功成名就的格雷厄姆对投资生涯感到厌倦,他解散了合资公司,决定金盆洗手。退休后的格雷厄姆到加州大学任教,把他的投资思想传授给更多的人。

3) 投资经验

格雷厄姆在股票市场上之所以纵横自如主要是来自他独特的投资理念。

价值投资　格雷厄姆投资思想的核心就是反对投机,主张价值投资,他称之为花60美分买1美元的投资方法。格雷厄姆在《证券分析》中明确区分了这两者的差别,指出:"投资是基于详尽的分析,安全和满意回报有保证的操作。不符合这一标准的操作就是投机。"

格雷厄姆认为,对于一个可投资的证券来说,其本金必须有某种程度的安全性和满意的报酬率。这种股票的特征就是具有比较大的安全边际。他说:"我大胆地将成功投资的秘密精炼成四个字的座右铭:安全边际。安全边际概念可以被用来作试金石,有助于区别投资操作和投机操作。"

必须指出的是,所谓的"安全"并不是指绝对安全,而是指在通常和可能的情况下可以免于遭受损失,在合理的条件下投资应不至于亏本。但是,一旦发生极不寻常或者意想不到的突发事件也会使安全性较高的股票顷刻间变成废纸。必须要有明确的、成熟的标准来定义或说明安全的含义。

而"满意的回报"不仅包括股息或利息收入,而且包括资本增值和利润。格雷厄姆特别指出,"满意"是一个主观性的词,只要投资者做得明智,并在投资定义的界限内,投资报酬可以是任何数量,即使很低,只要是投资者愿意接受,也可称为是"满意"。

"详尽分析"是指以既定的安全和价值标准进行的研究工作,其详尽程度以达到一定的安全性和相当满意程度的回报为准。

使本金安全和满意回报有保证的最好操作方法,就是寻找公司价值被市场过度低估的股票。这也就是格雷厄姆所说的价值投资。

寻找廉价股 既然格雷厄姆唯一关心的是公司的股票价格相对于其内在价值是否非常廉价,是否存在较大的安全边际,那么如何评估一家企业的内在价值就是至关重要的问题了。

在评估公司的内在价值时,格雷厄姆的方法也与众不同。他根本不考虑公司产业的差别:"我们的方法看似简单得让人不敢置信,既没有经济周期或大盘走势的预测,也没有选定特别的产业或公司,我们只是不考虑产业差别,一视同仁地单纯以股票的吸引力作为评估标准。"

此外,格雷厄姆对管理分析毫不重视,因为他认为当前"对管理层的能力测试的方法很少,而且远不够科学"。"在华尔街,人们经常广泛讨论这个问题,但对实际几乎没有真正的帮助。只有客观的、定量的、合理可靠的管理能力测定方法被发明和应用,这个因素才能够透过迷雾被看到"。

格雷厄姆重视的是公司的数据。他说:"为了真正的投资,必须有一个真正的安全边际,并且,真正的安全边际可以由数据、有说服力的推理和很多实际经验得到证明。"

为了保证买到一只具有较大安全边际的股票,格雷厄姆订出了一套判断价值低估股票的10条标准,只要符合下面10个标准当中的7个,就是价值被低估且有相当安全边际的股票:

①该公司获利与股价之比(市盈率的倒数)是一般AAA公司债券收益率的2倍以上。

②这家公司目前的市盈率应该是过去5年中最高市盈率的2/5,或者公司的市盈率在市场平均市盈率的10%以下。

③这家公司的股息收益率应该是 AAA 级公司债券收益率的 2/3 以上。
④这家公司股价应该低于每股有形账面资产价值的 2/3。
⑤这家公司的股价应该低于净流动资产或是净速动资产清算价值的 2/3。
⑥这家公司的总负债低于有形资产价值。
⑦这家公司的流动比率(流动总资产除以总负债)应该在 2 以上。
⑧这家公司的总负债不超过净速动清算价值。
⑨这家公司的获利在过去 10 年来增加了 1 倍,或者 10 年内每年盈余增长率平均 7% 以上。
⑩这家公司的获利在过去 10 年中负增长超过 5% 不得多于 2 年。

这 10 条放在一起成为格雷厄姆选择股票、规避风险的试金石。前 5 条通过比较价格和以收益等主要经营效果来预见潜在的风险,后面 5 条则是通过检验财政完善情况和稳定的收益来衡量风险。正是这种对风险的高度重视,对安全边际的追求,使得格雷厄姆渡过了有史以来最严重的经济危机。

分散投资　格雷厄姆主张分散化投资,认为这样可以分散投资的风险。在实际操作中,他常常会买入多家公司的股票。在他的书中,他甚至把是否分散化投资作为能否保障获得较大安全边际的衡量指标。

长期持有　由于反对投机,所以格雷厄姆也就反对短期内频繁操作股票。他认为应当等股票的价格回升到其内在价值以上,才可以出手。

巴菲特的投资经验

1) 股神巴菲特

巴菲特被誉为当代最伟大的投资者,全世界唯一的仅靠投资股市而创造出前无古人的投资业绩,48 年来复利增长平均达 24% 的天才投资家。他所管理的基金在 39 年中 34 年战胜标准普尔 500 指数。2003 年《财富》杂志评选全球最有影响力的 25 人中,他名列榜首。

投资股票的人如果不知道巴菲特,如同篮球运动员不知道乔丹,足球运动员不知道贝利,西方经济学学习者不知道亚当·斯密一样,让人不可思议。

2) 生平简介

1930 年 8 月 30 日,巴菲特出生于美国内希拉斯加州的奥马哈市。其父亲是奥马哈共和党议员,供职于一家证券公司。

巴菲特从小就表现出惊人的投资才能。11岁的时候,他买了自己的第一只股票。他以38美元一股的价格买入,看着他们跌到了27美元,一直持有到股票价格反弹,然后以每股40美元的价格卖出。但是,当股票价格上涨到200美元的时候,他懂得了耐心是一种可贵的品质。

1947年,巴菲特进入宾夕法尼亚的沃顿商学院读大学,对大学中枯燥乏味的理论感到厌烦。幸运的是,大学期间,巴菲特读到了格雷厄姆的《聪明的投资人》。巴菲特回忆这本书对自己的影响时说,之前,"我涉猎的内容无所不包,我收集图表、阅读各种技术知识书籍、倾听各种内部消息。后来,我才读到格雷厄姆的《聪明的投资人》,这就好像见到了光明"。巴菲特如痴如狂地读完此书,坚定了他投身股票的信念,并对格雷厄姆崇拜之极,决定攻读格雷厄姆的MBA。

在格雷厄姆门下,巴菲特如鱼得水,学到了格雷厄姆投资思想的精髓。格雷厄姆显然也十分欣赏这个学生,授予他自己担任教授以来唯一给予的最高评价A+。

1951年,在哥伦比亚大学毕业后,巴菲特回到奥马哈。

1953年,巴菲特加盟恩师所创的格雷厄姆-纽曼公司。在格雷厄姆的言传身教下,巴菲特的投资技巧日臻成熟。

1956年,格雷厄姆-纽曼公司解散后,巴菲特离开纽约,回到家乡奥马哈。这年,26岁的巴菲特在奥马哈成立了巴菲特合伙企业——巴菲特有限公司,集资10.5万美元。巴菲特自己象征性投入100美元。

从1956—1969年,巴菲特的投资公司的年平均收益率高过道·琼斯指数22个百分点,达到30.4%。这13年里,道·琼斯工业指数下跌了5次,而巴菲特的合伙投资公司却从来没有发生过亏损。

1969年,美国股市牛气冲天,但巴菲特却感到股票市场正处于高度投机的狂热之中,真正的价值投资所起的作用越来越少。巴菲特于是决定解散合伙公司。解散合伙公司后,巴菲特将2500万美元的个人资产全部用于买入伯克希尔公司的股票,取得了该公司的控制权。巴菲特担任伯克希尔公司的董事长兼任首席执行官。

在巴菲特的着力经营下,一度濒临破产的伯克希尔公司不仅很快起死回生,也不再是一家纺纱厂,它已变成巴菲特的庞大的投资金融集团,旗下已拥有各类企业约50家,其中最主要的产业是以财产保险为主的保险业务(包含直接与间接再保)。该公司同时持有诸如沃尔玛和宝洁等许多大型企业的股票。其股票净值由当初的 19 美元成长到 2003 年的 50498 美元,年复合增长率为 22.2%,而且已成长为资产达 1350 亿美元的"巨无霸"。

如果谁在 30 年前选择了巴菲特,谁就坐上了发财的火箭。

3) 投资经验

作为一代股票大师,巴菲特在股票方面拥有无与伦比的投资经验。他的投资理念的内涵也极为丰富。除了继承了格雷厄姆的价值投资理念外,巴菲特通过实践和学习其他投资大师的技巧,形成了一套独特的风格。他在投资时坚持的投资理念可以分为以下几个方面。

市场无效　在现代证券理论中,有一个假设,就是资本市场是完全有效的。但是,股票的价格受一些影响深远但又变幻莫测的因素的支配,价值投资大师格雷厄姆形象地把这种影响证券价格的非人为因素称为"市场先生"。巴菲特在伯克希尔 1987 年年报中对这个寓言进行了创造性的发挥:

很久以前,我的朋友和老师格雷厄姆曾描述过对市场波动的心态,我认为这种心态对于投资是否成功具有特别重要的意义。你必须想象市场报价来自一位特别乐于助人的称为"市场先生"的朋友,他是你私人企业的合伙人。"市场先生"每天都会出现,报出一个他既可以买入你的股份也可以卖给你股份的价格。

尽管你们俩的合伙企业具有非常稳定的经济特性,但"市场先生"的报价却有各种可能。因为不幸的是,这个可怜的家伙有感情脆弱的老毛病。有些时候,他心情愉快,而且只看得见对公司发展有利的因素。在这种心境下,他可能会报出非常高的买卖价格,因为他害怕你会盯上他的股份,抢劫他即将获得的利润。

在另一些时候,他意气消沉,而且只看得见公司和整个世界前途渺茫。在这种时候,他会报出非常低的价格,因为他害怕你会将你的股份脱手给他。

此外,"市场先生"还有一个讨人喜欢的特点,就是他从不介意无人理会。如果今天他的报价不能引起你的兴趣,明天他再来一个新的报价。但是否交易,严格按照你的选择。在这些情况下,他越狂躁或者越抑郁,对你就越有利。

但是,就像舞会上的灰姑娘,你必须留意以下警告,否则一切都会变回到南瓜和老鼠:"市场先生"是你的仆人,而不是你的向导。你迟早会发现对你有用的是他的钱包,而不是他的智慧。如果某一天他表现得愚蠢至极,那么你既可以不理睬他,也可以乘机利用。但如果你受了他的影响而犯下错误,那结果将会十分悲惨。实际上,如果你不能确定你远远比"市场先生"更加了解你的目标公司并能够正确评估公司价值,那么你还是不要参加股票投资游戏了。就像他们在扑克牌游戏中说的那样:如果你玩了30分钟后还不知道谁是笨蛋,那么你就是那个笨蛋。

在当今投资世界里,大多数职业投资者和学术人士谈论有效市场,格雷厄姆关于"市场先生"的寓言看起来可能有些过时。他们对那些东西更感兴趣完全可以理解,因为对那些以提供投资建议来谋生的家伙来说,裹着一层神秘面纱的投资技巧显然更容易拿来赚钱,因而更有价值。毕竟,仅凭建议你吃两片阿司匹林,庸医就攫取了名声和财富。

可是对于根据投资建议来进行投资的投资者来说,市场秘籍却不一定有什么价值。在我看来,依靠那些晦涩难懂的公式、计算机程序或者股票和市场的价格行为形成的指标,绝不可能取得投资成功。相反,一个投资者必须既具备良好的公司分析能力,同时又必须具备把他的思想和行为同在市场中肆虐的极易传染的情绪隔绝开来的能力,才有可能取得成功。在我自己与市场情绪保持隔绝的努力中,我发现将格雷厄姆的"市场先生"的故事牢记在心非常非常有用。

只做能做的事 在巴菲特的投资理念中,也深深体现了他做人的原则。巴菲特在1987年《美国西部杂志》秋季刊中说:"我是一个非常现实的人,我知道自己能够做什么,而且我喜欢我的工作。也许成为一个职业棒球大联盟的球星非常不错,但这是不现实的。"

巴菲特不但在人生定位中,强调只做自己能做的事,他认为在投资中也应该如此:"投资人真正需要具备的是正确评估所选择企业的能力。请特别注意'所选择'这个词,你并不需要成为一个通晓每一家或者许多家公司的专家。你只需要能够评估在你能力圈范围之内的几家公司就足够了。能力圈范围的大小并不重要,清楚自己的能力圈边界才是至关重要的。"

巴菲特反复强调坚守自己能力圈的重要性。

"所有情况都不会驱使我做出在能力圈范围以外的投资决策(我不会遵循那种'如果不能征服他们就加入他们'的哲学,我的哲学是'如果不想加入他们就征服他们')。"

"我们努力固守于我们相信、我们可以了解的公司。这意味着那些公司具有相对简单且稳定的特征。如果企业业务非常复杂而且不断变化,那么,我们就实在是没有足够的聪明才智去预测其未来现金流量。碰巧的是,这个缺点丝毫不会让我们感到困扰。对于大多数投资者而言,重要的不是他到底知道什么,而是他们是否真正明白自己到底不知道什么。只要能够尽量避免犯重大的错误,投资人只需要做很少几件正确的事情就足以成功了。"

他还幽默地说:"很多事情做起来都会有利可图,但是你必须坚持只做那些自己能力范围内的事情,比如我们没有任何办法击倒泰森,我们就不要想去击倒他。"

因此,最重要的事情是知道你自己理解哪些公司的业务,以及什么时候你正好在自己的能力圈内进行投资。清楚地知道自己的能力圈边界,并且以很强的自制力限制自己不要超出能力圈范围,这样才能尽量避免犯重大的错误。

那么,怎么画出你自己的能力圈呢?巴菲特说:"在你所了解的企业的名字周围画一个圈,然后去掉那些没有内在价值、没有好的管理和没有经受住困难考验的不合格的企业。"

可惜的是,在现实的投资环境中,大多数投资者并不能遵守这一根本原则。正如彼得·林奇所说的那样,投资者总是不买自己熟悉的行业的公司股票,并往往购买自己根本不懂其公司业务的热门股,"一般情况下如果你对医生进行调查,我敢打赌他们当中可能只有一小部分人购买了医药行业的股票,而绝大多数人投资了石油行业的股票;如果你对鞋店的老板进行调查则可能结果是绝大多数人买了航空业而不是制鞋业的股票,反过来航空工程师可能涉足更多的是制鞋业的股票。我不清楚为什么股票像草地那样:人们总是觉得别人草坪上的草显得更绿一些"。

让我们牢记股神的告诫吧,"对你的能力圈来说,最重要的不是能力圈的范围大小,而是你如何能够确定能力圈的边界所在。如果你知道了能力圈的边界所在,你将比那些能力圈虽然比你大 5 倍却不知道边界所在的人要富有得多"。

寻找成长股 与格雷厄姆一样,巴菲特也强调价值投资。他同样认为,在投资时,应该寻找具有比较大的安全边际的股票。

但是,与格雷厄姆重视通过分析数据、寻找廉价股的方式保证安全边际的方法有所不同的是,巴菲特更愿意通过寻找具有良好成长前景的公司来选择股票。

巴菲特主要通过阅读大量的财务报表和业务资料来寻找这样的公司。巴菲特这样概括他的日常工作:"我的工作是阅读。"

对于巴菲特来说，投资一个公司就要求对这个公司的业务了如指掌。因为，他首先进行的是公司业务研究。巴菲特首次对政府雇员保险公司产生投资兴趣时，他是这样做的："我阅读了许多资料。我在图书馆待到最晚时间才离开……我从一家保险评级服务机构开始阅读了许多保险公司的资料，还阅读了一些相关的书籍和公司年度报告。我一有机会就与保险业专家以及保险公司经理们进行沟通。"

其次是财务分析。巴菲特阅读最多的是企业的财务报告。"我阅读我所关注的公司年报，同时我也阅读它的竞争对手的年报。这些是我最主要的阅读材料。"

巴菲特认为，分析企业会计报表是进行价值评估的基本功，不懂财务的人最好不要做投资："当经理们想要向你解释清楚企业的实际情况时，可以通过会计报表的规定来进行。但不幸的是。当他们想弄虚作假时，起码在一些行业，同样也能通过报表的规定来进行。如果你不能辨认出其中的差别，那么你就不必在资产管理行业中混下去了。"

在阅读财务报表时，巴菲特认为应该重视以下几点：

①特别注意会计账务有问题的公司，如果一家公司迟迟不肯将期权成本列为费用，或者其退休金估算假设过于乐观，千万要当心。当管理层在幕前就表现出走上了邪路，那么在幕后很可能也会有许多见不得人的勾当。正如厨房里绝对不可能仅仅只有你看见的那一只蟑螂一样。

②复杂难懂的财务报表附注披露通常暗示管理层不值得信赖，如果你根本就看不懂附注披露或管理层分析，这通常表明管理层压根儿就不想让你搞懂，安然公司对某些交易的说明至今还让巴菲特相当困惑。

③巴菲特认为要特别小心那些夸大收益预测及成长预期的公司，企业很少能够在一帆风顺、毫无意外的环境下经营，收益也很难一直稳定成长。"至今查理跟我都搞不清楚我们旗下企业明年到底能够赚多少钱，我们甚至不知道下一季度的盈利数字，所以，我们相当怀疑那些常常声称知道未来会如何如何的CEO们。而如果他们总是能达到他们自己声称的目标收益，我们反而更怀疑这其中有诈。那些习惯保证能够达到盈利预测目标的CEO们，总有一天会被迫去假造盈利数字来继续实现自己的保证。"

另外，巴菲特也相当重视一家公司的领导层。他会通过各种途径了解这家公司的管理人员的能力。只有巴菲特相信一家公司的经理能够带领这家公司创造辉煌业绩的时候，巴菲特才会考虑是否买入它的股票。

那么投资者对一个公司了解到何种程度才算是可以考虑投资的地步呢？巴菲特说："当你读完这些材料之后，问问自己：我还有什么地方不知道却必须知道的东西？很多年前，我经常四处奔走，对这家公司的竞争对手、雇员等相关方面进行访谈……我一直不停地打听询问有关情况。这是一个调查的过程，就像一个新闻记者采访那样。最后你想写出一个故事。一些公司的故事容易写出来，但一些公司的故事很难写出来，我们在投资中寻找的是那些故事容易写出来的公司。"

也就是说，如果股民能够给一个公司写一本书的时候，他做出是否买进这家公司的股票的决定就将是万无一失的。

长期投资 买进一家公司的股票后，何时出手呢？事实上，巴菲特的回答也许是永远持有。这是不难理解的。巴菲特花那么多时间来分析一个公司的业务和前景，与其说他在买这家公司的股票，毋宁说是在买这家公司。对巴菲特来说，有吸引力的是这家公司的发展前景。因此，一旦决定买入一家公司的股票，巴菲特就会长期持有。在巴菲特持有的股票中，一直持有几十年的并不鲜见。

巴菲特收购华盛顿邮报的经过可以证明长期投资是多么重要。巴菲特在1972年以1060万美元买入华盛顿邮报的股票，一直持有。到1999年时已经增值到9.3亿美元，在27年内华盛顿邮报的股票成长了86倍。尽管在这27年中美国股市大盘几经沉浮，华盛顿邮报股票也曾大幅震荡，"跳水"和"飙升"无数次地出现。最后的事实证明，"长线和耐心"为巴菲特带来了可观的收益。

集中投资 巴菲特虽然师从格雷厄姆，却并不盲从。面对股票市场的发展，他勇于否定恩师一些过时的思想。比如，格雷厄姆赞赏分散化投资，巴菲特在投资实践中认识到，这种投资方法已经过时，他认为应当集中投资。如果投资太多的股票的话，每只股票都需要分散精力、时间去研究，结果可能是，投资者没有一只能够深入了解，每一只都是一知半解。既然如此，还不如少买一些，以便集中精力选一些优质的股票。

在巴菲特看来，普通投资者投资3~5只股票是比较好的情况。

彼得·林奇的投资经验

1）股票天使

彼得·林奇是美国富达公司麦哲伦共同基金（即可以随时换成现款的股

份)的持股者,杰出的职业股票投资人,华尔街股票市场的"选股天才"。他在几十年的职业股票投资生意经营过程中,洞悉市场,把握市场,迅速地在华尔街崛起。特别是在他管理麦哲伦公司13年间,股票生意做得极为出色,不仅令人难以置信地把该公司的股票价格提高了二十多倍,而且使该公司的投资配额表上原来仅拥有的40种股票,神奇般变化为1400种。资产由2000万美元,增长到了140亿美元,成为当时世界上投资规模最大,也是投资业绩最优秀的投资基金。惊人的成就,使林奇认识到了自己的不凡,他以"股票天使"而自居,而外界对他的评价更是高到了极致。

美国最有名的《时代》周刊称他为"第一理财家",美国基金公司评选他为"历史上最伟大的基金经理"。

2) 生平简介

1944年1月19日,林奇出生于美国波士顿市。父亲曾经是波士顿学院的一个数学教授,后来离开学校,成为约翰·汉考克公司最年轻的高级财务审计师。不幸的是,在林奇10岁那年,父亲因脑癌而去世。这场变故使他的母亲不得不重新外出工作,年幼的林奇也不得不决定找个半天的工作,以帮助家里渡过难关。于是,1955年,11岁的林奇受雇于高尔夫球场当球童。

在高尔夫球场,林奇经常听到有关股票的消息,因为每当俱乐部成员打完一个左曲球或右曲球,他们会得意地吹嘘一下自己在投资中刚刚取得的胜利。林奇从中学到不少投资知识。后来林奇说:"如果你想接受有关股票问题的教育,高尔夫球场可以使你通晓有关股票市场交易的知识,因此也是除交易所外的最佳场合。"

1962年,林奇进入波士顿学院学习。此时,由于日后的职业目标十分明确,所以,林奇便有目的地专门研究与股票投资有关、有益的学科。除了必修课外,他没有选修更多有关自然科学、数学和财会的课程,而是重点地专修社会科学的课程,如历史、心理学和政治学。此外,他还学习了玄学、认识论、逻辑、宗教和古希腊哲学。林奇认为搞股票投资需要学好从商所应当学的自然科学课程,但就为进军股市而做准备来说,历史学与哲学显然比统计学更有用。他说:"股票投资是一门艺术,而不是一门科学,对于那些受过呆板的数量分析训练的人,处处都会遇到不利的因素。如果可以通过数学分析来确定选择什么样的股票的话,还不如用电脑算命,选股票的决策不是通过数学做出的。"1963年,也就是他进波士顿学院的第二年,林奇购买了他的第一只股票——飞虎航空公司的股票,当时的价格是7美元。

这只股票买入过程体现了林奇投资方面的天赋。在学习一门课程时,林奇读过一篇关于空运前途广阔的文章,而且还注明飞虎公司就是一家空运公司,所以他毫不犹豫地买下了飞虎股票。果然,不到两年的时间里,飞虎股价已涨到33美元,林奇也因此获得了第一只涨幅巨大的股票。

在林奇成了波士顿学院高年级学生以后,暑假期间到富达公司工作。在富达公司的经历使林奇获得了理论和实践相结合的机会。不仅如此,暑期实践使林奇对学术界关于股票市场的理论感到怀疑。他觉得大学教科书上那些原本试图帮助人们在投资上获得成功的理论似乎只会使人失败。林奇认为那些相信数量分析和随机运转理论的大学教授们不如他的麦哲伦公司的那些新同事们干得好。

1969年,林奇服了两年兵役后,正式进入富达工作,成为一名研究分析师。1974年,林奇升任富达公司的研究主管。1977年,林奇升任富达公司旗下麦哲伦基金的主管,这是他作为传奇基金经理的开始。

从1977—1990年的13年间,林奇管理的麦哲伦基金创造了股票市场的一个神话。麦哲伦基金管理的资产从他接手时的2000万美元,狂增到1990年的140亿美元。13年间的年平均复利报酬率达到29%。

然而处于事业巅峰的林奇萌生退意。他说:"如果你非常幸运,像我一样赚了很多钱,但当赚的钱多到一定的时候,你就得面对一个选择:是让自己做财富的奴隶而继续竭尽余生继续让财富不断增长呢,还是让你积蓄的财富做自己的奴隶为你服务呢?"

他选择了退出。1990年5月31日,在管理麦哲伦基金13周年之际,林奇宣布退休。

林奇不但在股票市场上春风得意,还出版了多部投资方面的畅销书,如《彼得·林奇的成功投资》《战胜华尔街》等。

3) 投资经验

林奇掌管庞大的麦哲伦基金,经手数千只股票,积累了丰富的投资经验。具体来说,林奇成功投资的原则可以分为以下几个方面。

鸡尾酒理论 作为一代投资大师,林奇经常应邀去发表演讲,每次都是听者如潮。每次演讲完毕,在自由提问的时间里,总有人问林奇股票的未来行情会如何,或者目前的股票牛市能否继续保持并进一步发展,或熊市是否已初露端倪。针对这些问题,林奇所总结出来的关于股市预测的"鸡尾酒会"理论可谓妙趣横生。

"鸡尾酒会"理论是林奇在家里举办鸡尾酒会,天长日久,通过与来宾的交往闲谈而悟出来的。

"当某一股票市场一度看跌,而同时又无预期其会看涨时,纵使股市略有上升,人们也不愿谈论股票问题,我们叫这一时期为第一阶段。在这一阶段,如果有人慢慢地走过来,问我从事何种职业,而我回答说'我从事共同基金的管理工作',来人会客气地点一下头,然后扭头离去。假如他没有走,他会迅速地转移话题,讲凯尔特人玩的游戏,即将到来的大选,或者干脆说天气。过一会儿,他会转到一个牙科医生那儿,说说牙床充血什么的。当10个人宁愿与牙医谈论有关治疗牙斑的事情而不愿与一个共同基金的管理人员谈股票时,市场极有可能将会出现新的契机。"

"在第二个阶段,在我说出如何谋生后,新到的客人在去与牙医谈话之前会在我身边逗留的时间长一些,可能长得足够能告诉我股票市场的风险有多大。在鸡尾酒会上谈得更多的还是如何治疗牙斑而不是股票。从第一个阶段开始股市已经上涨了15%,但是几乎没有人注意到这一点。"

"到了第三阶段,股市已上涨了30%,这时多数的鸡尾酒会参加者都会不理睬牙医,整个晚会都围着我转。不断有喜形于色的人拉我到一边,向我询问该买什么股票,就连那位牙医也向我提出了同类问题,参加酒会的人都在某种股票上投入了钱,他们都兴致勃勃地议论股市上已经出现的情况。"

"在第四个阶段,他们再一次簇拥到我的周围,但是这一次是为了告诉我该买哪一只股票,甚至是牙医也会给我推荐三五只股票。过了几天,我在报纸上看到了他们向我推荐的股票,并且它们都涨了。当邻居们告诉我该买哪只股票并且希望我听从他们的意见时,这个征兆已经很明确,即市场已经达到了高点并且是到了该下跌的时候了。"

当然,"鸡尾酒会"理论只是对市场心态的一种生动描述,林奇也不会用这种理论来预测股市的走势,他讲述这种理论的目的是告诫投资人千万不要跟风盲目迷信别人的言论,而应该独立思考。

不同的公司,不同的策略　　林奇选择股票时的心得就是首先将股票归为不同的种类,然后再根据它们不同的特征进行选择。

林奇根据公司的所属行业、规模和收益把上市的公司划分为6种类型,这种分类方法几乎涵盖了其他分类方法全部的优点。它们分别是:低增长型、稳定型、快速增长型、周期型、转型型以及资产运营型。

①低增长型。低增长型公司通常规模巨大、历史悠久,它们定期派发较高的红利,增长速度比GNP(国民生产总值)稍快一些。这种公司并不是从一开始增长速度就很慢,它们开始时的增长速度也和快速增长型公司一样,只是后来才慢了下来,这是和整个行业的发展状况息息相关的,当一个行业的整体发展速度慢下来时,该行业中绝大多数的公司也随之失去了发展的动力。

在林奇的资产组合中这一类型公司的股票不是很多,因为他认为如果公司的增长不再迅速,它们的股票价格也不可能有快速的增长。

②稳定型。稳定型公司的规模通常比低增长型公司的规模还要大,但它们的增长速度比低增长型的还是要快些,年度收益增长率在10%～19%。诸如可口可乐、宝洁、贝尔电话以及高露洁这样的公司都属于稳定型。当你购买稳定型公司的股票时,你多少有点像站在了山麓上。林奇很喜欢这种股票,在他的资产组合里总是保留一些稳定型公司的股票,并且通常在获得了30%～50%的利润之后才卖掉手中的股票。因为在经济衰退或者股市不景气时,其价格的相对稳定性总能给资产组合提供较好的保护。

③快速增长型。快速增长型公司是林奇最为青睐的投资,这种公司的规模小、崭新而富于活力,年增长率为20%～25%,其中还蕴藏着大量能涨10～40倍,甚至200倍的股票。

快速增长型的公司没有必要非得属于快速增长型行业,而且林奇宁愿它不属于快速增长型行业,因为在缓慢增长型行业中它所需要的只是一个能够不断发展的空间。百货业的沃尔玛公司就属于快速增长型公司。

快速增长型公司的股票能给投资者带来惊喜,同时,也存在着巨大的风险。林奇对于增长超过25%的公司股票保持着警惕,因为过高的增长率是很难维持很长时间的。

林奇认为年增长超过50%的公司一般处于"热门行业"中,这种行业并不被看好,因为每个人都知道了,这使得股票的价格可能被高估。因此,在很多投资者跃跃欲试的时候,也应该变得小心翼翼。林奇所寻找的快速增长型公司是那种资产负债良好又有巨额利润的公司,并且谨慎地计算出它们的增长期何时会结束以及为增长所付出的资金有多少。

④周期型。周期型公司一般都属于周期型行业,在增长型行业中,公司只

是不断地扩张，而在周期型行业中公司的发展不断地在扩张与收缩的过程中轮回，所以周期型的公司的销售收入和利润会定期上涨或下跌。汽车制造业、保安公司、航空公司、轮胎公司、钢铁公司以及化学公司都是周期型公司。

　　周期型公司的股票是所有类型的公司中最容易被误解的股票，也正是这种类型公司的股票最容易让粗心的投资者失败，而让谨慎的投资者认为它最安全。当市盈率很高的时候，也许实际上是买进的好时机；而当它非常低的时候，其股票可能已经达到顶点了。关键在于对于公司所处的周期有没有足够的了解和把握。也就是说，你必须能够发现公司衰退或者繁荣的早期迹象。

　　⑤转型型。转型型公司在发展过程中由于某些原因，受到了沉重的打击，并且几乎要按照《破产法》的规定申请破产保护。成功转型公司的股票能迅速弥补损失，投资它的好处就在于这类股票受整个市场的影响最小。标准普尔指数、股票走势图以及经纪人公司的记录都将把这些几乎申请破产的公司除名，所以你除非用头脑把它们的名字记下来，否则你将再也听不到这些公司的名字。当然也有转型失败的公司，但不时的转型成功总能使人对这类公司的股票变得兴致盎然，回报也很不错。林奇通过转型公司例如克莱斯勒公司的股票为股东们赚了不少钱。

　　⑥资产运营型。资产运营型公司指的是具有隐蔽价值资产的公司，这些隐蔽性资产为你所知，却为华尔街的专家忽视。你或许会问，华尔街有如此众多的分析家和公司收购者，看起来不应该还有没被华尔街注意到的资产，但事实是，确实有这样的资产。林奇认为在金属业、石油业、报业、电视台、药业等诸多行业，甚至有时在亏损的公司中，都有隐蔽的资产。

　　隐蔽资产可以包括现金、土地、房地产以及巨大的荣誉和潜在的发展价值。根据个人的情况，在日常生活中，如果你留心的话，你也能发现这些隐蔽性的资产。

　　选择这类公司前，要先问一下自己以下问题：
　　●这些资产是什么，它们的价值是多少？
　　●有多少债务会从这些资产中转移走？你必须明白，债权人的索取权是排在股东之前的。
　　●是否有人愿意买这些资产？
　　一家公司的增长率不可能永远保持不变，公司类型随着增长类型的改变也会发生相应的转型。前面我们已经谈到，从快速增长型公司到缓慢增长型公司的发展可能性。一度是快速增长型的公司也会变为周期型公司。当陷入困境的周期型公司东山再起时就变成了转型型公司。其他五种类型的公司都可能是潜在的资产运营型公司。如果你不能判断出自己拥有的股票属于哪一种类型,就去问你的经纪人。将股票分类是进行投资分析的第一步。

事实上你不可能投资所有种类的公司,即便是林奇,他比较钟爱的也只有快速增长型公司、稳定型公司而已。因此,你应该根据自己的实际情况,找到适合自己投资的公司类型。

日常投资选股法 林奇不相信所谓的股票原理,也不相信所谓的专家。他有时候选股更愿意从现实生活中寻找线索。

他认为,对于业余投资者来说,利用自己的生活常识,仔细观察日常生活中的各种产品,选择那些生产自己相当了解的产品的公司股票,是成功投资的最好出发点。

林奇正是主要通过日常生活中的处处留心,从身边最普通常见的产品、服务中发掘出了一个又一个涨幅惊人的好股票。比如,他一家人和一些朋友开的沃尔沃汽车让他发现了沃尔沃公司股票;他的孩子、公司系统管理员对苹果电脑的喜爱让他买入了苹果电脑股票等。

林奇用自己的经验告诉我们,从日常生活中找到的与上市公司相关的信息比听那些投资专家的建议更加可靠。

在他掌管麦哲伦基金的13年间,他从日常生活常识出发,发现了许多公司并不出名、股票并不受人关注的公司股票,他仔细研究并确定这些公司的股票是他喜欢的成长股,最终这些股票平均上涨了二十多倍。他坚信每个投资者都可以从这样一种基于生活常识的股票分析方法中受益。

当然,在现实生活中发现好的公司,并不意味着只要在生活中遇到喜欢的产品就可以买入这家公司的股票。这只是提供了买入股票的一个机会。投资者还必须对该公司做出周密的调研和分析之后才能决定是否买入这只股票。

勤奋工作 很多人都认为股票投资比做生意容易多了,只要看看盘,在电脑上按几下,或通过电话委托拨个号码,就能在几秒钟内完成交易。

林奇对此曾感叹:"难怪人们在房地产市场上赚钱而在股票市场上赔钱。他们选择房子时往往要花几个月的时间,而选择股票却只花几分钟的时间。事实上,他们在买微波炉时花的时间也比选股票时多。"

林奇的投资决策并不是这样制定的。他每周工作6天,每天花费十五六个小时收集资料,打电话,与基金经理交谈,奔赴各地调查。

林奇获得信息的来源主要包括:

①利用基金经理。
②打电话到欲投资的公司查询。
③认真研究公司的活动。
④参观公司的总部。
⑤结识该公司投资人关系处的工作人员。
⑥留意观察,阅读财务报告。

二、投资大师的投资理论

道氏理论

　　道氏理论,也称道氏方法,是指以道·琼斯股价平均数作为研究对象,来观察和预测股价走势的一种股价分析理论。这种理论是技术分析的先驱。其基本原理是认为股价的运动有长期趋势、中期趋势和短期趋势等三种趋势,并且这三种趋势只有在互证的情况下,才能明确地显示出来。

　　长期趋势,是指股价全面、普遍地上升或下降,其幅度超过20%,持续时间达1年或1年以上的变动情形。基本趋势对证券市场的股价影响力最大,同时也是道氏方法的核心和精华所在。长期趋势,又包括长期上涨趋势(即多头市场)和长期下跌趋势(即空头市场)。

　　中期趋势,是指连续3周以上,半年以内的股价变动情形。中期趋势和长期趋势有着比较密切的关系。

　　当两种股票指数都出现高峰,且在同一时间内,两者的新高峰都高过以前的旧高峰时,则表示多头市场已经来到。反之,在两种股价指数都出现了低谷,且股价节节下挫,即为进入空头市场的兆头。但是,若两种股票指数背道而驰,则无法判断股价走势。

　　两种趋势(即股票指数)在盘整一段时期后,突然上升或下降,即可看出中期趋势的发展。当两种股票指数都在某一狭窄范围内盘旋,其波动幅度不超过5%,这一区间则可能持续数星期。当两种股票指数突然同时穿透这一范围往上升时,则股价将会上涨,否则,股价将会下跌。同样,若两者变动方向相反,也无法判断其股价走势。

短期趋势,是指连续 6 天左右的股价变动情形。它可能是人为操纵而形成的,也可能是其他偶然性因素所引起的,因此,短期趋势很难预测。

短期趋势与中期趋势的关系是,3 个或 3 个以上的短期趋势就构成一个中期趋势。

道氏理论认为,大部分股票的走势会随着股市大势的趋势运行,或说大部分股票的走势构成了股市大势的趋势,逆市运行的是少数。因此股票齐涨齐跌是必然的。所以炒股要紧随股市趋势而动,与时俱进。尤其是要观察大盘指数。如果趋势形成多头,您手中的股票尽管暂时没涨,也没关系,肯定有上升的时候;如果趋势形成空头,您手中的股票尽管暂时上涨,也要出局,因为逆市上升的概率很小。

一旦大盘指数在长期的下降中突然转升,或大盘指数在长期的上升中突然转跌,股民则应毫不迟疑地采取顺势而为的果断行动。

江恩理论

证券市场历史中的世界级大师江恩,生于 1878 年,他凭其高超的操作技巧,在其一生的投机生涯中总共从市场赚取了 3.5 亿美元,交易次数的成功率在 80% 以上。在当时与今天的证券市场投资人眼中,他确是一个近乎"神"的顶级人物,而他创立的"江恩理论"至今也仍享受着"神"一样的地位,受人膜拜。

很多投资者以为江恩是纯粹凭其神奇理论赢得了市场胜利,于是光顾着去研究挖掘江恩的理论体系,期望一旦握到了江恩的那片金钥匙,便可像江恩一样从此在股市中百战百胜了。其实这是一个认识上的误区。江恩理论包括预测理论与实践操作规则。在实际操作中,江恩不是完全让预测牵着自己,相反,他只遵守自己建立的买卖规则,他让预测要服从买卖规则!预测正确、不违背其买卖规则,他照预测方向操作;预测不对时,他用买卖规则(例如止损单)或修正预测,或干脆认错退出。

江恩的操作系统和买卖规则清楚明确,非常容易理解。江恩的操作系统是以跟随市场买卖为主,这与他的预测系统完全不同,江恩非常清楚地将买卖操作系统与市场预测系统分开,使他能在一个动荡、充满危机的年代从事投机事业而立于不败之地。

1) 江恩的预测理论

江恩预测理论的实质就是在看似无序的市场中建立严格的交易秩序,他建立了江恩时间法则、江恩价格法则、江恩线等,它们可以用来发现何时价格会发生回调和将回调到什么价位。

江恩线的数学表达有两个基本要素,这两个基本要素是价格和时间。江恩通过江恩圆形、江恩螺旋正方形、江恩六边形、江恩轮中轮等图形将价格与时间完美地融合起来。

江恩认为,股价波动是支配市场循环的重要法则。股价波动的形式是上升与下跌。当股市由上升转为下跌时,25%、50%、75%等是重要的支撑位。当股市从低位启动时,1.25、1.5、2等是股价重要的阻力位。

时间是循环周期的参考点。20年、30年、60年以上为长期循环。1年、2年、3年……15年等为中期循环。其中30年最重要,因为含有360个月,是一个完整圆形的度数。短期循环为24小时、12小时……甚至可缩小到4分钟,因为一天有1440分钟,地球自转一度为1440除以360,得出4分钟。

我们可以通过江恩理论预测市场价格的走势与波动。当然,江恩预测理论也不是十全十美的,不能指望它使你一夜暴富,但是经过努力,在实践中体会江恩理论的真谛,它一定会使你受益匪浅。

2) 江恩的21条股票操作买卖守则

①每次入市买、卖,损失不应超过资金的1/10。
②永远都设立止损位,减少买卖出错时可能造成的损失。
③永不过量买卖。
④永不让所持仓位转盈为亏。
⑤永不逆市而为。市场趋势不明显时,宁可在场外观望。
⑥有怀疑,即平仓离场。入市时要坚决,犹豫不决时不要入市。
⑦只在活跃的市场买卖。买卖清淡时不宜操作。
⑧永不设定目标价位出入市,避免限价出入市,而只服从市场走势。
⑨如无适当理由、不将所持仓平盘,可用止盈位保障所得利润。
⑩在市场连战皆捷后,可将部分利润提取出,以备急时之需。
⑪买股票切忌只望分红收息(赚市场差价第一)。

⑫买卖遭损失时,切忌赌徒式加码,以谋求摊低成本。
⑬不要因为不耐烦而入市,也不要因为不耐烦而平仓。
⑭肯输不肯赢,切戒。赔多赚少的买卖不要做。
⑮入市时定下的止损位,不宜胡乱取消。
⑯做得太多错误就多,入市要等候机会,不宜买卖太密。
⑰做多做空自如,不应只做单边。
⑱不要因为价位太低而吸纳,也不要因为价位太高而沽空。
⑲永不对冲。
⑳尽量避免在不适当时搞金字塔加码。
㉑如无适当理由,避免胡乱更改所持股票的买卖策略。

3) 江恩12条买卖规则

①决定市场的走势。
②在单底、双底或三底水平入市买入。
③根据市场波动的百分比买卖。
④根据三星期上升或下跌买卖。
⑤市场分段波动。
⑥利用5或7点波动买卖。
⑦考虑成交量。
⑧时间因素。
⑨当出现高低点或新高时买入。
⑩决定于大势趋势的转向。
⑪最安全的买卖点。
⑫快速市场的价位波动。

江恩在十二条规则之上,建立了整个买卖的系统。基本上,市场预测所使用的方法是纯粹技术性为主,而买卖方法是以跟随市势买卖为主,与他的预测预备完全不同。江恩清楚地将市场买卖及市场预测分开,是他成功的地方。

4) 投资者在市场买卖遭受损失的主要原因

江恩认为,投资者在市场买卖遭受损失,主要的原因有三点:
①操作过分频繁,在有限的资本上过度买卖。

在市场中的短线和超短线是要求有很高的操作技巧的,在投资者没有掌握这些操作技巧之前,过分强调做短线常会导致不小的损失。

②投资者没有设立止损点以控制损失。

很多投资者遭受巨大损失就是因为没有设置合适的止损点,结果任其错误无限发展,损失越来越大。还有一些投资者,甚至是一些市场老手,虽然设了止损点,但在实际操作中并不坚决执行,结果因一念之差,遭受巨大损失。

③缺乏市场知识,是在市场买卖中损失的最重要原因。

一些投资者并不注重学习市场知识,凭直觉买卖股票,不会辨别消息的真伪,结果受误导,遭受巨大的损失。还有一些投资者照搬照抄书本知识来指导实践,造成巨大损失。江恩强调的是市场的知识和实践的经验。而这种市场的知识往往要在市场中摸爬滚打相当时间才会真正有所体会。

因此,江恩对所有投资者的忠告是:在你赔钱之前,请先细心研究市场。在入市之前,投资者一定要了解:

① 你可能会做出错误的买卖决定。

② 你必须知道,如何去处理错误。

③出入市必须根据一套既定的规则,永不盲目猜测市场情况发展。

④市场条件及时间经常转变,投资者必须学习跟随市场情况转变。在不同时间循环及市场条件下,市场历史会重复发生的。

这些虽然是老生常谈,但配合江恩提供的 12 条重要买卖规则,江恩理论便可发挥威力。

波浪理论

波浪理论是由美国一位已退休的会计师艾略特在 1934 年所建立的一套有关股票价格波动和投资技术的理论。艾略特经过多年对美国道·琼斯工业平均指数运动的形态、调整比率及时间周期的详尽统计,运用数学原理进行分析,力图客观地描述股价运动的基本规则,从而达到预测股市运动趋势的目的。

波浪理论认为,任何事物的动态都有波动形态,证券市场也不例外,股价趋势是大众心理的反映,虽然人的心理活动千变万化,难以捉摸,但大众群体心理活动的总体效应却呈现出某种规则,这种总体效应反映在市场上,就形成了价格的波动。通过数学与图表的结合,分析这种规则,把握市场的变化,就能做出正确的投资决策。由于波浪理论主要反映大众心理,因此参与市场的人越多,其准确性越高。

波浪理论的基本观点:

①股价指数的上升和下跌将是交替进行的。推动浪和调整浪是价格波动的两种最基本的方式。

②推动浪由5个上升浪组成,即五浪上升模式。在市场中价格以一种特定的五浪形态运行,其中1、3、5浪是上升浪,2浪和4浪则是对1、3浪的逆向调整。如图13-1所示。

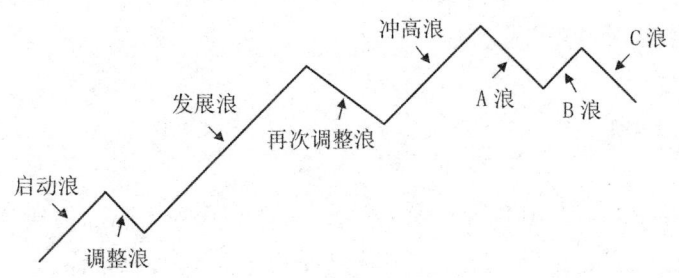

图13-1 波浪理论示意图

③5浪即冲高浪后调整浪由A、B、C三浪组成,即三浪调整模式。五浪上升运行完毕后将有A、B、C三浪对五浪上升进行调整,其中A浪和C浪是下跌浪。B浪是反弹浪。

④一个完整的循环由五个上升浪和三个调整浪组成,即所谓的八浪循环。

⑤第一浪有两种表现形式,一种属于构筑底部,另一种则为上升形态;第二浪有时调整幅度较大,跌幅惊人;第三浪通常最具爆发力,是运行时间及幅度最长的一个浪;第四浪经常以较为复杂的形态出现,以三角形调整形态的情况居多。如2浪是简单浪,则4浪以复杂浪居多;如2浪是复杂浪,则4浪以简单浪居多。4浪不应低于第一浪的顶。第5浪是上升中的最后一浪,力度大小不一。

⑥A浪对5浪上升进行调整,下跌力度大小不一;B浪是修复A浪下跌的反弹浪,升势较不稳定,C浪下跌的时间长、幅度大,最具杀伤力。经过后来者的发展,波浪理论已成为众多股市技术分析流派中最具综合性的经典理论,拥有众多的信徒,这与其以往的业绩是分不开的。在1935年美国股市一片低迷、投资者丧失信心之际,艾略特本人曾运用波浪理论,以道·琼斯工业平均指数作为研判对象,指出熊市已结束,牛市将来临并会持续相当长时间,1929

年所创下的高点将不会成为阻力。后来的事实与艾略特的预言相符。1991年间,他也曾多次准确地预测了港股涨落,使波浪理论在港台市场一时声名鹊起。

波浪理论是一种预测股票价格总体走势的分析手段,是根据对长期市场表现进行统计、归纳而形成的股票投资理论之一,具有一定的适用前提、条件和范围,适用于股市长期趋势的描述和预测。例如,由于我国股市发育时间短、规模小,投资者心态远未成熟,市场化程度不够高,在运用波浪理论分析时会看到较多的非常规形态。波浪理论信奉者也承认,没有人可以在任何情况下都丝毫不差地确知未来市场。

亚当理论

韦特发明了RSI、SAR等技术指标后,又提出了亚当理论,而他自己的新发明否定自己的旧发明,即亚当理论否定了RSI、SAR等技术指标。

亚当理论的精义是没有任何分析工具可以绝对准确地推测市场趋势的走向。每一套分析工具都有其缺陷。市场趋势根本不可以推测。如果市场趋势可以预测的话,凭借RSI、PAR、MOM等辅助指标,理论上就可以发达。但是不少人运用这些指标却得不到预期后果,仍然输得很惨,原因就是依赖一些并非完美的工具推测去向不定、难以捉摸的市场趋势,将会是徒劳无功的。

亚当理论的精神就是教导投资人士要放弃所有主观的分析工具。在市场生存就要适应市场趋势,顺势而行就是亚当理论的精义。市场是升市,抓逆水做沽空,或者市场是跌市,持相反理论去入市,将会一败涂地。原因是升市时,升完可以再升。跌市时,跌完可以再跌。事前无人可以预计升跌会何时结束。

亚当理论分为三个重要部分:

首先,以一则童话故事说明顺势买卖的重要性。这个童话道出了亚当理论的要点:就是要做到顺势买卖,绝不附加任何主观意见,应向市场屈服,放弃对市场的认识,以绝对无知的状态进入市场,像一个5岁的儿童一样去把握市场,顺势买卖。

其次,介绍全新而又简单的股市预测系统。该系统以市场的现有走势作为预测未来走势的基础,用相反影像原理,提供了一个自动测市手段。

再者,提出投资中的十大戒条:

①不可轻易买入套牢的股票。

②入市时不可不设止损点。

③止损点不可随意更改。

④不可积小错成大错,入市失利时应先退出,重新部署交易策略。

⑤每日买卖损失不可超过可运用资金的10%。

⑥不要追求在市场的顶部或底部卖出或买入。

⑦不可逆势操作。

⑧买卖不可无弹性,任何投资者或测试系统均会有出错的机会,出错时应及早放弃。

⑨买卖不顺手时,不可勉强交易。

⑩知己知彼,才能做到百战百胜。

相反理论

相反理论的基本要点是投资买卖决策全部基于群众的行为。该理论认为,不论股市及期货市场,当所有人都看好时,就是牛市开始到顶。当人人看淡时,熊市已经见底。只要你和群众意见相反的话,致富机会永远存在。

相反理论认为,判断大家的看法是看好还是看淡时,单凭直觉或者想象并不足够。运用相反理论时,要根据好友指数和市场情绪指标。这两个指标都是一些大经纪行、专业投资机构的期货或股票部门收集的资料,并根据这些资料计算出看好和看淡情绪的比例。就以好友指数为例,指数由零开始,即所有人都绝对看淡。直到100%为止,即人人看好,如果好友指数在50%左右,则表示看好看淡情绪参半。好友指数的运用如表13-1所示。

表13-1　　　　　好友指数的运用

好友指数比例	指　　　示
0~5%	一个主要的上升趋势已经就在眼前,为期不远。人人看淡时,你也沽我也沽,以致沽无可沽。大市淡无可淡,这就是转势的时机。把握时机入货,博取无穷利润,就是在这个时候
5%~20%	这是一个不明的区域,大部分人看淡,只有少部分人看好。这些看淡的人足以以压倒性姿势将大市推低。但因为看淡的人比例大,市势亦可能随时见底。很多转势情都会在这个区域产生。投资人士可以辅之以图表、成交量等去探测大市是否已经见底

续表

好友指数比例	指　示
20%～40%	看淡的人在比例上仍然盖过持乐观情绪的人。从统计数字看出,继续看淡赢面机会较大。如果在这一个区域,大市不再向下,市势就会变得十分不明朗,要忍手为上。如果在这个区域,大市转势上升,通常升幅会十分凌厉,而且创出新高点。因为大众看淡,却看错了,市势一升就一发不可收拾,创新高点机会大
40%～55%	市价可以向上向下,绝对不明朗。在这个区域,投资人士一定忍手,切勿轻率入市做买卖,因为赢面和输面比例差不多。在保本为第一原则之下,不做买卖反而最安全
55%～75%	看好的人占多数,但又并非绝大多数。市势发展有很大上升余地。但如果这个比例看好的人多,大市却不升反跌,一定会是急促而且令人害怕的。通常大家看好时下跌,多数会出现近期的低点
75%～95%	未得十分明朗。很多时市场都会在这个区域转势向下,但仍然有机会在看好情绪一路高涨之下,一路攀升一段时间直到100%的人都看好止。所以利用图表分析作为辅助工具就比较安全
95%～100%	大市已经出现全人类看好的局面。投资的本钱已经全部投入股市,是弹尽粮绝、强弩之末之兆,大市转势迫在眉睫。迅速沽货为上,离开市场,胜算最大

实际运用相反理论时,一般的难题都出于搜集资料方面。好友指数并非随时可以得知,在报刊上亦并非随时能找到。

投资者可以自行将报纸杂志投资专家发表的言论进行归纳,分析看好和看淡人的比例,以做买卖决策。资料的全面与否关系到相反理论是否准确。另外,相反理论有个很好的启示,那就是当大众媒介都争着报道好消息时,大市见顶已为时不远。

投资者需要注意的是,即使收集到一个可靠的好友指数也不要等到100%的人看好时才决定离市,或者所有人看淡时才入市。因为当你的数据确认有这些现象出现时,时间上已经出现了差距,其他人早比你洞悉先机,可能已经比你快一步采取行动。你有可能错失在最高价沽出或最低价入货的机会。快人一步,早过好友指数采取适当行动的投资人士将会更加稳操胜券。

参考文献

[1] 陈火金. 中国新股民必读全书：第 11 版 [M]. 北京：中国纺织出版社，2011.

[2] 陈火金. 中国新股民实战操练大全：第 2 版 [M]. 北京：中国纺织出版社，2007.

[3] 陈火金. 股民基民常备手册 [M]. 武汉：长江文艺出版社，2007.

[4] 陈火金. 中国新基民必读全书 [M]. 北京：中国纺织出版社，2007.

[5] 魏雅华. 中国股市政策市 [M]. 北京：中国对外翻译出版公司，1999.

[6] 冯辉. 经理人财务读本 [M]. 北京：企业管理出版社，2000.

[7] 宋劲松，付晓建. 如何"炒大盘"——股票指数期货原理与实务 [M]. 北京：中国经济出版社，2004.

[8] 郝杰，邱新志. B 股实务 [M]. 北京：对外经济贸易大学出版社，2001.

[9] 周永强，李宝岩，等. 股票投资基础 [M]. 哈尔滨：哈尔滨工业大学出版社，2004.

图书在版编目(CIP)数据

中国新股民必读全书／陈火金编著. -- 12版. -- 太原：山西人民出版社，2019.8
ISBN 978-7-203-10206-9

Ⅰ.①中… Ⅱ.①陈… Ⅲ.①股票投资-基本知识
Ⅳ.①F830.91

中国版本图书馆CIP数据核字(2019)第104528号

中国新股民必读全书

著　　者：	陈火金
责任编辑：	孙宇欣
复　　审：	傅晓红
终　　审：	秦继华
装帧设计：	任燕飞工作室
出 版 者：	山西出版传媒集团·山西人民出版社
地　　址：	太原市建设南路21号
邮　　编：	030012
发行营销：	0351-4922220　4955996　4956039　4922127(传真)
天猫官网：	http://sxrmcbs.tmall.com　电话:0351-4922159
E-mail　：	sxskcb@163.com　发行部
	sxskcb@126.com　总编室
网　　址：	www.sxskcb.com
经 销 者：	山西出版传媒集团·山西人民出版社
承 印 者：	三河市京兰印务有限公司
开　　本：	710mm×1000mm　1/16
印　　张：	25.75
字　　数：	500千字
印　　数：	1—5000册
版　　次：	2019年8月　第1版
印　　次：	2019年8月　第1次印刷
书　　号：	978-7-203-10206-9
定　　价：	49.80元

如有印装质量问题请与本社联系调换